Pro Agnitio

Forschungsakademie

Beweise oder Vermutungen?
Band I

Der ungeklärte Todesfall Hitler
Die Totgesagten leben länger

Alfred H. Mühlhäuser (Hrsg.)

Analytisch-synthetisches Informationsmittel
aus der Informationswerkstatt
von
Pro Agnitio

asug

Bibliografische Information der Deutschen Bibliothek
Die Deutsche Bibliothek verzeichnet diese Publikation in der Deutschen Nationalbibliografie; detaillierte bibliografische Daten sind im Internet über http://dnb.ddb.de abrufbar.

Informationswerkstatt der Forschungsakademie Pro Agnitio ASUG
Analytisch-synthetisches Informationsmittel
Verlag und Herstellung: BoD - Books on Demand, Norderstedt
ISBN 9783744813822

Inhalt

Vorwort des Herausgebers

Als in den ersten Maitagen des Jahres 1945 die Suchtrupps sowjetischer Geheimdienste das Gelände der Reichskanzlei und insbesondere den Führerbunker betraten, gelang es den Ermittlern nicht, Stalins Befehl auszuführen und den Führer des Deutschen Reiches gefangen zu nehmen. Der hatte nämlich, um das zu verhindern, vorgesorgt.

Was sie nach einigen Tagen fanden, das waren zwei verkohlte Leichen, die als die Leichen von Hitler und seiner Frau durch die Geschichtsbücher geistern. Für Leichtgläubige vermeintlich ganz gewiss wurde das dann sogar, als die Russen Ende der 60er Jahre erstmalig publik machten, dass sie die Leichen 1945 gefunden und durch positive Prüfungsergebnisse des Zahnstatus identifiziert hätten.

Wo diese Leichen abgeblieben waren, wurde Jahre später ebenfalls publiziert, lange nachdem diese mehrmalige Umbettungen an wechselnden sowjetischen Garnisons-Standorten auf dem Gebiet der DDR erfahren hatten und schließlich in Magdeburg endgültig und restlos verbrannt worden waren, so dass die Gefahr gebannt wurde, dass unerwünschte Identifizierungsversuche durch Dritte hätten erfolgen können.[1]

Die Russen waren 1945 zwar nicht wirklich sicher, ob es die Leichen von Adolf und Eva Hitler waren, sie konnten es auch nicht wirklich nachweisen, aber sie waren damals froh, überhaupt zwei Leichen gefunden zu haben, die später von Historikern, Journalisten, Politikern und damit von der überwiegenden Öffentlichkeit unbesehen als die von Hitler und seiner Frau anerkannt wurden, ohne dass sie jemals ein Angehöriger von Hitlers Hofstaat oder gar erst ein unabhängiger ausländischer Gutachter geprüft hatte. Bestätigen ließ man sich den Tod Hitlers durch den angeblich unbestechlichen Beweis seines Zahnstatus anhand angeblich gefundener Kiefer, Zahnbrücken, Prothesen, welche erstaunlicherweise die Einäscherung der Leichen überstanden haben sollten, sowie durch Hitlers Tod bestätigende Aussagen von Zeugen, die tatsächlich aber nichts gesehen hatten.

Aufgrund ihrer Unsicherheit, es wurde auch eine mögliche Flucht Hitlers in Erwägung gezogen und man zweifelte an der Echtheit der Zähne, haben die Sowjetgeheimdienstler noch Jahre nach der angeblich definitiven Bestätigung von Hitlers Tod Zeugen nach dem Verbleib Hitlers befragt.

Zahllose Berichte über Hitlers angebliche Flucht oder eben über seinen angeblich bewiesenen Tod im Führerbunker gibt es, seit 1945 sind sie Legion geworden. Mehrheitlich handelt es sich dabei um Spekulationen und unwissenschaftliches, weil parteiisches Herangehen von der einen oder anderen Seite.

Offizielle Untersuchungen gab es durch Geheimdienstoffiziere der Siegermächte, durch die Untersuchungsorgane der Nürnberger Prozesse, durch deutsche Staatsanwaltschaften und es gab auch zahlreiche Abhandlungen zur Problematik durch Historiker und andere Autoren, dargestellt in Zeitschriftenartikeln oder in Büchern.

Eine Grundlage des wackeligen Beweisgebäudes für Hitlers Bunkertod war die Befragung von Zeugen aus Hitlers Umfeld. Es gab Zeugen, die angaben, dabei gewesen zu sein, bzw. etwas gesehen zu haben, die auch tatsächlich zur Zeit der Ereignisse vor Ort waren. Es gab Zeugen, die ihr Zeugnis für bestimmte Ereignisse im

Führerbunker am 30.04.1945 grundsätzlich leugneten. Es gab angebliche Zeugen, das heißt, Personen, die gern dabei gewesen wären bei dem, was geschah, und die, obwohl es eben nicht so war, dennoch gern darüber berichteten. Das Problem bei der Auswertung der Zeugenaussagen ist es, dass diese so unglaublich widersprüchlich waren. Das hatte verschiedene Ursachen:

- Es wurden falsche Aussagen gemacht, weil wahre Aussagen bestimmten Zeugen zusätzliche Bestrafungen eingebracht hätten.
- Es erfolgten falsche Angaben, weil Zeugen angedrohte Folter oder die Fortsetzung bereits erlittener Folter befürchteten und deshalb so antworteten, wie sie glaubten, dass die Vernehmenden es hören wollten.
- Es wurden Falschaussagen gemacht, weil einige Zeugen bestimmten Kameraden nicht schaden wollten.
- Es erfolgten falsche Aussagen, weil sich einige Zeugen auch nach dem vermeintlichen Tod Hitlers noch an ihren Eid gebunden fühlten.
- Es wurden falsche Aussagen gemacht, weil einige Möchtegernzeugen sich in die Nähe eines publicityschwangeren historischen Ereignisses hineinlügen wollten.
- Es erfolgten falsche Aussagen, weil einige Zeugen in ihren später veröffentlichten Büchern besondere „Highlights" haben wollten, mit denen sie ihr Buch interessanter machen konnten.
- Es kam zu falschen Aussagen, weil sich einige Zeugen nicht richtig erinnern konnten.
- Es wurden Falschaussagen gemacht, weil einige Zeugen von anderen Personen mit Falschinformationen gefüttert worden waren.

Die Tatsache der unglaublichen Widersprüchlichkeit der Zeugenaussagen zu Hitlers Tod veranlasste übrigens kaum einen der zahllosen Autoren die sich mit dem Thema befassten, an der Behauptung, Hitler habe einen Suizid begangen und seine Leiche sei verbrannt worden, in irgendeiner Weise zu zweifeln.
Stalin dagegen veranlasste das durchaus, zu zweifeln. Und mehr noch: All diese Widersprüche waren für ihn ein klares Indiz für eine Flucht Hitlers. Und er verfügte über zusätzliche Informationen. Schon im Mai 1945, wusste Stalin, bei dem die genauen Untersuchungsergebnisse seiner diversen Geheimdienste zusammenliefen, dass ihm sein Rivale im Ringen, Diktator über Europa zu werden, entkommen war. Stalin verfügte über entsprechende Quellen, die ihm das hinreichend bestätigten:

- Auf Stalins Tisch lagen sämtliche Protokolle der Zeugenvernehmungen konkurrierender Sowjetgeheimdienste.
- Auf Stalins Tisch lagen die unzureichenden Obduktionsergebnisse.
- Auf Stalins Tisch lagen vermutlich die Berichte über die Manipulation des Zahnstatus Hitlers und seiner Frau, da die Sowjetgeheimdienste sich üblicherweise bei Stalin gegenseitig denunzierten.
- Auf Stalins Tisch lagen die Tagebücher von Goebbels, vermutlich einschließlich der in der Historikerzunft als verloren gegangen betrachteten Teile.
- Auf Stalins Tisch lagen auch die echten Aufzeichnungen von Martin Bormann (nicht nur das manipulierte „Tagebuch", welches in mindestens zwei identischen Exemplaren Anfang Mai 1945 an unterschiedlichen Orten in Berlin gefunden wurde!)[2].

> Auf Stalins Tisch lagen die Berichte seiner Auslandsagenten in Spanien und in Argentinien.
> Auf Stalins Tisch lagen bis heute geheim gehaltene Verhörprotokolle bestimmter Zeugen aus dem Bunker, die durch Folter gesprächig gemacht worden waren.

Stalin verfügte also als einziger Mensch zu dieser Zeit über alle relevanten Quellen und kam zu dem begründeten Schluss, dass Hitler die Verfolger genarrt hatte. Stalin hatte sein System der Geheimhaltung und des Informationsmonopols wahrscheinlich noch raffinierter gestaltet als Hitler seines.[3] Stalin hatte die Kanalisierung der wichtigen und geheimen Informationen direkt zu ihm hin perfektioniert. Aufgrund seines Wissens um die wirklichen Geschehnisse ließ der Sowjetdiktator den sowjetischen Oberkommandierenden in Deutschland, den Marschall Schukow, auf einer internationalen Pressekonferenz in Berlin am 09.06.1945 erklären: „Die Umstände sind sehr geheimnisvoll. Wir haben Hitlers Leiche nicht identifiziert, ich kann nichts über sein Schicksal sagen. Er könnte im allerletzten Augenblick Berlin im Flugzeug verlassen haben."[4] Und auf den Konferenzen der Alliierten betonte Stalin, Hitlers Überreste seien nicht gefunden worden, deshalb glaube er, dass Hitler nach Spanien oder nach Südamerika geflohen sei.

Stalin wurde dafür von vielen Seiten gescholten und es hieß, allein aus machtpolitischen Überlegungen habe er geleugnet, dass Hitler tot sei. Aber Hitlers Leichnam wurde tatsächlich niemals gefunden. Die Leichenreste, welche von den Sowjets ausgegraben worden sein sollen, gehörten definitiv nicht zu Hitler und seiner Frau. Und eine vollständige und spurlose Verbrennung bei offenem Feuer war auch nicht möglich. In dieser Frage erfährt also der blutrünstige („Väterchen") Stalin, der zweite mächtige und ebenfalls ungestrafte Diktator des 20. Jahrhunderts, eine posthume Rehabilitierung, seine Meinung zu Hitlers Überleben betreffend.

Auch auf Seiten der Alliierten herrschte völlige Unklarheit bezüglich Hitlers Schicksal. So bemerkte der Stellvertreter des amerikanischen Hauptanklägers im Nürnberger Prozess, Thomas J. Dodd: „Niemand kann sagen, daß er tot ist."[5] Und General Eisenhower, der zunächst davon ausgegangen war, dass Hitler tot sei, äußerte am 18.06.1945, dass Hitler sicher noch lebe, da es keine wirklich identifizierte Hitlerleiche gebe. Eisenhower wiederholte und bekräftigte diese Auffassung auch am 06.10.1945 bei einem Besuch in den Niederlanden.[6]

Es hätte sich also aufgrund fehlender Beweise für Hitlers Tod und aufgrund der widersprüchlichen und vielfach nachweisbar falschen Aussagen der Zeugen eine offensichtlich vertuschte Flucht aus dem Bunker den Untersuchungsorganen und den Autoren entsprechender Veröffentlichungen geradezu aufdrängen müssen.

Dagegen beharren auch heute noch, auch nachdem sich die wenigen angeblichen Beweise für Hitlers Tod Stück für Stück in Wohlgefallen aufgelöst haben, zahlreiche Historiker und Journalisten darauf, er sei am 30.04.1945 zusammen mit seiner frisch angetrauten Frau, von eigener Hand (oder durch erwünschte fremde Hilfe – Tötung auf Verlangen) aus dem Leben geschieden. Selbst wenn sie erkennen, dass „... zwei Dutzend Menschen ... am Nachmittag des 30. April im Führerbunker (waren), zahlreiche andere Zeugen im Vorbunker, und was sie alle hinterher Journalisten,

Historikern, alliierten oder deutschen Vernehmern, sowjetischen Geheimpolizisten, freiwillig und unter Folter, berichteten, lässt sich unmöglich auf einen gemeinsamen Nenner bringen."[7], wird nicht die einzig logische Schlussfolgerung gezogen: Hitlers Tod ist also ungewiss, sondern im Gegenteil dazu setzte der Autor fort: „Sicher ist, dass nach einer Weile einige die Tür öffneten und einen erschossenen Hitler sowie seine vergiftete Gattin vorfanden."

Sicher? Ganz im Gegenteil! Es besteht begründeter Zweifel an der bekannten Darstellung vom Tode Hitlers am 30.04.1945 im Führerbunker der Reichskanzlei. Das veranlasste uns, erneut zu recherchieren und zu versuchen, mehr Licht in das Dunkel des Falles zu bringen und mit diesem analytisch-synthetischen Informationsmittel auch Anregung für weitere Forschungen zu liefern.

In diesem Band werden insbesondere die sowjetischen Ermittlungsergebnisse kritisch hinterfragt und die von den Untersuchungsführern und in ihrem Gefolge auch von zahlreichen Autoren aus vielen Ländern angeführten angeblich begründeten Vermutungen, handfesten Indizien und unwiderlegbaren Beweise, die das ganze Gebäude der Falschdarstellung von Hitlers Tod stützten, konnten im wesentlichen als falsch charakterisiert werden.

Alfred H. Mühlhäuser

ERSTER TEIL
Die Ermittlungen zum Todesfall Hitler

Seit Mitte Mai 1945 galt: Aufgrund der positiven Prüfung des Zahnstatus und aufgrund von passenden Aussagen durch gefangen genommene SS-Leute und hohe Funktionäre der NSDAP ist der Tod Hitlers und seiner Frau Eva Anna Paula, geborene Braun, bestätigt worden. Dennoch wurde im Juni 1946 im Schlussbericht der sowjetischen „Operation Mythos" zur definitiven Klärung von Hitlers Tod festgestellt:

"Ungeachtet der Tatsache, dass alle Angaben für die Aussagen von Linge und anderen Personen sprachen, Hitler habe Selbstmord begangen, hält die Kommission es nicht für möglich, in dieser Frage endgültig Schlüsse zu ziehen."

I. Die offiziellen Ermittlungen zu den Geschehnissen vom 30.04.1945 im Führerbunker

„Die Muse der Geschichte ist eine rachsüchtige Dame. Jeder Verstoß gegen sie, auch der aus den alleredelsten Motiven begangene, wird früher oder später bestraft: morgen, übermorgen oder in 100 Jahren."

Lew Besymenski

I.1. Sowjetische Ermittlungen und Ermittlungsergebnisse

I.1.1. Die ersten Untersuchungen durch Sowjetgeheimdienste

I.1.1.1 Kampfauftrag: Hitler fassen – tot oder lebendig!

Der sowjet-sozialistische Diktator Dschugaschwili (Kampfname: „Stalin") hoffte, dass seine Soldaten den national-sozialistischen Diktator Hitler (Kampfname: „Wolf") lebendig gefangen nehmen würden. Er wollte ihn, genau so wie Hitler das befürchtete, in erniedrigender Weise durch Moskau führen lassen, ähnlich wie die Römer den Gallierkönig durch Rom. Das äußerte er gegenüber Marschall Schukow, seinem militärischen Stellvertreter. Und dass diese Absicht nicht nur so daher gesagt war, zeigte sich auch an der Art, wie deutsche Kriegsgefangene durch Moskau getrieben wurden. Sie erhielten vorher eine Wassersuppe, die mit Rizinusöl angereichert war, was dazu führte, dass Zehntausende deutsche Kriegsgefangene auf erniedrigende Weise mit vollgeschissenen Hosen in langer Kolonne durch Moskau laufen mussten. Von Stalin hatte der Chef der SMERSCH („Tod den Spionen": Militärische Abwehr), Abakumow, schon mit dem Beginn des Sturmes auf Berlin den Befehl zur Fahndung nach Hitler erhalten. Tatsächlich haben die Russen aufgrund der Tatsache, dass sie allein ganz Berlin erobert hatten, den entscheidenden Platzvorteil gehabt, als es darum ging, Hitler aufzuspüren. Als sie Ende April 1945 in das Zentrum Berlins vorgestoßen waren, lautete der Auftrag für mehrere Suchtrupps, Hitler zu finden: „Finden Sie Hitler – tot oder lebendig!"

Der sowjetische Geheimdienstoffizier Klimenko stellte dies so dar, als ob allein er den Auftrag erhalten hätte: „In den letzten Apriltagen 1945, als die sowjetischen Soldaten den Reichstag stürmten, beauftragte das Oberkommando eine von mir geleitete Aufklärergruppe, Adolf Hitler und die ihn umgebenden Personen zu finden..."[8]

Tatsächlich aber gab es diverse Suchtrupps. So hat Klimenko selbst auch berichtet, dass von der anderen Seite die Soldaten (und in deren Gefolge auch die Geheimdienstler) der 301. Division unter General Antonow zur Reichskanzlei vorgestoßen waren.

Bei der Eroberung Berlins konkurrierten miteinander die 1. Belorussische Front (Marschall Schukow) und die 1. Ukrainische Front (Marschall Konew). Der Oberst Andrej I. Ryschkow, ein Mann von Marschall Konew, berichtete später: „Unser Korps gehörte zur 28. Armee im Bestand der 1. Ukrainischen Front. ... Am Morgen des 2. Mai ... fanden wir auf einer einfachen Soldatendecke den Leichnam Hitlers. ... Wir trugen den Leichnam auf die Terrasse, aber weil es dort noch dunkel war, brachten wir ihn in den Hof der Reichskanzlei. Dort fanden wir ein Porträt Hitlers, das wir ihm auf die Brust legten. Ein Kameramann nahm das alles auf ... [9]

Dieses Foto des falschen Hitler, wie sich bald herausstellte, ging um die Welt. Die Leiche gehörte einem der Doppelgänger Hitlers. Er war erschossen worden, um die Angreifer zu täuschen.

Stalin war außer sich, als er am 02.05.1945 erfahren musste, dass Hitler nicht lebend aufgefunden worden war. Er nahm sofort an, dass ihm Hitler entkommen war. Um diesen Verdacht auszuräumen verlangte er, die Leiche Hitlers aufzufinden und genauestens auf Echtheit prüfen zu lassen.

Die mit der Suche nach Hitler Beauftragten, standen also unter großem Druck: Hitler lebend gefangen zu nehmen, was misslang, oder wenigstens seine Leiche zu finden und sicherzustellen.

Als Hitlers Leichnam bis zum 3. Mai nicht gefunden worden war, lobte der sowjetische Stadtkommandant von Berlin, General Bersarin, für den Finder den Titel „Held der Sowjetunion" aus.[10] Da aber ein Mann in der Position Bersarins vermutlich nicht befugt war, diesen hohen Orden zu verleihen, wird dieser Anreiz von noch weiter oben gegeben worden sein.

Am frühen Morgen des 02.05.1945 besetzten Einheiten der 301. und der 248. Schützendivision der 3. Stoßarmee sowie Soldaten der 5. Stoßarmee der Roten Armee beinahe kampflos die von ihren Verteidigern im Zuge des am Abend davor erfolgten Ausbruchs nahezu gänzlich verlassene Reichskanzlei. Wie gingen die Sowjetgeheimdienstler bei der Aufklärung von Hitlers Verbleib vor? Zur Palette ihrer Maßnahmen gehörten alle notwendigen Aktionen, um einen Täter zu finden und zu identifizieren:

> Sie fahndeten nach Adolf Hitler.
> Sie untersuchten den Führerbunker und die gesamte Reichskanzlei.

> Sie suchten nach Zeugen für Hitlers Verbleib.
> Sie führten Verhöre und Befragungen durch.
> Sie trugen Beweisstücke zusammen.
> Sie sicherten Spuren.
> Sie stellten Leichen bzw. Leichenreste sicher.
> Sie versuchten die Leichen zu identifizieren.

Die Untersuchungsgruppen taten alles, um nachzuweisen, dass Hitler tot sei. Wie belastbar waren aber die von ihnen erhobenen Indizien und gesammelten Beweisstücke? Im folgenden Abschnitt sehen wir uns dazu die oben angeführten Aktionen genauer an.

I.1.1.2 Fahndung nach Hitler und Tatortbesichtigung

Die „Eroberung des Führerbunkers" – eine Sternstunde sowjetischen Heldentums? Am 23.04.1945 hatte Marschall Schukow befohlen, einen Sondertrupp mit 25 Panzern einzusetzen, um Hitler, Himmler und Goebbels zu fassen oder an der Flucht zu hindern.[11] Als das Gelände der Reichskanzlei in der Frühe des 02.05.1945 besetzt wurde, konnte die Suche im Zentrum von Hitlers zerbrochener Macht erfolgen.

02.05.1945, 09:00 Uhr: Nun wäre der Weg frei gewesen für die Ermittler. Allerdings waren die ersten sowjetischen Soldaten, die den Führerbunker betraten, nicht etwa Angehörige der die praktisch leere „Zitadelle" erstürmenden Einheiten und auch keine Angehörigen der Greifertrupps des Geheimdienstes, sondern etwa ein Dutzend Militärärztinnen, die sich auf einem Plünderzug befanden und es auf die Reizwäsche der Frauen der Naziführer abgesehen hatten.[12]
In der offiziellen „Kriegsgeschichtsschreibung der UdSSR, der fünfbändigen „Geschichte des Großen Vaterländischen Krieges", werden sie natürlich nicht als mutige Bunkerstürmerinnen erwähnt, dagegen wird Oberstleutnant Iwan I. J. Klimenko (vgl. Dossier Klimenko) als der erste Sowjetsoldat dargestellt, der in den Führerbunker eingedrungen sei. Dafür erhielt er sogar die Auszeichnung als „Held der Sowjetunion"!
Hatte man die eher unkriegerischen Frauen in Uniform übersehen, nicht erwähnen wollen, weil ein Sturm auf den Führerbunker durch mannhafte Krieger für die Medien berichtenswerter war oder hatten die Ärztinnen wohlweislich geschwiegen und sich ihrer Beute, Eva Hitlers Reizwäsche, still erfreut?
Aber es waren ja nicht nur die Frauen, die vor Klimenko den Bunker betreten hatten.

02.05.1945, 10:00 Uhr: Nach sowjetischen Darstellungen wurde die Reichskanzlei mit Minensuchgeräten Raum für Raum nach Minen und Sprengfallen durchsucht. Wenn der Raum als sicher galt, wurden Dokumente eingesammelt. So soll es angeblich auch mit dem Führerbunker geschehen sein. Diese Pioniersoldaten wären dann die ersten bewaffneten Sowjetsoldaten gewesen, die, kampflos, offiziell den Führerbunker betreten hätten. Allerdings hat der Maschinenmeister Hentschel, der sich als einziger Mensch zu dieser Zeit immer noch direkt im Führerbunker aufhielt, keinen solchen sowjetischen Pioniersoldaten bemerkt. Als erste sowjetische Geheimdienstoffiziere erschienen nach den um 09:00 Uhr eingetroffenen sowjetischen Militärärztinnen gegen 10:00 Uhr ein Major Polewoi und ein Hauptmann, dessen Name nicht überliefert wurde. Es handelte sich bei dem Major mit hoher Wahrscheinlichkeit um den jüdischen Schriftsteller und Frontberichterstatter der „Prawda", Boris Polewoi[13], der später selbst über seinen Besuch im Bunker schrieb.

Den Führerbunker hatten sie zunächst nicht gefunden. Sie forderten sogar deutsche Zivilisten, die noch nie von einem solchen Bunker gehört hatten, auf, sie zu dem Bunker zu führen. Demnach wären die vermutlich angetrunkenen Offiziere ohne auf Sprengfallen zu achten, in den Kellern unter der Reichskanzlei herumgelaufen. So wie die Ärztinnen. Schließlich fanden sie den Führerbunker.[14] Sie betraten ihn, auch so wie die Ärztinnen, aus dem Keller der Reichskanzlei kommend, durch die „Kannenbergallee", einen Versorgungsgang, und trafen ebenfalls auf den Maschinisten Hentschel. Polewois erste Frage an Hentschel war die, wo Hitler sich befände.[15]

Sie fanden Hitler nicht und auch nicht seine Leiche. Polewoi hat einige unglaubwürdige Behauptungen aufgestellt, die von dem Autor Ryan kritiklos übernommen wurden.[16] Major Boris Polewoi und der ihn begleitende Hauptmann gehörten zur 1. Ukrainischen Front (Heeresgruppe) des Marschalls Konjew und wilderten wohl im Revier des Marschalls Schukow[17], denn sie entfernten sich bald wieder, ohne den Tatort gesichert zu haben, ohne die Leichen der Goebbelsfamilie zu bergen, ohne den Zeugen Hentschel mitzunehmen und ohne weitere Maßnahmen einzuleiten.

02.05.1945, 10:30 Uhr: Bald nachdem Polewoi und sein Begleiter wieder verschwunden waren, erschienen gegen 10:30 Uhr, laut lärmend, aus Richtung der „Kannenbergallee", also aus den Kellern unter der Reichskanzlei, etwa 20 sowjetische Infanterieoffiziere. Da sie den Weinkeller Kannenbergs, des Intendanten der Reichskanzlei, entdeckt hatten, übersahen sie zunächst Johannes Hentschel, den letzten Insassen des Führerbunkers, der sich gerade ebenfalls in der Kannenbergallee befand und den sie bald darauf in ihre Sauforgie einbezogen und mit Sekt überschütteten, vergaßen aber, den Führerbunker zu erstürmen oder wenigstens, ihn in seiner fast gänzlichen Leere zu entdecken.[18]

Noch immer hielt sich die Hälfte der ersten „Erstürmerinnen" des Bunkers, etwa sechs sowjetische Militärärztinnen, in Eva Hitlers Raum auf. Sie probierten deren Büstenhalter. Aber auch das waren nicht die letzten Sowjetmenschen, die vor dem offiziellen Bunkerstürmer Klimenko, den Bunker betraten.

02.05.1945, vermutlich 11:00 Uhr: Die erste echte „Erstürmung" des leeren Führerbunkers durch Sowjetsoldaten erfolgte am Vormittag als der Maschinenmeister vor dem Notausgang des Bunkers frische Luft schnappen wollte und er von einem sowjetischen Oberst und einem Leutnant nach den Räumen von Goebbels und Hitler gefragt wurde. Die Offiziere stürmten mit gezückten Pistolen die Treppe hinunter in den leeren Bunker und versuchten, in Hitlers Räume zu gelangen. Als Hentschel sie in Panik und ihm selbst später unverständlicher Handlungsweise, wie er behauptete, vor Minen warnte, die es gar nicht gab, ließen sie von der gänzlichen „Erstürmung" des Führerbunkers ab und nahmen dafür den Maschinenmeister fest, um ihn außer-

halb des Bunkers der sowjetischen Militärpolizei zu übergeben. [19] [20]
Nun endlich verließen auch die echten „Eroberinnen" des Führerbunkers, nein, eher die Eroberinnen von Eva Hitlers Dessous, diese, laut Aussagen von Hentschel, mit Freudengeheul in den Händen schwingend, durch den Gartenausgang den Bunker.

02.05.1945, nach 13:00 Uhr: Es waren also drei oder sogar vier verschiedene Gruppen sowjetischer Offiziere, die nacheinander den Führerbunker betreten hatten, bevor Stunden später Oberstleutnant Klimenko (Chef der SMERSCH des 79. sowjetischen Schützenkorps) zwischen 13:00 und 14:00 Uhr das Gelände der Reichskanzlei erreichte. Insgesamt sollen sogar acht bis zehn „Greifertrupps" auf Jagd nach Hitler und anderen hochrangigen Nazis gewesen sein[21].
Klimenkos Gruppe betrat, als in der sowjetischen Kriegsgeschichtsschreibung offizielle Bunkerstürmer dargestellt, erst als fünfte Gruppe, geführt von dem Gefangenen Hentschel, den leeren Führerbunker und Klimenko wurde, wie erwähnt, später für diese Heldentat zum „Helden der Sowjetunion" gemacht und zum Oberst befördert. Laut Bericht der Militärdolmetscherin Rhsewskaja wurde ein kleiner Heizer „ein unansehnlicher Zivilist" (Hentschel steckte im „Blaumann") gefunden, als Führer von Oberstleutnant Klimenko und Major Bystrow. „Schließlich finden sie das Loch. Hitlers Behausung ist leer ..."[22]
Auch der Sowjethistoriker Besymenski stimmte in den Chor der Lobeshymnen für allein Klimenko ein, der fast als Letzter kam: Die sowjetischen Abwehroffiziere „... hatten Befehl, sofort die Suchaktionen nach den Führern des Reiches zu eröffnen. Begonnen wurde das Unternehmen von Oberstleutnant Iwan Issajewitsch Klimenko, dem Chef der Abwehrabteilung des 79. Schützenkorps, seinen Offizieren und Soldaten."[23]
Nun kann man, wenn man die wirkliche Abfolge der den Führerbunker betretenden Sowjetmenschen betrachtet, zu der Feststellung gelangen, dass von Klimenko das Unternehmen nicht begonnen, wie Besymenski schrieb, sondern eher abgeschlossen wurde.

02.05.1945, nachmittags 17:00 Uhr: Klimenko und die Majore Bystrow und Chasin begaben sich erneut, diesmal mit vier Gefangenen zur Reichskanzlei. Sie näherten sich vom Garten aus dem Notausgang des Bunkers. Dort fanden sie die Leichen von Goebbels und von dessen Frau, wenige Meter vor dem Bunkerausgang. Diese wurden durch die Kriegsgefangenen Schneider (Garagenmeister) und Lange (Chefkoch) identifiziert. Damit wurde die Suche für diesen Tag beendet und die Leichen wurden auf ausgehängten Türen in das Gefängnis Plötzensee gebracht[24], wo die SMERSCH des 79. Schützenkorps der 1. Belorussischen Front Quartier bezogen hatte.[25]

03.05.1945, 05:00 Uhr: Vizeadmiral Voss, der von Geheimdienstoffizieren der 3. Stoßarmee festgenommen worden war, musste zu dieser Zeit in Plötzensee die Leichen des Ehepaares Goebbels identifizieren.[26]

03.05.1945, vormittags: An diesem Tag wurde der Tatort sogar von Marschall Schukow persönlich, der sich vom Selbstmord Hitlers und anderer hochrangiger Nazis überzeugen wollte, in Begleitung einiger Generale besucht. Schukow berichtete später, was er dort erlebt hatte[27]:

> „Man berichtete uns, die Faschisten hätten alle Leichen verscharrt; niemand wusste aber genau den Ort und wer daran beteiligt gewesen war. Die Angaben widersprachen sich."
> „Wir suchten vergebens nach dem Scheiterhaufen, auf denen Hitlers und Goebbel's Leichen verbrannt worden waren. Zwar sahen wir Spuren von Feuerstellen, sie waren aber zu klein und dürften nur Soldaten zum Wasserkochen gedient haben."[28]

Während der Anwesenheit Schukows wurden die Leichen der sechs Kinder von Joseph und Magda Goebbels und die Leiche des Generals Krebs zum zweiten Mal, diesmal von Oberleutnant Iljin (und Angehörigen seines Zuges) von der Gruppe Klimenko (sowjetischer Militärgeheimdienst SMERSCH) im Bunker entdeckt.[30]

Der Korpsarzt, Oberstleutnant Gratschkow, stellte fest, dass die Kinder durch das Gift bildende Karboxyhämoglobin zu Tode gekommen seien.[31] Die Gerichtsmediziner stellten Tage später aber Zyanverbindungen als Todesursache fest.

Die Leichen der Eltern dieser ermordeten Kinder waren bereits einen Tag zuvor, am 02.05.1945, gefunden worden. Deshalb verwundert es, dass Marschall Schukow schrieb, man habe die Stelle gesucht, an welcher die Leiche von Goebbels verbrannt worden sei. Herrschte bei den Sowjets das Informationschaos? Immerhin wäre der Oberkommandierende der Sowjetstreitkräfte im besetzten Deutschland nicht informiert worden! Oder ist das eine indirekte Bestätigung für eine Behauptung Hentschels, dass von der SS versucht worden sei, die Leichen des Ehepaares Goebbels nicht oben, außerhalb des Bunkers, sondern unten im Bunker zu verbrennen?

Und auch der Leichnam von General Krebs wurde gefunden. Dieser soll nach Klimenko im Bunker[32], nach Berichten der Dolmetscherin seines Vorgesetzten aber im Hof der Reichskanzlei[33] gefunden worden sein. Rochus Misch sah die Leichen der Generale Krebs und Bugdorf am 01.05.1945 nach 22:00 Uhr tot im Lagevorraum, später waren sie aber weg und er glaubte, RSD-Leute hätten sie hoch in den Garten der Reichskanzlei getragen.[34]

Im Bericht des Generals Wadis, der nach Moskau gesandt wurde, wurde die Entdeckung der Leiche von Krebs überhaupt nicht erwähnt.[35] Nach Darstellung der Rshewskaja hatte sich Krebs vergiftet.[36] Wahrscheinlich sah man keine Schusswunde. Rochus Misch sah ebenfalls keinen Einschuss und hatte keinen Schuss gehört, obwohl die beiden Generale nur wenige Meter von seinem Arbeitsraum entfernt saßen. Deshalb glaubte auch er, dass sie sich vergiftet hätten.[37] Und auch in der Obduktionsakte Nr. 7 (General Krebs) wurde keine Schusswunde erwähnt und dokumentiert, dass zwar in der Mundhöhle keine Glassplitter gefunden wurden, dass aber bei der Öffnung des Hirns und bei der Öffnung der inneren Organe deutlicher Bittermandelgeruch habe festgestellt werden können.[38] In der Akte wurde auch hinsichtlich mehrerer Wunden und Blutergüsse am Kopf von General Krebs vermutet, dass sie beim Sturz des in Agonie befindlichen Körpers zustande gekommen seien. Rochus Misch hatte aber berichtet, dass die beiden Generale Krebs und Burgdorf tot in den Sesseln im Lagevorraum des Führerbunkers gesessen hätten! Krebs war also nicht gestürzt. Eine offene Frage: Wie war es zu den Wunden am Körper des Generals Krebs gekommen?

Eine weitere Auffindungsvariante für die Leiche des Generals Krebs stammt von dem SMERSCH-Offizier Polewoi. Dieser hatte angeblich die Leichen von Krebs und Burgdorf, die sich erschossen hätten, im Vorbunker entdeckt, also nicht im Lagevorraum von Hitlers Bunker, wie Rochus Misch aussagte.[39]
Nach dem sowjetischen Frontkameramann Schneiderow war die Leiche von Krebs nicht verbrannt. „... man konnte ihn unschwer identifizieren.[40] Bei Besymenski jedoch wird ein Foto einer ganz offensichtlich zumindest durchgehend oberflächlich verbrannten Leiche als die des Generals Krebs präsentiert.[41] Das ist alles sehr merkwürdig und zeigt, wie widersprüchlich auch die Ermittlungsergebnisse der Hitlerjäger waren.

03.05.1945, 21:00 Uhr: Nachdem Oberstleutnant Klimenko den Vizeadmiral Voss verhört hatte, fuhr er am Abend[42] mit seinen Leuten und Voss erneut zur Reichskanzlei.[43] Sie begaben sich in den Führerbunker, wo sie aber nichts Substantielles fanden.[44] Danach stiegen sie wieder nach oben, wo Voss dann neben vielen anderen Leichen eine Hitler ähnelnde Leiche, mit einem Einschussloch in der Stirn, in einem leeren Löschwasserbecken entdeckte, die er zunächst für die Leiche Hitlers hielt.[45] Voss rief: „Das ist Hitler!"[46] Aufgrund der Tatsache, dass die Leiche gestopfte Socken trug, zweifelte er dann aber an deren Echtheit und seine sowjetischen Begleiter suchten weiter.
Die Leichen der Goebbelskinder und die des Generals Krebs wurden ebenfalls nach Plötzensee gebracht. Dort in einem Raum der Direktorenwohnung zur Identifizierung abgelegt, wurde der Vizeadmiral Voss erneut mit den Leichen konfrontiert, die er alle identifizierte.[47] Hitlers Leiche aber blieb unauffindbar.[48]
Die weitere Tatortuntersuchung erbrachte nichts. Sie fanden Hitler nicht im Bunker, wo sie ihn anzutreffen hofften. Und sie fanden ihn auch nicht in den Trümmern der Reichskanzlei. Er wurde auch nicht im Umfeld gefangen genommen. Auch in den Straßen Berlins, vielleicht doch „gefallen im Kampf gegen die Bolschewisten bei der Verteidigung der Reichshauptstadt" wurde Hitlers Leiche nicht entdeckt.
Von dem Maschinenmeister des Führerbunkers, Hentschel, der als einziger im Führerbunker verblieben war, um für den Strom und das Wasser zu sorgen, die im Lazarett unter der Reichskanzlei benötigt wurden, erfuhren sie, dass Hitlers Leiche außerhalb des Bunkers verbrannt worden sei.
Man sollte nun meinen, dass der Bericht Klimenkos über die unmittelbar nach Hitlers angeblichem Tod erfolgte Suche und deren Ergebnisse Licht in das Dunkel der Ereignisse vom 30.04.1945 im Führerbunker bringen würde, da sie zeitnah und praktisch exklusiv erfolgte, aber weit gefehlt. Klimenkos Bericht über die Suche und den angeblichen Erfolg strotzte nur so von Ungereimtheiten. Seine Beschreibung des Führerbunkers lässt diesen kaum wiedererkennen. Die Lügen einzelner Geheimdienstmitarbeiter, um sich wichtig zu machen, korrespondieren mit den Lügen (Wir haben Hitlers Leiche, Hitlers Schädelteil und Hitlers Zahnteile.), die von ihren damaligen Vorgesetzten und deren Nachfolgern praktisch bis heute verteidigt werden.

I.1.1.3 Suche nach Zeugen, Verhöre und Zeugenbefragungen

Als Hitler bzw. seine Leiche nicht sofort gefunden wurden, versuchte man im Zuchthaus Plötzensee weitere Kriegsgefangene ausfindig zu machen, die Hitler persönlich gekannt hatten und bei der Identifizierung helfen konnten. Voss kannte zwar Hitler persönlich, aber Klimenko zweifelte nach der Fehlleistung von Voss am 02.05.1945 bezüglich des Hitlerdoppelgängers mit den gestopften Socken an dessen Identifizierungsfähigkeiten. Schließlich kam man auf insgesamt sechs Zeugen, die angaben, Hitler gekannt zu haben.

Am 04.05.1945, 11:00 Uhr, fuhr Oberstleutnant Klimenko mit sechs Zeugen erneut zur Reichskanzlei. Die Leiche im leeren Löschwasserbecken, die nun der Identifizierung durch diese Zeugen unterworfen werden sollte, war allerdings nicht mehr dort zu finden. Inzwischen stand die Reichskanzlei in der Verantwortung der 5. Stoßarmee. Klimenko musste deshalb für sich und für seine Begleitung Passierscheine ausstellen lassen, um die in einem Saal der Reichskanzlei ausgestellte angebliche Hitlerleiche identifizieren lassen zu können. Aber nur ein einziger von den sechs Zeugen meinte, es könne sich um die Leiche Hitlers handeln.[49]

Natürlich suchte man weiter nach Zeugen. Nach einigen Tagen standen dann zunächst etwa fünfzehn Personen zur Verfügung. Das waren eigentlich immer noch recht wenige, was aber seine Ursache in der Tatsache hatte, dass zwar in Berlin oder Umgebung der größere Teil der überlebenden Zeugen, die man später als „Reichskanzlei-Gruppe" bezeichnete, gefangen genommen worden war, aber zunächst bei einigen dieser Gefangenen, die sich natürlich nicht zu erkennen gaben, nicht klar war, dass sie etwas mit dem Führerbunker zu tun hatten. Außerdem waren sie von unterschiedlichen Truppenteilen unterschiedlicher, miteinander rivalisierender sowjetischer Armeekorps und deren Geheimdienstabteilungen gefangen genommen worden. So wurde bei einigen Zeugen sogar erst in Moskau klar, dass sie für die Aufklärung von Hitlers Verbleib interessante Hinweise hätten liefern können.

Die RSD-Leibwächter Hitlers, Bergmüller, Kölz, Hofbeck, Henschel, die FBK-Offiziere Beermann und Reisser, die Ordonnanzen Schwiedel und Jakubeck, die Hitler-Sekretärin Junge und die Mediziner Professor Dr. Haase und Dr. Schenck, waren ebenfalls in den ersten Maitagen 1945 von sowjetischen Soldaten gefangen genommen, worden, aber wahrscheinlich von anderen Einheiten verhört worden oder gar nicht als wichtige Zeugen erkannt worden. Der Hauptsturmführer Beermann vom FBK konnte bereits nach einem Tag fliehen und geriet dann in britische Gefangenschaft. Frau Junge, eine von Hitlers Sekretärinnen, der es zunächst gelungen war, zu entkommen und die dann am 09.06.1945 in Berlin verhaftet wurde, saß zunächst 14 Wochen im Gefängnis Lichtenberg in Einzelhaft, ohne dass sie überhaupt ein einziges Mal verhört worden wäre![50] Merkwürdigerweise erhielt sie dann Hafterleichterung und durfte sogar außerhalb des Gefängnisses, ausgestattet mit einem Ausweis als Mitarbeiterin der sowjetischen Kommandantur, privat wohnen. Ihre Gegenleistung, die Namen all derer zu nennen, die zu Hitlers Umgebung gehörten, kann nicht so groß gewesen sein. Was aber war der Grund?

Sie hatte angeblich einen Gönner (ohne Gegenleistungen) bei den Russen, dem sie nach einigen Monaten ebenfalls entfliehen konnte. Der Gruppe Gorbuschin stand sie jedenfalls nicht als Zeugin zur Verfügung. Jedenfalls hatte sich Günsche, wie sich zeigte, in Frau Junge offensichtlich die richtige Person ausgesucht für die Verbreitung seiner Falschinformationen.

Die Gefangenen, die zunächst verhört werden konnten, waren jedenfalls keine direkten Zeugen der Ereignisse vom 30.04.1945 im Bunker. Bis auf einen: Johannes Hentschel. Der Maschinenmeister im Führerbunker wurde aber aus irgendeinem Grunde nicht ernst genommen und nicht der Gruppe der Zeugen zugeordnet. Die Dolmetscherin charakterisierte Hentschel so: Ein kleiner Heizer, bescheiden und unscheinbar.[51] Das war bezeichnend für die Qualität der geheimdienstlichen Recherchen der SMERSCH. Hentschel, der vieles wusste, was selbst Rattenhuber und Bormann nicht wussten, wurde bereits nach nur vier Jahren aus der Gefangenschaft entlassen, während die Zahnarzthelferin Käthe Heusermann, die an Hitlers Zahnbehandlungen beteiligt war, zehn lange, qualvolle Jahre in sowjetischen Gefängnissen und Lagern zubringen musste. Möglicherweise war es Hentschel gelungen, sich einem Kriegsgefangentransport anzuschließen, der in die Höhle des Löwen, nach Moskau ging, und so als ein unbedeutender Gefangener unter den vielen anderen unbedeutenden Gefangenen aus der Reichweite der in Berlin aktiven Hitlerfahnder zu verschwinden. Dass Hentschel, ob befehlsgemäß oder aus eigenem Antrieb, versucht hat, Sand in das Getriebe der Ermittlungen, auch viele Jahre nach den Ereignissen zu streuen, wurde deutlich, als er den Autoren des Buches „Die Katakombe" den Bären aufband, dass am 01.05.1945 Bormann und Stumpfegger vor dem Ausbruch total betrunken gewesen seien. „Bormann ... Stockbesoffen und Stumpfegger ebenfalls. Die beiden Brüder hätten Schwierigkeiten gehabt, das Brandenburger Tor am hellichten Tag zu finden."[52] Das stimmte mit Sicherheit nicht. Wenn es so gewesen wäre, dann hätten es Bormann und Dr. Stumpfegger nicht bis zu der Stelle, weit entfernt von der Reichskanzlei, geschafft, an der sie Axmann angeblich tot liegen sah. Kein anderer Zeuge hat jedenfalls Derartiges berichtet.

Weitere Zeugen waren alles andere als aussagefähig und ebenfalls kaum zuverlässig. So hatte Klimenkos Gruppe einen SS-Sturmbannführer Dr. Kunz (Vgl. Dossier Dr. Kunz) verhört, der behauptete, die Goebbelskinder vergiftet zu haben, dies aber später widerrief und dem Dr. Stumpfegger, Hitlers Begleitarzt, die Tötung der Kinder in die Schuhe schob. Dass er nicht weiter als Zeuge erwähnt wurde, hängt wohl damit zusammen, dass er in der Geheimdienstaktion „Zahnstatus" der Sowjets eine Rolle gespielt hat, was nicht bekannt werden sollte.

Die Dolmetscherin Rshewskaja schrieb bezogen auf die Verhöre aller durch ihre SMERSCH-Gruppe gefangen genommenen Zeugen: „Diese Aussagen mussten aus einem Wust widerspruchsvoller, aus Sensationsdrang gemachter Mitteilungen ausgesondert werden."[53]

Die Decke für die Ermittlungen war ziemlich kurz. Es kam nicht viel heraus. Im Ergebnis der Befragungen meinte Klimenko aber dennoch feststellen zu können: „Das einzige, was wir mit Bestimmtheit wussten, war, dass Hitler tot war. Aber wo sollten wir seine Leiche suchen?" Klimenko war also schon nach den Aussagen an geblicher Zeugen des angeblichen Todes von Hitler und Frau voll davon überzeugt, dass die Selbstmordversion stimmte. Aber niemand von den Leuten war dabei! Alle hatten nur etwas gehört, manchmal auch nur von jemandem, der auch nur etwas gehört hatte.

Die Zeugenbasis verbesserte sich erst, als unter den Gefangenen auch die Generale Rattenhuber und Baur, Hitlers Adjutant Günsche sowie einige Tage später auch Hitlers Chefdiener Linge identifiziert worden waren.[54] Diese Gefangenen wurden, getrennt von den anderen, gefangen gehalten und verhört. Rattenhuber und Günsche waren Gefangene des sowjetischen Innenministeriums (NKWD), während die anderen SMERSCH-Gefangene waren. Allerdings haben die Aussagen dieser Zeugen in keiner Weise zur Aufklärung von Hitlers tatsächlichem Verbleib beigetragen. Aber sie erhärteten die Vermutung der Geheimdienstler, dass es sich tatsächlich um die Leichen von Hitler und dessen Frau gehandelt habe, die man aus dem Granattrichter herausgeholt hatte.[55]

Schließlich wurde auch noch der RSD-Leibwächter Mengershausen, der sich bis dahin nicht zu erkennen gegeben hatte, enttarnt. Der Chefkoch Lange hatte den Russen verraten, dass Mengershausens Identität falsch war.[56]

Tabelle 1: Aufstellung der Zeugen, die den sowjetischen Geheimdienstlern in den ersten Tagen zur Verfügung standen

Name	Funktion Dienstgrad	Aussagen zu oder Aktivitäten	Gefangennahme am:
Voss, Hans-Erich	Hitlers Verbindungsoffizier zu Dönitz, Vizeadmiral	Identifizierung der Leichen der Goebbelsfamilie. Zeigte falsche Hitlerleiche	02.05.1945
Schneider, Karl	Garagenmeister SS-Hauptsturmführer beim FBK	Benzin für Verbrennung Hitlers und dessen Frau bereitgestellt. Angeblich den Leichentransport beobachtet.	02.05.1945
Lange, Wilhelm	Chefkoch der RK, Zivilist	Hörte (!) von Hitlers Tod.	02.05.1945
Dr. Kunz, Helmut	Zahnarzt / SS-Sturmbannführer	Beteiligt am Tod der Goebbelskinder	02.05.1945
Eckold, Wilhelm	Chef von Goebbels Leibwache SS-Hauptsturmführer	Identifizierte die Leichen von Krebs und die der Goebbelsfamilie	02.05.1945
Fritzsche, Hans	Ministerialdirektor, Ltr. Abt. Rundfunk im Propagandaministerium	Identifizierte die Leiche von Goebbels	02.05.1945
Heinrichsdorf, Wolf	Regierungsrat im Propagandaministerium	Identifizierte die Leiche von Goebbels	02.05.1945
Hentschel, Johannes	Maschinenmeister im Führerbunker, Zivilist	Beobachtete angeblich den Transport von zwei in Decken gehüllten Leichen aus Hitlers Räumen.	02.05.1945
Nicht namentlich	Fahrer	Behauptete, Hitler sei erst am 01.05.1945 geflohen.	02.05.1945

Name	Funktion Dienstgrad	Aussagen zu oder Aktivitäten	Gefangen- nahme am:
Nicht namentlich	Dienstmädchen	Erkannte, dass eine angebliche Hitler-leiche nicht echt war.	02.05.1945
Zimm, Wilhelm	Technischer Leiter der RK, Ingenieur	Hörte von Hitlers Tod	02.05.1945
Nicht namentlich	Mehrere Wachleute	unbekannt	02.05.1945
Mengers-hausen, Harry	RSD-Leibwache Kriminalassistent SS-Rottenführer	Falschinformation zur Verbrennung der Leichen Hitlers und seiner Frau Informationen zur Bestattung der Überreste	02.05.1945
Tornow, Fritz	Hundetrainer Feldwebel	Beteiligt an der Vergiftung von Hitlers Hund „Hörte" von Hitlers Verbrennung	02.05.1945
Feine oder Phenie, Paul	Hundewärter	Sagte aus, dass Hitlers Hündin Blondi vergiftet wurde.	02.05.1945
Rings, Erich	Funker in der RK	unbekannt	02.05.1945

Zur spezifischen Aussagefähigkeit der in Tabelle 1 vorgestellten Zeugen bezüglich des Hitlersuizids und der Beseitigung seiner Leiche, folgendes:

> Vizeadmiral Voss war zur Todeszeit Hitlers nicht im Führerbunker. Von Hitlers Tod hat er nur vom Hörensagen gewusst. Dennoch hat er am 05.05.1945 bei einem Verhör behauptet, er habe Hitlers Leiche persönlich gesehen.[57] Das war eindeutig gelogen. Im ersten Verhör nach seiner Festnahme, am 02.05.1945, sagte er jedenfalls wahrheitsgemäß: „Von Hitlers Tod berichtete mir Goebbels."[58] Und so war es wohl auch, denn Voss kam erst wieder in den Bunker, als die Leichen schon vor dem Bunker brannten und er ging nicht hinauf vor den Bunker, um die Verbrennung zu beobachten.

> Der Chefkoch der Reichskanzlei, Wilhelm Lange, hatte Hitler nach eigenen Angaben zuletzt Anfang April 1945 gesehen, als dieser mit seinem Schäferhund im Garten der Reichskanzlei spazieren gegangen sei. Lange berichtete, dass am 30.04. der „Reichshundeführer" Feldwebel Tornow, zu ihm in die Küche gekommen sei und verstört gesagt habe: „Der Führer ist gestorben, und von seiner Leiche ist nichts geblieben.' Unter den Angestellten der Reichskanzlei kreisten Gerüchte, dass sich Hitler vergiftet oder erschossen und man seine Leiche verbrannt hätte. Ob es wirklich so war, weiß ich nicht."[59]

> Der Garagenmeister des Führerbegleitkommandos, Karl Schneider, hat lediglich Benzin für den Bunker bereitgestellt. Er selbst kann aufgrund der Umstände nichts gesehen haben, was mit Hitlers Tod in Zusammenhang stand, wenngleich er dies später behauptete.

> Die erwähnten „anderen Wachleute" waren im entscheidenden Zeitraum auf Weisung von Hitlers Adjutant SS-Sturmbannführer Günsche, vom Führerbunker abgezogen worden, so dass keiner von diesen Leuten hätte etwas Relevantes berichten können.

> Der technische Leiter der Reichskanzlei, Zimm, sagte lediglich aus: Am 30.04.1945, 18:00 Uhr (also nach Hitlers angeblichem Tod) seien ein Kanalarbeiter und ein Elektriker „von der Arbeit im Führerbunker zurück ..." gekehrt und hätten berichtet, sie hätten dort gehört, der Führer sei tot.[60] Er hatte also nur gehört, was andere auch nur gehört hatten.

> Der in der Tabelle erwähnte Harry Mengershausen wurde („gegen Ende unserer Nachfor-schungen"[61]) von Klimenkos Leuten festgenommen und im Hof der Reichskanzlei von Major Bystrow verhört. Mengershausen befürchtete, erschossen zu werden und berichtete deshalb, was er glaubte, dass es die Russen hören wollten. Er belog die Verhörenden nachweislich. Er hat seine Aussagen zum Teil schon bei den Russen korrigieren müssen.

Was die wichtigeren Zeugen betraf, so wurde der SS-General Rattenhuber als ein führend an Hitlers Flucht Beteiligter betrachtet. Er lieferte einen schriftlichen Bericht[64] (Siehe: Dossier Rattenhuber), der dazu diente, alle Vermutungen der Russen hinsichtlich einer Flucht Hitlers weg zu argumentieren. Rattenhuber war demnach am 30.04.1945 erst nach dem Transport der beiden Leichen in den Führerbunker gekommen. Er tat alles, um jede zeitliche und örtliche Nähe zu Hitler am 30.04.1945 zu leugnen. Seine ersten Vernehmungen führten dazu, dass einer seiner Untergebenen, der RSD-Wachmann Mengershausen gefunden wurde. Von Rattenhuber stammte auch die Behauptung, Chefdiener Linge habe Hitler auf dessen Wunsch erschossen (Gnadenschusstheorie), nachdem dieser sich vergiftet habe.[65]

General Baur wurde ebenfalls als Beteiligter an Hitlers Flucht betrachtet. Sicher hat er mehr gewusst, als er trotz Folter ausgesagt hat, und er gab seinem Stellvertreter Oberst Betz einen Anwesenheitsnachweis, aber er selbst flog Hitler nicht aus.

Hitlers Adjutant Otto Günsche bestätigte, dass Hitler und seine Frau sich im Bunker getötet hätten. Er sagte aus, dass zwei Leichen verhüllt nach oben getragen und dort verbrannt worden seien. Er behauptete, die Leichen seien restlos verbrannt. Günsche, ein absolut zuverlässiger Gefolgsmann Hitlers hat unseres Erachtens dessen Flucht gedeckt.

Hitlers Chefdiener Linge bestätigte, dass Hitler und seine Frau sich im Bunker getötet hätten. Er sagte aus, dass zwei Leichen verhüllt nach oben getragen und dort verbrannt worden seien.

Welche Beweiskraft die Aussagen der Zeugen hatten, die sich in russischer Gefangenschaft befanden, kann man nur einschätzen, wenn man zwei Dinge beachtet:

Erstens: Ein Eid gegenüber dem Feind, und als solcher wurden die Alliierten, insbesondere die Russen, von den Gefangenen nach wie vor betrachtet, galt nichts gegenüber dem Eid, den man auf den eigenen Oberbefehlshaber geleistet hatte.

Zweitens: Die Zeugen wurden in Russland gefoltert und in den Zellen bespitzelt. Es gibt zwar Autoren die, bezogen auf die Folter, behaupten, das sei nicht so gewesen, aber das war eindeutig so und hätte auch verwundert, da Stalin nicht zimperlich dabei war, sogar die eigenen kommunistischen Genossen (selbst alte Kampfgefährten, Lenins Volkskommissare) foltern zu lassen. (Vergleiche „Dossier Verhörmethoden der Sowjetgeheimdienste")

Aussagen unter Folter dürfen in demokratischen Staaten nicht als Beweise genutzt werden, da man davon ausgehen muss, dass sie nicht der Wahrheit entsprechen, sondern dem Folterer zu Gefallen oder zur Leidensvermeidung gemacht wurden. In Diktaturen, und eine solche war die Sowjetunion Stalins auch („Diktatur des Proletariats"), ist das allerdings anders.

Zur weiteren Abschöpfung von Informationen über die Person Hitler, Hitlers Privatleben, seine politischen und militärischen Entscheidungen etc., die der Geheimdienst dem Diktator Stalin präsentieren wollte, wurden drei Quellen besonders verhört: Günsche, Linge und Baur. Von denen versprachen sich die Vernehmer aufgrund ihrer funktionsbedingten Nähe zu Hitler besonders viele Informationen zu erhalten. Die Verhöre von Baur ergaben aber wohl bald, dass er für den beabsichtigten Zweck, ein Buch über Hitler für Stalin, nicht die geeignete Quelle war.

Günsche und Linge aber wurden am 29.07.1948 zum Abschöpfen ihrer Informationen in das „Sonderobjekt Nr. 5 des NKWD", ein Landhaus in der Nähe von Moskau, überführt. Sie erhielten Zivilkleidung und bessere Verpflegung. Die Vernehmungen für den Text des Buches waren Ende 1949 abgeschlossen.

I.1.1.4 Leichenfund, Leichensicherstellung und Leichenidentifizierung

Die sowjetischen Geheimdienstler machten sich Sorgen: „Wenn es keine Überreste gibt oder wenn sie nicht gefunden werden können, bedeutet dies: Wir bleiben der Welt den unwiderlegbaren Beweis von Hitlers Ende schuldig. Sein ‚Verschwinden' würde den Nährboden für Mythen und Spekulationen bilden. Daran konnten nur seine Anhänger Interesse haben."[66]
Es war also aus sowjetischer Sicht dringend notwendig, zu den Zeugenaussagen hinsichtlich des Todes und der Verbrennung Hitlers den dazu passenden entscheidenden Sachbeweis, also die Leiche zu finden. Am besten wäre natürlich die von Hitler gewesen, notfalls war man aber, wie die Geschichte zeigt, auch zufrieden, wenigstens irgend eine Leiche als Hitlerleiche präsentieren zu können. Das geschah auch in zwei Fällen. Für die Weltpresse und die sowjetische Wochenschau wurden Fotos mit Leichen gemacht, die Hitler ähnlich sahen oder so zurechtgemacht wurden, dass man es bei oberflächlicher Prüfung annehmen konnte. In mindestens einem Fall war es ein echter Doppelgänger. Dennoch wurde natürlich die Suche nach der echten Leiche fortgesetzt.

04.05.1945: Der Suchtrupp von Oberstleutnant Klimenko durchsuchte die Reichskanzlei und das Bunkerumfeld intensiver. Im Garten der Reichskanzlei wurden in der Nähe des Bunkereinganges etwa 15 Leichen gefunden.
In einem Granattrichter, drei Meter vor dem Notausgang des Führerbunkers, direkt am Gerüst des Abluftturmes, wurden schließlich zwei mit Erde bedeckte verkohlte Leichen entdeckt, die später als die Hitlers und seiner Frau galten.[67]
Der Fund war mehr ein Zufallsprodukt, wenn man Klimenkos Darstellung folgt.[68] Wegen des Fundes einer weiteren Leiche, die nicht verbrannt war und eine Art Uniform (Litewka) trug und dazu noch Hitler ähnelte, seien diese beiden Leichen wieder vergraben worden.[69] Diese neu aufgefundene und später als „Doppelgänger" bezeichnete Leiche war es, die, wie bereits erwähnt, im Speisesaal der Reichskanzlei aufgebahrt wurde, um sie identifizieren zu lassen. Schnell wurde dann erkannt, dass diese Leiche, die gestopfte Socken trug, nicht der Führer des Deutschen Reiches sein konnte. Es handelte sich vermutlich um einen gewissen Gustav Weler.[70]
Auch der Sowjetdiplomat A. A. Smirnow, der Hitler vor dem Krieg in Deutschland mehrmals sah, stellte am 04.05.1945 fest, dass es sich bei der zur Identifizierung aufgebahrten Leiche nicht um Hitler handelte.[71]

05.05.1945, 05:00 Uhr: Klimenko erinnerte sich angeblich in der folgenden schlaflosen Nacht daran, dass Gefangene behauptet hätten, die Leichen seien in einem Granattrichter vergraben worden.[72] Angeblich hat er dann mit seinem Stellvertreter und dem Fahrer am frühen Morgen die beiden Leichen aus dem Granattrichter gezogen.[74] Das musste heimlich nachts geschehen, denn inzwischen hatte die 5. Stoßarmee unter dem Kommando von Generaloberst Bersarin, dem späteren Stadtkommandanten von Berlin, das Gelände von der 3. Stoßarmee des Generalobersten Kusnezow übernommen und Klimenko hatte dort nichts mehr zu suchen.[75] Die geborgenen Leichen wurden nicht etwa zur Identifizierung nach Plötzensee gebracht, wie das mit den anderen Leichen geschehen war, sondern ohne Zeitverzug noch am 05.05.1945 nach Berlin-Buch in das Mobile Chirurgische Feldlazarett Nr. 496.[76] Man war froh, endlich eine Hitlerleiche gefunden zu haben. Eine Identifizierung durch Gefangene wurde als störend empfunden, denn diese hätte ja, schon aufgrund des Zustandes der Leiche, negativ sein können. Und das passte nun gar nicht.

09.05.1945: Der Vorgesetzte des RSD-Beamten Mengershausen, SS-General Rattenhuber, bezeichnete an diesem Tage in einer schriftlichen Aussage Harry Mengershausen als einen der Männer, welche die beiden Leichen vergraben hätten.[77] Natürlich wurde nun nach Mengershausen gesucht.

12.05.1945: An diesem Tag wurde der bereits am 02.05.1945 in Gefangenschaft geratene Harry Mengershausen[78], unter den Gefangenen identifiziert.[79] Während eines Verhörs im Hof der Reichskanzlei durch Major Bystrow (Gruppe Klimenko) sagte er aus, dass er beobachtet habe, wie zwei Leichen vor dem Notausgang des Bunkers verbrannt worden wären.[80] Mit der erfundenen Geschichte einer aus der Ferne erfolgten Beobachtung des Geschehenen gedachte er zum einen den Wissensdurst der Vernehmenden zu stillen, um Pressionen vorzubeugen und zum anderen, wollte er vermeiden, dass er gar als ein direkt zur Bunkerbesatzung Gehörender und damit Hitler Nahestehender erkannt werden würde.[81] (siehe Dossier Mengershausen)
Während eines weiteren Verhörs im Stab gab Mengershausen schließlich, konfrontiert mit der Zeugenaussage seines Chefs Rattenhuber, an „... dass er den Ort zeigen könne, wo die SS-Männer die Leichen mit Erde bedeckt haben."[82] Deshalb wurde Mengershausen erneut zur Reichskanzlei gebracht, wo er auf dem Gelände zwischen Reichskanzlei und Notausgang des Führerbunkers zum Garten die Stelle zeigen musste, wo die Leichen vergraben wurden. Als Mengershausen auf den Granattrichter in direkter Nähe des Notausganges wies, aus dem Klimenkos Leute acht Tage zuvor die Leichen entdeckt und herausgeholt hatten, drei Meter vor dem Bunkerausgang und deutlich als Grabungsstelle erkennbar, bestätigte sich für Klimenko und seine Offiziere, dass sie am 05.05.1945 (erstmalig allerdings schon am 04.05. 1945) tatsächlich die Leichen von Hitler und dessen Frau aus dem Granattrichter geborgen hatten.
Generalleutnant Wadis, der oberste Chef von Klimenko bei der SMERSCH der 3. Stoßarmee hat aber in seinem Bericht von Ende Mai 1945 nach Moskau geschrieben, dass Mengershausen bereits am 05.04.1945 die Gruppe Klimenko zu der Stelle geführt habe.[83] Die Wahrheit war also möglicherweise eine ganz andere.[84]
Auf der Basis aller bis zum 08.05.1945 erfolgten Verhöre und gesicherten Beweisstücke lieferte auch der Generaloberst Bersarin, der sowjetische Stadtkommandant

von Berlin, einen Bericht, der die Geheimdienstuntersuchungen zusammenfasste, an den Kreml. Die wesentlichen Inhalte waren:

> Hitlers Leiche sei im Führerbunker gefunden worden.
> Sie sei von Kugeln durchlöchert und mit zahlreichen Blutergüssen (durch Prügel) gezeichnet gewesen.
> Fotos der Leiche seien auf dem Kurierweg nach Moskau.
> Mehrere Zeugen aus Hitlers Stab hätten die Leiche als die von Hitler identifiziert. Nur ein Fahrer und ein Dienstmädchen nicht. Der Fahrer habe behauptet, es handele sich bei der Leiche um einen Koch aus der Reichskanzlei mit großer Ähnlichkeit zu Hitler, den er gut gekannt habe.
> Der Fahrer sagte auch aus, Hitler sei in der Nacht des 01.05.1945 geflohen.[85]

Ein durchaus merkwürdiger Bericht der so gar nicht passte zu dem, was die Angehörigen der SMERSCH-Gruppen von Oberst Gorbuschin und Oberstleutnant Klimenko berichteten und protokollierten.[86] Falls da wirklich eine Hitler ähnlich sehende Leiche im Bunker zusammengeschlagen und von Kugeln durchsiebt wurde, drängt sich die Vermutung auf, dass ein Doppelgänger, der nicht sterben wollte, zusammengeschlagen und erschossen wurde. Möglicherweise handelte es sich aber nicht um einen Fund im Führerbunker, sondern im Bunker unter der Reichskanzlei, was auch zu der Aussage eines Zeugen passte, es handele sich bei der Leiche um die eines Hitler ähnlich sehenden Koches aus der Reichskanzlei. Möglicherweise hatten betrunkene Sowjetsoldaten, die vor den Geheimdienstlern in die Keller der Reichskanzlei eindrangen ihre Wut auf Hitler an dem Koch ausgelassen, weil er wie Hitler aussah, haben ihn verprügelt und dann erschossen. Als ihnen klar wurde, dass Hitler ja möglichst lebend gefangen werden sollte, haben sie die Tat verschwiegen. Es sei noch erwähnt, dass inoffizielle sowjetische Quellen in diesen ersten Maitagen behaupteten, man habe im Bunker sogar vier Leichen gefunden, „die einige Ähnlichkeit mit Hitler" gehabt hätten.[87]

Bei der Obduktion der weiblichen Leiche, hatte man festgestellt, dass sie eine schwere Verletzung im Brustbereich aufwies und man sicherte Metallteile im Brustbereich. Die Verletzungen sollen noch zu Lebzeiten der weiblichen Leiche erfolgt sein. Später hat der Gerichtsmediziner Semenowski aber dann erklärt, dass sie auch nach dem Tode verletzt worden sein könnte. Vermutlich passte diese korrigierte Variante besser zu den angeblichen anderen Untersuchungsergebnissen, weil die Erklärung der Herkunft der Verletzungen nach der vorherigen Darstellung zu mühsam gewesen wäre, Man brauchte rasch abschließende Ergebnisse.

Zur Erklärung dieser Merkwürdigkeit passte den Verhörern, dass RSD-Chef Rattenhuber behauptete (oder nach Drohungen bestätigte?), dass der Schuss, mit dem Hitlers Chefdiener Linge angeblich Hitler töten sollte (Tod auf Verlangen), Eva Braun getroffen haben könnte. Die Dolmetscherin der Ermittlergruppe von Oberst Gorbuschin schrieb: „Linge hat auf Hitler geschossen, erklärte Rattenhuber – nicht wissend, dass die Kugel Eva Braun getroffen hatte."[88] Und die wäre ja bereits durch Vergiftung tot gewesen. Aber was nun? Metallteile oder Projektile? Hier ist offensichtlich bei den Erklärungsversuchen geschludert worden.

Die Ermittlungsergebnisse der Aufklärungsgruppe Klimenko (Befragung von Gefangenen, Untersuchung der Reichskanzleigebäude und der beiden Bunker, Ausgrabung von Leichen) bestanden also unter dem Strich lediglich:

> in der durch Vizeadmiral Voss verursachten Entdeckung einer falschen Hitlerleiche im Garten der Reichskanzlei, welche als „Doppelgänger" durch die Medien ging;
> in der angeblichen Entdeckung eines weißen Hochzeitskleides von Eva Hitler im Führerbunker, welches es aber mit Sicherheit gar nicht gab (Klimenko-Märchen) oder das ein edles Nachtgewand war, etwas, was Klimenko mangels positiver Erfahrungswerte mit edler Nachtwäsche und durch den Vergleich mit der Damennachtwäsche seiner Versorgungskategorie in der Sowjetunion durchaus als Hochzeitskleid betrachtet haben könnte;
> in den Informationen über die letzten Bunkertage durch Voss und andere Zeugen;
> in dem Fund der Leichen der Familie Goebbels;
> in dem Fund der Leiche von General Krebs;
> in dem Zufallsfund der angeblichen Leichen von Hitler und dessen Frau;
> in der zweifelhaften Bestätigung durch Mengershausen, dass es sich dabei um Hitlers Leiche und die seiner Frau gehandelt habe;
> in dem Fund zweier Hundekadaver, der vergifteten „Blondi" und ihres Welpen, des erschossenen „Wolf";
> in der falschen Information, Axmann habe Hitlers Asche mitgenommen.[89]

Das war der Stand vom 13.05.1945. Und er war für die mit der Suche nach Hitler beauftragten Geheimdienstoffiziere keineswegs erfreulich.

I.1.1.5 Sicherung von weiterem Beweismaterial und Spurensicherung

Im Bunker und außerhalb des Bunkers wurden diverse „Beweisstücke" zusammengetragen, von denen einige auf Hitler hinwiesen und deren Existenz ebenfalls dem Nachweis dienen sollte, dass Hitler tot sei.

Allerdings wurde auf typisch sowjetische Weise - Schlamperei - gearbeitet. Zahlreiche Unterlagen und Gegenstände, ja sogar Aufzeichnungen über Hitlers Tagesablauf mit den wichtigsten Terminen, geführt vom Chefdiener Linge, den Zeitraum vom 14.10.1944 - 28.02.1945 betreffend, wurde nicht von den Rotarmisten sichergestellt, die den Bunker in ihrem Machtbereich hatten und bewachten, sondern von einem britischen Oberstleutnant, der zusammen mit einem britischen Brigadegeneral (Dr. Dick White?) den Bunker besuchte und (vier Monate nach Kriegsende) das offen auf einem Stuhl liegende „Tagebuch" fand![91]

Die von den Sowjets sichergestellten Beweisstücke kann man in Primärbeweisstücke (sind eindeutig Hitler und/oder seiner Frau zuordenbar) und Sekundärbeweisstücke (sind nur vermutlich Hitler und/oder Frau zuordenbar) unterteilen. Wir wollen zunächst die Sekundärbeweisstücke vorstellen. Dies waren: Hitlers (angebliche) goldene Uhr, ein „Goldenes Parteiabzeichen", Stofffetzen und ein EK I.

Wenn schon die Zeugenaussagen nicht wirklich belastungsfähig waren, waren es dann wenigstens die Sachbeweise?

Eine goldene Uhr: Der Chefdiener Linge hatte Hitlers Uhr möglicherweise bei sich. Er hatte ganz klare Befehle von Hitler zu befolgen: „Nach der Verbrennung solle ich alle Sachen, die an ihn erinnern könnten, fortschaffen oder verbrennen."[92] Damit hätte es bei korrekter Ausführung des Befehls keinerlei Objekte geben können, die Hitler gehörten. Linge warf aber eine Uhr, die er gegenüber einem Begleiter (SS-Oberscharführer Misch) als die „vom Führer" bezeichnete, bei der Gefangennahme durch die Rotarmisten weg.[93] Diese Uhr wurde bei der sowjetischen Kommandantur abgegeben. Da aber Linge eine solche Uhr für treue Dienste von Hitler geschenkt bekommen hatte, kann es durchaus seine Uhr gewesen sein, die er als die „vom Führer" (erhaltene Uhr) bezeichnete. Da er eine solche Uhr geschenkt bekommen hatte, kann man aber auch davon ausgehen, dass ebenso andere Angehörige von Hitlers „Hofstaat" eine solche Uhr erhalten haben und einer von denen starb vielleicht auf dem Gelände der Reichskanzlei (General Burgdorf?). Und natürlich konnte auch eine goldene Uhr, vielleicht sogar die echte von Hitler, bewusst zur Täuschung im Garten bzw. bei den Leichen ausgelegt worden sein. Diese goldene Uhr ist also kein Beweis für Hitlers Tod.

Ein goldenes Parteiabzeichen: In der Reichskanzlei befanden sich Ende April 1945 vermutlich mehrere Träger eines „Goldenen Parteiabzeiche. Außerdem besaß Hitler mehrere davon in Reserve an verschiedenen Uniformröcken. In den letzten Tagen hatte er von einem seiner Uniformröcke ein solches Goldenes Parteiabzeichen Magda Goebbels verliehen, der Frau seines „Trommlers" und eine seiner fanatischsten Anhängerinnen. Um falsche Spuren zu legen, hätte durchaus ein solches verwendet werden können. Damit ist auch dieses Sekundärbeweisstück für Hitlers Tod, „Goldenes Parteiabzeichen", als solches entkräftet.

Ein **EK I**: Träger des Eisernen Kreuzes Erster Klasse gab es ebenfalls viele am Ort und diese Eisernen Kreuze lagen zuletzt in großer Anzahl in Schuhkartons im Bunker, sogar für die Auszeichnung von Hitlerjungen, bereit. Das aufgefundene EK I ist also auch kein Beweis für Hitlers Tod.

Stofffetzen: Gefunden wurde „ein an den Rändern verbranntes Stück gelben Strickstoffes". Gelber Strickstoff? Das deutet auf eine Weste oder Strickjacke hin. So etwas trug Hitler nachweislich nicht.

Auch der Stofffetzen fällt als Beweis für Hitlers Tod aus.

Weitere Fundstücke[94]. Direkt in dem Granattrichter, in welchem man die männliche und die weibliche Leiche fand, wurden weitere Fundstücke gesichert:

> Zwei dunkle, gläserne Ampullen für Medikamente
> Hitler und Eva Braun hätten garantiert keine Medikamentengläser oder „Ampullen" mit sich herumgeschleppt. Dafür waren Ordonnanzen und Ärzte zuständig.

> Versengte Blätter aus Druckschriften und kleine handbeschriebene Papierschnitzel
> Die Papierschnitzel inhaltlich auszuwerten, wäre sicher hilfreich gewesen. Leider scheint das nicht erfolgt zu sein.

> Sechs Einhundertmarkscheine
> Ob Hitler oder seine Frau mit Geld in den Taschen herumliefen ist äußerst fraglich. Hitler hat in den letzten Tagen ganze Geldbündel aus seinem Tresor im Garten der Reichskanzlei verbrennen lassen. Da hätte er sicher nicht sechs Hundertmarkscheine als eiserne Reserve mit in den Tod genommen.

> Ein elliptisches Metallschild mit der Nummer 31907
> Eine Mitgliedsnummer dieser Größenordnung verwiese jedenfalls nicht auf Hitler. Auch als Erkennungsmarke hätte dieses Metallschild ihm nicht zugeordnet werden können.

> Ein ellipsenförmiges metallisches Medaillon auf einer dünnen Kugelkette, 18 – 20 cm lang, mit einer Inschrift auf der Rückseite: „Laß mich immer bei Dir sein!" oder „Immer mit dir." Der Hundewärter habe bestätigt, dass es von Blondi stammte.[95]

Die sowjetische Schlampigkeit zeigte sich zum Beispiel auch daran, dass offensichtlich keinerlei Fotos existieren, wie sie normalerweise kriminalistisch bei der Auffindung von Sachbeweisen, nach der Markierung der Lage der Objekte im Raum erfolgen.[96] Und sie zeigt sich auch daran, dass keines der Dokumente aus den sowjetrussischen Archiven über die angeblichen Sachbeweise „irgend eine Auskunft über die Umstände ihrer Entdeckung" gibt.[97]

Es ist anzunehmen, dass die Fundstücke etwas mit diesen dort gefundenen unbekannten Leichen zu tun hatten, denn weshalb sollten sie sonst gerade in diesem Granattrichter befindlich gewesen sein? Für den Nachweis des Todes Hitlers waren sie jedoch absolut wertlos. Da alle diese „Beweisstücke" und die Leichen niemals von unabhängigen Gutachtern geprüft werden durften, erhielten die Zweifel an Hitlers Tod im Bunker über die Jahrzehnte immer neue Nahrung und wurden in Büchern und Zeitschriften öffentlich gemacht.

Den zuständigen Kommandeuren des Militärgeheimdienstes SMERSCH vor Ort in Berlin wurde damals schon bald klar, dass das was man bis zu diesem Zeitpunkt (am Ende der ersten Maiwoche) gefunden und aufgeklärt hatte, nicht hieb- und stichfest den Tod Hitlers bewies.

I.1.1.6 Gerichtsmedizinische Obduktion der Leichen

Die Leichen aus dem Führerbunker wurden einer sofortigen ersten Untersuchung durch Militärärzte unterzogen. Zudem ist es durchaus denkbar, dass eine medizinische Geheimdienstabteilung der SMERSCH oder des NKWD die beiden Leichen als erste begutachteten, ebenso, wie es denkbar ist, dass die Beteiligten an der offiziellen Obduktion gelogen und die Protokolle mit falschem Datum versehen haben. Dafür spricht einiges.

Generalmajor Telegin, Mitglied des Kriegsrates der 1. Belorussischen Front, hatte aus Moskau die Anweisung erhalten, alle Leichen von Führungskräften des Naziregimes genau begutachten zu lassen und festzustellen, ob es sich wirklich um die vermeintlichen Personen handele. Deshalb erteilte er am 03.05.1945 den Befehl zur Bildung einer Untersuchungskommission aus Gerichtsmedizinern und Pathologen.[99]

Für die offiziellen Obduktionen war ein Team von fünf Sachverständigen unter der Leitung des „Gerichtsmedizinischen Chefexperten der I. Belorussischen Front", Oberstleutnant Schkarawski und des Chefanatomen der Roten Armee, Oberstleutnant N. A. Krajewski[100], zuständig. Die Gerichtsmediziner waren bereits am 03.05.1945 in Berlin-Buch eingetroffen und fieberten darauf, mit ihrer Arbeit beginnen zu können. Das aber wurde ihnen merkwürdigerweise verwehrt. Der Vorsitzende der Kommission berichtete jedenfalls nach dem Krieg, dass man ihnen den Zugang zu den Leichen tagelang verwehrt habe. Warum das so war, das wird weiter unten im Zusammenhang mit Hitlers Zahnstatus dargestellt.

Es standen elf menschliche Leichen (angeblich Adolf Hitler, angeblich Eva Hitler, Joseph Goebbels, Magda Goebbels, General Krebs, sechs Kinder des Ehepaares Goebbels) und zwei Hundekadaver (Hitlers Schäferhündin „Blondi" und vermutlich deren Welpe „Wolf") zur Obduktion an. Allerdings durfte die Kommission die ersten Leichen erst am 07.05.1945 sehen und obduzierte, dabei wieder überraschend für uns, die beiden Hundeleichen und die Leichen der beiden jüngsten Goebbelskinder zuallererst.[101] Die Leichen von Hitler und seiner Frau wurden ihnen immer noch nicht gezeigt.

Was bis zum 07.05.1945 mit den Leichen geschah, ist unklar. Schkarawski hat in seinem Protokoll ausdrücklich festgestellt: „...9. Mai, ... Obduktion der letzten Leiche."[102] Die letzten beiden Leichen waren die von Hitler und seiner Frau. Das zu beachten ist wichtig für die weitere Untersuchung. Es wäre ja zu erwarten gewesen, dass die wichtigsten beiden Leichen, also die, welche man für die von Hitler und seiner Frau hielt, zuerst obduziert worden wären. Aber es gab einen guten Grund für den Geheimdienst, diese beiden Leichen den Gerichtsmedizinern zunächst vorzuenthalten und dann als letzte zu überlassen: Die von uns vermutete Zahnmanipulation.

Aber auch über die Anlieferung der Leichen verwirrte Schkarawski die Leser. Er schrieb zwar: „... am 7. Mai gestattete „... man der Kommission, „die Obduktion beider Hundekadaver und der zwei jüngsten Kinder Goebbels'."[103], aber er schrieb auch: „Zwischen dem 5. und 7. Mai wurden zwei Hundekadaver und zwei verbrannte Leichen, die von Hitler und von Eva Braun, angeliefert."[104] Das kann so nicht gewesen sein. Da Hitlers Leiche erst am 08.05.1945 und die Leiche seiner Frau erst am 09.05.1945 obduziert wurden, sind sie garantiert am 07.05.1945 noch nicht im Leichenschauhaus gewesen. Dann nämlich wäre zumindest die Leiche Hitlers als wichtigste Leiche sofort obduziert worden, um sie vor der von Schkarawski gegenüber den Geheimdienstlern erwähnten Gefahr der Leichenfäulnis zu bewahren.

Wir fanden einen weiteren Hinweis darauf, dass die männliche und die weibliche Leiche, die später als die von Hitler und dessen Frau galten, sich am 07.05.1945 noch nicht im Leichenschauhaus befanden. Dr. Schkarawski, der Chef der Gerichtsmediziner, berichtete später, dass es ihm kategorisch verboten war, die Leichen zu fotografieren. Er habe es dennoch getan und die Leichen von Goebbels und zwei seiner Töchter fotografiert[105], offensichtlich aber nicht die Hitlers! Schkarawski hat das Risiko auf sich genommen, für dieses Fotografieren bestraft zu werden. Warum hat er dann nicht gleich die wichtigsten Leichen fotografiert, die vermutlichen Leichen von Hitler und seiner Frau? Ganz einfach. Diese waren, obwohl am 05.05.1945 ausgegraben und fortgeschafft, noch nicht vor Ort.

Die Leichen waren also noch an einem anderen Ort, wo man gewisse Manipulationen (Zähne) durchführen konnte oder aber, diese Leichen waren zwar schon da, durften aber auf keinen Fall schon von der Kommission in Augenschein genommen werden! Die Freigabe erfolgte erst am 08.05., wenn nicht gar erst am 09.05.1945 (Daten wurden bezeichnenderweise von den Geheimdienstlern oft erst nachträglich in Protokolle eingetragen), als die manipulierten Zähne geliefert und zu den Leichen gelegt worden waren.

Das Protokoll bzw. die „Akte Nr. 12 über die gerichtsmedizinische Untersuchung der durch Feuer entstellten Leiche eines Mannes (vermutlich Hitlers Leiche)" im Chirurgischen Feldlazarett Nr. 496 in Berlin-Buch[106], enthält folgende hauptsächliche Ergebnisse:

> Auf der Leiche fand man ein angesengtes Stück gelben Strickstoffes, 25 x 8 cm groß und vermutete, es könne von einem Trikotagehemd stammen.
> Es fehlte ein Teil des Schädeldaches.
> Im Mundraum befand sich eine Oberkieferbrücke mit 9 Zähnen, die durch eine Brücke aus Gold verbunden waren und durch Stifte am zweiten linken und am zweiten rechten Schneidezahn befestigt waren.
> „Die Zunge ist verkohlt, die Zungenspitze fest zwischen den Zähnen des Ober- und Unterkiefers eingeklemmt."[107] In völligem Widerspruch aber dazu: „Der Unterkiefer liegt frei in der angesengten Mundhöhle."[108] Wurde der obere Satz (Zungenspitze zwischen Ober- und Unterkiefer eingeklemmt) erst später in das Protokoll hineingefälscht?
> Man fand weder im Hodensack, noch im Leistenkanal die linke Hode.[109] Der rechte Oberschenkelknochen und das rechte Schienenbein waren gebrochen.
> Man habe einige Glassplitter gefunden, die denen glichen, welche in den anderen Leichen gefunden worden waren und habe deshalb die Schlussfolgerung gezogen, dass auch diese männliche Leiche durch Zyankali zu Tode kam. Das wurde später selbst von sowjetischen Experten angezweifelt.

Von einem Einschussloch, Schusskanal oder Austrittsloch, und auch von einem Projektil war keine Rede. Die Untersuchungskommission wollte sich nicht festlegen, ob es tatsächlich Hitlers Leiche war. Man schrieb deshalb, dass es sich „vermutlich" um die Leichen von Hitler und seiner Frau handele. Die Qualität der Obduktionen wurde sowohl von deutschen, als auch von russischen Experten stark angezweifelt.[113]
Dass es sich nicht um Hitlers Leiche gehandelt hat wird aus der Gegenüberstellung in Tabelle 2 deutlich. Das Wort „vermutlich" im Obduktionsbericht befriedigte den zuständigen Geheimdienstgeneral Wadis überhaupt nicht. Er musste unbedingt ein Ergebnis nach oben melden, das seinen Chef, den berüchtigten (später hingerichteten) Berija, befriedigen würde. „Hitler – tot oder lebendig!", so lautete ja schließlich der Auftrag.
Die Leichen wurden nach der Obduktion in Munitionskisten gelegt und in Finow von den SMERSCH-Leuten auf dem Gelände ihrer neuen Garnison vergraben. Offensichtlich hatte man auch weiter oben nach Auswertung aller Unterlagen erkannt, dass es keine Beweise für Hitlers Tod gab. Es mussten aber dringend Primärbeweise erbracht werden für den Tod Hitlers, um einen „Mythos Hitler" zu verhindern.
Am 18.05.1945 erschien deshalb ein General aus Moskau mit Sonderauftrag in Finow, der die Exhumierung der Leichen befahl und diese durch die in sowjetischer Gefangenschaft befindlichen Zeugen erneut identifizieren ließ.[114] Allerdings merkwürdigerweise nicht die angeblichen Leichen von Hitler und von dessen Frau. Diese beiden Leichen bekam keiner der Zeugen zu sehen.[115]. Man hatte im Epidemologischen Frontlaboratorium Nr. 291 Blut und Organe aller Leichen untersuchen lassen. Da man aber von der angeblichen Leiche Hitlers weder die Blutgruppe (Hitler hatte die Blutgruppe A[116], noch die DNA (war damals noch nicht möglich) bestimmt hatte oder das Resultat nicht bestätigte, dass es Hitlers Blut war, musste man einen

anderen Weg finden, um Hitlers Tod zu beweisen. Und es gibt für die Identifizierung von Leichen tatsächlich noch eine weitere Möglichkeit: die odontologische Identifizierung (Zahnstatus). Nun konzentrierte man sich auf diese Möglichkeit, nachdem der Befehl zur Untersuchung der Gebisse, von Generaloberst Wassilij Sokolowski gekommen war.[117]

Wir können feststellen: Die Identifizierung war also bis dahin keineswegs erfolgreich.

Tabelle 2: Kritische Betrachtung der Obduktionsergebnisse

Obduktionsergebnisse	Bewertung
Gelber Strickstoff an der Leiche.	Hitler trug keine Strickhemden und auch keine farbigen Strickunterhemden.
Ein Teil des Schädeldaches fehlte.	Bei Nachgrabungen 1946 wurden fehlende Teile gefunden, erwiesen sich aber bei einer viele Jahre später erfolgten heimlichen Untersuchung in Moskau durch unabhängige westliche Spezialisten als nicht zu Hitler gehörig.
Brücke durch Stifte am zweiten linken und am zweiten rechten Schneidezahn befestigt.	Wenn man die von Besymenski veröffentlichte Fotografie der Oberkieferbrücke betrachtet[118], erkennt man, dass die Stifte im Kiefer dieser Leiche im ersten rechten und zweiten linken Schneidezahn befestigt sind.
Zungenspitze fest zwischen den Zähnen des Ober- und Unterkiefers eingeklemmt.	Der Unterkiefer und eine Brücke wurden außerhalb der Leiche gefunden. Dann aber in die Mundhöhle gelegt. Wie konnte er dann im Rachenraum die Zungenspitze einklemmen?
Die linke Hode fehlte.	Hitlers Genitalien waren völlig normal. (Chefdiener Linge; Militärarzt Dr. Giesing)
Der Unterkiefer lag frei in der Mundhöhle.	Der Unterkiefer wurde außerhalb der Leiche gefunden, war also von den Geheimdienstlern vor der Übergabe an die Kommission in die Mundhöhle der Leiche hineingelegt worden.
Feststellbare Fraktur des rechten Oberschenkelknochens und des rechten Schienbeines.	Da Benzinkanister wegen des starken Feuers außerhalb des Bunkers und wegen des Artilleriebeschusses aus dem Bunkereingang auf die Leichen geworfen wurden (Aussage Mansfeld) und weil die Erde über den Leichen festgestampft wurde (Mengershausen) könne diese Knochen so in Mitleidenschaft geraten sein.
Glassplitter im Mund der Leiche.	Wie sollen diese das Feuer überstanden haben? Im Labor wurden keine Gifte in der Leiche gefunden.

Was wäre zu erwarten gewesen, wenn die Obduktion der Leichen zweifelsfrei ergeben hätte, dass es sich um die Hitlers und seiner Frau gehandelt hat?

- ➢ Es wären Fotos gemacht worden.
- ➢ Es wäre die Weltöffentlichkeit über die Obduktionsergebnisse informiert worden.
- ➢ Es wären hochrangige Vertreter der Alliierten eingeladen worden, denen man die Leichen gezeigt hätte.
- ➢ Es wären internationale Experten eingeladen worden, um das Obduktionsergebnis zu prüfen und zu bestätigen.

Es wurden zwar Fotos gemacht, aber nie veröffentlicht. Alles andere erfolgte nicht. Jahre später, am 05.06.1961 gab es eine informelle Zusammenkunft von Fachhistorikern in der Abt. „Geschichte des Großen Vaterländischen Krieges" am Institut für Marxismus-Leninismus beim ZK der KPdSU. Deren Vorsitzender, der General E. Boltin, musste bedauernd hinsichtlich der 1945 in Szene gesetzten Präsentation einer aufgefundenen, fotografierten und gefilmten vermeintlichen Hitlerleiche feststellen: „Ist auf ihnen wirklich Hitler abgebildet? Wurde sein Leichnam wirklich in dieser Zeit, am 2. oder 3. Mai fotographiert? Es gibt noch eine zweite Frage, auf die wir nur unvollständig antworten können, die aber erleuchtet werden sollte: Warum wurden diese wichtigen Fotographien auch nach so vielen Jahren nicht der Öffentlichkeit zugänglich gemacht?" Und hinsichtlich der fehlenden Fotobeweise zur Obduktion von Hitlers Leiche sagte er: „Bis jetzt sind offiziell keine solche Fotographien publiziert worden."[119]

I.1.2 Die Beweismanipulation

I.1.2.1 Die Idee zur Beweisfälschung

Die Tatsache, dass Stalin am 26.05.1945, also nach der angeblichen erfolgreichen Identifizierung der Hitlerleiche, gegenüber dem US-Sonderbotschafter Hopkins bedauerte, dass Hitler entkommen sei und die Tatsache, dass auch noch Jahre später von sowjetischer Seite die Zeugen gezielt nach Hitlers Verbleib verhört wurden, macht ganz klar deutlich, dass auch die sowjetischen Geheimdienstleute sehr wohl wussten, dass sie keinen Beweis besaßen dafür, dass Hitler tot war.

Das heißt, bezogen auf den auch heute noch als unerschütterlicher Hauptbeweis immer wieder gern verwendeten „Zahnstatus", dass ihnen entweder klar war, dass sie außer selbst produzierten Zahnbeweisen nichts in der Hand hatten oder dass ihnen mit den angeblichen Zahnteilen von Hitler und seiner Frau ein Köder der Gestapo vorgeworfen worden war.

***

Mit dem sogenannten Zahnstatus kann man die Identität einer Leiche neben der Bestimmung der DNA, der Blutgruppe und der Fingerabdrücke, am besten beweisen. Die DNA-Analyse war damals noch nicht bekannt. Fingerabdrücke konnten von den verkohlten Leichen nicht genommen werden. Die Blutgruppenanalyse erfolgte, aber Hitlers Blutgruppe konnte damit nicht bestätigt werden. Blieb also nur die odontologische Identifizierung.

Die sowjetischen Gerichtsmediziner schrieben in ihrem Untersuchungsbericht vom 08.05.1945, weil die Leichen nicht identifizierbar waren: „Der wichtigste anatomische Fund, der zur Identifizierung der Person benutzt werden kann, ist das Gebiß mit einer großen Zahl von Brücken, künstlichen Zähnen, Kronen und Plomben."[120]

Das wusste auch der sowjetische Geheimdienst. Die Dolmetscherin der SMERSCH-Ermittlergruppe, Rshewskaja, schrieb: „Unsere Kriminalisten sagten, es sei notwendig, den Kiefer der gefundenen Leiche zu untersuchen."[121]

Die sowjetischen Geheimdienstleute waren jedenfalls, so meinen wir, bereits Tage vor dieser Anregung durch die Gerichtsmediziner und Kriminalisten auf diese Idee gekommen: „… das entscheidende Argument, das unwiderlegbare Beweisstück vom

Tod Hitlers: Es gibt in der ganzen Welt keine zwei Menschen, deren Gebisse sich völlig gleichen." So schrieb die Dolmetscherin von Oberst Gorbuschin die Einschätzung ihres Chefs nieder.[122]

Es bestand aber die Gefahr, dass der Zahnstatus zeigen könnte, dass man nicht die Leiche von Hitler und seiner Frau gefunden hatte. Das würde zwar Stalins Auffassung bestätigen, dass Hitler entkommen sei. An dieser Stelle hätten sich dann die Untersuchenden zufrieden geben können, aber die Geheimdienstleute wollten sich gegen die Eventualität absichern, dass Stalin seine Meinung änderte. Das war bei diesem unberechenbaren Diktator, der auch schon einige ihrer hochrangigen Kollegen hatte vom Leben zum Tode befördern lassen, durchaus denkbar. Deshalb arbeiteten sie vermutlich weiter an der Absicherung der „Beweiskette" für Hitlers Tod. Und so kam es wohl zu einer unglaublichen Lügengeschichte. Am 08.05.1945 fiel die offizielle Entscheidung dafür, wie die Dolmetscherin des Oberst Gorbuschin von der SMERSCH in ihren Erinnerungen schrieb.

„Wir fragten uns: Wenn wir nicht jetzt auf der noch heißen Spur der Ereignisse der ganzen Welt und unseren Nachkommen unanfechtbare Beweise vorlegen, sondern erst in fernen Jahren, in unbestimmter Zukunft – ob sie wohl dann noch genügend Beweiskraft habe? Hatten wir auch alles getan, damit die Tatsache vom Tode Hitlers und von der Auffindung seiner Leiche auch in späteren Jahren unanfechtbar bliebe? In dieser Situation entschied sich Oberst Gorbuschin, unbestreitbare Beweise zu sammeln."[123]

Wir gehen davon aus, dass die Aktion in Wirklichkeit schon früher begann, diese unbedeutende Dolmetscherin aber natürlich nicht eingeweiht worden war.

Der Oberst besorgte die Zähne aus Hitlers Schädel.[124] In dem erst am 11.05.1945 geschriebenen Protokoll heißt es: „Der ‚Smersch'-Abteilung der 3. Stoßarmee wurden folgende der Leiche entnommene Gegenstände am 8. 5. 1945 übergeben: a) eine Oberkieferbrücke aus gelbem Metall, bestehend aus 9 Zähnen; b) ein angesengter Unterkiefer, bestehend aus 15 Zähnen."[125] Die Dolmetscherin erhielt von Gorbuschin am 08.05.1945 ein Kästchen, in welchem sich ihrer Vermutung nach früher vielleicht einmal Schmuck befand (deutsche Zeugen meinten, es sei eine Zigarrenkiste gewesen), in dem nun Hitlers angebliches Gebiss lag: „Die Ärzte hatten das Gebiß aus Hitlers Schädel entfernt und in das Kästchen gelegt, das ich bei mir trage."[126] Mit Gebiss meinte sie zweifelsfrei die Brücke aus dem Oberkiefer. Von Hitlers Unterkiefer mit den zwei Brücken und von Eva Hitlers Zahnbrücke war da noch keine Rede. Da Hitlers angeblicher Unterkiefer noch mit Spuren angesengten Fleisches behaftet war, hätte die Autorin garantiert davon berichtet. Daran wurde aber wohl zu dem Zeitpunkt noch gearbeitet. Die Kieferteile und Brücken hatten natürlich keinen Wert, wenn man keine Beweise dafür hatte, dass es die von Adolf und Eva Hitler waren.

Unsere Rechercheergebnisse lassen es zu, einen Plan des sowjetischen Militärgeheimdienstes SMERSCH zur Schaffung eines überzeugenden Beweises für die Echtheit der von ihren Soldaten gefundenen Leichen als die von Hitler und dessen Ehefrau zu rekonstruieren. Der Plan bestand darin, auf der Basis des dokumentierten Zahnstatus von Adolf und Eva Hitler die Zähne bzw. Gebissteile täuschend echt zu rekonstruieren, deren Echtheit durch deutsche Fachleute, die an der zahnärztlichen Behandlung von Adolf Hitler und seiner Frau beteiligt waren, bestätigen zu lassen und somit alle Welt davon zu überzeugen, dass Hitler tot sei.

Die Denkweise der SMERSCH-Leute scheint dabei so gewesen zu sein: Nicht eine bewiesene Echtheit der Leiche ist wichtig, sondern die (vermeintliche) Echtheit der Zähne wird uns die Echtheit der Leiche (egal was bei der Obduktion herauskommt), beweisen lassen. Und dass die Zähne als „echt" gelten, dafür werden wir sorgen.

Um ihren Plan realisieren zu können benötigten sie **erstens** Dokumente über die Verhältnisse an den Zahnreihen von Adolf und Eva Hitler (Behandlungskartei, Röntgenaufnahmen), **zweitens** Fachleute, die in der Lage waren, anhand der Dokumente Kiefer und Prothesen herzustellen bzw. zu manipulieren (sowjetisches Felddentallabor) und **drittens** deutsche Fachleute, die Hitlers Zähne kannten (zahnärztliches Personal aus der Praxis von Hitlers Zahnarzt) und deren Echtheit bestätigen sollten. Das Ganze war eine konzertierte Aktion. Die Leichen durften erst obduziert werden, nachdem die Zahnmanipulation erfolgt war.[127] Und so ging man auch vor.

Untersuchen wir nun, wie es gelang, die Voraussetzungen für diese Täuschungsaktion zu schaffen.

Wie kamen die Russen an die Röntgenaufnahmen, deren Besitz die Voraussetzung für eine erfolgreiche Manipulation war?

Vielleicht wurden die Röntgenaufnahmen ganz zufällig gefunden, als die Gruppe Gorbuschin Dokumente in den Kellern der Reichskanzlei sicherte und sichtete. Die Dolmetscherin von Oberst Gorbuschin schrieb: „Ich beginne im Bunker der Reichskanzlei Schriftstücke und Dokumente zu sichten."[128] Sie schickte, mit einem Inhaltsverzeichnis versehen, alles an den Stab der Front.

Dass Röntgenbilder von den Russen gefunden worden waren, bestätigte die Jahrzehnte danach erfolgte Beobachtung des deutschen Biokriminalisten Mark Benecke, der in Moskau Röntgenaufnahmen, angeblich vom Kopf Hitlers, sah.

Wir nehmen an, dass diese gleich am 02. Mai 1945 gefunden worden waren, als ein SS-Zahnarzt, der Sturmbannführer Dr. Kunz, im Lazarett der Reichskanzlei festgenommen worden war.[130] Dieser scheint nach dem Wegflug von Professor Blaschke in den Süden in der Reichskanzlei praktiziert zu haben. „Um diese Zeit gab es dort keinen anderen Zahnarzt."[131] So ließ sich Magda Goebbels von ihm in den letzten Tagen einen vereiterten Zahn ziehen.[132] Es ist naheliegend, dass sich Dr. Kunz bis zu seiner Festnahme in den Praxisräumen der Zahnarztpraxis im Keller der Reichskanzlei aufhielt[133], weil er sicher glaubte, so unter dem Schutz des Roten Kreuzes zu stehen. Bei der Festnahme trug er jedenfalls noch seine SS-Uniform.[134]

Klimenko schrieb 1965: „Einer der ersten, die wir entdeckten, war der Arzt von Goebbels."[135] Dr. Kunz wird der Suchgruppe des Oberst Gorbuschin in der Zahnstation der Reichskanzlei bereitwillig und eilfertig die Röntgenaufnahmen übergeben haben, denn Dr. Kunz war erpressbar.[136] In dem bereits erwähnten Bericht des Generalleutnants Wadis an Geheimdienstchef Berija von Ende Mai 1945 wird deutlich, dass Dr. Kunz eine Rolle in dem Plan gespielt hat, da dort direkt von dem „Zahnarzt der Reichskanzlei SS-Sturmbannführer Dr. Helmut Kunz" die Rede ist[137], während er sonst nicht mehr von den SMERSCH-Leuten erwähnt wurde. Dass das Protokoll seiner Vernehmung mit dem 07.05.1945 datiert wurde, passt auffallend zu der Tatsache, dass alle diese Protokolle im Mai 1945 von den Russen entweder später erstellt worden sind, später datiert wurden, undatiert waren oder sogar etwas in die Protokolle später zusätzlich hineingeschrieben (Protokoll der Obduktion Hitlers – Eintragung Heusermann) wurde.

Wie haben die Russen diese Röntgenaufnahmen genutzt?

Anhand dieser Aufnahmen, die vermutlich schon am 02.05.1945 in die Hände der Sowjetgeheimdienstler fielen, haben Zahntechniker eines Feldzahnarztlabors die Zähne und Brücken angefertigt und den Kiefer einer Leiche entsprechend den Röntgenaufnahmen präpariert. Dass sie dabei in der Eile auch noch Fehler machten, sei ihnen nachgesehen.

Wie konnten die Russen in ihrem Zahnlabor die Beweise fälschen?

In dem sowjetischen Feldzahnarztlabor hatten mehrere Zahntechniker mehrere Tage Zeit[138], um anhand der Röntgenaufnahmen und der Angaben in der Patientenkartei die Oberkieferbrücke Hitlers, die Brücke seiner Frau und einen präparierten Unterkiefer Hitlers täuschend echt herzustellen. Natürlich alles unter Aufsicht durch den Geheimdienst und mit dem Befehl an die Beteiligten, für immer über diese Angelegenheit zu schweigen. Vielleicht reichte sogar ein einziger Zahntechniker, der dem Geheimdienst ohnehin verpflichtet. Auch die Kunststoffprothese der weiblichen Leiche hat man ganz offensichtlich nach den Vorgaben hergestellt.

Wie wurde der Eindruck erweckt, dass die Zähne von den Gerichtsmedizinern den Leichen entnommen wurden?

Erst ab dem 07.05.1945 wurden die Leichen im Feldlazarett Oberstleutnant Schkarawski und seiner Kommission übergeben und zwar zuletzt erst die, welche als die Leichen von Adolf und Eva Hitler galten. Diese durften erst am 08. und 09.05.1945 obduziert werden. Man hätte ja annehmen können, dass zuallererst die wichtigsten Leichen an der Reihe gewesen wären zumal unter den primitiven Verhältnissen ihrer Aufbewahrung (ein kleines Häuschen in Berlin Buch, in welchem, fast schon zu spät, zur Kühlung der Leichen Eisblöcke gestapelt wurden) die mögliche Verwesung der Leichen eine große Gefahr war. Das war aber aus verständlichem Grund nicht so, sie kamen als letzte an die Reihe, weil die Fälschungen noch nicht fertig waren.
Die Tatsache, dass der Unterkiefer der männlichen Leiche frei in der Mundhöhle lag, wie es im Protokoll „Akte Nr. 12 über die gerichtsmedizinische Untersuchung der durch Feuer entstellten Leiche eines Mannes (vermutlich Hitlers Leiche) ..." heißt[139], beweist schon, dass der präparierte Kiefer nachträglich wieder in die Mundhöhle gelegt werden konnte.
Und zu der Brücke von Eva Hitler hieß es in der „Akte Nr. 13 über die gerichtsmedizinische Untersuchung der teilweise verbrannten Leiche einer unbekannten Frau (vermutlich die Ehefrau Hitlers) ...": „In der Mundhöhle liegt unter der Zunge frei

eine Gelbmetallbrücke (Gold), die den zweiten rechten Backenzahn und den in eine Goldkrone übergehenden 3. rechten Mahlzahn verbindet; auf der Metallplatte der Brücke sind vorn der erste und zweite künstliche weiße Mahlzahn befestigt, die sich dem Aussehen nach von natürlichen Zähnen kaum unterscheiden."[140]

Diese Zähne waren aus „Palagont"[141] (Kunstharz), was geflissentlich ausgespart wurde! Die Kunstharzzähne hätten das Feuer nicht überstanden. Hier schon hätte der Untersuchungskommission klar sein müssen, dass sie für dumm verkauft werden sollte, entweder von den Geheimdienstleuten der eigenen Seite oder von der Gestapo.

Und nun begann die Reise erneut. Schkarawski übergab am 08.05.1945 an die SMERSCH den Unterkiefer und eine Oberkieferbrücke, von denen man „annehmen" könnte, dass sie „dem Reichskanzler Hitler gehören".[142]

Das heißt, die Gerichtsmediziner gaben den SMERSCH-Leuten die Kieferteile, welche diese vorher fälschen ließen und den Gerichtsmedizinern danach, in den Leichen deponiert, übergeben hatten. Die Gerichtsmediziner werden kaum in die geheimdienstliche Angelegenheit einbezogen worden sein. Wie schrieb die Dolmetscherin der Geheimdienstgruppe? „Alles, was mit dem Nach-weis vom Tode Hitlers zusammenhängt, wird unverändert streng geheimgehalten."[143]

I.1.2.2 Die Suche nach Hitlers Zahnarzt und nach dessen Personal

Die Russen hatten also sehr schnell die Röntgenaufnahmen und auch die Patientenkartei von Adolf und Eva Hitler. Sie konnten bereits an der Manipulation der Zahnbrücken arbeiten lassen.

Aber sie benötigten noch eine Deckgeschichte, um zu vertuschen, wie und wann sie an die Röntgenaufnahmen gelangt waren und sie brauchten Zeugen dafür, dass es sich um die Zähne von Hitler und seiner Frau handelte. Es musste der glaubwürdige Eindruck entstehen, dass die Zahnmediziner Hitlers ihnen die Röntgenaufnahmen übergeben hätten. Und das musste zu einem Termin stattfinden, zu dem ihre eigenen Zahntechniker ihre Auftragsarbeit erfolgreich beendet hatten.

Und außerdem war es wichtig, dass die Zähne Hitlers nicht vor dem Tag, an dem die Röntgenaufnahmen angeblich erst gefunden worden waren, von Zeugen identifiziert wurden. Nur so war es möglich, jedem späteren Vorwurf einer Manipulation zu begegnen.

Professor Dr. Blaschke behandelte Hitler und sein Assistent Dr. Rohkamm behandelte Eva Braun.

Professor Blaschke war für die Russen nicht greifbar. Nach Dr. Rohkamm haben sie überhaupt nicht gefragt. (Dr. Rohkamm war der Zahnarzt von Eva Braun, denn Prof. Blaschke gab diese Patientin an ihn ab: „Ich habe sie sehr bald, nach zweimonatiger Behandlung, abgegeben, und zwar meinem Assistenten."[144])

Wie sind die Russen auf die deutschen Fachleute gestoßen, die ihnen die Echtheit der Gebissteile bestätigen sollten?

Die Russen werden am 02.05.1945 von dem SS-Zahnarzt Dr. Kunz bei dessen Festnahme im Lazarett der Reichskanzlei erfahren haben, dass Professor Blaschke nicht mehr in Berlin und auch gar nicht in ihrem Zugriffsbereich war.

Die SMERSCH-Offiziere wussten also, dass ihnen Professor Blaschke als Zeuge nicht zur Verfügung stehen würde, sie erfuhren aber auch, dass es Mitarbeiter von ihm gab, die sich in Berlin befanden. Und sie erfuhren möglicherweise auch schon, wo man sie finden konnte. Statt aber nun direkt in die Praxis von Professor Blaschke zu fahren, warteten sie zunächst ab. Die Zeit war noch nicht reif dafür, diese für ihren Plan wichtigen Personen abzuholen.

Im Interesse der Verschleierung und Täuschung planten die SMERSCH-Offiziere bei der Suche nach dem Zahnarztpersonal einen Umweg, um zu vertuschen, dass sie bereits weiter waren, als sie vorgaben. Die Dolmetscherin Rshewskaja schrieb: „… Morgen des 9. Mai … Berlin-Buch … Oberst Gorbuschin und ich fahren mit einem neuen Auftrag davon. Wir sollen Hitlers Zahnarzt suchen."[145]

Sie suchten am 09.05.1945 zunächst einen Arzt in der Charité auf, den 70-Jährigen HNO-Professor Carl von Eicken, von dem sie wussten, dass er Hitler behandelt hatte und taten so, als ob sie ihn nach Hitlers Zahnarzt fragen wollten. An und für sich ist es eher unwahrscheinlich, dass sporadisch behandelnde Ärzte sehr unterschiedlicher Fachgebiete wissen, welche anderen Fachärzte (zumal noch Humanmediziner und Zahnmediziner) ihre Patienten haben.

Die Suche nach Hitlers Zahnarzt war so wichtig, dass sich sogar der Vorgesetzte von Oberst Gorbuschin, Oberst Miroschnitschenko, direkt einschaltete und sie selbst direkt vor Ort leitete. Während der Oberst Gorbuschin sich als angeblicher Leiter der Untersuchung in seinem Bericht in den Mittelpunkt stellte und die Wahrheit „kreativ" veränderte[146], war es der Oberst Miroschnitschenko, der erreichte, dass entweder (nach unterschiedlichen Angaben) der Direktor der Charité-Klinik für Hals-, Nasen- und Ohrenkrankheiten, Professor von Eicken[147], oder ein Professor Steinhart von der Abteilung Zahnmedizin der Charité, von dem sie wirklich den Namen von Hitlers Zahnarzt erfuhren, Gorbuschin einen Begleiter mitgab.[148]

Besymenko schrieb über das Verhör von Professor von Eicken: „Auf Grund dieser Vernehmung wurde der Name des Zahnarztes, Prof. Blaschke, festgestellt sowie Frau Heusermann und Echtmann ausfindig gemacht."[149] Nein, die Namen kannte man schon. Es ging nur darum, auf unverdächtige Weise zum Personal des Professors Blaschke zu kommen, um jeden Verdacht zu zerstreuen, man habe bereits die notwendigen Informationen über Blaschkes Personal und auch die Röntgenaufnahmen, die man ja erst unter Zeugen finden wollte.

So wurden Gorbuschin und seine Begleiter von einem bulgarischen Praktikanten[150] zum Kurfürstendamm 213[151] geführt, wo sie am Nachmittag des 09.05.1945 auch bald die Praxis von Professor Blaschke fanden. Dieser „Lotse" spielte unbewusst die Rolle eines weiteren Zeugen für die Täuschungsaktion der Geheimdienstleute, die den Eindruck erwecken wollten, erst am 09.05.1945 nach den Röntgenaufnahmen gesucht zu haben. Vor der Praxis trafen sie auf einen Dr. Fedor Bruck (vgl. Dossier Dr. Bruck), der sich als jüdischer Zahnarzt aus Schlesien vorstellte, und erklärte, dass er neu in der Praxis sei. Er wurde von den Russen als neuer Mitarbeiter des

Professor Blaschke betrachtet. Außerdem trafen sie dort auf den Zahntechniker Echtmann. Von Echtmann verlangten sie „... alle Röntgenaufnahmen der früheren Regierungsmitglieder. Die Aufnahmen befanden sich aber nicht in der Praxis."[152]
Oberst Gorbuschin und seine Begleiter trafen aber Echtmann angeblich nicht an. Die Dolmetscherin von Oberst Gorbuschin, welche dabei war, schrieb in ihren Erinnerungen: „Fritz Echtmann, der später ausfindig gemachte Zahntechniker Hitlers ..."[153]
Wer log da? Weshalb wollte Echtmann den Eindruck erwecken, er wäre in der Praxis gewesen oder weshalb wollten die Russen den Eindruck erwecken, er sei nicht dort gewesen? Die Russen erfuhren in der Praxis, was sie vermutlich schon von Dr. Kunz wussten, nämlich dass Professor Blaschke nicht mehr in Berlin sei.[154] Die Russen mussten sich also an das Personal von Blaschke halten. Wo waren der Mitarbeiter von Professor Blaschke, Dr. Rudolf Rohkamm und die Helferin Liselotte Hillert? Hatten sie nicht mitgespielt? Wurden sie deshalb von den Russen aus der Praxis entfernt? Es wäre ja immerhin anzunehmen gewesen, dass, wenn der Chef die Praxis nicht mehr selbst führen konnte, sein promovierter Mitarbeiter die Chance genutzt hätte, diese renommierte Zahnarztpraxis selbst zu führen!
Der (angebliche) Dr. Bruck nannte als mögliche Auskunftsperson Fräulein Käthe Heusermann, die Zahnarzthelferin von Professor Blaschke. Diese war nicht mit ihrem Chef nach Berchtesgaden ausgeflogen, sondern mit dem Zahntechniker von Dr. Blaschkes Praxis, Fritz Echtmann, in der Zahnstation der Reichskanzlei geblieben. Frau Heusermann angeblich deshalb, weil sie wertvolles Eigentum in Berlin versteckt habe, das sie nicht zurücklassen wollte.[155] Und von Echtmann kennt man keinen Grund. Er war ausgebombt worden und hätte durchaus Grund genug gehabt, Berlin zu verlassen.

Wie haben es die Russen arrangiert, dass der Eindruck entstand, sie seien mit Hilfe von Frau Heusermann erst am 09.05.1945 auf die Röntgenaufnahmen gestoßen?
Wir stellen noch einmal fest: Die Geheimdienstleute hatten den Plan, sich die präparierten Zähne bzw. Gebiss- und Kieferteile als die von Hitler und seiner Frau von dem damit befassten medizinischen Personal bestätigen zu lassen und zuvor, am selben Tag, die Röntgenaufnahmen im Beisein dieser Personen angeblich erst aufzufinden. So wollte man erreichen, dass erstens Zeugen dafür vorhanden waren, die Röntgenaufnahmen wären erst am 09.05.1945 aufgefunden worden und dass die Zeugen die Gebissteile gleich als echt bestätigen konnten.
Man muss bedenken, dass man es mit Geheimdienstleuten zu tun hatte, die genau wussten, wie man eine solche Täuschungsaktion einfädelt bzw. aufzieht. Sie erschienen am 09.05.1945 nachmittags in der Praxis und befragten den Zahntechniker Echtmann nach Röntgenaufnahmen Hitlers und anderer Regierungsmitglieder. Echtmann konnte sie ihnen nicht geben, da sie nicht in der Praxis waren. Entweder wollte Echtmann, der sie ja in den Bunker der Reichskanzlei zur dortigen Zahnstation hätte führen können, jegliche persönliche Beziehung zur Reichskanzlei verheimlichen oder er war für die Geheimdienstler „verbrannt", weil er ihnen gesagt hatte, dass die Röntgenaufnahmen mit Sicherheit nicht mehr in Berlin seien, da sein Chef, Professor Blaschke, ihn am 20.04.1945 aufgefordert habe, ihm die Röntgenaufnah-

men von Hitlers Zähnen zurückzugeben und diese dann mitgenommen habe in den Süden.[156] Deshalb taten sie so, als ob sie Echtmann gar nicht in der Praxis Blaschke angetroffen hätten und dann auf Hinweis des neuen Praxisinhabers, Dr. Bruck, zur Wohnung von Frau Heusermann gegangen seien, um sie mitzunehmen zum Verhör.

Die Russen und die Zeugin Heusermann

Käthe Heusermann wurde am 09.05.1945 gegen Abend aus ihrer Wohnung in der Pariser Straße 39/40 abgeholt.[157] Oberst Gorbuschin stellte das so dar: „Ich ließ sie zu einer Unterredung einladen und durch den bulgarischen Studenten abholen."[158] Einladen klingt immer gut. Das war aber eine Einladung die man nicht ablehnen konnte. Und sie wurde zu einer elfjährigen „Dauereinladung" wider Willen.

Es gibt allerdings erstaunlicherweise drei verschiedene Varianten davon, wer Käthe Heusermann in die Zahnarztpraxis zum Verhör und zur Suche nach den Karteikarten und Röntgenaufnahmen geholt haben soll:

> Ein bulgarischer Student, wie Oberst Gorbuschin und auch seine Dolmetscherin behaupteten.[159]
> Der Zahnarzt Dr. Fedor Bruck.[160]
> Die Russen selbst: „… begaben sich … zu Frau Heusermann, um diese zu vernehmen."[161]

Die Geheimdienstleute erkannten sehr schnell, dass diese von begründeten Ängsten gepeinigte Frau (Mehrfachvergewaltigung durch Sowjetsoldaten) leicht zu manipulieren war.

In der Praxis am Kurfürstendamm fand man die „Krankenakte" (Zahnbehandlungskartei) Hitlers mit Frau Heusermanns Hilfe, aber natürlich keine Röntgenaufnahmen. Nun versuchte Gorbuschin, Frau Heusermann zu suggerieren, dass man doch in der zahnärztlichen Station der Reichskanzlei danach suchen könne: „Auf meine Frage, wo sie zu finden seien, antwortete Käthe Heusermann, sie müssten im Arbeitszimmer Prof. Blaschkes in der Reichskanzlei aufbewahrt worden sein."[165] Frau Heusermann widersprach dieser Behauptung nach ihrer Rückkehr aus der Gefangenschaft ganz eindeutig: „Die Suche war von vornherein aussichtslos, weil die Unterlagen im Flugzeug nach Berchtesgaden mitgegeben worden waren. Das habe ich dem Oberst auch gesagt."[166]

Dennoch beharrten die Geheimdienstler, die schließlich alles schon mit Hilfe des Dr. Kunz vorbereitet hatten, darauf, dass sie sie in die Zahnstation der Reichskanzlei führe. Und, wen wundert es, in der Zahnstation wurden dann angeblich die Röntgenaufnahmen im Beisein von Frau Heusermann gefunden.[167] So wurde es jedenfalls kommuniziert. Nun war die Inszenierung perfekt.[168]

Die Dolmetscherin Gorbuschins schrieb in ihren Erinnerungen die vereinbarte Version der Geheimdienstler nieder: „Mit Käthe Heusermanns Hilfe finden wir schließlich die Röntgenbilder von Hitlers Gebiß und die goldenen Kronen, die ihm nicht mehr eingesetzt werden konnten."[169] Eine eindeutige Lüge. Ebenso wie die Lüge des Chefs der Dolmetscherin, Oberst Gorbuschin, gegenüber dem Sowjethistoriker Besymenski, als er ihm berichtete, dass sie im Keller der Reichskanzlei „ … den zahnärztlichen Behandlungsraum von Prof. Blaschke[170] (fanden) und bald mit Hilfe von Frau Heusermann Röntgenbilder von den Zähnen des Führers und einige fertige Goldkronen, die ihm aufzusetzen sein Zahnarzt keine Zeit mehr gehabt hatte (entdeckten)."[171] Davon hat allerdings Frau Heusermann nichts mitbekommen. Sie war auch nach ihrer Rückkehr aus elfjähriger Gefangenschaft überzeugt davon, dass alle Aufnahmen von Professor Blaschke mit in den Süden genommen worden waren. Was hätte die Frau Heusermann für ein Motiv haben können, zu leugnen, dass sie für die Russen die Röntgenaufnahmen gefunden hatte? Wir können uns kein entsprechendes Motiv vorstellen.

Was hatten die Russen für ein Motiv, es so darzustellen, als habe Frau Heusermann ihnen diese Aufnahmen übergeben? Nun, sie besaßen die Aufnahmen bereits, sie hatten sie von Dr. Kunz erhalten. Ihr Plan war es aber, den Eindruck zu erwecken, dass unverdächtige Mitarbeiter von Professor Blaschke ihnen die Aufnahmen viel später übergeben hätten. So war jeder Vorwurf der Manipulation von anderer Seite von vornherein zum Scheitern verurteilt. Und zahllose Historiker und Journalisten haben sich tatsächlich von der Übereinstimmung der Röntgenbilder und der in sowjetischem Besitz befindlichen angeblichen Hitlerzähne, täuschen lassen.

Frau Heusermann wurde nach der Suche in der Reichskanzlei von den Russen mitgenommen. Die sowjetischen Militärzahntechniker waren mit ihrer Arbeit fertig. Der nächste Schritt der Täuschung und Manipulation konnte gegangen werden.

Frau Heusermann berichtete nach ihrer Rückkehr aus der Gefangenschaft: „Von der Reichskanzlei aus bin ich von dem Oberst nach Schwanebeck gebracht worden, wo er mir am 9. Mai 1945

> - eine Oberkiefer-Goldbrücke mit Porzellanfacetten,
> - einen vollständigen Unterkieferknochen mit Zähnen und Brücken,
> - eine kleine Goldfüllung,
> - eine untere Kunstharzbrücke mit einer Goldkrone

vorgelegt hat. Ich habe die Oberkieferbrücke und den Unterkieferknochen sofort als ohne Zweifel von Adolf Hitler stammend erkannt ... In diesem Sinne habe ich mich dem Oberst gegenüber klar und eindeutig geäußert." Sie sagte weiter aus: „Ich bin noch bis 11. Mai in Schwanebeck behalten und dann nach Hause gefahren worden."[172] [173]

Im Protokoll des Verhörs vom 10.05.1945 durch den Oberst Gorbuschin gab Frau Heusermann an, dass ein Zahn in dem ihr vorgelegten rechten Unterkiefer nicht mit ihrer Erinnerung übereinstimmte. Anstelle eines Porzellanzahnes (4. Zahn unten rechts) fand sie dort einen natürlichen Zahn![174] Da scheint den sowjetischen Zahntechnikern in der Eile ein Fehler unterlaufen zu sein. Und eine weitere Differenz zwischen Frau Heusermanns Wissen über Hitlers Zähne und der ihr vorgelegten Zahnbrücke aus dem Oberkiefer der angeblichen Hitlerleiche, fanden wir auch: Während im Protokoll der Obduktion der männlichen Leiche steht, „... die Brücke ist durch Stifte am zweiten linken und am zweiten rechten Schneidezahn befestigt ..."[175] sagte Frau Heusermann bei ihrem Verhör: „Hitler trug am Oberkiefer eine goldene Brücke, die am ersten linken Zahn mit einer Fensterkrone befestigt war, dann auf der Wurzel des zweiten linken Zahns, auf der Wurzel des ersten rechten Zahns und auf dem dritten rechten Zahn mit einer goldenen Krone ..."[176] Wie man also sieht: Da war den Fälschern ein weiterer Fehler unterlaufen.

Aber eines muss man auch beachten: Frau Heusermann konnte sich also aus dem Gedächtnis an jeden Zahn Hitlers und dessen Status erinnern, was schon merkwürdig ist. Wenn man in seiner Not (Was geschieht jetzt mit mir?) etwas präsentiert bekommt, das man praktisch nur noch die Frage abnicken muss, ob das von Hitler sei, dann ist ein den Verhörenden genehmes „Abnicken" verständlich. Und wenn das, was man bestätigen soll, auch noch dem hochgradig ähnlich ist, um das es geht, dann fällt das noch leichter. Eventuelle Zweifel werden unterdrückt, sie zu äussern könnte eventuell lebensgefährlich sein. Und das angefertigte Protokoll kannte Frau Heusermann möglicherweise nicht, weil es gefälscht wurde!

Aus den Aufzeichnungen der Dolmetscherin der SMERSCH-Gruppe von Oberst Gorbuschin kennen wir den weiteren Verlauf, so wie ihn die Sowjets darstellten. Am 10.05.1945 sei Frau Heusermann von Oberst Gorbuschin und Major Bystrow in Berlin-Buch verhört worden.[177] Sie musste Hitlers Zähne aus dem Gedächtnis beschreiben, aus dem Gedächtnis, welches ja durch die Betrachtung der Zähne in Schwanebeck (und vielleicht auch durch die Betrachtung der am 09.05.1945 in der Reichskanzlei gefundenen Röntgenaufnahmen – falls Frau Heusermann sie doch gesehen haben sollte[178]) bereits aufgefrischt worden war.

Am 11.05.1945 schließlich soll sie, ebenfalls in Berlin-Buch, von Fachleuten befragt worden sein. Die Befragung nach Hitlers Zähnen, erfolgte durch den Chefgerichtsmediziner Schkarawski, der sie übrigens, so wie Oberst Gorbuschin auch, als Ärztin betrachtete, im Beisein der Geheimdienstoffiziere.[179] Frau Heusermann erweckte aber bei ihrer Aussage am 27.04.1956, nach ihrer Rückkehr aus der Gefangenschaft den Eindruck, als sei sie am 11.05.1945 nicht zum Verhör in Berlin-Buch gewesen. Sie sagte aus, sie sei die ganze Zeit in Schwanebeck verhört worden.

Offene Fragen: Warum verschwieg Käthe Heusermann das Verhör in Berlin-Buch? Hatte sie etwas bemerkt? Hätte das Eingeständnis, in Buch verhört worden zu sein, ihr schaden können? Was war ihr peinlich? Oder warum hat Schkarawski behauptet, es habe dieses Gespräch gegeben, wenn es vielleicht gar nicht stattfand?

Übrigens argumentierte Besymenski gegen des Historikers Werner Maser Meinung, es habe einen Bluff der Sowjetgeheimdienstler in der Frage der Hitlerzähne gegeben, indem er schrieb, Heusermann und Echtmann hätten die Zähne aus dem Gedächtnis beschrieben, „... und zwar, ohne vorher gesehen zu haben, was die Sowjets in Händen hielten. Diese Beweistücke wurden beiden erst nach ihrer Beschreibung vorgelegt."[180] Das allerdings stimmt nicht. Die Dolmetscherin, die damals bei dem Verhör dabei gewesen ist, hat ganz klar berichtet: „Und das Wichtigste – die Zähne selbst. Käthe Heusermann betrachtet sie und erkennt sie als Hitlers Zähne."[181] Sie sah die Objekte also ohne sie vorher zu beschreiben! Natürlich hat sie eilfertig getan, was man von ihr verlangt hat. Wer hätte nach ihren Erlebnissen etwas anderes erwartet? Dennoch hat sie durchaus auf Unstimmigkeiten hingewiesen! Während es im Bericht über die Obduktion der männlichen Leiche (Akte Nr.

12), die als die Hitlers betrachtet wurde, hieß: „Der Unterkiefer besteht aus 15 Zähnen, 10 davon sind künstlich.", gab Frau Heusermann am 19.05.1945 zu Protokoll,
dass in Hitlers Unterkiefer insgesamt nur 14 Zähne gewesen seien, zehn natürliche
Zähne und 4 künstliche.[182] Ein eindeutiger Beweis, dass es sich bei der Leiche, die
man als die Hitlers betrachtete, nicht um die Hitlerleiche gehandelt haben kann.
Oberstleutnant Schkarawski, den Frau Heusermann nicht zu kennen schien, der sie
aber am 11.05.1945 in Berlin-Buch zu Hitlers Zähnen befragt haben will, berichtete:
„Ich erinnere mich genau, welche Angst sie bei der Vernehmung hatte."[183] Angst
macht nicht nur geständig, Angst macht auch manipulierbar. Und natürlich protokollierte der Geheimdienst, dass Frau Heusermann die Zahnteile erst nach ihrer Beschreibung gesehen habe! Offensichtlich gab es aber eine zweite Befragung. Allerdings ist es seltsam, dass Schkarawski, der oder dessen Team die Kieferteile und
Brücken aus dem Schädel von Hitler herausgenommen und am 08.05.1945 dem
Geheimdienst übergeben hatten, diese am 11.05.1945 aus seinem Schreibtisch genommen und Frau Heusermann gezeigt haben will, wobei diese schockiert gewesen
und mit einem hysterischen Anfall reagiert haben soll.[184] Das wäre so nicht gewesen, wenn sie die Prothesen bereits früher schon einmal gesehen hätte. Gerade das
behauptete sie aber, dass ihr der Oberst (Gorbuschin) die Prothesen bzw. Kiefer bereits in Schwanebeck am 09.05.1945 vorgelegt habe.

Offene Fragen für die weitere Forschung

> Befand sich vielleicht in Schwanebeck das sowjetische zahnärztliche Feldlabor?
> Wurde etwa am 10.05.1945 (oder am 11.05.1945, wie Schkarawski sich erinnerte) in Berlin-Buch mit Frau Heusermann nur geredet, weil die Sowjet-Zahntechniker mit ihrer Auftragsarbeit noch nicht fertig waren?
> War Schkarawski über die Fälschungen informiert?
> Hatte Schkarawski gar keine Prothesen im Schreibtisch? Die Zähne trug doch angeblich seit dem 08.05.1945 die Dolmetscherin mit sich herum?
> Oder hat Schkarawski im Auftrag des Geheimdienstes gelogen?
> Oder log Schkarawski einfach nur, um sich wichtig zu machen?
> Oder bemerkte Frau Heusermann, dass die ihr von Oberst Gorbuschin in Schwanebeck ge-zeigten Teile andere waren, als das, was Schkarawski ihr nun zeigte (mit angesengtem Fleisch behaftet, wie Echtmann behauptete)?

Frau Heusermann jedenfalls erwähnte ein Gespräch mit Schkarawski nicht, auch
nicht, dass sie überhaupt in Berlin-Buch gewesen sei. Sie sagte ganz klar und un-
missverständlich: „Im Juli 1945 ist mir in Finow auch nochmals in einer Zigarrenkiste
das vorgelegt worden, was mir der Oberst am 9. Mai 1945 in Schwanebeck vorgelegt hatte. Ich habe neuerlich bekundet, daß es die Oberkieferbrücke und der an den
beiden Brücken erkennbare Unterkiefer Hitlers und eine Goldfüllung und eine Unterkieferbrücke Eva Brauns seien ..."[185] Käthe Heusermann bekräftigte hiermit also,
dass sie genau zwei Mal die Zähne vorgelegt bekam, am 09.05.1945 und erneut im
Juli 1945 und beide Male nicht in Berlin-Buch. Am 11.05.1945 wurde sie entlassen.
Aber die Sowjetgeheimdienstler überlegten sich das offensichtlich ganz schnell noch
einmal und holten sie, nach nur zwei Tagen in Freiheit, am 13.05.1945 erneut ab,
nicht etwa, um vielleicht noch einmal kurz offen gebliebene Fragen von ihr beantworten zu lassen, sondern um sie dann für weitere 11 Jahre (!) in Gewahrsam zu

nehmen. Man traute ihrer Aussage nicht oder befürchtete, dass sie die Fälschung erkannt hatte und diese verraten könnte.

✷✷✷

Offensichtlich waren die Russen doch nicht überzeugt von den Beweisstücken, die angeblich aus Adolf und Eva Hitlers Mündern stammten. Jedenfalls wurde Frau Heusermann immer wieder bezüglich Hitlers Zähnen verhört, obwohl sie doch schon beim ersten Mal bestätigt hatte, dass das, was man ihr vorlegte, zu Hitler gehörte und die Russen begeistert davon waren.[186] „In sehr zahlreichen Vernehmungen in Finow und Friedrichshagen habe ich mein Wissen, so wie ich es heute hier angegeben habe, immer wieder geschildert."[187]

Warum immer wieder, wenn man doch die Zähne Hitlers hatte, von Heusermann, von Echtmann und durch Vergleich mit den Röntgenaufnahmen schon seit Wochen, Monaten und zuletzt gar seit Jahren bestätigt? Man glaubte ihr nicht bzw. man wollte sicher gehen, dass sie immer wieder die passende (erwünschte) Aussage machte?

Für die späteren Darstellungen war es jedenfalls Frau Heusermann, welche die Geheimdienstoffiziere zu den Röntgenaufnahmen geführt hat. Und zwar genau an dem Tag, an dem man ihr die Objekte vorlegte, sodass niemals der Verdacht einer erst nach Auffinden der Röntgenaufnahmen mit Hilfe der Kenntnisse von Frau Heusermann erfolgten Fälschung aufkommen konnte.

Die Zeugin Heusermann wurde also nicht nur körperlich, sondern auch auf diese Weise von den Sowjetsoldaten missbraucht!

Die Russen und der Zeuge Echtmann

Die Geheimdienstler fanden, dass mindestens ein zweiter Zeuge in Sachen Zahnstatus von Hitler wichtig wäre, entweder weil das beweiskräftiger schien oder auch, weil sie nicht sicher waren, ob Frau Heusermann bei ihrer Aussage bleiben würde. So verhafteten sie am 11.05.1945 auch den Zahntechniker aus der Praxis von Professor Blaschke, Fritz Echtmann, in seiner Wohnung.[188] Er musste an diesem Tage in Schwanebeck bei Berlin den Russen bei seiner ersten Vernehmung beschreiben, wie die Brücken ausgesehen hatten[189 190] und sie legten ihm Prothesen vor.

Vorher hatte er aber Gelegenheit, sich mit Frau Heusermann diesbezüglich abzusprechen, denn sie hatte ihn am 11.05.1945 informiert, als sie von der Vernehmung durch die Russen zurückgekommen war, noch bevor diese eintrafen, um ihn abzuholen. Und da beide später mehrmals auf dem Hof des Gefängnisses in Berlin zusammentrafen, konnten sie sich auch dann wieder gegenseitig in der Richtigkeit ihrer Aussagen bestätigen – oder ihre Aussagen abstimmen.

> „Frau Heusermann war damals gleichfalls im Gefängnis Berlin-Friedrichshagen inhaftiert. Wir sind damals wiederholt im Gefängnishof zusammengetroffen und haben dabei unsere Wahrnehmungen und Aussagen in Bezug auf den Kieferknochen und die Brücke ausgetauscht. Wir waren uns völlig einig, daß ein Irrtum ganz ausgeschlossen sei."[191]

Diese Feststellung hatte wohl einen Entlastungscharakter. Falls sich herausstellen würde, dass die Aussagen falsch waren, konnten sie sich gegenseitig als Entlas-

43

tungszeuge benennen, man habe sich ja rückversichert, dass man keinen Fehler gemacht habe. Dazu muss man wissen, dass sich Echtmann praktisch auf Frau Heusermanns Angaben verlassen musste.

Echtmann wurden am 11.04.1945 in Schwanebeck zunächst eine Oberkieferbrücke Hitlers und die untere Kunststoffbrücke von dessen Frau vorgelegt. Dann zeigten sie ihm alle Beweisstücke, die sie in einer Zigarrenkiste aufbewahrten, die wie wir wissen, die Dolmetscherin ständig mit sich herumführte. Der Unterkiefer Hitlers sei nicht präpariert gewesen und habe noch „geringe angebrannte und verkohlte Fleischrückstände"[192] aufgewiesen. Das heißt, dass, wenn Schkarawskis Behauptung stimmte, dass er an diesem Tage Frau Heusermann das Gebiss Hitlers vorgelegt hatte, ein regelrechter Reigen mit den Zähnen stattgefunden haben müsste. Die SMERSCH-Offiziere erhielten angeblich den Kiefer und die Brücken von den Gerichtsmedizinern in Berlin-Buch, legten sie in Schwanebeck in eine Zigarrenkiste, brachten sie nach Buch, wo sie diese Schkarawski wieder übergaben, der sie Frau Heusermann präsentierte (wovon diese aber nichts mitbekommen haben will), nahmen die Zigarrenkiste mit den Zähnen wieder mit nach Schwanebeck und stellten sie am Abend dann Echtmann vor die Nase. Dabei gewesen sein soll ein Sachverständiger, der die Kieferteile selbst aus den Leichen entnommen habe, wie er zu Echtmann sagte.[193] Das konnte eigentlich nur Schkarawski gewesen sein, der aber fest behauptet hat, alles habe sich in Berlin-Buch abgespielt. Irrungen und Wirrungen sowjetischerseits. Echtmann wurde dann am 24. oder 25.05.1945 im Beisein zweier Sowjetgenerale in Finow scheinbar die selbe Zigarrenkiste erneut vorgelegt. Darin befanden sich wieder: „... der Unterkiefer sowie die obere Brücke Hitlers, die untere Kunststoffbrücke Eva Brauns und ferner ein EK I und ein goldenes Parteiabzeichen ..."[194] Übrigens wurde ihm gesagt, das EK I und das Goldene Parteiabzeichen habe man bei der Leiche gefunden.[195] Das ist schon interessant, denn Hitler hatte das Abzeichen von seinem Uniformrock zwei Tage zuvor Magda Goebbels angeheftet und außerdem befohlen, dass alles, was an ihn erinnere, zu vernichten sei. Da trug er wohl kaum diese Identifizierungsmerkmale. Dagegen ist es nachzuvollziehen, dass diese zu einer fremden Leiche gelegt worden sind, um eine angebliche Identität vorzutäuschen. Die Behauptung des Sowjethistorikers Besymenski, dass Heusermann und Echtmann zuerst die Zähne Hitlers korrekt aufgezählt und auch aufgezeichnet hatten und erst dann mit den Zahnteilen konfrontiert wurden, wird auch hinsichtlich Echtmanns als Lüge enttarnt, wenn man liest: „Echtmann untersuchte die Zähne und erkannte sie."[196] Zwar heißt es im Protokoll des Verhörs von Echtmann am 18.05.1945, durch General Wadis[197] und im Bericht des Geheimdienstgenerals Wadis[198] an Berija, dass Echtmann vier verschiedene Brücken vorgelegt worden seien. Aber selbst wenn die Geheimdienstler Echtmann vier Brücken vorgelegt haben, unter denen er dann die von Eva Braun wiedererkannt hat, wäre das kein Beweis, falls die Brücke von Eva Braun eine Rekonstruktion der echten Brücke war. Und auch die Tatsache, dass die SMERSCH mal eben drei weitere Brücken herstellen ließ, verweist doch auch darauf, wozu die Zahntechniker im sowjetischen Felddentallabor in der Eile fähig waren.

Auch Echtmann wurde immer wieder verhört. So auch am 21.05.1945. Der Sowjethistoriker Besymenski hat, in unwissenschaftlicher Nachlässigkeit, die Datierungen der Protokolle nicht alle angegeben. In einem der späteren Verhöre, nach dem Verhör vom 21.05.1945, hat Echtmann die Geheimdienstler mehrfach aufgefordert die Brücke der Eva Braun in deren Schädel einzusetzen. Er ging davon aus, dass die Russen die Leiche zur Verfügung hatten. Und er hatte ihnen eilfertig angeboten, Arbeitsmodelle in der Praxis zur Verfügung zu stellen, worauf die Vernehmungsoffiziere dies ablehnten![199] Auch seine Zeichnungen für die Verbesserung der Oberkieferprothese Hitlers bot Echtmann ihnen an. Aber die lehnten ab. „... es würde schon genügen, und sie glauben es, daß es sich hier nur um Hitler und Frl. Braun handelt."[200]

Das alles wunderte zwar manchen Autor, führte aber nicht zu kritischem Hinterfragen. Wir stellen aber die Frage: Warum verhielten sich die den Echtmann Vernehmenden so?

Nun, die Russen hatten schon alle Unterlagen und Modelle aus der Zahnstation in der Reichskanzlei und aus der Privatpraxis. Hätten sie Echtmann in die beiden Praxen gebracht, um diese Unterlagen suchen zu lassen, hätte der gemerkt, dass die schon weg waren, wie wir meinen (schon ab dem 02. Mai!).

Echtmann hat bezüglich der Echtheit der ihm vorgelegten Zähne Hitlers auf Kiefer und Brücken auch folgende Beweisführung präsentiert:

> „Da ich gelegentlich meiner Studien des Röntgenstatus Hitlers auch die Aufnahmen des Unterkiefers flüchtig durchgesehen hatte, wußte ich, daß dort tatsächlich zwei größere Goldbrücken lagen. Schließlich stellte ich bei der Vernehmung noch die sogenannte Artikulationsprobe an, die ergab, daß die obere Goldbrücke und der Unterkiefer zusammenpaßten. Nach diesen Untersuchungen bestand für mich kein Zweifel, daß die mir vorgelegten Kieferteile von den Leichen Hitlers und Eva Brauns stammten ..."[201]

Diese Artikulationsprobe wird nun auch gern als Beweis dafür angeführt, dass es sich um Hitlers Kiefer und Brücke gehandelt habe. Aber natürlich mussten die Kieferteile zusammenpassen, wenn sie vom gleichen Menschen stammten. Aber von welchem? Und natürlich konnten die Teile zusammenpassen, wenn man sie so manipuliert hatte.

Echtmann wurde später erneut nach der Echtheit der Prothese der Eva Braun befragt: „Trotzdem wurden sie bezüglich Eva Brauns 1946 noch einmal mißtrauisch und verlangten weitere Anhaltspunkte von mir."[202] Er machte weitere Angaben zu Zahnkronen im oberen Frontzahnbereich bei Eva Braun. Zwei Monate später erst teilten ihm die Russen mit, dass seine Beschreibung zuträfe „... und am Tode der Eva Braun bestünden nunmehr keine Zweifel."[203] Zwei Monate? Mussten sich die Russen erst einmal von dem Schock erholen, dass der Vergleich von Echtmanns Angaben mit, ja womit denn, es gab keine Zähne im oberen Frontzahnbereich von Eva Braun, die man hätte vergleichen können mit den Angaben (Laut Akte Nr. 13 fehlten diese Zähne.[204]), nicht erfolgreich war?

Es ist anzunehmen, dass die Russen den Deckel erst mal zumachen wollten. Dass sie aber immer noch nicht überzeugt waren von ihren Beweisstücken, das zeigte sich daran, dass auch noch Jahre danach Zeugen nach Hitlers Zahnärzten befragt worden sind! Wir können also feststellen:

> Echtmann hat nicht selbst die Brücke für den Unterkiefer Hitlers angefertigt.[205]

> Er hat die Röntgenaufnahmen irgendwann „flüchtig durchgesehen ..." Aber er war sich bei den Russen (unter Druck!) „sicher"![208]

Später, wieder in Sicherheit in Deutschland, machte er allerdings gegenüber dem Historiker Werner Maser ganz andere Angaben:

„Echtmann erklärte dem Autor am 20.10.1971 ausdrücklich, daß er anhand des ihm gezeigten Gebisses nicht habe angeben können, ob es die Zähne Hitlers gewesen seien. Er glaubt jedoch, dass ‚ein anderes Merkmal', das er allerdings nicht beschreiben ‚wollte' (d.h. nicht konnte), auf Hitler hingewiesen habe, ..."[209]

Der „Lohn" für Echtmanns Aussagefreudigkeit war eine achtjährige Inhaftierung bis zum 05.12.1953 in verschiedenen sowjetischen Gefängnissen und Zwangsarbeitslagern. Er wurde vorsichtshalber unter Geheimdienstkuratel gestellt, weil man wohl, wie bei Frau Heusermann, gemerkt hatte, dass die Aussagen nicht zu den vom Geheimdienst selbst produzierten Beweisen oder zu den Beutestücken, die ihnen durch eine Gestapoaktion untergeschoben wurden, passten.

Die Russen und der Zeuge Blaschke
Obwohl Hitlers Zahnarzt Blaschke sich in Süddeutschland aufhielt und sich bis Ende 1948 bei den Amerikanern in der Internierung befand, soll ihm von der Sowjetischen Militäradministration in Deutschland im Sommer 1945 angeblich Gips, ein Spachtel und ein Schnitzmesser geschickt worden sein, mit der Aufforderung aus dem Gedächtnis ein Gipsmodell von Hitlers Zähnen zu schnitzen. Das Modell sei erst „... nach einiger Zeit ... abgeholt" worden.[210] Der Autor Ulli Kulke, unseres Wissens der einzige Autor, der so etwas schrieb, behauptete: „Die sowjetischen Militärs, im Besitz des Originalgebisses, waren beeindruckt angesichts der vollkommenen Übereinstimmung mit dem Gebiss der Leiche, die es zu identifizieren galt." Wo hat der Mann das her? Und selbst, wenn die Russen von Blaschke dieses Gipsmodell erhalten haben sollten, was sollte das beweisen? Es beweist nur, dass Blaschke sich sehr gut an Hitlers Zahnstatus erinnern konnte. Da die Sowjetgeheimdienstler aber Hitlers echte Leiche nicht besaßen und die Brücken und den Kiefer präpariert bzw. gefälscht hatten oder ihnen gefälschte von der Gestapo zugespielt wurden, war das genau so ein „solider Beweis" wie das Abnicken durch Heusermann und Echtmann.

I.1.2.3 Die Manipulation der Zeugen aufgrund des Angstfaktors

Der verständlicherweise vorhandene und stark wirkende Angstfaktor bei den damals Verhörten, lässt vermuten, dass diese bereit waren, alles zu sagen, was man von ihnen hören wollte. Die Gefangenen befanden sich unter enormem Druck. Viele von ihnen mussten Folter erleiden.[211] Sie hätten wohl alles getan, um zu vermeiden, weiter gefoltert oder gar erschossen zu werden. Angst macht nicht nur geständig, Angst macht auch manipulierbar.

Der SS-Zahnarzt Dr. Kunz wurde mit der Todesstrafe bedroht, weil er an der Ermordung der Goebbelskinder beteiligt war. Obwohl er nur Zahnarzt war, kam er erst nach zehn Jahren, 1955, aus einem russischen Lager zurück nach Deutschland. Mit Sicherheit nicht ohne die Warnung im Gepäck, für immer zu schweigen.

Frau Heusermann hatte eine Gruppenvergewaltigung durch Sowjetsoldaten hinter sich. Wir gehen davon aus, dass sie aus purer Angst nach diesem traumatischen Erlebnis Falschaussagen gemacht hat, und alles bestätigte, was die Russen hören wollten. In welcher Verfassung sie war, berichtete der Gerichtsmediziner Oberstleutnant Schkarawski, den sie nicht zu kennen schien, welcher sie aber in Berlin-Buch am 11.05.1945 zu Hitlers Zähnen befragt haben will: „Ich erinnere mich genau, welche Angst sie bei der Vernehmung hatte."[212]

Um die erwünschten Antworten zu erhalten, wurde durch geschickte Manipulation und durch Suggestivfragen nachgeholfen. So hat man ihr die Zähne Hitlers doch gezeigt, bevor sie diese beschrieben hatte, möglicherweise hat man sie sogar auf einem Tisch liegen lassen, während sie allein gelassen und beobachtet wurde. Dann hat man sie nach den Zähnen befragt. Und natürlich protokollierte der Geheimdienst, dass Frau Heusermann die Zahnteile erst nach ihrer Beschreibung gesehen habe!

Ähnlich wird das auch bei Echtmann gelaufen sein. Dieser kam anderthalb Jahre früher frei, vermutlich, weil man seinen Aussagen entnahm, dass er nichts von der Manipulation gemerkt hatte. Es wäre dagegen zu gefährlich gewesen, Frau Heusermann freizulassen, weil sie möglicherweise hätte berichten können, dass sie die Manipulation erkannt hatte.

Jedenfalls haben die Drohungen zunächst noch gewirkt. Echtmann, am 05.12.1953 aus der Gefangenschaft entlassen, hat bei Befragungen am 10.06.1954 und am 05.10.1954 noch ausgesagt, dass er sicher sei, dass es sich um Hitlers Kieferteile gehandelt habe, die ihm 1945 vorgelegt worden waren.[213] Aber achtzehn Jahre später, als er sich in der Bundesrepublik wieder sicher fühlte vor den Sowjetgeheimdienstlern, sagte er etwas ganz anderes aus. Dem Autor Werner Maser gegenüber äußerte er, wie bereits erwähnt, ausdrücklich, „... daß er anhand des ihm gezeigten Gebisses nicht habe angeben können, ob es die Zähne Hitlers gewesen seien."[214] Immer noch eine Restangst im Nacken und vielleicht auch wegen der Peinlichkeit, damals gelogen zu haben, hat er aber behauptet, ein von ihm nicht benanntes anderes Merkmal an Hitlers Kopf (den er nicht gesehen hat!) habe ihm bestätigt, dass es Hitlers Zähne gewesen seien. Es spricht also viel dafür, dass die Russen die angeblichen Zähne Hitlers gefälscht haben oder dass sie auf einen Gestapotrick hereingefallen sind.

> Weshalb sonst wurden andere Gefangene ein Jahr später ebenfalls noch nach Hitlers Zähnen befragt?
> Weshalb sonst musste eine junge Frau, deren einziges „Verbrechen" es war, als Zahnarzthelferin bei der Zahnbehandlung Hitlers assistiert zu haben, genau so lange in russischen Gefängnissen und Lagern in Gefangenschaft gehalten werden, wie SS-Generale und Wehrmachtsgrößen?

Und dass alles, obwohl sie, wenn das stimmte, während des Krieges den jüdischen Zahnarzt Dr. Bruck versteckt hatte, also dann wohl eher keine fanatische Nazisse gewesen sein konnte. Ganz einfach: Es sollte verhindert werden, dass eine „Kronzeugin" außerhalb des sowjetischen Machtbereiches in Deutschland befindlich, umkippen könnte.

Bei der Entlassung wurden alle Gefangenen zum Schweigen verpflichtet, mit der Drohung, man werde sie überall finden, da man überall, weltweit, seine Leute habe.

In vielen Fällen haben Russlandheimkehrer ihre Aussagen in dem Moment revidiert, als sie sich in Sicherheit wähnten. Andere aber taten das ihr Leben lang nicht öffentlich, weil sie die Rache des sowjetischen Geheimdienstes fürchteten, die ihnen angedroht worden war. So hat Hitlers Chefordonnanz Linge sein Buch erst kurz vor seinem Tod veröffentlicht und das so begründet: „Jetzt nachdem ich nicht mehr fürchten muß, noch einmal in Gefängnis und Straflager gesteckt zu werden ..." [215]

I.1.3 Der Hauptbeweis überzeugte selbst die vermutlichen Auftraggeber nicht

Der Geheimdienstgeneral Wadis, Chef der SMERSCH in der sowjetisch besetzten Zone Deutschlands, berichtete Ende Mai 1945 an seinen Chef Berija, man habe die Leichen Hitlers und seiner Frau anhand der Zähne identifiziert.[216] Er brauchte diese Erfolgsmeldung, da er aus Moskau Druck bekam. Wadis wollte endlich einen Strich unter die Untersuchungen ziehen und behauptete in seinem Bericht: „Somit bestätigen die vorhandenen Materialien, wie Zeugenaussagen, Protokolle der Identifikation der entdeckten Leichen, Akten gerichtsmedizinischer Gutachten und Sachbeweise hinreichend, daß der Reichskanzler Deutschlands, Adolf Hitler, am 30. April d. J. in seinem Bunker Selbstmord beging."[217] Und so schätzte das auch die Gruppe Gorbuschin ein: „Die Untersuchung ist abgeschlossen. Hitlers Zähne sind ein unwiderlegbarer Beweis seines Todes. Sie werden zusammen mit den Untersuchungsergebnissen nach Moskau geschickt."[218] Und so gaben dann auch am 06.06.1945 sowjetische Offiziere gegenüber alliierten Kriegskorrespondenten voreilig Informationen über Fund und Obduktion der angeblichen Hitlerleiche bekannt.

Stalin, der seine Geheimdienste in einem Konkurrenzverhältnis untereinander hielt und bei dem als Einzigem alle Informationen zusammenliefen, erkannte schnell, dass die Beweise für Hitlers Tod unzureichend waren. Und wir nehmen an, dass die Tagebuchaufzeichnungen von Goebbels, die letzten Tage (11.04.1945 - 01.05.1945) betreffend, die verschwunden sein sollen, sich in seinen Händen befanden.[219] Dadurch wusste er genauestens Bescheid über die wahren Geschehnisse an Hitlers angeblichem Todestag.[220]

Deshalb, und nicht etwa, weil er taktische Spielchen mit den Westmächten trieb, wie viele Autoren glauben, hat Stalin im Mai 1945 gegenüber westlichen Diplomaten verkündet und von seinen Militärs verkünden lassen, dass Hitler wahrscheinlich geflohen sei. Und aus seinem Misstrauen den westlichen Alliierten gegenüber hat er sogar behauptet, Hitler könne auch von ihnen in ihren Besatzungszonen versteckt worden sein. Deshalb berief Marschall Schukow in Stalins Auftrag am 09.06.1945 in Berlin eine große Pressekonferenz ein, auf der er auf der Basis der nicht belastungsfähigen Ergebnisse der Suche nach Hitler und der unzureichenden Beweise, die Behauptungen, Hitler sei gefunden worden, korrigierte.[221]

Nach Auffassung des Sowjethistorikers Lew Besymenski war die Geheimhaltung des angeblichen Nachweises von Hitlers Tod durch die sowjetische Seite zweierlei begründet: Erstens habe man den Tod Hitlers geheim gehalten, um, falls sich ein „... falscher, ‚durch Wunder erretteter' Führer einstellen sollte", dem etwas entgegenhalten zu können. Oh, Herr Kollege Besymenski, die alte Geschichte vom falschen Zaren Pugatschow? Da hat sich ein Historiker vom Geheimdienst hinters Licht führen lassen. Wäre es nicht vernünftiger gewesen, durch Veröffentlichung der Beweise von Hitlers Tod jegliche Spekulationen oder „Doppelgängerauftritte" (nach dem Motto: der Führer ist „wieder auferstanden") von vorn herein zu unterbinden? Ja, wenn man solche Beweise gehabt hätte! Zweitens sei man davon ausgegangen, dass die noch auf freiem Fuße befindlichen Naziführer sich leichter fangen ließen, solange sie glaubten, Hitler sei noch am Leben.[222] Wie denn? Hitlers Unterschlupf, irgendwo in der Welt als Honigtopf für seine Gesellen? Dann hätte man aber auch den Treffpunkt nennen müssen!

Die Russen besaßen niemals die Leiche oder Leichenteile des echten Hitler. Das war ihnen schon nach der Obduktion der in einem Granattrichter gefundenen beiden Leichen klar. „Die Obduktion, die Umstände der Leichenauffindung und die Aussagen der Zeugen waren widersprüchlich, behaupteten diese doch überwiegend, Hitler habe sich erschossen."[223] Und weil sie eine echte Leiche Hitlers nicht besaßen, konnten auch keine echten Zähne Hitlers in ihren Händen befindlich sein. Trotz der immer wieder gebetsmühlenartig wiederholten Behauptungen zahlreicher Autoren, über die Zahnprüfung sei die gefundene Leiche als die Hitlers identifiziert worden, sind wir begründeterweise zu der Auffassung gelangt, dass es sich nicht um die Wahrheit handelt. Es gibt mehrere Gründe dafür, weshalb man annehmen kann, dass die Beweise (Gebissteile, Brücken) gefälscht wurden:

> die Art und Weise, wie der Fund der Röntgenaufnahmen inszeniert wurde,
> die unübersehbare Manipulation der Zeugen Heusermann und Echtmann,
> die offensichtlichen Zweifel der Russen an ihrer eigenen Beweisführung,
> und die durch nichts zu vertretende langjährige Inhaftierung der beiden zahnärztlichen Mitarbeiter Heusermann und Echtmann in der Sowjetunion, In Heusermanns Fall auch noch Jahre nach Stalins und Berijas Tod.

Die Suche nach Hitler oder seiner Leiche wurde fortgesetzt. Im **Juni 1945** (man hatte angeblich bereits seit Mai 1945 den unumstößlichen Beweis für Hitlers Tod durch die von Heusermann und Echtmann als echt bestätigten Kiefer, Brücken und Prothesen von Adolf und Eva Hitler), wurden dennoch weitere Zeugen verhört, Informationen verglichen und versucht, ein klares Bild über den Verbleib Hitlers zu bekommen. Die sowjetischen Untersuchungsrichter, die nach den ersten flüchtigen Ver-

hören der Gefangenen durch die SMERSCH detailliertere Verhöre durchführten, konzentrierten sich auf drei Fragen.[224]
Erstens: Hätte Hitler aus Berlin entkommen können?
Zweitens: Ist der angebliche Suizid glaubwürdig?
Drittens: Wie hat sich der Suizid Hitlers abgespielt?

Im Ergebnis dieser Befragungen im Juni 1945 stellten sie zu Erstens fest:

> Bis zum 01.05.1945, möglicherweise auch noch in der Frühe des 02.05.1945, hätte Hitler Berlin auf dem Luftweg verlassen können.
> Nach General Weidling (Verteidigungskommandant von Berlin) soll es am 29.04.1945 noch möglich gewesen sein, der Umklammerung durch die Russen in westlicher Richtung zu entgehen, wenn man die Möglichkeit hatte, an einer vereinbarten Stelle abgeholt und weitergebracht zu werden. Und General Rauch meldete am 30.04.1945, gegen 22 Uhr, dass die Russen in Grunewald und Spandau ständen, die Heerstraße frei sei und die Havelbrücke von HJ besetzt sei.[225]
> Der sowjetische Berliner Stadtkommandant, Generaloberst Bersarin, meinte sogar, dass es Hitler bis zuletzt möglich gewesen sei, mit einem Flugzeug zu entkommen (also auch noch in der Frühe des 02.05.1945)[226]

> Hitler hat die Aufforderungen aus seinem Umfeld, zu fliehen, in den Wind geschlagen. Deshalb könne man davon ausgehen, dass er im Bunker gestorben sei.
> Es wurde also einfach aus Hitlers öffentlicher Ablehnung einer Flucht der Schluss gezogen: dann blieb er also und nahm sich das Leben. Dass er seine Umgebung getäuscht haben könnte, wurde von diesen Ermittlern überhaupt nicht ins Kalkül gezogen. Von ihrem obersten Chef Stalin schon.
> Damit gehe es nun nur noch darum, die Umstände des Selbstmordes zu klären.[227]

Die Beweise (Brücken, Kiefer) spielten in diesen Überlegungen offensichtlich keine Rolle, weil sie doch nicht so überzeugend waren. Dass sie nicht überzeugt hatten, wurde auch daran deutlich, dass nach den Zähnen Hitlers selbst Zeugen befragt wurden, die damit überhaupt nichts zu tun hatten und dass solche Befragungen sogar noch Jahre nach dem Auffinden der angeblich absolut unumstößlichen Beweise (Zahnstatus) erfolgten. So wollte man von dem RSD-Offizier Hofbeck (Kriminalleibwache) Anfang Mai 1946, also ein ganzes Jahr nach den ersten Verhören von Heusermann und Echtmann, die bestätigten, dass es sich um Hitlers Zähne handele, wissen, wer Hitlers Zahnarzt gewesen sei und ob und in welchem Umfang Hitler Zahnersatz gehabt habe. „Als Zahnärzte habe ich Dr. Blaschke und Dr. Rohkamm genannt. Über Zahnersatz hatte ich keine Kenntnis."[230]
Man traute also dem zahnärztlichen Personal doch nicht. „Es wurde unter anderem beschlossen, die Untersuchung weiterzuführen, um auch wirklich jede Möglichkeit eines Fehlers oder einer Irreführung auszuschließen."[231] Man rechnete also auch mit einer Irreführung durch Heusermann und Echtmann! Oder etwa mit einer Irreführung durch Produkte der Fälscherwerkstätten der SS?
Die Aussagen des zahnärztlichen Personals aus der Zahnstation der Reichskanzlei sollten doch aber unwiderlegbare Beweise gewesen sein? Angeblich unwiderlegbare Beweise, an die sich noch heute fast alle Autoren klammern, die sich mit Hitlers Tod befassen!

I.1.4 Eine ganz andere Vermutung
Die mögliche Manipulation des Zahnbeweises durch die Gestapo

General Weidling, letzter Kampfkommandant von Berlin:

„Ich kann mir nicht vorstellen, daß Hitler am Leben und daß nur eine niederträchtige Inszenierung veranstaltet wurde, denn das wäre die gemeinste und vielleicht die dümmste Handlung des Nationalsozialismus gewesen." [232]

Im Unterschied zu General Weidlings naivem Glauben haben andere, zum Beispiel der britische Autor Hugh, den Nazis durchaus eine solche Inszenierung zugetraut. Thomas Hugh meinte, das Naziregime habe „Hitlers Abgang von der Weltbühne mit einem gut durchdachten forensischen Betrug" inszeniert.[233]

Wir dürfen an dieser Stelle nicht unterschlagen, dass ein Angehöriger unserer Forschungsgruppe eine Einzelmeinung vertritt, welche die gesamte Manipulation der Zahnbeweise Hitlers und seiner Frau in einem völlig anderen Licht erscheinen lässt. Er vermutete, dass Frau Heusermann schon viel früher und von ganz anderen Leuten getäuscht wurde. Wir wollen dieser Vermutung kurz nachgehen.

Die ganzen Umstände und Undurchschaubarkeiten hinsichtlich der Zähne von Adolf und Eva Hitler, verweisen darauf, dass entweder die Russen die Beweise gefälscht haben, wofür, wie wir nachgewiesen haben, sehr vieles spricht, oder dass sie anderen Fälschern zunächst auf den Leim gegangen sind, bis sie dann zu zweifeln begannen. Auch aufgrund von Stalins besserem Wissen im „Todesfall Hitler" wurde klar, dass der Zahnstatus nicht echt sein konnte. Deshalb ließ Stalin auch 1946 weiter suchen und auch noch Jahre später die Zeugen zu Hitlers Verbleib verhören.

Unser Kollege ging davon aus, dass die Russen ehrlich waren und alles so berichteten, wie wir es aus ihren Darstellungen und mangelhaften Protokollen kennen, während Frau Heusermann, Herr Echtmann und Dr. Kunz es waren, die gelogen haben. Demnach hätte Frau Heusermann die Russen wirklich geschickt zu den Röntgenaufnahmen geführt. Nach dem Krieg hat sie zu ihrer Entlastung behauptet, die Röntgenaufnahmen nicht gefunden und den Russen nicht übergeben zu haben.

Frau Heusermann wurde von der Gestapo mit Hinweis auf den jüdischen Zahnarzt, den sie versteckt hatte, angedroht, dass sie und ihre Schwester in ein KZ kämen oder sofort erschossen werden würden und eventuell ihr in Norwegen als Wehrmachtsunteroffizier befindlicher Verlobter ebenfalls, wenn sie nicht kooperationsbereit wäre.

Echtmann hat man auf andere Weise dazu gebracht, einen besonderen Auftrag zu erfüllen. Er musste eine zweite Ausführung der Brücke der Eva Hitler anfertigen, deren erste Ausfertigung auch von ihm stammte. Er wird einen Unterkiefer einer Leiche erhalten haben, den er nach Vorgaben präparieren musste und er wird eine Oberkieferbrücke aus Gold nach der Zahnbehandlungskartei und den Röntgenaufnahmen, vielleicht auch unter begleitender Beratung durch Frau Heusermann angefertigt haben. Dann wurde auch er zu strengstem Stillschweigen verpflichtet. Möglicherweise wurden Frau und Kind von der Gestapo in Geiselhaft genommen.

Frau Heusermann hat jedenfalls das Angebot ihres Chefs Professor Blaschke, der offensichtlich nicht eingeweiht worden war, mit nach Berchtesgaden zu fliegen, unter einem fadenscheinigen Vorwand abgelehnt: Sie habe zu viel zu tun. Sie habe eine Wohnung in Berlin. Sie habe wertvolle Sachen versteckt.

Ihr Auftrag war es, sich bereitzuhalten, um den Russen, von denen man erwartete, dass sie in die Praxis kommen würden, als Zeugin die Zähne als echt zu bestätigen.

Da die beiden, Heusermann und Echtmann, sich also in diesen Tagen intensiv mit den Zähnen Hitlers und seiner Frau beschäftigen mussten, hatten sie beste Voraussetzungen, um diese den Russen aus dem Gedächtnis heraus, worüber diese staunten, detailliert beschreiben zu können. Heusermann und Echtmann wurde möglicherweise erzählt, dass die Russen die Leiche des Führers nicht finden durften, damit sie diese nicht triumphierend in Moskau ausstellen könnten. Deshalb müsse man eine falsche Spur legen.

Die Gestapo wusste, dass Heusermann und Echtmann keine Chance hatten, die Sache zu verraten. Die beiden mussten befürchten, dass sie von den Russen bei einem Geständnis noch viel härter bestraft werden würden und sie mussten auch die lange Hand der SS fürchten, zumindest wurden sie auf Letzteres aufmerksam gemacht.

Die Produkte von Echtmanns Arbeit wurden dann im Garten der Reichskanzlei als „Köder" für die Russen bei den fremden Leichen abgelegt. Jedenfalls hieß es, dass die Brücke der Eva Hitler locker unter ihrer Zunge gelegen habe und die Oberkieferbrücke und die beiden Unterkieferbrücken Hitlers neben dem Kopf der männlichen Leichen gelegen hätten.

Es wäre aber auch möglich, dass Heusermann und Echtmann nur den Auftrag hatten, die Röntgenaufnahmen und die Behandlungskarteien zu studieren, damit sie bei einer Befragung durch die Russen sachkundig waren, während Häftlinge eines KZ-Zahntechniklabors die Manipulationen durchführen mussten, ihre letzte Auftragsarbeit, bevor sie als gefährliche Mitwisser beseitigt wurden.

Auch der Dr. Kunz hatte möglicherweise einen Teilauftrag in dem Zusammenhang. Der kann darin bestanden haben, in der Zahnstation der Reichskanzlei auf die Russen zu warten und ihnen die Röntgenaufnahmen zu übergeben. Dr. Kunz, der vielleicht mit ausbrechen wollte aus der Reichskanzlei, um sich in Sicherheit zu bringen, wurde vermutlich mit der Drohung erpresst, man werde bei Weigerung, ihn wegen der Tötung der Goebbelskinder zur Verantwortung ziehen.

Merkwürdig ist schon, dass weder Heusermann, noch Echtmann von diesem Dr. Kunz sprachen, mit dem sie ja hätten zusammenarbeiten müssen, da er als einziger Zahnarzt in der Zahnstation der Reichskanzlei weilte und diese beiden ja als zahnärztliches Personal.

Was sprach für eine aktive Teilnahme von Frau Heusermann an der Täuschungsoperation „Hitlerzähne"?

Frau Heusermann behauptete im Verhör vom 19.05.1945: „Von Dezember 1944 bis 20. April 1945 arbeitete ich als Assistentin von Prof. Blaschke in dessen Kabinett in der Reichskanzlei."[235]

Warum erwähnte sie nicht, dass sie trotz des Abfluges des Professors nach Berchtesgaden sich nun ständig in der Reichskanzlei aufhielt? Welchen Sinn hatte das? Gab es einen Befehl von ganz oben? Wofür sollte sie bereitstehen?

Und sie behauptete, dass zu den Patienten, die sie selbst mit betreute, immer Eva Braun gehört habe. Sie kenne deren Zähne ganz genau, weil sie selbst immer dabei gewesen sei, wenn an deren Zähnen etwas zu tun war, zuletzt einen Monat zuvor.[236]

Da aber Professor Blaschke ausgesagt hatte, dass er die Patientin Braun seinem Assistenten Dr. Rohkamm übergeben habe, kann das nicht stimmen, da Frau Heusermann nur mit dem Professor zusammengearbeitet hatte und Dr. Rohkamm mit der Zahnarzthelferin Liselotte Hillert. Damit erscheint ihre Aussage in dem Lichte, als wolle sie sich als Eva Brauns „Zähnekennerin" den sowjetischen Untersuchungsorganen geradezu aufdrängen.

Was sprach für eine aktive Teilnahme von Herrn Echtmann an der Täuschungsoperation „Hitlerzähne"?

Echtmann sagte im Verhör vom 18.05.1945 aus: „... war ich nur einige Male in der Zahnklinik von Prof. Blaschke in der Reichskanzlei."[237]

Weshalb aber war er dann, als sein Chef nach Salzburg geflogen war, ständig in der Reichskanzlei? Welchen Sinn sollte das haben? Gab es einen Befehl von ganz oben? Wenn ja, weshalb?

Er befand sich jedenfalls merkwürdigerweise ab dem 25. oder 26.04.1945 (er wusste es selbst nicht mehr genau) in der Reichskanzlei.[238] Echtmann hat nicht nur einmal gelogen.

Was sprach für eine aktive Teilnahme von Professor Blaschke an der Täuschungsoperation „Hitlerzähne"?

Blaschke verlangte am 20.04.1945 von Echtmann die ausgeliehenen Röntgenaufnahmen von Hitlers Kopf zurück. Er berichtete 1954, dass er in der Nacht vom 21. auf den 22.04.1945 Berlin mit dem Flugzeug verlassen musste. Er habe neben anderen Unterlagen und Geräten **alle Röntgenaufnahmen** einpacken müssen. Diese seien in eine Transportmaschine verladen worden, welche aber bei Dresden abgestürzt sei. Die von dem erfahrenen Piloten Major Gundelfinger geführte Maschine, eine Ju-352 der Kurierstaffel, stürzte auf dem Flug nach Berchtesgaden bei Börnersdorf in Sachsen ab und brannte aus.[239] Die Absturzursache wurde nie bekannt. Es gab zunächst das Gerücht, dass die Maschine von den Amerikanern zur Landung in Köln gezwungen worden sei. Dann wurde vermutet, dass sie von den Engländern abgeschossen worden sei. Es sollen aber nach Aussagen von Offizieren des FBK doch die Amerikaner gewesen sein.[240]

Damit wären auch alle Röntgenaufnahmen von Hitlers Zähnen vernichtet worden. Das stimmte aber offensichtlich nicht. Die Gestapo hatte Köder in Form von fünf Aufnahmen von Hitlers Kopf im Bunker hinterlassen.

Jahre später hat sich Blaschke, zumindest als Mitwisser, enttarnt, als er im Gegensatz zu seiner älteren Behauptung, alle Röntgenaufnahmen seien verladen worden, sagte: „Röntgenaufnahmen des Oberkiefers Hitlers waren in der in der Reichskanzlei eingerichteten Zahnstation reichlich vorhanden.[241] Das würde bedeuten, dass er (im Auftrag) Röntgenaufnahmen absichtlich in der Zahnstation zurückließ.

Ein zweiter Köder, die fünf Röntgenaufnahmen, angeblich von Hitlers Kopf, die im September und am 21. Oktober 1944 im Lazarett bei Rastenburg gemacht worden sind, wobei offensichtlich ein Doppelgänger in dem Lazarett als Hitler auftrat, tauchten ja angeblich erst 1972 im Nationalarchiv Washington wieder auf.[242] Der Autor Völklein aber schrieb: Während der Vernehmungen von Professor Blaschke im Internierungslager im November und Dezember 1945 durch die US-Vernehmer, habe man diesem die Röntgenaufnahmen vom 19.09.1944 von Kopf Hitlers vorgelegt.[243] Könnte es nicht sein, dass auch diese Aufnahmen, die dann später im Keller der US-Nationalbibliothek jahrelang verstaubten, den Amerikanern zugespielt worden sind, so wie die anderen Aufnahmen den Russen zugespielt wurden?

Eine weitere Merkwürdigkeit: Alle Welt tat immer so, als hätten die Russen die Tatsache, dass Heusermann und Echtmann die Zähne Hitlers identifiziert hatten, lange geheim gehalten und erst das Gutachten von Sognnaes und Ström 1972 habe bestätigt, dass es sich um Hitlers Zähne gehandelt habe, die man 1945 fand. Als Blaschke aber am 19. und 21.04.1948 von dem amerikanischen Untersuchungsrichter Musmanno bei Nürnberg verhört wurde, bezog er sich diesem gegenüber auf einen Artikel in einer zahnmedizinischen Fachzeitschrift, wo über das Auffinden eines Kieferknochens Hitlers und dessen Identifizierung durch Frau Heusermann berichtet worden sei.[244] Er sagte am 24.06.1945 mit Bezug auf das Verhör durch Musmanno: „Ich habe seinem Wunsch entsprechend über meine Tätigkeit für Hitler berichtet und dabei auf eine um die damalige Zeit in einer zahnärztlichen Fachzeitschrift – Näheres nicht mehr erinnerlich – erschienene Notiz über die Auffindung eines Kieferknochens Hitlers und dessen Identifizierung durch Frau Heusermann hingewiesen. Dabei habe ich bemerkt, dass diese Notiz den Umständen nach auf Wahrheit beruhen könne ...“[245]

Mit dieser Information an den us-amerikanischen Vernehmer hat Blaschke möglicherweise absprachegemäß (mit Gestapo-Müller) den Amerikanern eine Todesbestätigung für Hitler zugespielt. Denn, da fällt doch einiges auf: Kann das wirklich so gewesen sein, wie Blaschke 1948 aussagte? Kamen Internierte an Fachzeitschriften? Blaschke erinnerte sich nicht an den Titel dieser Zeitschrift? Das kann gespielt gewesen sein und den Artikel gab es überhaupt nicht. Wenn ja, wer soll das in einer Fachzeitschrift veröffentlicht haben? Welchem Zweck sollte das gedient haben?

Folgende Indizien sprechen dafür, dass die für die Verschleierung von Hitlers Flucht Verantwortlichen unter der Leitung von Gestapo-Müller den Russen einen Köder vorgeworfen haben, der sie in der Sicherheit wiegen sollte, Hitler, wenn schon nicht lebend, so doch wenigstens tot (als verkohlte Leiche) in ihrer Gewalt zu haben und von der weiteren Suche nach ihm Abstand zu nehmen:

Erstens: Röntgenaufnahmen von Hitler in russischen und in amerikanischen Händen?

Während einer Behandlung von Hitlers Zähnen durch Blaschke sollen diese im November 1944 geröntgt worden sein.[246] Nun wissen wir aber, dass Hitler es immer (zumindest ab 1940[247]) abgelehnt hat, seinen Körper röntgen zu lassen. Hitlers Leibarzt Dr. Morell äußerte gegenüber seinem Freund Heinrich Hoffmann, man könnte Hitler „... nicht dazu bewegen, eine Röntgenaufnahme von sich machen zu lassen."[248] Am 16.11.1945, 15.30 Uhr, versuchte es Morell wieder einmal, Hitler zu einer Röntgenaufnahme zu bewegen und wurde von Hitler deswegen sehr heftig attackiert. Er sei kein dummer Schuljunge und wisse selbst, was er zu tun habe.[249] Deshalb ist es auch sehr zu bezweifeln, dass Prof. Carl Otto von Eicken es erreicht haben soll, dass Hitler am 19.9.1944 sich im Lazarett Karlshof, unweit FHQ Wolfsschanze" den Schädel habe röntgen lassen.[250] Vermutlich wurde ein Doppelgänger zum Röntgen geschickt.

Auch die von dem Autor Toland aufgestellte Behauptung, Dr. Erwin Giesing habe Hitler dazu gebracht (überredet), sich nach dem Attentat röntgen zu lassen ist falsch. Weshalb sollte Hitler, der das immer ablehnte, gerade bei einem Arzt, von dem er wenig hielt, und der nicht zu seinem „Hofstaat" gehörte, seine Prinzipien brechen?

Am 20.01.1945 erfolgte der letzte Versuch Morells, für seine Unterlagen Röntgenaufnahmen von Hitler zu bekommen.[251] Der frühere Adjutant Hitlers Wilhelm Brückner habe Morell auf dessen Anfrage Röntgenunterlagen Hitlers besorgen wollen, aber die habe er nie erhalten.[252] Hitler unterband also auch diesen Versuch Morells.

Zweitens: Frühzeitige Veröffentlichungen in der Presse über die odontologische Identifizierung von Hitlers Zähnen?

Angeblich wurden bereits Anfang Juli 1945 in der britischen Zeitschrift „The Times" die Aussagen von Frau Heusermann und Herrn Echtmann veröffentlicht.[253]

Blaschke hatte in 1947/48 angeblich in einer zahnmedizinischen Fachzeitschrift gelesen, wo eine Notiz über das Auffinden eines Kieferknochens Hitlers und dessen Identifizierung durch Frau Heusermann berichtet worden sei.[254]

Wenn es nicht Blaschke war, der diesen Artikel, falls es ihn überhaupt gegeben hat, für diese Fachzeitschrift schrieb, wer könnte es dann noch gewesen sein? Die Westalliierten wussten ja nicht, dass sich Frau Heusermann in russischer Gefangenschaft befand und mit den Zähnen konfrontiert worden war. Ein russischer Geheimdienstoffizier hätte sich gehütet, so etwas zu tun, denn diesen Verrat hätte der Informant vermutlich unter Stalin nicht überlebt. Und die Zahntechniker in dem sowjetischen Feldzahntechnikerlabor wussten ja nicht, dass die Zähne von Frau Heusermann, von der sie noch nie gehört hatten, identifiziert werden sollten.

Und von den normalen sowjetischen Militärangehörigen wusste auch niemand von den Untersuchungen. Selbst der Oberkommandierende der Sowjettruppen in Deutschland, Marschall Schukow, hat, wie 1968 der Historiker Besymenski, von ihm erfuhr, nichts von der Arbeit der Kommission Schkarawski gewusst, weil die Obduktionsergebnisse direkt nach Moskau zu Stalin gegangen seien.[255]

Also blieb nur eine Seite, welche den Artikel in der Zeitschrift lanciert haben könnte und die „The Times" informiert hat, eine Seite, die den Fall gern endlich abgeschlossen sehen wollte: Hitler tot und gut! Jetzt aber Schluss mit der Suche!

Drittens: Das Flugzeug, welches, von Major Gundelfinger geflogen, in der Nähe von Dresden abgestürzt ist, hatte angeblich die Röntgenaufnahmen an Bord. Und es wurden in Zinkkisten wichtige Dokumente transportiert. War auch eine Bombe an Bord? Wurde die Besatzung geopfert? Wussten seine altgedienten Sekretärinnen, für welche Plätze in dieser Maschine von Hitler persönlich reserviert worden sind, zu

viel, um weiterzuleben? Wusste vielleicht auch Hitlers Lieblingsdiener Arndt, der e-
benfalls an Bord war, einfach zu viel? Oder war sein Lieblingsdiener gar nicht an
Bord und schon auf dem Weg in Hitlers Fluchtburg?

Viertens: Von dem Militärhistoriker General B. S. Telpuschowski, der bei dem Fund
der beiden Leichen in dem Granattrichter, die Klimenkos Suchtrupp am 04.05.1945
fand, anwesend war, erhielt der Autor Cornelius Ryan folgende Schilderung: „Die
Leiche war stark verkohlt, doch der Kopf war, abgesehen von einer Wunde im hinteren Teil des Schädels, unversehrt. Die Zahnprothesen waren herausgefallen und
lagen neben dem Kopf."[256]
Die separat zur Leiche liegenden Zähne waren den Russen zu Recht verdächtig.
Der Generaloberst und spätere Sowjetmarschall Sokolowski hat lange nach dem
Krieg dem Autor Ryan berichtet: um „...sicher zu gehen, haben wir aufgrund der her-
ausgebrochenen Zähne mit Hilfe von Hitlers Dentisten eine Doppelkontrolle vorgenommen."[257]
Wenn die Leiche auf dem Bauch gelegen haben sollte, als man sie fand, dann wäre
es möglich, dass die Prothesen bei der ersten Ablage im Trichter herausgefallen wären und unter dem Körper verdeckt gelegen hätten. Bei Rückenlage der Leiche ist es
aber unvorstellbar, wie Zahnbrücken oder Kiefer ohne fremde Hilfe den Weg aus
dem Mund gefunden haben sollten.
Wir können also auf jeden Fall feststellen, die Zähne der beiden vor dem Bunker als
Adolf und Eva Hitler verbrannten Leichen sind erstaunlicherweise nicht mit der Leiche völlig zu Asche verbrannt, sie blieben unbeschädigt und sie lagen in einem Granattrichter neben zwei offensichtlich fremden Leichen. Sie müssen also absichtlich
ausgelegt worden sein.

Fünftens: Wieso waren Frau Heusermann und Herr Echtmann, zahnärztliches Personal, in Berlin und im Bunker geblieben? Hatten sie einen Befehl auszuführen, über
den sie nicht einmal mit ihrem Chef Blaschke reden durften?

Sechstens: Was hatte Frau Heusermann zu verbergen? Weshalb hat sie den sowjetischen Vernehmungsoffizieren gegenüber verheimlicht, dass sie bis zum letzten
Tag in der Reichskanzlei war? Weshalb hat sie ihnen demgegenüber behauptet, sie
sei mit Eva Brauns Prothese befasst gewesen, obwohl diese von Blaschkes Assistenten und dessen Sprechstundenhilfe Hillert behandelt wurde?

Siebentens: Weshalb wurden Heusermann und Echtmann so viele Jahre in Gefangenschaft gehalten und die Frau Heusermann sogar mehrjährig in Isolationshaft?
War das die Strafe für eine vermutete Beteiligung an einer Täuschungsaktion der
Gestapo? War das so, um eine Blamage der SMERSCH zu vermeiden, wenn her-
auskäme, dass sie sich von der Gestapo und Dr. Kunz, Heusermann und Echtmann
an der Nase herumführen ließ?

Achtens: Hitlers Leibarzt Dr. Morell hatte Angst vor Verfolgung. Er erklärte dem
Vernehmungsoffizier, „sie" (die Gestapo) seien hinter ihm her.[258] Möglicherweise

wurde Morell verdächtig, als er immer erneut insistierte, Hitler solle sich röntgen lassen. Vielleicht hatte er etwas mitbekommen was den Einsatz eines Doppelgängers betraf.

Neuntens: Der Zahntechniker Echtmann erwähnte den Vernehmern gegenüber, dass er Arbeitsmodelle der Prothese der Eva Braun hergestellt habe, die sich in der Reichskanzlei befänden. Die Russen zeigten sich nicht interessiert daran.[259] Es ist anzunehmen, dass sich das Desinteresse aus der Tatsache ergab, dass diese Modelle schon lange nicht mehr in der Zahnstation der Reichskanzlei sondern im sowjetischen Felddentallabor befanden, wo sie gute Dienste geleistet hatten.

Aus all dem ist es denkbar, dass es sich bei den von den SMERSCH-Leuten gefundenen Kieferteilen um einen Köder gehandelt hat, den Gestapoleute zu den beiden unbekannten Leichen gelegt haben.
Wie aber sollten diese Fälschungen entstanden sein? Ganz einfach! In den Fälscherwerkstätten der Gestapo und der SS in Konzentrationslagern wurden Häftlinge gezwungen, Fremdwährungen zu fälschen, Bomben zu bauen (wie Elser), Giftampullen herzustellen und sicher auch Zahnbrücken herzustellen und Kiefer zu präparieren, also „Zahnbeweise" zu fälschen, wenn das benötigt wurde. Die unbequemen Mitwisser wurden später liquidiert.
Natürlich gibt es noch eine zweite Möglichkeit, die zum selben Ergebnis führt: Der Doppelgänger Hitlers wurde zahnmedizinisch immer parallel zu Hitler versorgt und genau so, wie dessen Zahnstatus sich veränderte. In dem Falle wären die Kiefer von der sowjetischen Untersuchungskommission den Leichen der Doppelgänger entnommen worden.
Frau Heusermann kann also getäuscht worden sein, ebenso auch Echtmann und auch ihrer beider Chef, Professor Blaschke.
So hätte durchaus, falls das Szenarium langfristig geplant worden war, ein Doppelgänger bereits Ende 1944 in der „Wolfsschanze" zahnmedizinisch behandelt und geröntgt worden sein, ohne dass Blaschke und Heusermann das gemerkt hätten. Ein Zahnarztpatient spricht eher kaum und „Hitler" hatte eine geschwollene Gesichtshälfte, wie Frau Heusermann berichtete.
Die misstrauischen Russen, die auch nach der Bestätigung durch Heusermann und Echtmann die beiden immer wieder verhörten und auch andere Zeugen zu Hitlers Zähnen und eventuellen anderen Zahnärzten, die ihn behandelt haben könnten, auch noch Jahre später befragten, haben vermutlich erfasst, dass Heusermann und Echtmann sie täuschten. Deshalb mussten diese dann so lange in Gefangenschaft verbringen.

I.1.5 Die „Operation Mythos" im Jahre 1946

Geheimdienstchef Berija wollte im Herbst 1945 den Westalliierten als Zeichen guten Willens und im Interesse der Kooperation auch in dieser Frage die Dokumente über Hitlers Tod zukommen lassen. Das torpedierte aber der SMERSCH-Chef.

Die deutschen Herausgeber von „Das Buch Hitler" vermuteten, dass dies geschah, um die Schwächen der hauptsächlich von der SMERSCH durchgeführten Untersuchungen nicht offenbar werden zu lassen. Wir sind dagegen der Meinung, dass es dabei um viel mehr ging. Der SMERSCH-Chef Abakumow musste alles tun, damit niemand die Manipulation der Hauptsachbeweise (entweder durch den Sowjetgeheimdienst oder durch die Gestapo) erkennen konnte. In jedem Falle wäre das peinlich für seine Organisation geworden und hätte vermutlich für ihn persönlich zumindest zum Karriereknick geführt.

Im **Dezember 1945** wurden die Zeugen erneut verhört. „Berija wollte offenbar zunächst sichergehen, dass der deutsche Diktator wirklich tot war. Denn immer wieder auftauchende Gerüchte ließen befürchten, Hitler sei im letzten Moment dem Zugriff der sowjetischen Truppen entkommen und hätte sich ins Ausland abgesetzt."[263]

Die Frage ist nun. Wie können Gerüchte angeblich absolut sichere Beweise (Zähne Hitlers) erschüttern, die ja doch damals schon seit Monaten vorlagen und angeblich erfolgreich geprüft worden waren, und auch heute noch den Mainstream der Veröffentlichungen zu Hitlers angeblichem Tod im Führerbunker bestimmen? Offensichtlich waren die Widersprüche in den Zeugenaussagen weiterhin so groß, dass man Hitlers Tod damit nicht beweisen konnte, zumal man keine echte Hitlerleiche besaß.

Aufgrund dessen hat Stalin im Dezember 1945 wiederum westlichen Politikern bei deren Besuchen in Moskau seine Auffassung vorgetragen, dass Hitler geflohen sei.

Der neue Volkskommissar für Inneres (NKWD) Kruglow ordnete im Dezember 1945 auf Anweisung Stalins eine erneute Untersuchung des Verschwindens von Hitler und der Umstände seines angeblichen Todes an.[264]

Seit der Auffindung einer Hitler ähnelnden Leiche am 02.05.1945 auf dem Gelände der Reichskanzlei war diese Tatsache noch immer Gegenstand von Erörterungen. „Besonders verwirrte alle der Umstand, dass nach der Eroberung der Reichskanzlei am 4. Mai 1945 der Leichnam eines Führer-Doppelgängers, Gustav Wehler, gefunden wurde."[265]

Im Resultat der erneuten Verhöre, deren Ergebnisse nicht befriedigend waren, weil noch immer nicht sicher war, ob Hitler im Bunker starb oder lebend entkommen war, wurden die Maßnahmen zur Klärung des Falles intensiviert. So lief Anfang 1946 die „Operation Mythos" an, um eine „akkurate und harte Nachprüfung aller Gruppen von Faktoren" zum Selbstmord Hitlers durchzuführen.[266]

Im Rahmen der neuen Untersuchungen hat im Januar 1946 der Chef der Hauptverwaltung für Kriegsgefangene und Internierte (GUPVI), A. Kobulov, der gerade eine Analyse der verschiedenen Lesarten von Hitlers Selbstmord erstellte, vorgeschlagen, dass alle bei der GUPVI, dem SMERS und bei den in Berlin tätigen Stellen vorhandenen Materialien „für eine sorgfältige und solide Überprüfung aller Tatsachen" zusammengelegt würden."[267]

In den folgenden Wochen gelang es tatsächlich, weitere Zeugen in den Lagern aufzuspüren. Sie wurden alle zentral untergebracht. Dort befanden sich nun Hitlers Chefpilot Hans Baur, der Chef von Hitlers Leibwache RSD, Johann Rattenhuber, der Kampfkommandant der „Zitadelle" Wilhelm Mohnke, Hitlers Adjutant Otto Günsche,

Hitlers Chefdiener Heinz Linge, der RSD-Leibwächter Hans Hofbeck und sein Kollege Henschel sowie der Telefonist im Führerbunker Rochus Misch. Sie wurden im Zuge der "Mythos"-Nachforschungen erneut permanenten Nachtvernehmungen unterworfen, wurden verschärft verhört, das heißt, auch unter Folter (Auspeitschungen, Schläge auf den Kopf, Schlafentzug, Einsperren in Steh-Zellen ..., mussten anhören, wie im Nebenraum ein Untersuchungshäftling unter Schlägen schrie), außerdem wurden deutsche Spitzel in ihre Zellen eingeschleust, die über Äußerungen und Reaktionen berichten konnten.

Neben der gewaltsamen Methode wurde auch mit Bestechung gearbeitet: Hitlers Pilot Hans Baur erinnerte sich: "Man bot mir Geld, eine Stellung in Chile, ich könne sogar in Rußland leben, wenn ich mich in Deutschland nicht sicher fühle, nur solle ich sagen, wo Hitler sich jetzt aufhalte ..."[269]

Alle Zeugen blieben dabei, dass Hitler tot sei; in Einzelheiten stimmten ihre Aussagen nicht überein. Die Untersuchungsführer fertigten lange Vergleichstabellen - wer wo wann was warum gesagt hatte: wo Hitler in der Todesstunde gewesen war, mit welcher Waffe er geschossen hatte, wer die Leichen hinaustrug und wie man sie verbrannte.[270]

Mit Otto Günsche und Heinz Linge hatten die Russen zwei der engsten Mitarbeiter Hitlers in Gewahrsam. Sie hatten auch Josef Rattenhuber, von dem sie zwar vermuteten, er habe Hitler außer Landes gebracht, dessen Bedeutung bei der Flucht sie aber letztlich offensichtlich nicht erkannt haben, weil Rattenhuber zu raffiniert war, genau so wenig, wie die Autoren der verschiedensten Bücher in denen es um den Tod Hitlers ging, Rattenhubers Rolle erkannten.[271]

Einige der Zeugen hatten in der Gefangenschaft die sicher von den Russen absichtlich organisierte Gelegenheit (zwecks Abhörung!), zur Absprache ihrer Aussagen untereinander. Günsche und Linge konnten sich in der „Butyrka", dem berüchtigten Untersuchungsgefängnis des NKWD, wo die RK-Gruppe zusammengeführt wurde, absprechen und ihre Aussagen „harmonisieren"![272] Baur und Misch konnten sich ebenfalls absprechen, da Misch im Gefangenlager in der ersten Zeit unerkannt als Ordonnanz von Baur fungierte. Im Ergebnis der Verhöre schien sich die Version einer „Erschießung Hitlers bei gleichzeitiger Gifteinnahme zu bestätigen."[273]

Die Obduktionsergebnisse dagegen hätten angeblich ergeben, dass es keine Schusswunde bei der männlichen Leiche gegeben habe, und beide Leichen nachweislich (Adolf Hitler: Geruchsausströmung von Zyaniden; Eva Hitler: Glasscherben im Mund) durch Gift umgekommen seien.

Das hat auch noch Jahrzehnte später der damalige leitende Gerichtsmediziner Schkarawski betont: „Was man heute auch behaupten mag, unsere Kommission konnte am 8. Mai 1945 keinerlei Schußspuren entdecken. Hitler hat sich vergiftet."[274]

Damit ist klar: Entweder alle Zeugen, die von Einschüssen in Hitlers Schädel sprachen, haben gelogen (dann sind auch alle ihre Aussagen, Hitler sei tot gewesen, als falsch anzusehen) oder die Russen hatten nicht Hitlers und seiner Frau Leiche, sondern unbekannte Leichen obduziert, von einem Paar, beziehungsweise von zwei Personen, die sich vergiftet hatten oder vergiftet wurden. Es blieb also bei den Unklarheiten.

Mitte Februar 1946 wurde ein „Plan der Agenturuntersuchungsmaßnahmen zur Klärung der Umstände des Verschwindens Hitlers" ausgearbeitet, dessen wichtigste Inhalte waren:

- Bildung einer Sonderkommission für die Untersuchungen
- Zusammenlegung der Zeugen (aber streng getrennt voneinander) im Untersuchungsgefängnis des NKWD „Butyrka".
- Ausstattung der Zellen mit Abhöranlagen.
- Zweitbelegung der Zellen jeweils mit einem deutschen NKWD-Spitzel.
- Anweisung an alle Kriegsgefangenenlager, Aktenmaterial über Hitlers Selbstmord aus Verhören zur zentralisierten Auswertung an die Kommission zu leiten.
- Suche nach weiteren Zeugen in den Lagern.
- Anwendung üblicher Foltermethoden: Schläge auf den Kopf und auf die Hoden, Auspeitschungen, Schlafentzug, Essensentzug.
- Androhung des Vorgehens gegen Familienangehörige in Deutschland.
- Aberkennung des Kriegsgefangenenstatus.
- Erklärung zu Kriegsverbrechern.
- Wegnahme der militärischen Uniformen, Einkleidung in Sträflingskleidung.
- Belohnung bei Kooperationsbereitschaft.[275]

Eine Sonderkommission, bestehend aus dem Verhörspezialisten Oberstleutnant Klausen, dem Kriminalisten Oberst Ossipow und dem Gerichtsmediziner Professor Semenowski, hatte den Auftrag vom Innenminister General Kruglow, den Fall kriminalistisch zu klären. Der stellvertretende Innenminister Serow befahl einen „Plan der operativen Maßnahmen zur Untersuchung der Umstände von Hitlers Verschwinden"[276] umzusetzen, der als „strengstens geheim" eingestuft wurde.

Grundsatz für die „Operation Mythos" war es, alles erneut zu untersuchen unter dem Aspekt, das Hitlers Tod nur eine Version von mehreren war.

Der erwähnte Plan enthielt folgende Festlegungen bzw. Einzelaufträge für die Sonderkommission:

Erstens: Untersuchung der Räumlichkeiten

- Erstellung von maßstabgerechten Objektplänen der Alten und Neuen Reichskanzlei und des Bunkers
- Fotografieren dieser Objekte
- Fotografieren der Räume von Adolf und Eva Hitler
- Untersuchung des verbliebenen Mobiliars
- Wiederauffinden und untersuchen bereits entfernten Mobiliars
- Präzisierung der ursprünglichen Verteilung des Mobiliars durch den Kammerdiener Linge
- Klärung des Verbleibs von privaten Dingen von Hitler und Frau, deren Beschaffung und Untersuchung
- Suche nach einem Geheimgang: „Fußböden und Decken der Räume herausnehmen, um Spuren zu entdecken, die Klarheit über die Umstände von Hitlers Verschwinden bringen können."
- Nochmalige Untersuchung des Fundortes der Leichen

Zweitens: Eine erneute gerichtsmedizinische Obduktion der Leichen (vermutlich Hitler und Frau), „... um das Alter der Toten, Anzeichen und Ursachen ihres Todes festzustellen." Dazu sollten:

> die Leichen exhumiert und in Berlin-Buch erneut obduziert werden.
> durch Fotografieren und Röntgenaufnahmen Veränderungen an den Skeletten und inneren Organen der vermutlichen Leichen von Hitler und dessen Frau festgestellt werden

Drittens: Es sollten weitere Zeugenbefragungen, Gegenüberstellungen vor Ort und eine Tatortbegehung und Rekonstruktion des Geschehens in den Nachmittagsstunden des 30.04.1945 durchgeführt werden.

Erstmalig erfolgte nun auch eine kriminaltechnische Untersuchung der „Umstände des ‚Verschwindens' Hitlers".[277] Intensiv wurde nach Blutspuren im Arbeitszimmer, im Treppenausgang und an der Ausgangstür gesucht und die Blutspuren wurden kriminaltechnisch untersucht.[278] Im Ergebnis der Untersuchungen wurde festgestellt:

> In der rechten Sofaecke saß eine Person, die durch eine lebensgefährliche Verletzung viel Blut verloren hat, das als Blutlache auf dem Teppich und als Blutspritzer und Blutrinnsale am Sofa zu erkennen war.
> Das war schon vorher bekannt.
> Die Verwundung muss am Kopf lokalisiert werden.
> Das hatten die Zeugen auch schon vorher behauptet.
> **Der Verwundete** verlor das Bewusstsein durch die Kopfverletzung und blieb eine Zeitlang unbeweglich sitzen.
> Das war neu. Offensichtlich lebte die Person noch, die dann verbrannt wurde.[279]

Die Zeugen der Geschehnisse im Führerbunker wurden im Mai 1946 nach Berlin gebracht und in der NKWD-Haftanstalt (später Stasi-Gefängnis) Lichtenberg untergebracht und erneut verhört. Chefdiener Linge berichtete, dass mit ihm nach Berlin gebracht worden waren: Günsche, Baur, Henschel, Hofbeck, Misch sowie ein Funker aus der Reichskanzlei, als Gefangene der SMERSCH.[281] Das wurde von Baur, Henschel und Misch bestätigt. Als Gefangener des NKWD wurde Linge nach Berlin gebracht. Warum nicht auch der Chefleibwächter Hitlers, Rattenhuber? Der war auch Gefangener des NKWD[282] wie Linge und war ebenfalls verhört worden. Die Russen wussten also, um wen es sich handelte.

Offene Fragen für die weitere Forschung

> Gab es eine „Kronzeugenregelung"? Hofbeck wurde jedenfalls von den Russen als „Kronzeuge" bezeichnet.
> Wollte man die Aussagen des Kronzeugen Rattenhuber durch die Aussagen und Darstellungen der anderen Zeugen überprüfen? Oder hatte man den SS-General so sehr gefoltert, dass er nicht transportfähig war? Schließlich hat er das Lager nur um ein Jahr überlebt.

Für die Rekonstruktion der angeblichen Geschehnisse wurden also sieben Kriegsgefangene nach Berlin gebracht, von denen drei (Baur, Henschel, und ein Funker) zum Zeitpunkt des angeblichen Todes Hitlers und seiner Frau gar nicht im Führerbunker gewesen waren, und von denen vier (Baur, Henschel, Misch und ein Funker) keine Zeugen der Leichenverbrennung waren. Und auch Hofbeck, der zwar an der Bunkertür zum Gartenausgang Wache hielt, hatte nur die Verbrennung zweier unbekannter (da nicht erkennbar) Leichen beobachtet.

Lediglich Günsche und Linge waren an beiden Ereignissen (Leichenauffindung und Leichentransport) beteiligt oder zumindest in der Nähe. Diese beiden Männer aber hatten Gelegenheit, ihre Aussagen abzusprechen. Dennoch haben sie mehrfach einander und sogar sich selbst widersprochen. Ob sie über die bekannt gewordenen Aussagen hinaus die Russen mit anderen Informationen versorgt haben, welche diese vielleicht bis heute geheim halten, ist uns nicht bekannt.

Am 16.05.1946 erfolgten im ehemaligen Führerbunker eine **Tatortbegehung** und **Tatvorgangsrekonstruktion** (im Beisein von Marschall Sokolowski, Oberkommandierender der Sowjetstreitkräfte in Deutschland, Militärgouverneur), wobei die Gefangenen noch einmal exakt den Ablauf der letzten Stunden im Leben Hitlers, die konkreten Sitzpositionen der Leichen in Hitlers Arbeitsraum, die eigene Position im Bunker etc. wiedergeben und den genauen Platz der Verbrennung bezeichnen sollten. Allerdings scheint nur Linge in den Bunker geführt worden zu sein.[283]

Es wurde alles fotografiert und gefilmt.

Die befohlenen **Nachgrabungen** in dem Granattrichter (drei Meter vor dem Bunkerausgang, vier mal fünf Meter groß), in dem die angeblichen Leichen Hitlers und seiner Frau gefunden wurden, erfolgten am 30.05.1946, also gut ein Jahr nach der Bestattung und der Bergung der Leichen. Dabei wurden „zwei Fragmente eines männlichen Schädels" gefunden, „Teile des rechten und linken Scheitelbeins".

Der Gerichtsmediziner Semenowski stellte fest, dass im linken Scheitelbein eine Deformation auf eine Schussverletzung hinweise. Er ermittelte, dass der Einschuss von rechts nach links oben und hinten erfolgt sei. Dieses Ergebnis passte zu den Aussagen der Hauptzeugen Günsche und Linge (wobei letzterer über die Einschussseite unterschiedliche Angaben gemacht hat).

Nun wollte Semenowski die Behauptung der Gerichtsmediziner, die ein Jahr zuvor die Leichen obduziert hatten dahingehend überprüfen, ob auch Gift eingenommen worden sei, ob der Zustand der Zähne das Alter der Leichen bestätige, welche Ursache zahlreiche kleine Risse am Nasenbein und am Oberkieferknochen hatten und woher die beiden Durchschüsse in der Lunge der weiblichen Leiche stammten. Das war jedoch nicht möglich, weil der Militärgeheimdienst SMERSCH den Zugriff auf die Leichen verweigerte.[284]

Wir können also feststellen: Im Mai 1946 erfolgten in Berlin eine erneute Tatortbesichtigung, die Rekonstruktion des Tatherganges mit Zeugen, die Bezeichnung des Platzes der Leichenverbrennung durch Günsche, Linge und Hofbeck und erstmals kriminaltechnische Untersuchungen im Bunker.[285]

**Tabelle 3: Geplante Aktivitäten während
der „Operation Mythos" und ihre Realisierung**

Laut Plan durchzuführen	Resultate, im offiziellen Bericht erwähnt	Bemerkungen
Maßstabgetreue Lagepläne u. Fotos der Objekte	Die RK und der Führerbunker wurden fotografiert und Lagepläne aufgenommen.	Aufgabe auftragsgemäß gelöst
Fotos der Räumlichkeiten Hitlers im Bunker	„Die Lage einiger Räume des Luftschutzbunkers, ihre Abmessungen und Bestimmung sind im beigefügten Lageplan eingezeichnet."	Der Bunker wurde nicht in allen Teilen akribisch vermessen und dokumentiert.

Laut Plan durchzuführen	Resultate, im offiziellen Bericht erwähnt	Bemerkungen
Untersuchung vorhandenen Mobiliars	Es wurde festgestellt, welche Möbel aufgefunden wurden. Das Sofa wurde auf Blutspuren untersucht und diese Spuren wurden genau beschrieben.	Aufgabe auftragsgemäß gelöst
Wiederbeschaffung entnommenen Mobiliars	kein Bericht	Aufgabe nicht gelöst
Klärung der ursprünglichen Möbelverteilung	kein Bericht	Wurde mit Linges Hilfe durchgeführt.
Wiederbeschaffung und Untersuchung persönl. Dinge des Ehepaares Hitler	kein Bericht	War kaum möglich. Aufgabe nicht gelöst.
Fußböden und Decken überprüfen	Wände und Türen wurden nur auf Blutspuren untersucht.	Aufgabe nicht vollständig gelöst.
Überprüfung des Fundortes nach weiteren Fundstücken	Nachgrabung erfolgt	Teile des rechten u. linken Scheitelbeins wurden gefunden. Aufgabe gelöst.
Exhumierung/erneute gerichtsmedizinische Untersuchung der angebl. Hitlerleiche	War nicht möglich, da die SMERSCH die Leichen nicht herausgab.	Was hatte der Militärgeheimdienst zu verbergen?
Rekonstruktion des Geschehens mit den Zeugen	Ist offensichtlich nur mit Linge erfolgt. Hat aber nichts Neues erbracht.	Aufgabe wurde formal gelöst

Wären sich die Sowjets der Identifizierung von Hitlers Leiche aufgrund des „Zahnstatus Hitlers" zu einhundert Prozent sicher gewesen, hätten sie sich diese Mühe ein Jahr nach dem angeblichen Nachweis seines Todes nicht machen müssen.

Sie waren sich aber absolut nicht sicher. Ihre Hauptbeweise, die Kiefer und Zahnbrücken Hitlers und seiner Frau, wurden auch 1946 noch hinterfragt. Wenn angeblich alles stimmte, die Kieferteile Hitlers echt waren und von Heusermann und Echtmann bestätigt worden waren, weshalb sind dann Angehörige der „Reichskanzleigruppe" im Mai 1946, also ein Jahr nach dem der Tod Hitlers und seiner Frau schon als bestätigt galt, erneut nach Hitlers Zahnarzt und nach Hitlers Zahnersatz befragt worden sowie auch nach besonderen Merkmalen Hitlers?

Der Bericht über diese Untersuchungen ging als „Geheime Kommandosache" direkt nach Moskau zu Berija. Und die Ergebnisse mussten geheim gehalten werden. Von diesem Geheimhaltungsbefehl erfuhr Besymenski durch einen KGB-Insider, Major Saweljew.[286]

Im Juni 1946 wurde im Mythos-Schlussbericht festgestellt:

"Ungeachtet der Tatsache, dass alle Angaben für die Aussagen von Linge und anderen Personen sprachen, Hitler habe Selbstmord begangen, hält die Kommission es nicht für möglich, in dieser Frage endgültig Schlüsse zu ziehen."[287]

Das muss man sich einmal vor Augen halten: Für Hitlers Tod im Führerbunker wurden keine Beweise gefunden! Und das, obwohl doch durch den Zahnstatus, der auch heute noch in zahllosen Büchern und Zeitschriftenartikeln als das Nonplusultra der Beweise für Hitlers angebliches Selbstmord im Bunker hochgehalten wird, zu diesem Zeitpunkt schon seit einem Jahr angeblich bewiesen sein sollte, dass es sich um die Leichen Hitlers und seiner Frau handelte.

Warum wohl musste der Abschlussbericht geheim gehalten werden?

Und weil wirklich nichts abschließend geklärt war und die Russen deshalb noch immer davon überzeugt waren, dass Hitler geflohen war, verhörten sie die Zeugen auch weiterhin jahrelang in den sowjetischen Geheimdienstgefängnissen Butyrka, Lubjanka und Lefortowo und in Gulags und Kriegsgefangenenlagern. Mit ihren Methoden waren sie nicht zimperlich. Gewünschte Aussagen (wie „Hitler nahm ausschließlich Gift …") sind durchaus auch unter Folter entstanden.

I.1.6 Zur Tragfähigkeit der Sachbeweise

Die sowjetischen Untersuchungen erbrachten neben bereits genannten diversen sekundären Sachbeweisen ohne Beweiskraft auch einige Sachstücke, die als Primärbeweise betrachtet wurden.

Dass Sachbeweisen der Vorrang bei der Einschätzung gegenüber Zeugenaussagen gebührt, das weiß schon jeder Kriminalassistent in der ersten Woche seiner Tätigkeit.

Neben den angeblichen Zähnen Hitlers, von deren Beweiskraft die Russen offensichtlich doch nicht überzeugt waren (wenngleich zahllose Autoren aus aller Welt gerade darauf schwören), gab es folgende weitere Sachbeweisstücke:

> die angeblichen Leichen von Hitler und seiner Frau;
> zwei separate angebliche Schädelbruchstücke von Hitler;
> rötliche Flecken auf dem Sofa, auf welchem Hitler sich erschossen haben soll: vermutlich Hitlers Blutspuren.

Die angeblichen **Leichen** Hitlers und seiner Frau verschwanden sehr schnell in wechselnden Verstecken des SMERSCH-Armeegeheimdienstes in der sowjetischen Besatzungszone (ab 1949: „DDR" genannt), abhängig davon, wo die SMERSCH-Abteilung gerade stationiert war. Zuletzt in Magdeburg vergraben, wurden die Leichen am 05.04.1970 im Rahmen der „Operation Archiv" von einer Operativen Gruppe des KGB vernichtet. Niemals in den zweieinhalb Jahrzehnten hatten unabhängige Gerichtsmediziner die Leichen gesehen oder gar obduzieren dürfen. Allein das spricht dafür, dass die angebliche Hitlerleiche nicht echt war.

Die **Schädelknochen** waren erst 1946 bei einer Nachgrabung im Rahmen der „Operation Mythos" in dem Granattrichter, aus dem die beiden geborgenen Leichen stammten, entdeckt worden und von dem Gerichtsmediziner Semenowski als zu einem Mann gehörend und als mit einer Pistole durchschossen charakterisiert worden. Dass diese Schädelteile nicht zu Hitler gehörten, wurde erst etwa 60 Jahre später und zwar durch westliche Forscher geklärt.

Die **rotbraunen Flecken und Spritzer** auf dem Sofa sowie die Strichflecken an den Wänden des Treppenhauses und der Panzertür wurden kriminaltechnisch untersucht. Die Untersuchung der Blutspritzer durch den Gerichtsmediziner Semenowski ergab: „... dass die Flecke auf den vorgelegten Sofateilen und die Strichflecke an den Wänden Blutflecke sind."[289]

Aber welche Blutgruppe? Das wurde entweder nicht festgestellt, obwohl man das Blut untersucht hatte oder die Blutgruppe konnte ermittelt werden, aber das Ergebnis passte nicht und seine Veröffentlichung war deshalb politisch nicht erwünscht.

Der Bericht zeigt auch, dass der Tisch in Hitlers Arbeitszimmer verschwunden war. Der Zeuge Kempka hatte in seinem Buch von Blutspuren auf dem Tisch berichtet.[290] Das aber hätte bewiesen, dass Hitlers Kopf auf den Tisch aufgeschlagen war. Daraus hätte sich möglicherweise eine andere Situation rekonstruieren lassen. Auch der dritte Sessel fehlte, an dem sich Blut befunden haben muss, wenn Günsches Aussage stimmte, der tote Hitler hätte in diesem Sessel gesessen.

Alles blieb geheim und wurde unter Verschluss gehalten. Bis zum Jahre 2000 wussten wahrscheinlich nur noch ganz wenige Personen davon, dass es die Primärbeweisstücke gab.

Allerdings lebte die Legende von Hitlers Überleben weiter und erhielt zeitweilig neue Nahrung. Um dieser Legende von Hitlers angeblichem Überleben endgültig den Todesstoß zu versetzen, wurden deshalb im Jahre 2000 – also 55 Jahre nach Hitlers angeblichem Selbstmord im Bunker – einige der angeblichen Primärbeweisstücke in einer Ausstellung in Moskau präsentiert.

Warum? Hitler war seit Jahrzehnten tot und stellte keine Gefahr mehr dar. Der Nationalsozialismus in Deutschland hat aufgrund der demokratischen Entwicklung und der jahrzehntelangen erfolgreichen Umerziehung so gut wie keine Basis mehr. Die Sowjetunion gab es nicht mehr. Mit Stalin war abgerechnet worden. Nun, es ging wahrscheinlich nur um Gesichtswahrung für den, nur unter einem anderen Namen, fortbestehenden Geheimdienst.

Die Ausstellung wurde vom russischen Geheimdienst in Zusammenarbeit mit dem Außenministerium und dem Armeemuseum in den Räumen des Staatsarchivs durchgeführt. Die gezeigten „Primärbeweise" waren die folgenden Sachbeweise:

Erstens: „ ...das 1946 nachträglich gefundene Schädelfragment" (damals, 1946, war die Rede von einem rechten Scheitelbein mit angrenzendem Teil des Hinterhauptbeines und einem linken Scheitelbein[291]), **zweitens**: ein Foto des Kieferstücks – das "sicherheitshalber" im Archiv blieb – Wahrscheinlich muss man die Meldung, dass das Kieferstück „sicherheitshalber" im Archiv blieb und nicht ausgestellt wurde, so verstehen, dass man „sicher" sein wollte, dass niemand eine möglicherweise erfolgte Fälschung erkennen konnte oder heimlich Proben für eine DNA-Analyse entnehmen könnte; und **drittens**: „Teile eines Sofas, auf dem noch Reste des Diktatorenblutes klebten."[292] Die Blutgruppe konnte nie festgestellt werden bzw. das Ergebnis der Untersuchungen durch die Russen blieb bis heute geheim und die Versuche des deutschen Wissenschaftlers Benecke vor wenigen Jahren, in Moskau von der dort aufbewahrten Lehne des Sofas aus dem eingetrockneten Blut die Blutgruppe mithilfe eines Schnelltestes zu bestimmen, schlug fehl. Schon Jahre vor ihm (1999) hatte der französische Forensiker Perrier beabsichtigt, sich die Überreste Hit-

lers in Moskau anzusehen. Dies wurde ihm verwehrt.[293] Es besteht also keinerlei
Gewissheit, dass es sich um das „Diktatorenblut" handelte.

Kommen wir zu dem ersten **Primärbeweisstück**: Ein angeblicher **Schädelknochen**
von Hitler. Dieser Schädelknochen wurde auch noch im Jahre 2008 als von Hitler
stammend bezeichnet.

Um Spekulationen in russischen Medien über Hitlers Flucht, die über 60 Jahre danach noch immer ins Kraut wuchern, das Wasser abzugraben, hat im Juni 2008 der
Leiter der „Abteilung Identifizierung" des russischen Zentrums für Gerichtsmedizin in
Moskau, Viktor Swjagin, gegenüber der staatlichen Nachrichtenagentur „RIA Nowos-
ti" behauptet: "Für die Spezialisten in Russland und im Ausland ist zweifelsfrei, dass
Adolf Hitler (...) am 30. April 1945 gestorben ist." Bei der Untersuchung eines Schä-
delrestes sei der Tote eindeutig als Hitler identifiziert worden.[294]

Aufgemerkt! Von den angeblich hieb- und stichfesten Zahnbeweisen für Hitlers Tod
war keine Rede mehr. Und auch die Stücke aus dem Scheitelbein galten nur solange als Beweisstück, wie kein ausländischer Experte sie untersuchen und das Gegenteil beweisen konnte.

Vor wenigen Jahren (2009) jedoch nutzten US-Forscher die Gelegenheit, um im
Staatsarchiv in Moskau DNA-Proben von dem Schädelteil zu entnehmen, das an-
geblich von Hitler stammen sollte. Bei der Untersuchung dieser Proben stellte das
Team um Nick Bellantoni, Professor für Anthropologie und Archäologe des US-
Bundesstaates Connecticut, spezialisiert auf menschliche Knochen, dreierlei fest[295]:

> Die als Schädelteile Hitlers präsentierten Teile des rechten und des linken Scheitelbeins wa-
> ren nicht die eines 56-Jährigen Mannes, sondern die einer jüngeren Frau.
> Das Alter der Leiche betrug zum Zeitpunkt des Todes zwischen 20 und 40 Jahre (entspre-
> chend Knochendicke und Naht zwischen den Schädelplatten).
> Das Austrittsloch liegt am Hinterkopf, was nicht den Zeugenaussagen über das Einschussloch
> entspricht. Außerdem spricht dies dafür, dass es sich nicht um einen Selbstmörder, sondern
> um einen Erschossenen handelte!

Bereits fünf Jahre vor ihm war der bekannte Gerichtsmediziner, Professor Dr. Otto
Prokop, zu ähnlichen Schlüssen gekommen und hatte zudem festgestellt: Das Aus-
schussloch war zu klein für die angeblich von Hitler beim Selbstmord verwendete
Waffe mit Kaliber 7,65 und der Nahschuss (also Selbsttötung) sei nicht bewiesen.[296]
Jedenfalls nahm Professor Bellatoni neben den Proben von dem Schädelfragment
auch noch Proben von dem eingetrockneten Blut auf dem Sofateil. Die erfolgreichen
Untersuchungen und der Vergleich ergaben, dass die DNA aus dem Schädelteil und
die DNA aus den Blutspuren nicht zusammengehörten. Das Blut vom Sofa stammte
von einem Mann. Allerdings ließ sich nicht feststellen, ob es von Hitler stammte. Die
DNA des Schädels war weiblich.[297] Die Reaktion der russischen Seite auf die Untersuchungsergebnisse war bezeichnend für jemanden, der sich ertappt fühlte:

> Es hat kein Professor Bellatoni unser Archiv besucht. Das war natürlich eine glatte Lüge.
> Wir haben niemals behauptet, dass das Schädelteil von Hitler sei.[298] Auch das war eine glatte
> Lüge!

Allerdings konnten Professor Bellatoni und sein Filmteam (US-Serie „History") den Besuch des Archivs und die Probenentnahme durch Filmaufnahmen und Fotos dokumentieren sowie den Vertrag über die Dreharbeiten im Archiv und eine Quittung für die Bezahlung der Filmerlaubnis vorlegen.

Wir können also, was die angeblichen drei entscheidenden Sachbeweise für Hitlers Tod betrifft, feststellen:

> Die 1946 gefundenen Schädelknochen sind kein Beweis für Hitlers Tod.
> Die Blutspuren am Sofa sind ebenfalls kein Beweis für Hitlers Tod.
> Das Foto eines angeblichen Kieferteiles von Hitler ist natürlich ebenfalls kein Beweis für seinen Tod.

Natürlich fanden sich auch Experten, die sofort Bellatonis Forschungsergebnisse anzweifelten. So hieß es in einer britischen Sendung: „Bellatonis DNA-Befund, wonach das Hitler zugeschriebene Schädelfragment von einer Frau stammt, ist letztlich nicht geeignet, ... zu widerlegen. Denn das Knochenstück mit dem Einschussloch wurde erst später gefunden als der bereits erwähnte Kieferknochen mit Hitlers Zahnbrücken."[300] Nun, das Knochenstück, bzw. die beiden Schädelteile wurden genau in dem Granattrichter gefunden, indem außer den beiden Leichen nur noch die Kadaver von Hitlers Schäferhund Blondi und ihrem Welpen „Wolf" lagen. Und außerdem: Wären 1945 die Schädelteile, die Gebissteile aber erst bei der Nachgrabung 1946 gefunden worden, hätte man dann die Beweiskraft der Zähne auch geleugnet, nur weil sie später gefunden wurden?

Ein weiterer Einwand: „Andere Wissenschaftler wie der deutsche Kriminalbiologe Mark Benecke halten Bellatonis Erkenntnisse zudem für wenig aussagekräftig, ,... weil der Schädel von jedem, den ich im Staatsarchiv gesehen habe, mit blossen Händen angefasst wurde.'"[301] Benecke vermutete ein „DNA-Phantom", welches durch die fremde DNA der Archivarin entstanden sei. Die Vermutung eines „DNA-Phantoms" ist aber absolut ungeeignet, denn die Probe wurde professionell aus dem Knocheninneren entnommen. Aber selbst wenn das Phantom zugeschlagen haben sollte, dann wäre noch immer nicht bewiesen, dass es sich um Hitlers Knochen handelte, denn dessen DNA wurde ja auch nicht nachgewiesen! Nun bleibt nur noch das Zahnschema, welches in der Literatur praktisch als der Hauptbeweis betrachtet wird und welches noch immer als solcher das ganze Fabelgebäude von Hitlers Tod am 30.04.1945 im Bunker stützt.[302]

Sie hatten also Hitlers Leiche nicht wirklich. Und das gaben sie immer noch nicht zu, als sie die Reste in Magdeburg, wo sie seit 1946 unter den wachsamen Augen der Spionageabwehr verborgen waren, nachts, hinter dem Rücken der deutschen Bevölkerung, verbrannt hatten! Am 13.03.1970 hatte sich der KGB-Chef Jurij Andropow, späterer Generalsekretär der KPdSU, beim Politbüro die Genehmigung geholt, die Reste von Hitlers Leiche und die Reste der anderen Leichen durch „... die operative Gruppe der Sonderabteilung des KGB bei der 3. Stoßarmee der Gruppe der Sowjetischen Streitkräfte in Deutschland" unter absoluter Geheimhaltung vernichten und restlos beseitigen zu lassen.[303]

Die sowjetische Untersuchungskommission zum Tode Hitlers hatte nach dem Krieg den Schlussbericht niemals veröffentlicht. Er ging als „Geheime Kommandosache" direkt nach Moskau zu Berija. Allerdings soll laut dem Autor Payne eine Erklärung abgegeben worden sein, in welcher es hieß:

> „Von den Leichen Hitlers und Eva Brauns wurde keine Spur entdeckt. Es fand sich auch keine Spur von dem mit Benzin getränkten Grab, in dem nach den Angaben einiger Zeugen die Leichen von Hitler und seiner Gefährtin verbrannt worden sein sollen. Gewisse Zeugen haben jetzt gestanden, daß sie Hitler einen Eid schwuren, falls sie in Feindeshand fielen, anzugeben, sie hätten gesehen, wie die Leichen von Hitler und Eva Braun auf einem Scheiterhaufen im Garten des Reichskanzlerpalastes in Flammen aufgingen. Sämtliche Zeugen haben jetzt vor der Untersuchungskommission zugegeben, daß sie weder den Scheiterhaufen noch die Leichen von Hitler und Eva Braun gesehen haben.
> Es wurde festgestellt, daß Hitler versuchte, mit Hilfe falscher Zeugenaussagen seine Spur zu verwischen. Es bestehen unwiderlegbare Beweise dafür, daß in der Morgendämmerung des 30. April ein kleines Flugzeug vom Tiergarten in Richtung Hamburg abflog. Man weiß, daß drei Männer und eine Frau an Bord waren. Es wurde auch festgestellt, dass vor dem Eintreffen der britischen Streitkräfte ein großes Unterseeboot aus dem Hafen von Hamburg ausfuhr. An Bord des Unterseebootes befanden sich geheimnisvolle Personen, darunter eine Frau."[304]

I.1.7 Fazit zu den Ergebnissen der sowjetischen Untersuchungsorgane

Die Sowjets haben mit großem Aufwand 1945 und 1946 versucht, Hitlers Flucht nachzuweisen und aufzuklären. Sie hielten Goebbels, Bormann, Baur, Rattenhuber, Günsche für Mittäter sowie Linge und Misch sowie einige andere Gefangene zumindest für Mitwisser. Selbst die Zivilisten Heusermann und Echtmann wurden vermutlich der Mittäterschaft verdächtigt. Jahrelang verfolgten sie die Spur der Flucht Hitlers. Noch Ende 1951 wurde Rattenhuber zum Tode Hitlers verhört.[306]

Auch General Baur wurde vorgeworfen, es sei ein Doppelgänger von Hitler verbrannt worden. Und das geschah 1946! Er wurde danach alljährlich, bis zu seiner Entlassung 1955, von Generalleutnant Kapulow, einem Ministerstellvertreter, erneut befragt und aufgefordert zuzugeben, dass Hitler geflohen sei.[307]

Die sowjetischen Hitlerjäger verfügten angeblich über Beweisstücke, mit deren Hilfe man hätte nachweisen können, ob es sich bei den beiden Leichen tatsächlich um Hitler und dessen Frau handelte (Schädelteile, einen Unterkiefer und eine Brücke aus dem Oberkiefer von Hitler, eine Prothese der Eva Hitler, Blut an einem Möbelstück, an Türen und Wänden). Aber was haben sie daraus gemacht?

Zur Feststellung der Identität einer verstorbenen Person gibt es bekanntlich folgende Möglichkeiten:

Augenscheinliche Betrachtung: Die augenscheinliche Betrachtung der Leiche Adolf Hitlers war nicht möglich, da die Leiche des echten Hitler nicht gefunden wurde. Deshalb wurde auch keiner der Kriegsgefangenen, die in Hitlers Umgebung Dienst taten und ihn also kannten, mit seiner Leiche konfrontiert. Hinsichtlich der angeblichen Hitlerleiche, die obduziert wurde, kam es auch nur zu der Einschätzung „vermutlich Hitlers Leiche".

Daktyloskopische Untersuchung (Fingerabdrücke): Mit dem Fehlen der echten Leiche war auch eine Abnahme von Fingerabdrücken (seit 1904 machbar) unmöglich, das war aber selbst bei der falschen, verkohlten Leiche aufgrund des Verbrennungszustandes unmöglich.

DNA-Analyse: Eine DNA-Analyse gehörte damals noch nicht (erst ab 1990) zu den Möglichkeiten der Identifizierung einer Leiche. Heute, wo es möglich wäre, da gibt es die angebliche Hitlerleiche nicht mehr, weil sie angeblich Anfang der 70er Jahre vernichtet wurde. Und den angeblichen Kiefer Hitlers gibt man vorsichtshalber nicht für eine DNA-Prüfung frei, weil das zu einem unerwünschten Ergebnis führen würde.

Blutgruppenvergleich: Die Blutgruppe der angeblichen Leiche Hitlers wurde entweder nicht untersucht, oder weil das Resultat der Untersuchung nicht passte, nicht bekannt gegeben. Das trifft ebenfalls auf die Blutgruppe der angeblichen Leiche von Hitlers Frau zu. Fakt ist, dass die Gelegenheit dazu bestand. Im Juni 1945 wurden im 291. medizinisch-epidemologischen Frontlabor 30 Organ- und 12 Blutproben der am 8. Mai 1945 in Berlin-Buch durchgeführten Obduktionen" untersucht.[308]

Prüfung des Zahnstatus: Das war ja durchgeführt und von Zeugen bestätigt worden, aber den Zeugen Heusermann und Echtmann traute man offensichtlich nicht, entweder weil sie selbst diesen Zeugen produzierte falsche Beweisstücke untergeschoben hatten oder weil man vermutete, dass ihnen von der Gestapo vielleicht falsche Beweisstücke untergeschoben worden waren. Deshalb wurde auch der Zahnstatus von den Untersuchungsrichtern[309] nicht als Beweis erwähnt. Und deshalb wurde auch im Jahre 2008 nur ein 1946 gefundener Schädelteil (nicht aber die Zähne) von einem Vertreter des russischen Zentrums für Gerichtsmedizin in Moskau als von Hitler stammend bezeichnet.[310]

Da sie also nicht in der Lage waren, endgültige Beweise für Hitlers Tod, aber auch ebenso wenig für Hitlers Flucht zu erbringen und weil man von einem eventuell noch lebenden Hitler offensichtlich nichts mehr zu befürchten hatte, da er offensichtlich nur geflohen war, um seine eigene Haut zu retten[311], setzten sie die Zeugen für lange Jahre fest (Urteile bis zu 25 Jahre Lagerhaft) und versteckten die Asservaten. Alles unterlag einer hohen Geheimhaltungsstufe.

Erst nach Stalins Tod, die Fronten waren im „Kalten Krieg" schon einige Jahre ganz andere geworden und von der alten Feindfront („Nationalsozialismus") war nichts zu befürchten, deren Anführer Hitler war nie wieder aufgetaucht und hatte nie wieder wirklich von sich hören lassen, war von einer Flucht Hitlers offiziell keine Rede mehr. Er galt als tot, im Bunker von eigener Hand aus dem Leben geschieden. am 30.04. 1945 und außerhalb des Bunkers verbrannt worden. Das war die offizielle Linie, für welche die unzureichenden Indizien oder gar manipulierten Beweise, die man durch keinen Fremden überprüfen ließ, herhalten mussten. Inoffiziell konnte man dann und wann Zipfelchen der Wahrheit erfassen, so als in den sechziger Jahren (!) der Sowjetgeneral Boltin (Mitherausgeber der sowjetischen Kriegsgeschichte) einem deutschen Journalisten gegenüber feststellte, dass „Hitlers Leiche bis heute noch nicht gefunden" wurde.[312]

Wir sehen das auch so: Die Sowjets haben die Leichen von Hitler und seiner Frau nicht gefunden und der angebliche Zahnbeweis sowie auch alle anderen angeblichen Beweise sind nichts wert. Diese Einschätzung ist begründet durch folgende Tatsachen:

- Während die Zeugen aus der RK-Gruppe mit den Leichen der Goebbelsfamilie und des Generals Krebs, ja sogar mit den Kadavern von Hitlers Hunden konfrontiert wurden, hat man ihnen zwar gesagt, sie würden auch Hitlers und seiner Frau Leiche identifizieren müssen, aber das geschah nie.[313] Der einzige Zeuge der behauptete, mit Hitlers Leiche konfrontiert worden zu sein, war Mengershausen.[314]

- Im Juni 1945 wurden im 291. medizinisch-epidemiologischen Frontlabor 30 Organ- und 12 Blutproben der am 8. Mai 1945 in Berlin-Buch durchgeführten Obduktionen auf Zyanid und Alkaloide"[315] durchgeführt. Diese ergaben übrigens für die angeblichen Leichen von Hitler (Akte Nr. 12) und dessen Frau (Akte Nr. 13) dass „... im Material zu den Protokollen 12 und 13 Zyanidverbindungen nicht entdeckt ..." wurden. Die Leichen waren also giftfrei.[316] Einen Beweis für einen Tod durch Gift konnte nicht erbracht werden, obwohl den Russen daran so viel lag: Hitler starb keinen Soldaten- sondern einen feigen Gifttod, so lautete ihre ideologische Version der Untersuchungen. Der Chef der Gerichtsmediziner, Schkarawski, behauptete dennoch auch viele Jahre später: „Die Tatsache der Vergiftung ist unanfechtbar. Was man heute auch behaupten mag, unsere Kommission konnte am 8. Mai 1945 keinerlei Schußspuren entdecken. Hitler hat sich vergiftet."[317] Reiner Selbstschutz?

- Die Russen haben in Berlin, auf der Suche nach der Leiche Hitlers bis November 1945 (!), 100 - 160 Leichen exhumiert und obduziert.[318] Nachdem doch angeblich im Mai 1945 schon klar war, dass man die Leiche Hitlers hatte, wurde also immer weiter nach der Leiche gesucht!

- Vier Monate nach der angeblich durch die Aussagen von Heusermann und Echtmann bestätigten Kiefer, Brücken und Prothesen von Adolf und Eva Hitler und damit dem angeblich wasserdichten Beweis, dass Hitler tot sei, baten die Sowjetgeheimdienstler den US-Militärgeheimdienst, beim CIC in deren Lagern nach Ärzten zu suchen, die Hitlers Kopf identifizieren könnten. Als man ihnen den HNO-Arzt, Dr. Giesing, der Hitler nach dem Attentat vom 20.07. 1944 untersucht hatte, anbot, zogen die Sowjets ihre aber Anfrage zurück. Warum?

- Während Fotos der Leichen der Familie Goebbels, des Generals Krebs und von Hitlers Hunden gemacht wurden, auf denen man zumindest Joseph Goebbels erkennt, gibt es von den Leichen Hitlers und seiner Frau nur Fotos, auf denen eine undefinierbare dunkle Masse in einer Munitionskiste vorgestellt wurde.

- Linge fragte im April 1946, anlässlich einer Tatortbesichtigung, zu der die ganze „Reichskanzleigruppe" aus Russland nach Berlin gebracht wurde, den sowjetischen Verhörleiter Oberstleutnant Klausen, ob die Leiche Hitlers denn eigentlich in ihrem Besitz sei. „Darauf wurde mir geantwortet, dass man viele Leichen gefunden habe, aber nicht wisse, ob Hitler darunter sei."[319] Und das geschah ein Jahr, nachdem der Untersuchungsbericht der angeblichen Leiche Hitlers aus dem Feldlazarett in Berlin-Buch vorlag und die Leiche Hitlers als gefunden galt!
  Auch lange nach der angeblichen Bestätigung von Hitlers Tod durch die Zähne Hitlers als „unwiderlegbare Beweise," wurden die Gefangenen gefoltert, um von ihnen zu erfahren, wer der Doppelgänger war, der für Hitler starb. So wurde auch der Telefonist aus dem Führerbunker, Rochus Misch gefoltert: Um zu erfahren, wo Hitler sei: „... wurde ich eine Woche lang jede Nacht aufs Grausamste gefoltert. Die Russen behaupteten, Hitler habe einen Doppelgänger gehabt ..."[320]

- Die Tatsache, dass General Baur, Hitlers Chefpilot, noch im Frühjahr 1946 verschärft (zum Beispiel Faustschläge auf den Kopf) verhört wurde, um zu erfahren, wohin ins Ausland er Hitler geflogen habe, beweist, dass die Russen Hitlers Leiche nicht hatten und dass ihnen klar war, dass die Fälschung der Zahnprothesen, die sie selbst durchgeführt hatten oder aber die Gestapo, zwar eine Außenwirkung für den Tod Hitlers bei den Millionen Leichtgläubigen haben würden (Zerstörung eines Mythos), dass sie Hitler damit aber noch lange nicht festgesetzt hatten. Deshalb versuchten sie es bei Baur auch mit der Methode Zuckerbrot und versuchten ihn zu einer entsprechenden Aussage zu bewegen. [321]

- Die Tatsache, dass auch weitere Zeugen (Hofbeck, Hentschel), deren wahre Identität erst später in Kriegsgefangenenlagern festgestellt wurde, im März 1946, also zehn Monate nach der angeblich definitiven Bestätigung von Hitlers Tod durch Heusermann und Echtmann, gefoltert wurden, um bestätigt zu bekommen, dass Hitler noch lebe.[322]

- Die Tatsache, dass bei der Nachgrabung ein Jahr nach der Bergung der beiden Leichen gefundene Schädelteile genau die fehlenden Bruchstücke waren, die in das Loch im Hinterkopf passten, welches der Sowjetgeneral Telpuschowskij bei der ersten Ausgrabung der angeblichen gesehen hatte[323], beweist, dass diese Teile wirklich zu der ausgegrabenen Leiche gehörten und nicht, wie auch versucht wurde darzustellen, zu einer anderen Leiche.
  Da dieses Schädelteil sich aber als nicht zu Hitler gehörig erwies (DNA-Probe und allgemeine Untersuchung), ist auch die ausgegrabene Leiche nicht die Leiche Hitlers gewesen.
- Die angeblichen Leichen von Hitler und seiner Frau wurden keinen westlichen Spezialisten zur Obduktion überlassen.
- 1994 unterzogen vier französische Mediziner den sowjetischen Obduktionsbericht einer kritischen Analyse. Ihr Urteil: Die aufgefundene Reste gehören keinesfalls zu Hitler.
- Chefdiener Linge über seine Vernehmungen in sowjetischer Kriegsgefangenschaft: „Noch 1950 zweifelten sie daran, dass Hitler tot sei."[324]

Die sowjetischen Untersuchungsbehörden (Geheimdienst und Kriminalpolizei) und Frontärzte (Gerichtsmediziner), haben die besten Möglichkeiten von allen Rechercheuren gehabt. Aber haben sie die auch professionell genutzt?

Der Sowjethistoriker Besymenski, am 30.04.1945 selbst in Berlin, hat sich, wie in der Fachwelt bekannt und von ihm selbst später zugegeben, mehrfach der Linie des sowjetischen Geheimdienstes gebeugt und damit auch die Wahrheit gebeugt. Und er hat als Beweis (!) für Hitlers Tod den Brief von Goebbels und Bormann an Stalin betrachtet![332]

Das muss man sich einmal vorstellen, als Beweis! Bestenfalls als Indiz, aber als fragwürdiges, geht dieses Schreiben durch. Man kann doch wohl davon ausgehen, dass man auch in der „ruhmreichen Sowjetunion" wusste, worin der Unterschied zwischen einem Beweis und einem Indiz besteht. Von Besymenski stammte auch eine ungenaue und fehlerhafte Bunkerbeschreibung, in der er über seine Beobachtungen vom 03. oder 04.05.1945 berichtete und behauptete, in dem Goebbelswohnraum im Vorbunker eine angesengte, weiße Uniformjacke Hitlers gefunden zu haben.[333]

Im Juni 1946 wurde im Schlussbericht der „Operation Mythos" zur definitiven Klärung von Hitlers Tod festgestellt:

"Ungeachtet der Tatsache, dass alle Angaben für die Aussagen von Linge und anderen Personen sprachen, Hitler habe Selbstmord begangen, hält die Kommission es nicht für möglich, in dieser Frage endgültig Schlüsse zu ziehen."[334] Und dass, obwohl man angeblich anhand von gefundenen Kiefern und Zahnbrücken seit Mai 1945 den Zahnstatus von Hitler und Eva Braun positiv geprüft hatte!

I.1.8 Langzeitziel sowjetischen und postsowjetischen Verhaltens in der Frage von Hitlers Tod (1945 – heute)

Das Ziel lautete: Einen Mythos vom Überleben Hitlers nicht aufkommen lassen!

Im Gegensatz zu den Behauptungen vieler Autoren, Stalin habe von Anfang an so getan, als würde Hitler noch leben, und das alles als taktisches Psychospiel gegen die Westalliierten, war das nicht wirklich so. Stalin war zunächst tatsächlich von dem Gedanken angetan, dass Hitler tot sei. So wird berichtet, dass er, als Marschall

Schukow ihn über Hitlers Tod informierte, in folgender Weise reagierte: "Der Schuft hat also ausgespielt. Schade, dass wir ihn nicht lebend in die Hände bekommen haben." Aber er fragte auch sofort danach: „Wo ist Hitlers Leiche?"[335]

Stalin erkannte bald, aufgrund der nur bei ihm zusammenfließenden Informationen aller sowjetischen Geheimdienste im In- und Ausland (weltweit gespanntes Netz sowjetischer Geheimdienstagenturen) und der Meldungen der Geheimdienste kommunistischer Parteien in aller Welt, insbesondere auch aus Spanien und Südamerika, dass Hitler entkommen war. Das verkündete er selbst gegenüber westalliierten Politikern und Diplomaten und in seinem Auftrag der sowjetische Militärführer im besetzten Deutschland, Marschall Schukow, gegenüber hochrangigen Militärs sowie vor Journalisten der Verbündeten.

Schukow hatte am 10. Juni 1945 gesagt: „Einen zweifelsfreien Leichnam Hitlers haben wir nicht gefunden. Ich kann nichts Exaktes über das Schicksal Hitlers sagen. Er konnte in letzter Minute aus Berlin abfliegen, da die Luftwege ihm das erlaubten."

Es war, wie gesagt, keine taktische Finte Stalins, wie von westlichen Autoren immer wieder behauptet wurde. Und es war auch kein Trick Stalins, um auf das Weiterbestehen einer faschistischen Gefahr hinzuweisen, wie der Sowjethistoriker Besymenski schrieb. Vielmehr war es so, dass der rote Diktator wusste, dass der braune Diktator nicht dümmer war als er und dass er wohl raffiniert genug war, seinen angeblichen Tod erfolgreich zu inszenieren. Stalin ging sogar noch weiter und unterstellte den Westmächten, insbesondere Großbritannien, dass diese Hitler in ihrer Besatzungszone Asyl gewährten. Das war für ihn so abwegig nicht, ging Stalin doch davon aus, dass die imperialistischen Mächte seit 1918 versuchten, sein Sowjetrussland schon in der Wiege zu ersticken und dass sie dazu später Hitler gegen sein Land gelenkt hätten. Deshalb habe man Hitler nun auch geschützt.

Dennoch sicherten die sowjetischen Untersuchungsgruppen angebliche Beweise dafür, dass es eine Flucht Hitlers nicht gegeben hatte. Sie taten dies zunächst aus Angst, dass sie nichts in den Händen haben würden, falls sich die von Stalin vorgegebene Linie ändern sollte. Vorauseilender Gehorsam für den Fall des Falles. Unter Stalin verschwand man ganz schnell im GULAG oder schied überraschend aus dem Leben, wenn man Fehler machte, die dem Diktator nicht passten. Das hat die Geschichte der Stalinherrschaft hinlänglich bewiesen. Und das war den Untersuchungsoffizieren bekannt. So schufen sie vermutlich „Beweise" durch Fälschung. Sie zerstörten den Bunker und sie verbrannten schließlich Anfang der siebziger Jahre auch die Reste der Leichen, die sie fast 30 Jahre lang an insgesamt acht Orten in der DDR vergraben hatten, womit sie die letzten Spuren verwischten.[336]

Besymenski schrieb noch 1982 (in einem seiner Bücher, dass noch in der 1990er Auflage diesbezüglich nicht verändert wurde), Ende Mai 1945 seien nach Abschluss der Untersuchungen „... die Leichen verbrannt und die Asche in alle Winde verweht ..." worden.[337] General Wadis habe am 03.06.1945 eine entsprechende Meldung nach Moskau gesandt. [338] Einige Jahre später wurde aber von Besymenski veröffentlicht, dass das alles nicht stimmte.

Dass aber auch heute noch nicht die Wahrheit in der entscheidenden Frage der Beweismittel zugegeben wird und die Beweise und Berichte weiterhin unter Verschluss liegen, hat vermutlich nur einen Grund: Imagewahrung für die sowjetischen Geheimdienste und ihre Nachfolgeorganisationen und Wahrung dieses Details der Geschichtsschreibung aus prinzipiellen Gründen.

Übrig blieben nach der angeblichen Verbrennung aller Leichen immer noch angebliche Kieferknochen und Prothesen von Adolf und Eva Hitler, das angeblich von Hitlers Schädel stammende Knochenstück und die Blutspuren an einer Sofalehne.

Diese Beweisstücke durften niemals offiziell von unabhängigen westlichen Spezialisten untersucht werden (Dr. Bellantoni, Dr. Bennecke, Dr. Perrrier und andere).[339]

I.2. US-amerikanische Ermittlungen und Ermittlungsergebnisse

Die mit der Suche nach Hitler beauftragten US-Geheimdienstler hatten erst nach den Russen die Möglichkeit, den Bunker zu besichtigen, und sie hatten auch weit weniger von den Zeugen aus Hitlers Umfeld festnehmen können als die Russen. Sie haben sogar ein Team aus Anthropologen und Anatomen zusammengestellt, welches aus eventuell aufgefundenen Knochen Schädel und Gesicht Hitlers rekonstruieren sollten. Allerdings kamen sie ja zu spät nach Berlin und die Russen, die angeblich Hitlers Leiche geborgen hatten, gaben ihnen keine Möglichkeit für eine derartige Rekonstruktion. Was die Zeugen betraf, so kann man der Tabelle 4 entnehmen, dass von den 23 verhörten Zeugen nur 13 in den letzten 10 Tagen vor Hitlers angeblichem Bunkertot überhaupt ein- oder mehrmals im Führerbunker waren. Man sieht ebenso, dass sich nur sechs von ihnen direkt am 30.04.1945 zeitweilig im Führerbunker aufhielten und dass nur vier der Zeugen, von denen einer nachweislich log, angeblich Beobachter des Transportes zweier Leichen aus Hitlers Räumen waren, dass nur drei Zeugen behaupteten, die Verbrennung beobachtet zu haben (wovon einer nachweislich log) und dass schließlich nur ein einziger Zeuge (Kempka) an der Verbrennung von zwei Leichen vor dem Bunkerausgang selbst beteiligt gewesen zu sein behauptete.

Der damalige Geheimdienstchef der US-Army in Deutschland, Oberst W. F. Heimlich, schrieb rückblickend im Vorwort des Buches „Wer tötete Hitler?", das im Juli 1947 in den USA erschien, folgendes: „Es war meine Aufgabe, Adolf Hitler oder seine Leiche sofort nach dem Einzug der amerikanischen Truppen in Berlin zu finden. Ich kann mit Sicherheit sagen, dass ich weder Hitler noch seine körperlichen Überreste gefunden habe. Trotz gründlicher Suche in der Umgebung ist es mir weder gelungen, irgendwelche Beweise zu finden, dass sein Körper verbrannt wurde, noch habe ich Personen finden können, die Augenzeugen von Hitlers letzten Tagen in der Reichskanzlei waren ... Ich kann nur die Tatsache betonen, dass es mir nie gelungen ist, verläßliche Augenzeugen von Hitlers Aktivitäten nach dem 22. April 1945 zu finden – neun Tage vor seinem angeblichen Selbstmord ... Meine eigene persönliche Schlußfolgerung ist, dass, was das Schicksal Hitlers betrifft, alles ein Mysterium

ist nach dem 22. April 1945 ...."[340]
Ermittlungsergebnisse der Gruppe Heimlich wurden von den Autoren H. Moore und J. Barett veröffentlicht[341]. Daraus ist entnehmbar, dass der US-Geheimdienst aufgrund der Zeugenaussagen und mit Hilfe von Spezialisten, wie Psychiatern, geschlussfolgert habe:

> Hitler sei zu einem Selbstmord nicht fähig gewesen.
> Eine völlige Verbrennung der beiden Leichen an offener Luft sei unmöglich gewesen.
> Zwischen Eintritt des Todes und Verbrennung sei mehr Zeit vergangen, als von Zeugen angegeben wurde. Sie vermuteten sogar, die Verbrennung sei erst am 01.05.1945 erfolgt.
> Nur zwei Personen, Günsche und Linge, hätten den Todesraum betreten können. Deren Aufgabe hätte darin bestanden, Hitler zu erschießen und die Leiche zu vernichten, damit er den Russen weder lebend noch tot in die Hände falle. Günsche habe diesen Befehl ausgeführt und auf den bereits durch Vergiftung toten Hitler geschossen.

Oberst Heimlich ließ Blutspuren von dem Sofa nehmen, auf dem Hitler angeblich starb. Das wurde indirekt bestätigt durch den sowjetischen Untersuchungsbericht, der im Rahmen der „Operation Mythos" 1946 erstellt wurde. Darin hieß es, dass von dem Möbel Abschabungen erfolgt waren und Stoffteile herausgeschnitten worden seien. Da die eigenen Leute es offensichtlich nicht waren (es taucht in keinem Bericht und in keiner Aussage eines sowjetischen Beteiligten auf), mussten es die Amerikaner oder die Briten gewesen sein. Die Amerikaner waren es mit Sicherheit, denn am 25.05.1952 bestätigte Heimlich erneut seine Ausführungen. Er erklärte „... geradeheraus, seine eingehende Untersuchung habe festgestellt, dass Hitlers Körper nicht in der Reichskanzlei verbrannt worden sei, wie allgemein angenommen werde. ‚Die Untersuchung der Flecken auf der Couch, wo sich Hitler nach den Berichten selbst getötet habe, ergab, dass die Flecken zwar von menschlichem Blut stammten, aber nicht von den Blutgruppen Hitlers und Eva Brauns.'"[342]
Damit hätte schon alles geklärt sein können. Aber nicht nur die Sowjets, nein auch die Amerikaner wurden hin- und her gerissen, was Überleben oder Tod Hitlers betraf. Offensichtlich wurden aber auch diese Untersuchungsergebnisse des Teams um Oberst Heimlich nicht mit anderen Untersuchenden kommuniziert. Der US-Marinerichter Captain Michael A. Musmanno jedenfalls glaubte, durch Verhöre und Befragungen von Zeugen, Hitlers Tod im Bunker festgestellt zu haben. Er hatte 200 angebliche Zeugen verhören lassen, von denen allerdings nur Axmann, Kempka, Schwägermann, Mansfeld, Karnau und Frau Junge, meist auch nur kurzzeitig, an diesem 30.04.1945 im Führerbunker waren.[343] Seine als Buch veröffentlichte Arbeit ist allerdings eher eine literarische Leistung als eine wissenschaftliche oder kriminalistische gewesen.[344] Eines hatte er allerdings richtig gemacht: Seine Verhöre führten ihn auch zu der berechtigten Frage, ob nicht Eva Brauns Schwager, Fegelein, als Hitler verbrannt worden sei.[345]
Die Amerikaner haben die odontologische Spur verfolgt. Sie hatten Hitlers Zahnarzt, Professor Blaschke, interniert und befragten ihn mehrfach. Das erste diesbezügliche Verhör fand nach Blaschkes Gefangennahme bei Salzburg im Mai 1945 durch den US-Militärgeheimdienst statt. In einem achtseitigen Protokoll mit mehreren Anlagen und Skizzen von Hitlers Zähnen, wurden Angaben zu Blaschkes zahnärztli-

cher Vita, zu Hitlers Zähnen und zu der zahnärztlichen Behandlung Hitlers, sowie zu den Zähnen von Eva Braun und von Martin Bormann gemacht.[346] Das wäre unnötig gewesen, wenn man der begründeten Auffassung hätte sein können, dass Hitler tot war. 1948 wurde Blaschke dann mehrmals von Richter Musmanno verhört und 1954 machte er ebenfalls Aussagen.[347]

Zwar nicht als unmittelbares Ermittlungsergebnis, aber als die angeblichen Beweise der Russen bestätigende Untersuchung wird ein Bericht in einer wissenschaftlichen Zeitschrift verkauft, den Prof. Dr. Reidar F. Sognnaes, Universität von Kalifornien in Los Angeles und Prof. Dr. Ferdinand Ström von der Universität Oslo im Dezember 1972 veröffentlichten. Wir subsumieren das unter die Ermittlungsergebnisse der Amerikaner, weil Professor Sognnaes zwar aus Schweden stammte, aber US-Bürger war. Der Bericht entstand auf der Grundlage verschiedener Unterlagen und Informationen, wie der Dossiers über die Verhöre von Hitlers Zahnarzt Blaschke durch US-Untersuchungsorgane und von Röntgenbildern angeblich von Hitlers Schädel, die nach dem Attentatsversuch vom 20. Juli 1945 gemacht wurden und die 1972 im National Archiv Washington gefunden wurden. Sie stammen vermutlich von Oberstabsarzt Dr. Giesing, einem HNO-Arzt, der am 19.09.1944 im Reservelazarett Carlshof bei Rastenburg Röntgenaufnahmen, wie er glaubte, von Hitlers Kopf gemacht hatte, Aufnahmen für sich behielt und zu seiner Familie in Krefeld schickte.[348] Auf diese Weise kamen die Amerikaner daran.[349]

Aus dem Vergleich dieser Aussagen und der Röntgenbilder mit den sowjetischen Obduktionsberichten und der persönlichen Befragung von Käthe Heusermann im Jahre 1981, kamen die Autoren zu dem Resultat, dass es sich tatsächlich um Hitler gehandelt habe, dem die Zahnobjekte entnommen worden waren.[350] Sognnaes nahm als Vergleichsgrundlage die zweifelhafte Veröffentlichung des Sowjethistorikers Lew Besymenski. Es erfolgte also, wenn unsere Vermutungen stimmen, ein Abgleich

> zwischen einer echten Röntgenaufnahme von Hitlers Kopf (was sehr unwahrscheinlich ist) mit den anhand der vorliegenden Aufnahme in einem sowjetischen Felddentallabor gefälschten Teilen von „Hitlers Gebiss" oder
> zwischen einer Röntgenaufnahme des Kopfes eines Doppelgängers mit den in einer Gestapowerkstatt entsprechend gefälschten Teilen von „Hitlers Gebiss".
> zwischen einer Röntgenaufnahme eines Doppelgängers mit den in einem sowjetischen Feldzahntechniklabor in den ersten Maitagen 1945 gefälschten Teilen von Hitlers Gebiss oder
> zwischen einer Röntgenaufnahme mit den echten Zähnen eines zu Tode gebrachten Doppelgängers mit den aus dem Schädel des Opfers herausgebrochenen Kiefer und Zahnbrücken.

Interessant ist auch, dass in dem Gutachten tabellarisch festgestellt wurde, dass in nur 6 von 34 Fällen alle Angaben zu den Zähnen Hitlers aus den benutzten Vergleichsunterlagen einhundertprozentig übereinstimmten.[351]

Tabelle 4: Die Zeugen der us-amerikanischen Ermittler Teil I

Name	Im FB in den letzten 10 Tagen?	Im FB am 30.04.45?	Zeuge des Leichentransportes?	Zeuge der Verbrennung von Leichen?
Kempka Hitlers Cheffahrer	ja, aber selten	ja	ja	ja
Axmann Reichsjugendführer	ab 26.04. 1945 täglich, ein- o. mehr- mals	ja	angeblich	nein
Karnau (RSD)	ja	ja	nein	angeblich
Mansfeld (RSD)	ja	ja	angeblich	ja
Schwägermann Adjutant von Goebbels	ja	ja	angeblich	nein
Frau Junge Sekretärin Hitlers	ja	ja	nein	nein
Freytag von Loringhoven Adjutant von Krebs	ja, aber nur bis 29.04.45, 13:30 Uhr	nein	nein	nein
Heinz Lorenz, Reichsschriftleiter	ja, aber nur bis 29.04.45, ca. 04:00 Uhr	nein	nein	nein
Johannmeier Major	ja, aber nur bis 29.04.45, ca. 04:00 Uhr	nein	nein	nein
Ritter von Greim Generalfeldmarschall	ja 26. – 29.04.	nein	nein	nein
Reitsch, Hanna Testpilotin	ja 26. – 29.04.	nein	nein	nein
Herrgesell, Gerhard Stenograf	bis 22.04.1945	nein	nein	nein
General Koller Generalstabschef der Luftwaffe	nur kurz am 20.04.45	nein	nein	nein
Dr. Morell	ja bis 23.04.	nein	nein	nein
Frau Irmengard von Va-ro, unbekannte Person	nein	Angeblich zur Verabschiedung im Vorbunker	nein	nein
Foucke-Michels, Else (Schwester von Eva Braun)	nein	nein	nein	nein
Blaschke, Prof. Dr. eh. Zahnarzt Hitlers	nein	nein	nein	nein
Fritzsche, Reichspropa-gandaministerium	nein	nein	nein	nein
Jakubeck (Kellner in Hit-lers Sonderzug)	nein	nein	nein	nein

Name	Im FB in den letzten 10 Tagen?	Im FB am 30.04.45?	Zeuge des Leichentrans-portes?	Zeuge der Verbrennung von Leichen?
Kannenberg (Hausintendant der Reichskanzlei)	nein	nein	nein	nein
Frau Kannenberg, Frau des Hausintendanten	nein	nein	nein	nein
Frau Kempka, Frau von Hitlers Fahrer	nein	nein	nein	nein
Winter, Anni; Haushälterin in Hitlers Münchener Wohnung	nein	nein	nein	nein
Wollenhaupt, August Hitlers Friseur	nein	nein	nein	nein

Fazit der us-amerikanischen Untersuchungen

Die Untersuchung der Blutspuren von den Flecken auf der Couch Hitlers ergab, dass es sich nicht um die Blutgruppe Hitlers handelte.

General Eisenhower, der zunächst davon ausgegangen war, dass Hitler tot sei, äußerte am 18.06.1945, dass Hitler sicher noch lebe, da es keine wirklich identifizierte Hitlerleiche gebe. Eisenhower wiederholte und bekräftigte diese Auffassung auch am 06.10.1945 bei einem Besuch in den Niederlanden vor Journalisten: „Obwohl ich Hitler zunächst für tot gehalten habe, besteht jetzt Grund zu der Annahme, daß er lebt."[352] Und sogar noch im Oktober 1952 erklärte Eisenhower als Präsident der USA: „Wir waren nicht fähig, auch nur einen einzigen Beweis für Hitlers Tod zu finden. Viele Leute glauben, dass er aus Berlin entkam."[353]

Dass anstelle von Hitler, der Schwager der Eva Braun, SS-Gruppenführer Fegelein, verbrannt worden sei, wurde von Richter Musmanno für möglich gehalten.

I.3. Britische Ermittlungen und Ermittlungsergebnisse

Aufgrund von Vorwürfen bzw. zumindest öffentlich gemachten Verdächtigungen seitens der sowjetischen Führung, Hitler sei von den Briten in deren Besatzungszone versteckt worden, sahen die Briten sich genötigt, offizielle Untersuchungen nach Hitlers Verbleib in Gang zu setzen um die Vorwürfe zu entkräften.

Der Brigadegeneral Dr. Dick White, Leiter der Abwehrstelle in der britischen Besatzungszone, stellte das Motiv für die Suche natürlich anders dar: „Das Chaos und die Zerstörung, die den Fall Berlins begleiteten, ließen die Umstände von Hitlers Tod mysteriös erscheinen. Ungewissheit aber konnte die deutsche Bevölkerung nur irritieren und von der Aufgabe des Wiederaufbaus ablenken. Es war politisch notwendig, die Rätsel um Hitlers Ende zu lösen." Und weiter: Es erschien mir „damals im Hinblick auf die allgemeine Sicherheit und Stabilität der Besatzungszonen wichtig"[354]

General White nahm folglich in Berlin Kontakt zur sowjetischen Militärführung in Deutschland auf und wurde (vermutlich nach dem 19.05.1945 und vor dem 16.06. 1945) von einem Sowjetgeneral zum Lunch empfangen. Dieser erklärte, Hitler und Goebbels hätten Selbstmord begangen, ihre Leichen seien verbrannt worden. „Als Beweis wies er Hitlers identifizierte falsche Zähne vor."

Da aber um diese Zeit der Sowjetgeneral und Berliner Stadtkommandant Bersarin verlauten ließ, dass Hitler hätte im letzten Moment Berlin mit einem Flugzeug verlassen können, waren die Briten irritiert und eine Klärung durch eigene Bemühungen blieb erforderlich. So beauftragte Brigadegeneral White im September 1945 den damaligen Hauptmann des Geheimdienstes und Historiker Hugh Redwald Trevor-Roper mit den Untersuchungen zu Hitlers Schicksal.[355]

Seine Untersuchungsergebnisse veröffentlichte Trevor-Roper im März 1947 in dem Buch „Hitlers letzte Tage". Der „Trevor-Roper-Bericht", von dem es heißt, dass er „bis heute einen hohen Stellenwert hat" und als „das Standardwerk, wenn es um die letzten Tage Hitlers geht" gelte, wurde vielfach gelobt, seiner „glänzenden Darstellung", „glanzvollem Stil" und „untadeliger Wissenschaftlichkeit" wegen[356], aber es diente eben nicht in erster Linie der Wahrheitsfindung über die Geschehnisse am 30.04.-1945 im Führerbunker der Reichskanzlei in Berlin, sondern der Reinwaschung der Briten von dem sowjetischen Vorwurf, den geflohenen Hitler in ihrer Besatzungszone versteckt zu haben.

Eine britische Geheimdienstkommission, welche Trevor-Ropers Buch für die Veröffentlichung freigab, stellte fest, es verfolge den Zweck, die Entstehung eines „Hitler-Mythos" zu verhindern. Es habe einen hohen Propagandawert.[357]

Trevor-Roper recherchierte in der Britischen Besatzungszone und er erhielt die Unterstützung der Amerikaner in Frankfurt, insbesondere des US-Geheimdienstes CIC. Obwohl er die Möglichkeit gehabt hätte, viele Zeugen persönlich zu vernehmen, unterließ er das offensichtlich, denn eine Reihe von Zeugen beschwerte sich, dass Trevor-Roper so getan hätte, als habe er persönlich sie befragt. Das sei aber durch andere britische oder amerikanische Geheimdienstoffiziere geschehen. Ihn habe man nie gesehen oder höchstens ein zwei Sätze mit ihm gewechselt.

Trevor-Roper hat eine Menge von falschen Namen und Dienstgradangaben in seinem Buch (so hieß Schedle eben Schädle und war nicht nur Obersturmführer, sondern Obersturmbannführer) Harry Mengershausen bezeichnete er als Offizier, der war aber nur Rottenführer (Obergefreiter). Entweder hat er oder haben die Vernehmer auf deren Berichte er sich stützte, nicht sorgfältig recherchiert oder die Zeugen haben ihn und die amerikanischen Offiziere gern und wiederholt belogen.

Nach der Erklärung von Dönitz am Abend des 1. Mai 1945, dass Hitler im Kampf an der Spitze seiner Truppen gefallen sei, wurde Hitler „... von der Liste der Kriegsverbrecher, die in Nürnberg vor Gericht gestellt werden sollten, gestrichen ..."[358]

Dennoch wollten die Briten wissen, wie, wo und wann Hitler umgekommen war und sie wollten definitiv nachweisen, dass er tatsächlich tot war, um die Entstehung eines „Hitlermythos" zu verhindern, der bereits damals erste Grundlagen erhielt durch zahlreiche Spekulationen über sein Überleben und seine Flucht.

Was hatte Trevor-Roper als Indizien und Beweise für den Nachweis von Hitlers

Tod? Um es vorweg zu nehmen. Er hatte keinerlei Beweise.

Trevor-Roper glaubte aber, diese in Form des Nachweises der Hochzeit von Adolf Hitler und Eva Braun erhalten zu haben. Darüber lag zunächst nur eine Information des Sowjetmarschalls Schukow vor, welcher behauptete, dies aus Tagebüchern der Adjutanten zu wissen.[359] Es handelte sich offensichtlich um die Aufzeichnungen über den Tagesablauf Hitlers durch Linge, welche die Tage vom 29.02.1945 – 30.04.1945 betrafen und die in sowjetische Hände gelangt waren. Dieses „Tagebuch" konnte Trevor-Roper nie einsehen. Aber selbst wenn er diese Aufzeichnungen Linges gehabt hätte, ja selbst wenn er die Hochzeitsurkunde eingesehen hätte, was hätte das bewiesen? Er versteifte sich darauf, dass die Unterschrift Hitlers ja ein Beweis sei. Und auch zwei weitere Dokumente betrachtete Trevor-Roper als Beweisstücke: das private und das politische Testament Hitlers.[360]

Trevor-Roper brauchte aber mehr. „Die Zeit vom 22. April bis zur Einnahme der Reichskanzlei durch die Russen am 2. Mai blieb im dunkeln, eine Zeit, für die keine Zeugen auftauchten, obwohl es Zeugen gegeben haben muss."[361]

Der erste Zeuge, den Trevor-Roper 1945 befragen konnte, war Erich Kempka (siehe Dossier Kempka), der Cheffahrer Hitlers, der sich in amerikanischer Gefangenschaft befand. Trevor-Roper befragte bzw. ließ zunächst alle befragen, die am 22.04.1945 nach Berchtesgaden oder nach Schleswig-Holstein ausgewichen waren und dann von den Briten verhaftet wurden, nach weiteren Zeugen, die in Berlin im Bunker oder in der Reichskanzlei verblieben waren. Das gelang auch. Allerdings waren diese Personen, deren Namen er erfuhr, vermisst (zumeist in russischer Gefangenschaft oder untergetaucht). Schließlich spürte er bis zum 01.11.1945 einige dieser Leute auf: „Abgesehen von den elf Bunkerbewohnern, die als Zeugen in unsere Hände fielen, …[362] Dazu gehörten die in der Tabelle 6 erwähnten Personen. Allerdings war keiner dieser Zeugen wirklich ein „Bunkerbewohner".

Im Sommer 1945 wurde von den Amerikanern Heinz Lorenz gefasst, der frühere Adjutant des Reichspressechefs. Bald darauf die Offiziere Johannmeier und Zander, sowie von Below, welche mit Botschaften Hitlers aus dem Bunker geflohen waren. Diese konnten jedoch keine Aussagen zum 30.04.1945 machen, da sie den Bunker bereits am 29.04.1945, nach 05:00 Uhr verließen.

Sieben Monate später kam Trevor-Roper dann auch an die Aussage von Artur Axmann, Reichsjugendführer, der ebenfalls Ende 1945 von den Amerikanern gefangen genommen worden war. Axmanns Geschichten hatten mit dem wahren Ablauf der Geschehnisse am 30.04.1945 wenig zu tun. Trevor-Roper überprüfte jedoch die Aussagen nicht, er verließ sich auf andere.[363]

Die Darstellung Trevor-Ropers, Adolf Hitler und Eva Hitler hätten beide tot auf dem Sofa gelegen[364], ist absurd. Das Sofa war gerade mal 1,94 m lang (mit der Lehne gemessen) und schmal. Von welchem der Zeugen er das gehabt haben will, ist unbekannt. Keiner der Zeugen hat jemals eine solche Aussage gemacht, jedenfalls ist das aus den zugänglichen Quellen nicht entnehmbar. Da Trevor-Roper seine Informationen in der Regel nicht selbst erfragt hatte, sondern die Informationen des Geheimdienstes ungeprüft übernahm, weiß man auch nicht, ob dies von ihm erfunden wurde oder ob ein Zeuge den anderen britischen Vernehmern Märchen erzählt hat, so wie es Günsche bei den Russen tat. Trevor-Roper hätte das auch nicht interessiert. Auf seine Falschdarstellungen, zum Beispiel von Hanna Reitsch brieflich angesprochen, antwortete er nur: Seine Informationen habe er vom US-Geheimdienst CIC erhalten, und der sei es gewohnt, nur die Wahrheit zu schreiben.[365] Sieh an: Wieder ein Historiker, der Quellen nicht hinterfragt!

1946 wurden zwei Hitlersekretärinnen, Frau Christian und Frau Junge, gefasst. Allerdings hat Trevor-Roper nicht mit allen diesen Zeugen gesprochen, sondern deren Veröffentlichungen analysiert, so wie wir das heute auch machen müssen. Erst 1955/56 konnte er auch die in der Sowjetunion gefangenen und nun entlassenen ehemaligen Bunkerinsassen befragen: Rattenhuber, Linge, Baur, Mengershausen. Dagegen war Günsche nicht bereit dazu, sich befragen zu lassen.

Was die Angelegenheit Fegelein betrifft, so ist Trevor-Ropers Darstellung oder seine auf angeblichen Zeugenaussagen basierende Erkenntnis über den Ablauf der Verhaftung falsch. Trevor-Roper stützte sich hierbei auf die Aussage von Fräulein Krüger, der Sekretärin von Bormann, die nicht dabei war, aber ihre Informationen von Betz (Hitlers zweitem Piloten) erhalten haben will. Trevor-Roper kam zu dem Schluss: „... dass die letzten Tage Hitlers ein sorgfältig inszeniertes Schauspiel waren, ist, wie ich glaube, klargeworden."[366]

Wozu aber sollten ein Doppelselbstmord und eine nachfolgende Verbrennung zweier Leichen in einem Schauspiel „sorgfältig inszeniert" werden, was ja heißt, etwas vorzuspielen, außer wenn das Schauspiel nur ein angeblicher Selbstmord von Hitler und Frau war und nur eine angebliche Verbrennung ihrer Leichen?

Auch die Unstimmigkeiten in den Aussagen von Hanna Reitsch registrierte Trevor-Roper: „ ... Hanna Reitschs Bericht ... (enthielt) Ungenauigkeiten in bezug auf bestimmte Tatsachen ..."[367] Allerdings unternahm er offensichtlich keinen Versuch, all diese Widersprüche wirklich aufzuklären. Trevor-Roper schrieb deshalb allerlei Falsches. Im Ergebnis seiner Untersuchungen kam er auch zu keinem anderen Schluss, als die meisten anderen unkritisch arbeitenden Berichterstatter: Hitler und seine Frau starben im Bunker am 30.04.1945, wurden im Garten der Reichskanzlei, gleich am Bunkerausgang verbrannt und die verkohlten Leichen wurden in einem Granattrichter einige Meter weiter, verscharrt. Das war natürlich im Sinne seiner Auftraggeber: Großbritannien war dadurch von dem Verdacht, Hitler Unterschlupf gewährt zu haben, entlastet.

Tabelle 5: Die Zeugen der britischen Ermittler bis zum 01.11.1945

Name	Funktion Dienstgrad	Gab Informationen zu:
Below, Nikolaus von	Oberst Luftwaffenadjutant Hitlers	Unbekannt. Below wurde in Beugehaft gehalten und band nach Auffassung von Maser den Briten einen Bären auf.[368]
Schwägermann, Günther	Adjutant von Goebbels	Tod der Familie Goebbels und zur angeblichen Beobachtung des Transportes der beiden Leichen aus Hitlers Räumen.
Karnau, Hermann	RSD	Hat angeblich gesehen, wie die beiden Leichen verbrannten.

Name	Funktion Dienstgrad	Gab Informationen zu:
Mansfeld, Erich	RSD	Verbrennung von Leichen beobachtet. Angeblich dem Leichentransport begegnet. Hielt Wache im Turm.
Poppen, Hilco	RSD	Wache am Bunkerausgang (vor dem Vorbunker). Hatte keinen Einblick in den Bunker.
Krüger, Else	Sekretärin Bormanns	unbekannt
Kempka, Erich	FBK, Cheffahrer von Hitler	Transport und Verbrennung einer männl. u. einer weiblichen Leiche.
Baronesse von Varo	Privatperson	Besuchte Hitler angeblich gelegentlich.[369] Trevor-Roper ging dieser Frau genau so auf den Leim wie der Amerikaner Musmanno. Sie war im Bunker völlig unbekannt und hat sich in die Geschichte hineingeschwindelt.
Lorenz	kommissarischer Reichspressechef Obersturmbannführer	Die amerikanischen Verhörergebnisse wurden den Briten zur Verfügung gestellt.
Zander	Standartenführer	Die amerikanischen Verhörergebnisse wurden den Briten zur Verfügung gestellt.
Johannmeier	Major	Die amerikanischen Verhörergebnisse wurden den Briten zur Verfügung gestellt.

Auf der Grundlage der Aussagen der ersten Zeugen, von denen sich nur sechs am 30.04.1945 im Führerbunker bzw. in dessen Nähe aufhielten und von denen nur drei brennende Leichen gesehen hatten und nur einer an der Verbrennung von zwei verhüllten Leichen beteiligt war, ohne diese wirklich identifizieren zu können, basierte der erste Bericht, den Trevor-Roper am 10.11.1945 persönlich vor dem Viermächte-Ausschuss für nachrichtendienstliche Angelegenheiten vortrug.[370] Die Beweislage war also dürftig und auch weitere Zeugen, die er später verhörte oder deren Verhörergebnisse durch Dritte er nutzen konnte, brachten kein Licht ins Dunkel.

Fazit der britischen Untersuchungen

Die Briten hatten keinerlei stichhaltigen Beweis dafür, dass Hitler im Bunker am 30.04.1945 Selbstmord begangen hatte. Sie betrachteten die letzten Tage Hitlers als „ein sorgfältig inszeniertes Schauspiel"[371] aber sie nahmen dennoch die Aussagen der Zeugen, die nicht selbst dabei waren, aber ungeachtet dessen erklärten, Hitler habe sich das Leben genommen, für bare Münze.

Trevor-Roper schrieb in seinem Gutachten, dass Hitler sich durch einen Mundschuss getötet habe, was nicht stimmt. Die Tatsache, dass es die Heiratsurkunde und das private sowie das politische Testament Hitlers gab, war ihm ein weiterer „Beweis" für Hitlers Tod. Wie viele Menschen haben aber geheiratet, dies wurde durch eine Heiratsurkunde dokumentiert – sie betrachteten die Heirat aber eben nicht als die Vorstufe zu ihrem Tod und lebten danach weiter? Wie viele Menschen haben rechtzeitig – für den Fall des Falles – ein Testament geschrieben und es zu

Hause aufbewahrt oder bei einem Notar hinterlegt, ohne die Absicht zu haben, sich das Leben zu nehmen? Ist es denn so undenkbar, ein Testament anzufertigen und gleichzeitig zu erklären, dass man sterben wolle, um unterzutauchen und Nachforschungen zu vermeiden?

Auch die Untersuchungen der Briten führten nicht zur erfolgreichen Aufklärung des Falles. Dennoch wurde ein Bericht des britischen Hauptquartiers freigegeben, „… dem zufolge alles verfügbare Beweismaterial **andeute** (Hervorhebung durch den Herausgeber), dass Hitler und Eva Braun Selbstmord begangen haben und dass ihre Leichen am 30. April d.J. im Garten der Reichskanzlei verbrannt worden sind."[372]

I.4. Ermittlungen des Nürnberger Tribunals zum Verbleib von Adolf Hitler

Bezug nehmend auf die Erklärung von Großadmiral Dönitz am Abend des 01. Mai 1945, dass Hitler im Kampf an der Spitze seiner Truppen gefallen sei, wurde Hitler „… von der Liste der Kriegsverbrecher, die in Nürnberg vor Gericht gestellt werden sollten, gestrichen …"[373]

Auch in Nürnberg wurde versucht, den „Todesfall Hitler" aufzuklären. Allerdings kam man dort auch nicht weiter, als die einzelnen Alliierten jeweils für sich gekommen waren. Ein wichtiges Ergebnis gab es allerdings: Unter Eid bestätigten Erich Kempka und Artur Axmann, dass sie nicht wussten, sondern nur annahmen, es sei Hitlers Leiche gewesen, die vor dem Bunker verbrannt wurde. Sie hätten gesehen, „ …dass am 30. April 1945 eine in Decken gehüllte Leiche aus dem Führerbunker hinausgetragen wurde, die mit den Hosen, Schuhen und Socken von Hitler bekleidet gewesen sei."[374]

Ende April 1946 wurden Baur, Linge, Günsche und Misch mit dem Zug nach Deutschland gebracht. Sie wurden getrennt bereit gehalten für Verhöre beim Prozess der Alliierten gegen die Hauptkriegsverbrecher beim Internationalen Militärgerichtshof in Nürnberg, der vom 20.11.1945 bis zum 01.10.1946 stattfand. Sie waren im Gefängnis Berlin-Lichtenberg inhaftiert. Sie blieben sieben Wochen dort. Keiner aber wurde nach Nürnberg gebracht und dort verhört.[375] „Irgendwann sagte man uns, wir würden als Zeugen beim Nürnberger Prozess nicht benötigt … Kronzeuge – nix, nix – alliierter Beschluss."[376] Der Internationale Gerichtshof konnte Hitler Tod nicht beweisen und hat Hitler deshalb „außerhalb seines Verfahrens" gestellt.

I.5. Ermittlungen und Ermittlungsergebnisse bundesdeutscher Untersuchungsorgane

Aufgrund eines in München beabsichtigten Spruchkammerverfahrens gegen Hitler, prüfte das wegen des letzten bekannten Wohnsitzes Hitlers zuständige Standesamt Berlin-Mitte auf Anfrage eines Rechtsanwaltes den Tod Hitlers. Es wurde versucht,

„... irgendwelche positiven Unterlagen über den Tod Adolf Hitlers, die eine Beurkundung des Todesfalles ermöglichen, zu bekommen ..." Das sei ergebnislos geblieben, wie dem Rechtsanwalt durch das Standesamt mitgeteilt wurde.[377]

Dass die Berichte, man habe an einer mit einer Decke verhüllten männlichen Leiche Hosen, Schuhe und Socken gesehen, wie sie auch Hitler trug, kein definitiver Beweis für Hitlers Tod waren, erkannte auch das Berliner Standesamt, welches deshalb den Tod Hitlers nicht beurkundete.

Auf Druck der bayerischen Landesregierung, welche das Erbe Hitlers verwerten wollte, wurde dann am 15. Oktober 1948 in München ein Spruchkammerverfahren gegen den ehemaligen Reichskanzler Adolf Hitler in Abwesenheit eingeleitet.

Ziel des Verfahrens war es laut Begründung „... das Vermögen Adolf Hitlers ganz oder teilweise einzuziehen ..."[378] Hitler wurde vom Gericht als Hauptschuldiger eingestuft. Sein Testament wurde für ungültig erklärt. Ergebnis war nach kurzer Verhandlung, dass das Gericht Hitlers gesamtes Vermögen zugunsten des Staates Bayern einzog, wobei selbst der Pflichtteil für Hitlers Schwester einbehalten wurde.

In dem Dokument zum Spruchkammerverfahren vom 27.01.1949 heißt es: „Der Betroffene ist in Berlin am **29.04.48** (Hervorhebungen durch den Herausgeber) durch Selbstmord verstorben, wie sich aus der in beglaubigter Abschrift befindlichen Zeugenaussage des Chauffeurs Kempka vom 3.7.1946 und durch Photokopie von Hitlers Testament ergibt."[379] Es reichten also die Behauptung eines verlogenen Zeugen und der Urkundsbeweis durch ein Testament, welches für ungültig erklärt wurde! Und dann heißt es in dem schluderhaft ausgefertigten Dokument auch noch, dass der Nachlasspfleger ebenfalls der Auffassung sei, dass es keinen Zweifel gebe, „... dass Adolf Hitler am **29.04.48** (Hervorhebungen durch den Herausgeber) zwischen 2 und 3 Uhr in Berlin verstorben ist. Er sei in Übereinstimmung mit dem Nachlassgericht München zu der Auffassung gekommen, dass Adolf Hitler im Sinne dieser gesetzlichen Bestimmung als tot zu betrachten ist. Ein eigenes Toderklärungsverfahren gemäß dem Verschollenheitsgesetze ist daher nicht mehr notwendig, ja nach der Bestimmung des § 1 Abs. II des Verschollenheitsgesetzes auch gar nicht mehr möglich. Die gesetzliche Bestimmung sagt, dass jemand nicht verschollen ist (also nicht mehr für tot erklärt werden kann), dessen Tod nach den Umständen nicht zweifelhaft ist'. Der Nachlasspfleger bezieht sich auf die Aussagen Kempkas und lehnte sich an den Standpunkt des Internationalen Militärgerichtshofes, das Adolf Hitler als tot betrachtet, indem er ihn außerhalb seines Verfahrens ließ und ihn nicht in Abwesenheit verurteilte."[380]

Einmal abgesehen davon, dass der Tag und das Jahr im Dokument ganz offensichtlich gleich zwei Mal nicht stimmen und damit das Dokument ungültig ist, ist die Beweislage (beeidete Aussage eines Zeugen, er habe nur die Hose, Socken und Schuhe von Hitler gesehen und die Fotokopie eines Testamentes) äußerst dürftig. Jeder verantwortungsbewusste Staatsanwalt würde in einem Kriminalfall den Untersuchungsorganen diese „Beweise" um die Ohren hauen!

Das Urteil war, wie im Dokument ersichtlich, etwas, das man heute einen Deal vor Gericht nennt, wobei es damals aber nicht einfach nur um die Abkürzung des Verfahrens ging, sondern um die schnelle Einverleibung fremden Vermögens durch den Staat. Hitlers Tod hatte man aber immer noch nicht beweisen können.

1952 wurde dann, unter Ausschluss der Öffentlichkeit, ein weiteres Verfahren zur Feststellung des Todes und der Todeszeit Hitlers eingeleitet, welches wiederum aus ökonomischen Gründen angestrengt wurde, diesmal vom österreichischen Staat. Es ging um ein Gemälde von Vermeer, welches der Alteigentümer (ein Graf aus dem Sudetenland, dem es Hitler 1940 abkaufen ließ) von Österreich zurückverlangte.

Österreich war Beklagter und versuchte nun durch ein Enteignungsverfahren gegen einen Toten (Hitler) nachzuweisen, dass Hitler tot war und dass das Bild als nachträglich dem Bürger Adolf Hitler durch Österreich enteignet nun rechtmäßig dem Staat Österreich gehöre!

Zuständig für das Verfahren war das Amtsgericht Berchtesgaden, welches 1952 mit den Ermittlungen begann und 1956 ein Urteil sprach.

Es konnten etwa 40 Zeugen befragt werden. Die Auswertung der Zeugenaussagen ergab wieder zahllose Widersprüche. Das interessierte das Gericht kaum. Es bastelte sich sein Bild zurecht, indem es beispielsweise die widersprüchlichen Aussagen der Hauptzeugen Linge und Günsche derart behandelte, dass es sich für die Aussagen Günsches (der Hitlers Tod immer, ohne Beweise zu haben, behauptete) entschied, angeblich weil Günsche detaillierter berichtete!

Wichtig war für das Gericht, dass viele Zeugen gesehen hatten, dass eine vermutlich männliche Leiche, von der man nur die schwarze Hose, schwarzen Socken und schwarzen Schuhe sah, aus dem Bunker getragen und verbrannt wurde.

Die 1500 Seiten Verhörprotokolle, sowie die Erkenntnisse aus „sichergestelltem deutschen Aktenmaterial" (nanu, deutsche Dokumente von Hitlers Tod aus 1945?) und von „ausländischem Schrifttum", den Gutachten der Kriminalisten verschiedener Spezialgebiete des bayerischen LKA, der Rekonstruktion der Tatortsituation, dienten der Entscheidung des Gerichtes, folgende Feststellung zu treffen:

„Es kann nicht mehr der geringste Zweifel darüber bestehen, daß Adolf Hitler sich am 30. April 1945 im Führerbunker der Reichskanzlei in Berlin mit eigener Hand, und zwar durch einen Schuß in die rechte Schläfe, das Leben genommen hat."[381]

Und das, obwohl das selbe Amtsgericht Berchtesgaden ebenfalls am 25. 10.1956 festgestellt hatte: „… von rund 40 vernommenen Zeugen hat keiner die Leiche gesehen."[382]

Der Nachweis von Hitlers Tod sei gelungen durch gerichtsmedizinische, chemische und medizinisch-toxikologische Untersuchungen sowie durch den Schusswaffenerkennungsdienst. Schusswaffenerkennungsdienst? Das muss man sich einmal vorstellen: Die Experten des LKA Bayern hatten keine Leichen und keine Waffen Hitlers, auch kein Projektil und keine Patronenhülse, sie sahen auch das Einschussloch des Projektils in der Bunkerwand nicht, von dem Chefdiener Linge einem Mitgefangenen berichtete, und sie erhielten auch von den Russen keinerlei Auskünfte und Unterlagen, Asservate oder Leichenteile, die sie untersuchen konnten. Dennoch wurden ihre Darlegungen als schlussendlicher Beweis für den Tod Hitlers gewertet!

Jedenfalls hat nach dieser Entscheidung des Berchtesgadener Amtsgerichtes das für den letzten Wohnsitz Hitlers zuständige Standesamt I, Berlin-West, den Tod Adolf Hitlers am 28.12.1956 rückwirkend auf den 30. April 1945, 15 Uhr 30 Minuten, festgelegt.[383]

Am 17.01.1957 wurde dann vom Amtsgericht Berchtesgaden der Tod von Eva Anna Paula Hitler (geb. Braun), ebenfalls für den 30.04.1945, 15:28 Uhr, bestätigt.

Noch eine Merkwürdigkeit: Seltsamerweise wurde Hitler am 29.01.1957 vom Amtsgericht Berchtesgaden aus der Verschollenheitsliste herausgenommen, obwohl doch genau dieses Gericht 1949 behauptet hatte, Hitler sei nicht verschollen, um sein Vermögen Bayern zuzuschieben. Also hatte er doch auf der Liste gestanden!

Nun muss man wissen: In den Gerichten der jungen Bundesrepublik gab es in diesen Jahren zum einen die Nazijäger und zum anderen die alten Nazijuristen. Während die ersteren vielleicht auch ganz froh waren, wenn sie von ihren umfangreichen Listen jemanden streichen konnten, weil er als tot galt, kann man von letzteren annehmen, dass sie ein Interesse daran haben konnten, wenn aufgrund einer Toterklärung nach bestimmten Leuten nicht mehr gefahndet wurde. Es ist auch keine neue Nachricht, dass nach dem Krieg zahlreiche Gestapo-, SS- und Kriminalpolizeioffiziere des Dritten Reiches in die deutsche Polizei, ja sogar bei INTERPOL integriert wurden. Deshalb darf man durchaus zumindest vermuten, dass die damaligen Spezialisten des Landeskriminalamtes Bayern kaum an einer echten Aufklärung interessiert gewesen waren.

Und was das Gericht betrifft: Die Tatsache, dass detaillierte Aussagen der Zeugen aufgrund der Nichtöffentlichkeit des Verfahrens, geheim blieben, spricht wohl sehr dafür, dass hier ein politisch gewolltes Ergebnis nicht durch die störenden Fragen der Öffentlichkeit unmöglich gemacht werden sollte. Das heißt, der Tod Hitlers wurde einfach als gegeben angenommen und amtlich bestätigt. Da man nie wieder etwas von ihm gehört hatte, konnte man sicher auch nichts falsch machen.

Das Amtsgericht Berchtesgaden hatte festgestellt, dass es keinerlei Zweifel an Hitlers Selbstmord gebe. Natürlich. Es durfte keinen Zweifel geben. Wenn man Zweifel gehabt hätte, dann hätte man das Verfahren nicht abschließen dürfen.

Das Gericht ging übrigens bei seiner Urteilsfindung unter anderem von der völlig falschen Annahme aus, dass die sowjetische Seite den „schlüssigen Beweis" dadurch erbracht habe, dass Professor Blaschke und Frau Heusermann „der vollständige Unterkiefer und die Oberkieferbrücke Adolf Hitlers sowie die untere Kunststoffbrücke Eva Hitlers wiederholt und an verschiedenen Orten von russischen Offizieren vorgelegt ..." worden seien und diese die Teile bestätigt hätten.[384]

Nun, Professor Blaschke hat den Russen niemals eine solche Bestätigung gegeben und falls man den Zahntechniker Echtmann gemeint haben sollte, der hat später, aus der Gefangenschaft zurück in Deutschland, gegenüber dem deutschen Historiker Werner Maser zugegeben, dass er sich überhaupt nicht sicher war. [385]

Fazit zu den offiziellen Untersuchungen

Im Urteil des Amtsgerichtes wurde auch auf den Standpunkt des Internationalen Militärgerichtshofes verwiesen: Da Hitler offensichtlich tot sei, werde er außerhalb des Verfahrens gelassen und nicht in Abwesenheit verurteilt.[386] Ganz offensichtlich haben, so wie das Amtsgericht, auch die Untersuchenden sich der höheren Instanz, der höheren Autorität, dem Internationalen Militärgerichtshof in Nürnberg unterworfen und Hitlers Tod abgenickt. Verhörexperten, Untersuchungsrichter, Kriminalisten, Gerichtsmediziner aus verschiedenen Ländern, die mit der Prüfung von Hitlers Tod und dessen Umständen befasst waren, sie alle haben jedenfalls keinen sauberen Beweis dafür erbringen können, dass Hitler am 30.04.1945 im Führerbunker starb. Sie verzweifelten an den widersprüchlichen Aussagen der angeblichen Zeugen, die nicht nur einander, sondern oft auch sich selbst widersprachen. Sie klammerten sich an scheinbare Beweise, die aber nicht kritisch genug überprüft wurden und nicht bis heute von Bestand sind, weil sie inzwischen ihre Beweiskraft völlig verloren haben. Sie unterdrückten eigene Zweifel und ihre Vermutungen, dass Hitler möglicherweise geflohen sein könne. Sie erklärten wider besseren Wissens, der Fall sei gelöst worden.

II. Zu Mängeln in ausgewählten Aufarbeitungen des Todesfalles Hitler durch Historiker und Journalisten

Zahlreiche deutsche Autoren stellten den als offiziell geltenden Tod Hitlers und seiner Frau durch Suizid und die anschließende Verbrennung der Leichen in überwiegend narrativer, wenige auch in sachlich-dokumentarischer Form vor.

Fast alle waren darauf fixiert, den Tod Hitlers durch Selbstmord im Führerbunker am 30.04.1945 festzuschreiben und keinerlei Zweifel aufkommen zu lassen. Eine solche Herangehensweise an einen historischen Gegenstand widerspricht den Regeln unvoreingenommenen wissenschaftlichen Forschens und dem ergebnisoffener kriminalistischer Prüfung natürlich ebenfalls.

Von Hitler ist nichts mehr zu befürchten, er kommt auf keinen Fall zurück und wenn er denn entkommen ist, dann hat dies nicht einmal seinen fanatischsten Anhängern geholfen, denn sie starben in der Zwischenzeit einer nach dem anderen, ohne dass ihr Führer sie für ihre Standhaftigkeit belohnt hätte. Sein Entkommen hätte nur ihm persönlich gedient, so kann man nach unserem Erkenntnisstand durchaus annehmen. Und deshalb ist es unverständlich, weshalb alle diese Autoren ohne robuste Beweise für Hitlers Tod schon am 30.04.1945, diesen angeblichen Tod im Bunker quasi zum ehernen Gesetz erhoben haben.

Man gewinnt den Eindruck, dass eine „Grundwahrheit" geschaffen wurde, welche ungezwungen aus anders lautenden Tatsachen falsche Schlüsse ziehen lässt. Vielleicht war es aber auch nur wissenschaftliche Trägheit, kriminalistische Unfähigkeit und Feigheit gegen den Strom zu schwimmen. Jedenfalls zeigt sich, dass die äußerst widersprüchlichen Zeugenaussagen alle im Sinne der Zielstellung, die alte Legende vom Hitlertod am 30.04.1945 zu untermauern, genutzt wurden.

Einige Beispiele: Es wird zwar erwähnt, dass der eine Zeuge Hitler tot auf dem Sofa sitzen sah (Chefdiener Linge), während der andere ihn tot auf einem Sessel sitzen sah (SS-Adjutant Günsche), aber der Extrakt dieser Zeugenaussagen lautet für diese Autoren: Hitler wurde sitzend tot aufgefunden.

Es wird zwar erwähnt, dass der eine Zeuge Eva Hitler tot in der linken Ecke des Sofas sitzen sah (Linge) und der andere Zeuge sie auf dem Sofa (vermutlich längelang und nicht in einer Ecke) liegen sah (Günsche), aber der Extrakt dieser Zeugenaussagen lautet für diese Autoren: Eva Hitler wurde tot gesehen.

Es wird zwar erwähnt, dass ein Zeuge von vier bis fünf Trägern der Leiche Hitlers sprach, während ein anderer Zeuge von zwei Trägern sprach, ein wiederum anderer sogar nur von einem Träger, aber der Extrakt dieser Zeugenaussagen für diese Autoren lautet: Hitlers Leiche wurde getragen.

Es wird zwar erwähnt, dass kein einziger Zeuge wirklich den toten Hitler sah, aber es wird dennoch behauptet, da man Schuhe und Teile der Hose gesehen habe, solche, wie Hitler sie gewöhnlich trug, so könne das ja nur Hitler gewesen sein.

Es stimmte also offensichtlich vorne und hinten nicht, was die „Zeugen" berichteten, aber das war diesen Autoren egal. Hauptsache, die Zeugen erwähnten, dass Hitler tot war. So konnte man die Aussage durchaus im vorgesehenen Sinne verwenden.

So schrieb der Herausgeber und Autor des Buches „Hitlers Tod": „Die Beschreibung des Tatortes und der Toten ist eindeutig. Zweifel an der Selbsttötung von Adolf Hitler und Eva Braun sowie an der von ihnen gewählten Todesart scheinen unbegründet."[387] Er weist zwar zu recht darauf hin, dass die Zeugenaussagen verwirrend und widersprüchlich sind, kommt aber dann dazu, festzustellen: „Jetzt liegen nach mehr als fünfzig Jahren die russischen Obduktionsbefunde und Ermittlungsakten vollständig vor. Nach deren sorgfältiger Überprüfung durch einschlägig ausgewiesene Historiker und Mediziner können die letzten offenen Fragen beantwortet werden. Causa finita: Die Todesakte Hitler ist damit geschlossen."[388]

Eine solche Einschätzung korrespondiert gut mit einer Reihe von Mängeln der Arbeit, wie der falschen Zuordnung der Räume auf der rechten Seite des Führerbunkers[389] zu den in den letzten Tagen des April 1945 im Bunker agierenden Personen. Zudem wurden Dienstgrade verwechselt und die Ereignisse bei der Suche der SMERSCH nach Hitlers Leiche unkorrekt wiedergegeben. Wie von vielen anderen Autoren wurden auch in dieser Arbeit die nachgewiesenen Lügen des Zeugen Mengershausen ohne zu hinterfragen als glaubhafte Aussagen übernommen.

Von mangelnder Recherche spricht die Tatsache, dass der Autor die Russen völlig frei sprach von Folterpraktiken gegenüber Gefangenen und daraus ableitete, dass die vernommenen Zeugen folglich nicht unter Druck standen und bereitwillig die Wahrheit sagten, die da lautete, Hitler habe sich am 30.04.1945 im Führerbunker das Leben genommen und sei dann vor dem Bunker verbrannt worden. So schrieb der Autor: „Günsche und Linge, die bis zum Kriegsende Jahre in allernächster Nähe Hitlers verbracht hatten, wurden regelrecht ausgequetscht. Sie wurden allerdings nicht gefoltert und nicht geschlagen. Sie wurden, wie sie nach ihrer Rückkehr aus der Kriegsgefangenschaft Mitte der fünfziger Jahre berichtet haben, nicht bedroht, und ihnen wurde für ihre Aussage auch nichts versprochen. Der sowjetische Nachrichtendienst NKWD war an zutreffenden Informationen interessiert, nicht an Scheingeständnissen und nicht an Erfundenem."[390]

Hat der Autor denn die Aussagen von Günsche und Linge, wie auch von anderen gefolterten Zeugen (Baur, Misch und andere) nicht gelesen? Linge betrachtete seine Kooperationsbereitschaft bei den Arbeiten am „Buch Hitler" als „seine Rettung".[391]

Auch Günsche hat sehr wohl, wenn auch vorsichtig, berichtet, wie man mit ihm umgegangen ist: „Während meiner Gefangenschaft in der SU bin ich unter entsprechenden Voraussetzungen jahrelang vernommen worden, diese Voraussetzungen würde man, nach der jetzigen Einstellung, als Folter bezeichnen ..."[392]

Und die Herausgeber des „Buch Hitler" haben eindeutig darauf hingewiesen, dass Günsche und Linge gefoltert, zum Beispiel auch ausgepeitscht worden sind.[393]

Woher stammt dann die falsche Behauptung, die beiden hätten ausgesagt, sie seien nicht bedroht worden? Der Autor hat ganz einfach des sowjetischen Geheimdienstoffiziers und Historikers Besymenski diesbezügliche Äußerung kritiklos übernommen. Hier wurde also ein geradezu naives Verständnis von den kommunistischen Geheimdiensten Stalins offenbart.

Die Sowjetgeheimdienste waren zu Stalins Zeiten Terrororganisationen. In der Sowjetunion war es üblich, Scheingeständnisse zu erzwingen und man war an den Informationen interessiert, die man benötigte, egal ob sie der Wahrheit entsprachen oder nicht. Natürlich wurde gefoltert. Auf diese Weise wurde die Mehrzahl der ehemaligen Volkskommissare Lenins, Revolutionäre der ersten Stunde, von Stalins Folterknechten dazu gebracht, sich als Volksfeinde und Verräter zu bekennen und dafür hingerichtet zu werden.

Offensichtlich wurden auch die Berichte der anderen Rückkehrer der „Gruppe Reichskanzlei" nicht gelesen. Selbst wenn Günsche und Linge das behauptet hätten, was Völklein schrieb, so heißt das nicht, dass mit ihnen anders umgegangen worden wäre als zum Beispiel mit Hitlers Chefpilot Baur, dem Bunkertelefonisten Misch und anderen. (vergleiche: Dossier Verhörmethoden der Sowjetgeheimdienste) dieser Autor dagegen behauptet, dass Linge und Günsche im „Sonderobjekt Nr. 5 des NKWD" eine bevorzugte Behandlung genossen hätten. Deshalb hätten sie „nach Kräften geplaudert". Das trifft vielleicht auf Linge zu. Der hatte sich erhofft, weniger gefoltert und bald freigelassen zu werden, wenn er kooperativ sein würde. Es ist bekannt, dass die Russen Günsche dagegen als wenig kooperationsbereit einschätzten.

Mit Sicherheit wurden die Gefangenen dahingehend instruiert, nach ihrer Freilassung über ihre Behandlung keine Aussagen zu treffen, die der Sowjetunion schaden könnten. Man sagte ihnen, wie das üblich war, dass man sie überall finden werde, falls sie sich nicht an die Festlegung halten würden. Da sie als Kriegsverbrecher eingestuft wurden und zu 25 Jahren verurteilt waren, wird man ihnen bei der vorzeitigen Freilassung 1955/56 gesagt haben, dass der Rest von etwa 15 Jahren nur „zur Bewährung" ausgesetzt worden sei und dass eine nachträgliche Verurteilung zum Tode wegen Schädigung der Interessen der Sowjetunion durchaus möglich wäre, falls sie in der Bundesrepublik durch ihr Verhalten und durch Aussagen, die der Sowjetunion schaden könnten oder die dem widersprachen, was sie in der Gefangenschaft ausgesagt hätten, dem Geheimdienst Grund zu einer „operativen Maßnahme" geben würden. Möglicherweise hat man auch mit einer Einlieferung in die Bleigruben von Magadan gedroht. Das erklärt auch die Vorsicht von Linge. Als Linge 1980, kurz vor seinem Tode, seine Lebenserinnerungen veröffentlichte, äußerte er, als Buch wollte er seine Memoiren erst jetzt herausbringen, weil er nun „nicht mehr fürchten muß, noch einmal in Gefängnisse und Straflager gesteckt zu werden ..."[394]

Der Verlag schrieb auf die Coverrückseite des Buches „Hitlers Tod": „Das Leben Adolf Hitlers wird weiter Rätsel aufgeben. Über sein Ableben aber wissen wir nun endgültig bescheid." Auch wieder der Wunsch, aber keine Tatsache. Nach der Veröffentlichung von Völkleins Buch wurde bekannt, dass der angebliche Schädelteil von Hitler in Moskau zu einer Frau gehörte und dass die DNA nicht die von Hitler war.

Der Autor Klaus Wiegrefe schrieb beinahe richtig: „Ungefähr zwei Dutzend Menschen waren am Nachmittag des 30. April im Führerbunker, zahlreiche andere Zeugen im Vorbunker, und was sie alle hinterher Journalisten, Historikern, alliierten oder deutschen Vernehmern, sowjetischen Geheimpolizisten, freiwillig und unter Folter, berichteten, lässt sich unmöglich auf einen gemeinsamen Nenner bringen." Wiegrefe äußerte auch berechtigte Zweifel an der Feststellung des Amtsgerichtes Berchtesgaden aus dem Jahre 1956 darüber, wie Hitler zu Tode kam.[395] Dennoch schrieb er dann überraschend, als Schlussfolgerung aus dem Gesagten, nach einer uns unbekannten Logik: „Sicher ist, dass nach einer Weile einige die Tür öffneten und einen erschossenen Hitler sowie seine vergiftete Gattin vorfanden."

Immer schön an der offiziellen Darstellung festhalten, trotz aller Zweifel. Auch hier sehen wir, dass nicht erkannt wurde, wie viele Personen sich tatsächlich in der entscheidenden Stunde im Führerbunker befanden. Es waren eben nicht „... ungefähr zwei Dutzend Menschen", sondern deutlich weniger: Josef und Magda Goebbels, Martin Bormann, Otto Günsche, Heinz Linge, Rochus Misch, Hannes Hentschel, Helmut Frick, Hans Krebs, Wilhelm Burgdorf, Hans Hofbeck, Hans Reisser, möglicherweise auch Dr. Ludwig Stumpfegger, (zu spät kamen: Artur Axmann, Erich Kempka, Dr. Werner Naumann; vermutlich überhaupt nicht dabei war: Ewald Lindloff, dem aber ein Alibi gegeben wurde.)

Es gab nur wenige Zeugen der Geschehnisse vom 30.04.1945 im Führerbunker, die erstens den Krieg überlebt haben und die zweitens auch bereit waren, über ihre Erlebnisse zu berichten. Leider haben viele Autoren aus der Not fehlender Zeugen auch allzu gern auf die Aussagen und Berichte ganz offensichtlicher Märchenerzähler zurückgegriffen und meist in narrativer Weise (wodurch noch einmal der reale Ablauf verzerrt wurde) die angebliche Geschichte des 30.04.1945 im Führerbunker dargestellt.

Ein ganz typischer Fall ist der Einbau der Erzählungen des Reichsjugendführers Artur Axmann, der ganz eindeutig über angebliche Vorgänge und Ereignisse berichtet hat, für die er selbst kein Augenzeuge war und die er selbst nicht erlebt hat (Näheres in: Dossier Axmann), als Todesbeweise für Hitler in die Texte dieser Autoren.

Auch der Autor Kellerhoff verwies in seinem Buch „Mythos Führerbunker" zwar auf die vielen widersprüchlichen Aussagen der Zeugen, kam aber dann zu dem gleichen Schluss, wie die meisten deutschen Autoren, die sich mit dieser Thematik beschäftigen: „Gesichert ist, dass das frisch vermählte Paar tatsächlich von eigener Hand starb, dass ihre Leichen bis zur Unkenntlichkeit verbrannt wurden und dass später anhand ärztlicher Untersuchungen von Zahnersatz ihr Tod eindeutig festgestellt werden konnte."[396] Man sollte glauben, seinen Worten „... ihr Tod eindeutig festgestellt werden konnte ..." seien die Worte vorausgegangen „anhand eindeutiger Blutgruppenzuordnung und einer DNA-Analyse". Allerdings hat er dies nicht geschrieben, da das weder ihm, noch anderen Autoren, die der Wahrheit verpflichtet sind, zu behaupten möglich war. Er stützte sich nur auf die zweifelhaften Zahnbefunde. Es gab keine echten Beweise für den von Kellerhoff als „gesichert" oder als „unzweifelhaft"[397] bezeichneten Tod Hitlers und seiner Frau.

Diese Tatsache focht aber auch eine Angelika Franz nicht an: „Am Tod des Diktators gibt es freilich keinen Zweifel: Eingeschlossen von russischen Truppen in Berlin, schoss er sich am 30. April 1945 im Führerbunker in die Schläfe. Seine engsten Vertrauten schafften die Leiche Hitlers und die seiner frisch angetrauten Frau Eva Braun hinaus, verbrannten sie und bestatteten die Reste im Garten der Reichskanzlei."[398]

Eine sehr umfangreiche, detaillierte Arbeit, basierend auf der Analyse zahlreicher

Dokumente, Verhörprotokolle, eigenen Zeugenbefragungen und Gegenüberstellungen der Aussagen, hat der Buchautor Anton Joachimsthaler[399] Mitte der 1990er Jahre vorgelegt. Er schrieb im Vorwort: „Selten sind über den Tod eines Menschen, der eine Zeitlang ganz Europa beherrscht hat, so viele Legenden, Lügen und Halbwahrheiten verbreitet worden wie über das Ende von Adolf Hitler, der in dem Chaos beim Untergang in Berlin fast spurlos verschwunden ist. Die sowjetischen Behörden haben die Umstände mehr vertuscht als untersucht. Ermittlungen konnten nur die Russen anstellen, doch was sie wirklich ermittelt haben, das wurde bis heute nicht bekannt ... Es gab Augenzeugen des Todes und der Verbrennung Hitlers, die im Westen vernommen worden sind, aber die Überreste der Leiche Hitlers wurden nie gefunden. Eine einwandfreie Feststellung von Hitlers Tod war nur durch Zahnbrücken, also den Zahnstatus, möglich; die Reste und die Asche Hitlers waren verschwunden, deswegen entstanden die Gerüchte, die sich mehr als 50 Jahre in allen Variationen hielten.“[400]

Wie heißt es so schön: Die Resultate der Forschung von heute sind möglicherweise die Irrtümer der Forschung aus der Sicht von morgen. Genau das ist auch mit dieser Einschätzung des Autors passiert. Nichts, aber auch nichts von dem, was wir gerade zitierten, hat heute noch Bestand! Das heißt, doch! Er schrieb ja, dass mit dem Tod Hitlers verbunden seien „Legenden, Lügen und Halbwahrheiten“ ...[401]

Und das stimmt! Inzwischen sind die Beiträge und Bücher einer ganzen Anzahl deutschsprachiger Autoren, welche die falsche Schlussfolgerung aus den offenliegenden Fakten und den Zeugenaussagen zogen, Beiträge zu den Halbwahrheiten geworden, die der Autor erwähnte. Und was die „... Augenzeugen des Todes und der Verbrennung Hitlers, die im Westen vernommen worden sind ...“ betrifft, so muss man klarstellen, dass die damit gemeinten Personen eben keine Zeugen für Hitlers Tod waren, sondern entweder absprachegemäß Handelnde oder Märchenerzähler zur eigenen Aufwertung, wie wir bereits bei der Darstellung der us-amerikanischen und britischen Ermittlungsergebnisse nachgewiesen haben und wie aus den Dossiers zu diesen Personen zu entnehmen ist.

Da das Buch des Autors „Hitlers Ende“ als umfangreichste Aufarbeitung des Geschehens im Führerbunker am 30.04.1945 gilt und immer wieder von anderen Autoren zur Begründung von Hitlers Tod im Bunker, als Quelle genutzt wird, kamen auch wir nicht darum herum, es auszuwerten. Der Autor lieferte eine umfangreiche und detaillierte Arbeit zur Thematik. Er hat fast alle Aussagen belegt und auf literarische Ambitionen verzichtet. Allerdings hat er aufgrund seines Zieles, unbedingt nachzuweisen, dass Hitler am 30.04.1945 im Bunker starb und dass nichts von der Leiche übrig blieb (merkwürdigerweise außer den wichtigen Kiefern und Brücken), die Teile dieses Kriminalpuzzles falsch zusammengesetzt. Nicht aus Versehen! Nein, Joachimsthaler verfügte über fast alle Puzzlesteine, aber er setzte sie so ein, wie sie in sein Konzept „Hitler starb im Bunker“ passten. Auch er war darauf fixiert, unbedingt nachzuweisen, dass Hitler tatsächlich am 30.04.1945 im Bunker starb und vollständig verbrannt wurde. Um das beweisen zu können, ignorierte er Zeugenaussagen, die auf das Gegenteil hindeuteten, deutete um und bog zurecht.

Zahlreiche Fehlinterpretationen enthält die Arbeit. So schrieb er: „... Zahnbrücken, die die Russen zwischen dem 4. und dem 8. Mai 1945 bei der intensiven Suche nach Hitlers Leiche unter den ganzen Knochenresten von den damals in Bunkernähe befindlichen 13 bis 15 Leichen gefunden hatten."[403]

Tatsächlich aber wurden die Brücke und der Kiefer am 05.05.1945 zusammen mit den Leichen geborgen. Der Unterkiefer lag lose neben der Leiche in dem Granattrichter in welchem sich nur die beiden Leichen befanden, die man als die Hitlers und seiner Frau betrachtete. Sie lagen also nicht etwa in einem ungeordneten Haufen menschlicher Knochen von 15 verschiedenen Leichen oder verstreut im gesamten Garten der Reichskanzlei. Das passte aber natürlich nicht zu dem Bild, dass der Autor schaffen wollte. Es gab ja keine Leichen nach seiner Auffassung. Wer aber hat dann die „echten" Zähne zu falschen Leichen gelegt?

Der Autor hat zum Beispiel auch das Schicksal Fegeleins, dem eine wichtige Bedeutung in diesem Fall (wenn auch mehr zufällig) zukam, leichtfertig und augenscheinlich ungeprüft als so gegeben betrachtet, wie es Rochus Misch (vom Hörensagen) und Frau Christian (vom Hörensagen eines anderen), sowie Kempka, der es auch nur vom Hörensagen wusste, beschrieben. Er sei am 28.04.1945 auf Hitlers Befehl sofort wegen Desertion und Beteiligung am Hochverrat Himmlers durch RSD-Leute erschossen worden. Damit war die Sache für Joachimsthaler erledigt. Allerdings hatte fast jeder Zeuge andere Zeiten, Orte und Begleitumstände berichtet, so dass es wichtig gewesen wäre, in dieser Angelegenheit zu recherchieren.

Leider sind in der Arbeit auch eine ganze Reihe weiterer grober Ermittlungsfehler feststellbar:

Erstens: Der Autor hat die notwendige kritische Distanz zu wichtigen Zeugen vernachlässigt. Seine Lieblingszeugen, die „netten Herren" Rattenhuber und Günsche, waren gegenüber jeglicher Kritik immun. Er führte zwar auch deren verräterische Aussagen an, ignorierte sie jedoch bei den Schlussfolgerungen.

Dagegen waren alle Zeugen, die bestimmte Äußerungen und Verhaltensweisen von Rattenhuber und Günsche in verschiedenen Zusammenhängen erwähnten und zwar mit Sicherheit nicht, um denen zu schaden, Lügner, Leute die etwas zusammenfaselten. Zum Beispiel sprachen mehrere Zeugen davon, dass sie von ihrem General Rattenhuber den Befehl erhielten, die Leichen zu bestatten (Mengershausen[404], Mansfeld[405]) oder mehr Benzin zu besorgen und auch, mit ihm nachzusehen, wie weit die Verbrennung fortgeschritten sei (Kempka[406]). Weshalb sollten diese Leute alle den Chef der Leibwache Hitlers nennen, wenn er wirklich nichts damit zu tun gehabt hätte? Joachimsthaler aber glaubte Rattenhuber, der behauptet hatte, er habe mit der Beerdigung absolut nichts zu tun gehabt. Die Wahrheit ist allerdings: Anfang Mai 1945, kurz nach seiner Gefangennahme, sagte Rattenhuber zu seiner Beteiligung an der Verbrennung und Beseitigung der Leichen aus: „Die Körper von Hitler und Eva Braun brannten schlecht, und ich ging hinunter und kümmerte mich um weiteren Brennstoff. Als ich wieder nach oben kam, waren die Leichen schon ein wenig mit Erde bedeckt, und der Posten Mengershausen erklärte mir, dass es bei diesem unerträglichen Gestank unmöglich sei, Wache zu halten. Und so hätten er und ein anderer SS-Mann auf Anweisung von Günsche sie in die Grube gestoßen, wo der vergiftete Hund Hitlers lag."[407]

Der Autor aber glaubte lieber der Lüge Rattenhubers, die dieser bei einer Befragung am 26.11.1955, nach der Rückkehr aus der Kriegsgefangenschaft, von sich gab: „An der Verbrennung der Leichen bin ich nicht beteiligt gewesen. Ich habe auch den Verbrennungsplatz nicht aufgesucht. Auch habe ich keinerlei Anordnung bezüglich der Überreste gegeben."[408] Dementsprechend schrieb der Autor in blindem Vertrauen: „... Rattenhuber ... (hat nicht) ausgesagt, dass er nachgesehen und sich persönlich überzeugt hat, wie weit die Verbrennung der Leichen fortgeschritten war."[409]

Nun stellt sich die Frage: Warum hatte Rattenhuber bei den Russen ausgesagt, er habe sich um die Einäscherung der Leichen persönlich gekümmert? Ganz einfach: Damals ging es noch darum, Hitler einen Vorsprung zu verschaffen. Der Eindruck musste erweckt werden, dass er tot sei und nicht weiter nach ihm gesucht werden müsse. Warum hat Rattenhuber aber nach seiner Rückkehr aus der Kriegsgefangenschaft alles geleugnet und sich als einen dargestellt, der, obwohl Chef der Leibwache, eigentlich völlig unbedeutend gewesen sei und nicht einmal von Hitler den Befehl erhalten habe, sich um die Beseitigung seiner Leiche zu kümmern, weshalb er sich da auch völlig rausgehalten habe? Nun, jetzt ging es nicht mehr darum, Hitlers Flucht zu decken. Jetzt ging es darum, die eigene Haut zu retten. Wenn nämlich nun herausgekommen wäre, dass Hitler tatsächlich geflohen war, dann wäre er ein Mittäter, der eine falsche Leiche als Hitlerleiche ausgegeben hatte. Vor den weiteren Folgen dessen wollte sich Rattenhuber auf diese Weise schützen.

Hinsichtlich Günsche verhielt sich der Autor ähnlich. Die beiden Personen mit Schlüsselfunktionen, die alles unternommen haben, um über den wahren Ablauf hinwegzutäuschen, deren Lügen jedem vernünftigen Rechercheur auffallen mussten, hat er zu einem über jeden Zweifel Erhabenen erklärt. Damit hat er einer Aufklärung der wahren Geschehnisse keinen guten Dienst erwiesen. Sympathien sind in der historischen Forschung jedenfalls kontraproduktiv.

Zweitens: Den Einsatz von Doppelgängern, der in Geschichte und Politik immer wieder eine Rolle gespielt hat, weist der Autor im Fall Hitler als absurd zurück.

Zu der Vermutung, dass ein Doppelgänger für Hitler im Bunker starb, schrieb Joachimsthaler: Einen Doppelgänger hätte es nicht geben können, da nach Aussage der Hitlersekretärin Wolf in Nürnberg, es keinen Doppelgänger gegeben habe, da sich niemand im Bunker befunden haben könne, der sich als Hitler hätte ausgeben können, außerdem „hätte der Führer das sowieso nicht zugelassen."[410]

Wie naiv! Und doch vielleicht mit etwas Wahrem behaftet. Ein Hitler, der tatsächlich im Bunker zu sterben vorhatte, der würde einen Doppelgänger nicht gebraucht haben, wozu auch? Und ein Hitler zu normalen Zeiten hätte einen Doppelgänger wahrscheinlich wirklich nicht zugelassen, da er befürchtete, dass ein ihm ähnlich sehender, aber nicht an seinen „Genius" heranreichender Versager ihn nicht richtig vertreten könne. Aber spätestens in den letzten Apriltagen 1945 war eine völlig andere Situation entstanden. Ob die Vorsehung, auf die er viel hielt, noch einmal zu seinen Gunsten aktiv werden würde, das konnte Hitler nicht wissen. Und ein Doppelgänger in diesen Tagen hätte förderlich seiner Fluchtvorbereitung und schließlich, durch den Tod, seiner Fluchtvertuschung gedient. Da hätte wohl selbst Hitler seinem angeblichen Prinzip der Doppelgängerablehnung untreu werden können.

Und dann schrieb Joachimsthaler auch noch: „Selbst wenn ein Double von Hitler vorhanden gewesen wäre hätte sich das, bei so vielen Menschen im Bunker, nie geheimhalten lassen, und zumindest einer hätte nach dem Krieg darüber etwas verlauten lassen. Aber keiner der damaligen Mitarbeiter hat je über einen Doppelgänger ein Wort gesagt oder auch nur einen Doppelgänger vermutet."[411]

Wieder ein Ermittlungsfehler: Von „vielen Menschen im Bunker" in dem infrage kommenden Zeitraum vom 22. - 30.04.1945 kann nicht die Rede sein. Rochus Misch hat ganz klar gesagt: Wir waren ganz Wenige![412] Und ob jemand einen Doppelgänger „auch nur ... vermutet" hat, dass weiß ja Herr Joachimsthaler gar nicht. Und ob jemand irgendwem gegenüber (vielleicht seiner eigenen Familie, vielleicht engsten Freunden) darüber gesprochen hat, weiß Joachimsthaler ebenfalls nicht. Fegelein jedenfalls soll einer Geliebten gegenüber am 27.04.1945, vor seiner Festnahme, davon gesprochen haben, was für die Länge seine Lebensdauer nicht gerade förderlich war. Und Frau Wolf, Joachimsthalers diesbezügliche „Zeugin", war ja ab dem 22.04.1945 überhaupt nicht mehr in Berlin. Der Einsatz eines Doppelgängers wäre natürlich erst in den allerletzten Tagen sinnvoll gewesen.

Dass keiner gegenüber den Vernehmern darüber gesprochen hat, bemerkt zu haben, dass „Hitler" vielleicht nicht Hitler war, dass ist die einzige vernünftige Verhaltensweise, die man von ihnen erwarten konnte: Zugeben, dass ein Doppelgänger da war, hätte eine mögliche Flucht Hitlers bestätigt und die Zeugen zu Mittätern gemacht. Außerdem war diesen Männern ein Eid auf den Führer und die Treue zu ihrem Führer über den Tod hinaus eine Ehrensache, selbst wenn dieser Eid von Hitler aufgehoben worden sein sollte, wie es heißt.

Joachimsthaler schrieb weiter: „Einen Doppelgänger anzunehmen, der anstelle Hitlers erschossen und verbrannt worden wäre, ist auch schon deshalb abwegig, da der Kieferbefund Hitlers (Zahnstatus) unverwechselbar war, vor allem deswegen, weil die Oberkieferbrücke nicht herausnehmbar, sondern fest an den noch im Kiefer befindlichen Zähnen verankert gewesen ist."[413] Aber komischerweise nicht mit dem Kiefer verbrannt ist! Und bei sorgfältiger Recherche hätte der Autor auch erfahren, dass zumindest einer dieser Kiefer bei seiner Auffindung locker **neben** der Leiche lag. Und dass man gerade einen Doppelgänger dentistisch immer auf den aktuellen Stand zum Original (auch bei den Zähnen) bringen kann, auf die Idee kommt der Autor nicht. Ebenso wie er nicht beachtete, dass man auch Röntgenaufnahmen von einem Doppelgänger gemacht haben kann.

Drittens: Zeugenaussagen wurden vom Autor nicht kritisch ausgeleuchtet und entsprechend ausgewertet.

Das wurde zum Beispiel deutlich, als der Autor zusammenfasste: „Daß es sich bei den Leichen um Adolf Hitler und Eva Braun-Hitler handelte, darüber kann es wohl, nach den im großen und ganzen übereinstimmenden Zeugenaussagen, keinen Zweifel geben. Im Arbeitszimmer Hitlers wurden die unverhüllten Leichen von Linge, Günsche und Axmann gesehen. Über den Transport vom Arbeitsraum Hitlers in den Garten zur Verbrennung bekundeten die Zeugen Kempka, Hofbeck, Schneider und Mansfeld glaubwürdig, dass es sich um die Leichen von Adolf Hitler und Eva Braun-Hitler gehandelt hat. Die eindeutige Identifizierung war möglich, weil der Kopf Hitlers zum Teil unbedeckt war; ferner waren die Unterschenkel sichtbar mit den schwarzen Hosen, schwarzen Socken und Halbschuhen. Die Leiche von Eva Braun-Hitler war unbedeckt."[414]

„... im großen und ganzen übereinstimmende(n) Zeugenaussagen ...“? In entscheidenden Fragen widersprüchliche Zeugenaussagen! Einerseits hat der Autor Kempka zu Recht als unglaubwürdigen Zeugen eingestuft[415], andererseits schrieb er, Kempka habe glaubwürdig ausgesagt! Auch die angeblich Glaubwürdigkeit von Schneider und Mansfeld haben wir bereits eindeutig als unzutreffend nachgewiesen!

Auch dass der Zeuge Karnau vom RSD mehrfach gelogen hat, das hat Herr Joachimsthaler zwar erfasst, aber dass eine der Lügen Karnaus eindeutig dazu diente, die Behauptung, es habe nur noch Asche gegeben, aufrechtzuerhalten, dass ignoriert Herr Joachimsthaler, weil er (falsch) schlussfolgernd feststellen will: „Jedenfalls sagte Karnau in beiden Fällen eindeutig, dass von Hitler nur mehr zerfallende Knochen übriggeblieben waren."[416]

In Wahrheit war es so, dass nicht Hitler, sondern lediglich die schwarzen Hosen, Socken und Schuhe als solche erkannt worden sind, wie sie auch Hitler trug. Damit wurde gleichsam der Hut des Landvogtes als der Landvogt selbst betrachtet.

Falsch in Joachimsthalers Darstellungen ist auch:

> Die Behauptung, Linge, Günsche und Axmann hätten die unverhüllten Leichen gesehen. Höchstens Linge hätte die Leichen ohne Decken sehen können. Linge hatte aber nach eigener Aussage keine Zeit, in der Hektik des Geschehens zu erkennen, ob es Hitler war, dessen Leiche er in eine Decke wickelte. Günsche war in den Lageraum geeilt, um die Prominenz zu informieren und kam erst in Hitlers Arbeitsraum, als die Leiche bereits in eine Decke eingewickelt war. Er hat im Mai 1945 ganz klar und eindeutig ausgesagt, dass er die beiden Leichen nur in Decken gehüllt sah. Axmann kam zu spät zur Leichenschau. Er war ein Zeuge aus eigener Fantasie.
> Dass die erwähnten Zeugen echte Zeugen gewesen wären.
> Diese Leute waren aber beim Transport entweder gar nicht dabei oder wenn doch, dann konnten sie nicht wahrheitsgetreu behaupten, es sei die Leiche von Hitler transportiert worden, weil diese definitiv verhüllt war.
> Dass, da man Hitlers Hose, Socken und Schuhe an der Leiche erkannt habe, es Hitlers Leiche gewesen sein müsse, denn natürlich hätte auch eine fremde Leiche so eingekleidet werden können.
> Dass, es Hitler gewesen sein müsse, weil der Kopf teilweise unbedeckt gewesen sei.
> Wenn der Kopf der männlichen Leiche teilweise unbedeckt gewesen wäre und die damit freie Stirn und vielleicht der halbe Nasenrücken den Eindruck erweckt hätten, es sei Hitler, wie einige Zeugen behaupteten, hätte dies auch lediglich für eine hervorragende Präparation der Leiche oder eine Ähnlichkeit des Doppelgängers mit dem Original sprechen können.
> Dass Eva Hitlers Leiche unverhüllt transportiert worden wäre.
> Günsche hat Anfang Mai 1945 ausgesagt, dass beide Leichen in Decken gehüllt waren.
> Dass der SS-Hauptsturmführer Ewald Lindloff vom FBK „ ... die wenigen Überreste Hitlers im Garten der Reichskanzlei" verstreut habe.[417] Dagegen sprechen zahlreiche Aussagen anderer Zeugen.

Viertens: Weil auch Joachimsthaler letztlich klar war, dass die russischen Beweise falsch waren, hat er sich darauf versteift, dass angeblich nichts von den Leichen übriggeblieben sei. Der Autor schrieb: „Unter den gegebenen Verhältnissen kann im Hinblick auf die vorwiegend fliehende Glut des offenen Feuers im Garten und bedingt dadurch, dass die Brücke Hitlers unter der verkohlten Gesichtsmuskulatur und den Kieferknochen gleichsam vor einer direkten Hitzeeinwirkung geschützt lag, davon ausgegangen werden, dass die Goldbrücke im Oberkiefer ohne weiteres erhalten geblieben sein kann. Dasselbe kann für den Zahnersatz von Eva Braun-Hitler angenommen werden."[418] Zwanzig Seiten vor dieser Feststellung fragte Joachimsthaler allerdings noch, wie es wohl gekommen sei, dass die Kunststoffprothese der Eva Hitler nicht geschmolzen war und wieso die Zähne noch immer weiß waren.[419] Er widersprach sich selbst, wenn er vermutete, dass die Brücke „unter der verkohlten Gesichtsmuskulatur und den Kieferknochen gleichsam vor einer direkten Hitzeeinwirkung geschützt lag"[420]. Er vergaß offensichtlich einiges von dem, was er vorher schrieb:

> Er vergaß, dass die Leichen „zu Staub" zerfielen, wie er selbst schrieb. Welche Gesichtsmuskulatur also hätte den Kiefer schützen können?
> Und außerdem: Eine Brücke ist auf dem Kiefer angebracht, nicht unter dem Kiefer und damit nicht vom Kiefer schützbar!
> Er vergaß auch, dass die Brücke von Eva Hitler eine Kunstharzbrücke[421] bzw. Kunststoffbrücke[422] war! Mit Benzin werden durchaus 1000 Grad Celsius und mehr erreicht. Der Schmelzpunkt von Kunststoff liegt bei nur 260° Celsius. Der Schmelzpunkt von reinem Gold liegt bei 1063 Grad Celsius. Bei Goldlegierungen, wie bei Zahngold, liegt er sogar darunter.
> Und er vergaß, dass Hitlers Zahnarzt Blaschke damals nichts wirklich bestätigen konnte, da er die von den Russen vorgelegten Brücken nicht selbst gesehen hat, denn er befand sich in us-amerikanischer Internierung und wurde den Russen nicht „ausgeliehen".

Schließlich schrieb Joachimsthaler: „... Die Beweiskette hinsichtlich des Todes von Adolf Hitler und Eva Braun-Hitler wird durch Herrn Fritz Echtmann, vormals Zahntechniker bei Dr. Hugo Blaschke, dem persönlichen Zahnarzt von Hitler, und von Frau Käthe Heusermann, seinerzeit zahnärztliche Helferin bei Dr. Blaschke, geschlossen. Beiden wurden der vollständige, angekohlte Unterkiefer und die Oberkieferbrücke Adolf Hitlers sowie die untere Kunststoffbrücke Eva Braun-Hitlers wiederholt und an verschiedenen Orten von russischen Offizieren vorgelegt. Beide haben die Zahnbrücken zweifelsfrei als von Adolf Hitler und Eva Braun-Hitler stammend erkannt."[425] Zur Glaubwürdigkeit der Zeugen Heusermann und Echtmann haben wir im Ergebnis unserer Untersuchungen in den Dossiers Heusermann und Echtmann eindeutig Stellung genommen.
Bezüglich dieser beiden „Kronzeugen" der Russen schrieb er zwar richtig: Heusermann und Echtmann mussten als Zeugen für Hitlers Tod in Berlin – ebenso wie die anderen Zeugen der Reichskanzleigruppe – verschwinden."[426] Aber das war unseres Erachtens nur die halbe Wahrheit: Die Zeugen der „Reichskanzleigruppe" blieben nicht deshalb zehn Jahre lang in russischen Gefängnissen und Gulags, weil sie gewusst hatten, dass Hitler tot sei, wie der Autor meinte: „Die russischen Untersucher hatten nicht untersucht, sondern vertuscht, weil Stalin es so wünschte."[427] Stalin aber starb 1953, die Zeugen blieben aber trotzdem weitere Jahre inhaftiert. Sie mussten also bleiben, weil vom Sowjetgeheimdienst entweder die Aufdeckung der eigenen Manipulation beim Zahnbeweis befürchtet wurde oder weil man eine ihnen untergeschobene Manipulation seitens der Gestapo vermutete.
Joachimsthaler bezweifelte die Darstellungen des US-Obersts Heimlich und bedauerte, dass dieser nicht mehr befragt werden konnte, weil er bereits 1964 verstorben

sei. Nun, wie sagt man so schön: Totgesagte leben länger. Bei akribischer Recherche hätte Joachimsthaler herausgefunden, dass Oberst Heimlich zu der Zeit, als er selbst an seinem Buch arbeitete, immer noch am Leben war. Heimlich starb nicht 1964 (laut Joachimsthaler), sondern 1995!

Joachimsthaler hätte auch erkennen müssen, dass die Russen nicht „wegen ihres mehr als ausgeprägten Mißtrauens" den „Fall Hitler", wie er meinte, erst nach über einem Jahr zu den Akten legten.[428] Sie haben einige der Zeugen noch bis zu ihrer Entlassung 1955 immer wieder befragt nach einer möglichen Flucht Hitlers, also nicht nur ein Jahr lang (!) und zwar weil sie wussten, dass sie keine Beweise für den Hitlertod im Bunker besaßen.

Die Autoren Bahnsen und O'Donell schrieben in ihrem Buch „Die Katakombe", dass auch drei Jahrzehnte nach dem Tag, an dem Adolf Hitler im Bunker Selbstmord begangen habe, die wichtigsten Augenzeugen nach wie vor unterschiedliche Versionen des Ereignisses vertreten würden. Und das könne „... als ein ziemlich sicheres Indiz dafür gelten, dass sie weder 1945 gegenüber den argwöhnischen Vernehmungsoffizieren der Siegermächte noch drei Jahrzehnte später uns gegenüber eine bestimmte Version zu lancieren versuchten."[429]

Wie kann man nur ein Indiz so konstruieren? Natürlich hat sich jeder Zeuge methodisch seine Lügenversion oder sein irrtümliches Bild oder sein Fantasieprodukt bewahrt. Nur dadurch, dass man selbst daran glaubt, wird eine Falschaussage glaubwürdig und variiert nicht über die Jahre oder mutiert sogar zur Widersprüchlichkeit.

Natürlich können jedem Autor Fehler unterlaufen. Und wenn sie sich nicht gravierend häufen, kann man darüber hinwegsehen. Auch die Herausgeber der deutschen Ausgabe des „Buch Hitler", haben in einer wichtigen Frage (die indirekt den Hauptbeweis für Hitlers angeblichen Tod betrifft) ungenügend recherchiert, als sie im Nachwort schrieben: „Am 11. Mai 1945 bestätigten Zahnarzt Professor Hugo Blaschke und die Zahntechnikerin Käthe Heusermann, dass es sich bei den aufgefundenen Körpern um Adolf Hitler und Eva Braun handelte."[430] Eine kleine Nachhilfe: Professor Blaschke konnte bei den Russen nicht aussagen, da er sich in amerikanischer Internierung bei Salzburg befand und auch nicht an die Russen „ausgeliehen" wurde. Käthe Heusermann war keine Zahntechnikerin. Sie war die zahnärztliche Helferin von Blaschke. Der Zahntechniker hieß Fritz Echtmann.

Der Kriminalbiologe Mark Benecke leistete einen Beitrag der besonderen Art über die Anzahl der Zeugen, die aus seiner absoluten Unkenntnis der Materie herrührte: „Denn alle Überlebenden aus dem Führerbunker – zuletzt lebten dort noch etwa zweihundert Menschen – hatten getrennt voneinander und vor verschiedenen Mächten und in allen Details übereinstimmend berichtet, Hitler habe sich erschossen und seine Leiche sei vor dem Führerbunker verbrannt worden."[431] 200 Zeugen? Soll allein die schiere Menge ein erdrückender Beweis sein? Man sollte sich schon zu dem Gegenstand, über den man schreibt, sachkundig machen. Übereinstimmungen, und schon gar „in allen Details", bei den Aussagen der Zeugen, gab es keine!

Und weiter zur Richtigstellung: Im kleinen und engen Führerbunker lebten keine 200 Menschen, sondern lediglich Adolf Hitler, Eva Braun, der Chefdiener Heinz Linge, bis zum 22.04.45 Dr. Morell und ab dem 22.04.1945 Joseph Goebbels. Das heißt, es waren immer nur vier echte Bewohner. Dazu kam der Begleitarzt Dr. Stumpfegger, der ab dem 23.04.1945 den Dr. Morell ersetzte. Am Ende des Bunkers vor der Treppe zum Gartenausgang gab es einen kleinen Bereitschaftsraum der Leibwache mit zwei Betten. Der Raum befand sich außerhalb des mit einer Panzertür abgeschlossenen Lagevorraums von dem aus Hitlers Räume zugänglich waren. In der Fernsprechzentrale saß Rochus Misch, der Telefonist. Er hatte seinen Schlafplatz im Keller der Reichskanzlei, blieb zuletzt aber immer im Bunker und schlief auf dem Fußboden vor seiner Vermittlungsstelle. Ähnlich verhielt es sich mit dem Maschinenmeister Johannes Hentschel. Hitlers Sekretärinnen erschienen zum Mittagessen und zum Abendtee, der nachts stattfand. Sie wohnten im Keller der Reichskanzlei. In den letzten drei Tagen schliefen die beiden Sekretärinnen Christian und Junge auf einer Matratze im Lageraum. Selbst Martin Bormann, Hitlers mächtiger Sekretär und graue Eminenz, wohnte nicht im Führerbunker. Und zu den Lagebesprechungen erschienen einige Generale und Offiziere, die den Bunker danach sofort wieder verließen. Diese angeblichen Zeugen der Ereignisse waren zwar irgendwann einmal, meist nur für eine Stunde, in ihrer Eigenschaft als Vortragende oder deren Adjutanten bei den Lagebesprechungen im Führerbunker, aber sie waren garantiert nicht am 30.04.1945 nach 14:00 Uhr dort.

Nehmen wir also alle Personen zusammen, die im Laufe eines Tages in diesen letzten Tagen, von denen der Autor sprach, im Bunker waren, so kommen wir auf eine Zahl von nicht einmal 20 Personen! Also um 900 % verschätzt, Herr Benecke. Und von diesen knapp 20 Personen **hörten** 12 **nur** von Hitlers Tod und Verbrennung und waren sonst in keiner Weise involviert. Andere behaupteten ihre Zeugenschaft für Hitlers Tod, haben einen toten Hitler aber nie gesehen.

III. Plausibilitätsprüfungen fremder Ermittlungsergebnisse und fremder Ermittlungsbewertungen

Im vorherigen Abschnitt haben wir festgestellt, dass die Mehrheit aller Autoren davon ausging, dass keine organisierte Vertuschung einer Flucht Adolf Hitlers aus dem Führerbunker stattgefunden hat. Dabei kann man zwei Gruppen von Autoren feststellen:

> zum einen diejenigen, welche auf die verkohlten Leichen verweisen, welche die sowjetischen Abwehrleute geborgen haben und als die Leichen Hitlers und seiner Frau betrachteten

> und zum anderen diejenigen, welche der Auffassung sind, dass die Leichen von Adolf und Eva Hitler restlos zu Asche verbrannt sind, oder zumindest bis auf die für eine Identifizierung unbedingt notwendigen Zähne und Zahnersatzkonstruktionen.

Wenden wir uns zunächst der Auffassung der Gruppe zu, welche meint, Hitlers Leiche und die seiner Frau seien am 04.05. und am 05.05.1945 vor dem Gartenausgang des Führerbunkers von sowjetischen Soldaten aus einem Granattrichter geborgen worden und 1970 von den SMERSCH-Geheimdienstleuten in Magdeburg zum zweiten Mal und endgültig verbrannt worden.

Die Prüfung der Plausibilität dient bis zu den Resultaten der Verbrennung (wo sich die Geister scheiden) auch der Plausibilitätsprüfung der Auffassung der zweiten Gruppe.

Wenn man mit den vielen Widersprüchen und offensichtlichen Lügen der „Zeugen" des angeblichen Selbstmordes von Hitler und dessen Frau im Führerbunker, am 30.04.1945, konfrontiert wird, dann stellt sich die Frage, ob überhaupt irgend etwas davon wirklich stattgefunden hat oder ob alles wahrhaftige „Potemkinsche Dörfer" sind, die diese Zeugen aufgebaut und hinterlassen haben.

Aber wir müssen ja die Fakten betrachten, die sich aus dem Lügengespinst und Verwirrspiel extrahieren lassen. Dabei haben wir versucht, die Geschehnisse vom 30.04.1945 zur Prüfung der Plausibilität der Behauptungen über den Verbleib der Überreste von Hitler quasi von hinten her aufzurollen, denn eines ist sicher: Es wurden zwei Leichen ausgegraben, die mit Hitler und dessen Frau in Zusammenhang gebracht wurden, sowohl von den sowjetischen Ermittlern, als auch von einer Reihe von Zeugen und in deren Folge von vielen Autoren.

Wir stellen nun entsprechende Fragen, beantworten diese, ausgehend vom Stand der historischen Forschung, und prüfen welche Zeugen es dafür gab und wie diese einzuschätzen waren. Nach der Bestätigung einer Annahme stellt sich dann immer die Frage, wie es zu der jeweiligen Situation gekommen war. Das versuchen wir zu klären, um davon ausgehend die jeweils nächste, sich daraus ergebende Frage zu stellen und zu beantworten. Auf diese Weise gehen wir von der Bergungsstelle der beiden Leichen zurück bis in den Bunker und bis zu der Zeit, wo Hitler und seine Frau angeblich gestorben sein sollen.

Erste Frage: Wurden eine männliche und eine weibliche Leiche, welche als die von Hitler und seiner Frau betrachtet wurden, außerhalb des Führerbunkers, aber in dessen unmittelbarer Nähe in einem Granattrichter gefunden? Antwort: Ja. Dafür gab es Zeugen, nämlich Soldaten und Offiziere der sowjetischen Militärischen Abwehr und den sowjetischen Militärhistoriker General Telpuschowskij.

Zweite Frage: Die sowjetischen Geheimdienstleute haben nie den Beweis erbracht, dass sie die beiden Leichen tatsächlich besaßen (sie wurden durch die SMERSCH-Leute ausgegraben, niemandem vorgezeigt, kein deutscher Zeuge musste sie identifizieren, es wurden keine Fotos freigegeben). Kann es also sein, dass der Menschheit nur das Märchen aufgetischt wurde, man habe zwei verkohlte Leichen aus dem Granattrichter in der Nähe des Notausganges des Führerbunkers geborgen? Antwort: Diese Frage ist nicht leicht zu beantworten. Einerseits gab es wirklich keine nichtsowjetischen Zeugen dafür, dass den SMERSCH-Leuten außer den beiden angekohlten Leichen von Goebbels und dessen Frau vor dem Bunker zwei weitere verkohlte Leichen in die Hände fielen. Anderseits gab es eine Reihe von Zeugen, die bestätigten, dass die Leichen, die aus dem Bunker herausgetragen und in Brand gesetzt wurden, zum Schluss in einem Bomben- bzw. Granattrichter landeten. Zeugen: Krebs[432], Mengershausen[433], Rattenhuber.[434] Nebenbei: Hans Baur, Hitlers Chefpilot, hat Ende der 50er Jahre bei einer HiaG-Veranstaltung (Hilfsgemeinschaft auf Gegenseitigkeit der ehemaligen SS-Angehörigen) gesagt: „Ich bin der festen Überzeugung, dass die Russen die Leiche Adolf Hitlers und der Eva Braun konserviert und irgendwo aufgehoben haben."[435]

Es gibt die Protokolle über eine verkohlte männliche und eine verkohlte weibliche Leiche, welche von der sowjetischen Untersuchungskommission in Berlin-Buch obduziert wurden. Nun anzunehmen, diese Leichen seien von den Geheimdienstleuten irgendwo in der Stadt aus den Trümmern eines brennenden Hauses geborgen worden und den nicht eingeweihten Gerichtsmedizinern vorgelegt worden, scheint uns doch zu weit hergeholt.

Dritte Frage: Da die beiden gefundenen Leichen verkohlt waren, wo waren sie in Brand gesetzt worden? Antwort: Die beiden Leichen wurden entweder in dem Granattrichter, in dem man sie fand oder zumindest in unmittelbarer Nähe des Granattrichters, in welchem man sie fand, also vor dem Gartenausgang des Bunkers (in einer Mulde oder auf flachem Boden) oder aber im Bunker selbst verbrannt.

Für die ungewöhnliche Vermutung, sie seien im Bunker verbrannt worden, gibt es begründeten Anlass. Der sowjetische Geheimdienstoffizier Polewoi berichtete, das Ehepaar Goebbels sei im Bunker verbrannt worden. Ein anderer Sowjetoffizier äußerte, man habe sogar vier verbrannte Leichen (Hitler?, Hitlers Frau?, Goebbels?, Goebbels Frau?) im Bunker gefunden. Dafür sprach auch, dass man außerhalb des Bunkers, wie der Sowjetmarschall Schukow schrieb, keine Feuerstelle fand, die auf eine Leichenverbrennung vor dem Bunker hingewiesen hätte. Und dafür sprach, dass auch die angeblich im Bunker gefundene Leiche des Generals Krebs von dem Sowjethistoriker Besymenski als eine angekohlte Leiche gezeigt wurde.[436]

Was spricht aber dagegen? Die Blutspuren an den Wänden nach oben sprechen dagegen. Für die Annahme, die beiden Leichen seien erst oben in einem Granattrichter verbrannt worden, spricht auch die Mitteilung von General Krebs an Generaloberst Tschuikow, dass Hitler in einem Granattrichter verbrannt worden sei.[437] Für die Annahme, dass sie vor dem Gartenausgang des Bunkers verbrannt worden sind, gab es Zeugen, die den Krieg überlebt hatten: Günsche, Linge, Kempka, als direkt Beteiligte und Hofbeck, Mansfeld, Mengershausen, Karnau und Bergmüller als echte oder angebliche Beobachter der Verbrennungsszene.

Dafür, dass genau diese beiden verkohlten Leichen schließlich in dem Granattrichter landeten und keine anderen, indem sie auf Weisung von Vorgesetzten (Bormann, Rattenhuber, Günsche wurden genannt) durch damit Beauftragte in den Granattrichter geschoben wurden, sprechen Aussagen von RSD-Wachmann Mansfeld, RSD-Wachmann Mengershausen und FBK-Offizier Reisser.

Vierte Frage: War es üblich, alle anfallenden Leichen im Garten der Reichskanzlei zu verbrennen?

Antwort: Nein. Es war absolut nicht üblich, alle Leichen, die im Garten der Reichskanzlei Zufallsopfer von Bomben und Granaten wurden oder tödlich verwundete Verteidiger der Reichskanzlei oder verstorbene Verwundete aus dem Notlazarett unter der Reichskanzlei, die man nach draußen gebracht hatte, zu verbrennen und dann auch noch zu begraben. Dafür fehlten Zeit, Benzin und zuletzt jeglicher Sinn. Die meisten Leichen fanden die Russen unvergraben im Garten oder im leeren Bassin.

Fünfte Frage: War die Vermutung der SMERSCH berechtigt, zu glauben, es handele sich um Hitlers Leiche und um die seiner Frau?

Antwort: Ja, die Vermutung war berechtigt. Sie ergab sich aus der Meldung von General Krebs über Hitlers Tod bei dem Waffenstillstandsersuchen im Stab des Generals Tschuikow am 01.05.1945 und aus den Aussagen von Gefangenen aus der Reichskanzlei, welche ab dem 02.05.1945 vernommen wurden und die aussagten, dass sie gehört hätten, dass Hitler sich das Leben genommen habe und sein Leichnam verbrannt worden sei, genau so, wie er das schon Tage zuvor mehrfach verkündet habe.

Auch der Leiter der Dienststelle 15 (Reichskanzlei mit Ausnahme des Führerbunkers), Kriminalrat und SS-Obersturmbannführer Ludwig Forster, hatte von Rattenhuber, Högl und Günsche am 30.04.1945 gehört, dass Hitler sich erschossen habe. „Ich habe ferner am 30. April 1945 gesprächsweise erfahren, dass man die Leichen Hitlers und Eva Brauns im Garten der Reichskanzlei mit Benzin übergossen und angezündet und später die Reste im Garten eingegraben habe."[438] Ob Forster in sowjetischer Gefangenschaft war und ob diese erkannt haben, wer er war, ist unbekannt. Diese Aussage hat er jedenfalls erst am 06.02.1956 gemacht.

Auch Brigadeführer Mohnke hatte etwas gehört: „Aus Äußerungen von Personen der Umgebung Hitlers habe ich aber, und zwar noch am 30. April 1945, erfahren, dass beide Leichen tatsächlich im Garten mit Benzin übergossen und angezündet worden sind."[439] Da Mohnke in sowjetischer Gefangenschaft war, erfuhren die Russen, das was er am 30.04.1945, gegen 20:00 Uhr im Führerbunker von General Krebs erfahren hatte: Hitler habe Selbstmord begangen. „... sein Leichnam war schon im Garten der Reichskanzlei in einem Granattrichter verbrannt worden."[440] Diese Information passte zu der, die Krebs dem Generaloberst Tschuikow am 01.05.1945 bei dem Waffenstillstandsersuchen gab.

General Weidling, der Kampfkommandant von Berlin, geriet ebenfalls in sowjetische Gefangenschaft. Nach seiner Gefangennahme von den Russen verhört, erklärte er, dass er von Goebbels, Bormann und Krebs darüber informiert worden sei, dass Hitler und seine Frau Selbstmord mit Gift begangen hätten und Hitler sich außerdem noch erschossen habe. Und weiter: „Nach meiner persönlichen Meinung entspricht die Version von Hitlers Selbstmord der Wirklichkeit. Soweit ich über die Lage unterrichtet bin, denke ich, dass es nach dem Abend des 29.04. keine Möglichkeit für ihn gab, aus Berlin zu entkommen."[441]

Für die Leute vom SMERSCH erhärtete sich ihre Auffassung, die verkohlten Leichen von Hitler und dessen Frau gefunden zu haben, noch mehr, als einer der Zeugen, der bereits erwähnte RSD-Mann Mengershausen, aussagte, dass er selbst an der Verbrennung und an dem Verscharren der Leichen in genau dem Granattrichter beteiligt gewesen sei, aus dem sie Tage zuvor die beiden Leichen herausgeholt hatten.

Sechste Frage: War damit aber schon bewiesen, dass es sich um die Leichen von Adolf und Eva Hitler gehandelt hat?

Antwort: Nein, natürlich nicht. Diese Leichen hätten die Leichen von irgend einem Mann und irgend einer Frau gewesen sein können, die kurzerhand in einen Granattrichter geworfen wurden. Deshalb stellt sich zwingend die nächste Frage.

Siebente Frage: Es gab doch aber „Grabbeigaben", wie ein Goldenes Parteiabzeichen, ein EK I und eine goldene Uhr. War das nicht ein Beweis dafür, dass die männliche Leiche die Hitlers war?

Antwort: Nein, das war kein Beweis, da es in der Reichskanzlei mehrere Träger des Goldenen Parteiabzeichens gab, ebenso wie jede Menge Träger eines EK I und auch die goldene Uhr war kein Beweis, da Hitler einige davon verschenkt hatte und außerdem konnten alle diese Beigaben gezielt als Täuschungsobjekte in den Granattrichter geworfen worden sein.

Achte Frage: Wie kamen die beiden Leichen in die Nähe der Bunkertür?

Antwort: Die Leichen wurden aus dem Bunker nach oben getragen (offizielle Version), die Leichen können aber auch schon vorher hinter der Stahltür des Ausganges bereit gelegen haben.

Wieso erwähnen wir die Möglichkeit, dass die Leichen nicht aus dem Bunker heraufgetragen worden sind, wie es allgemein heißt, sondern bereits, entweder vor dem Bunkerausgang oder direkt dahinter, für die Verbrennung bereitlagen? Dafür gibt es folgendes Indiz: Der Telefonist im Führerbunker, Rochus Misch, hatte von dem RSD-Leibwächter Hans Hofbeck erfahren, dass angeblich am 30.04.1945 in der Nähe des Bunkers zwei Personen, die zur falschen Zeit am falschen Ort (vor dem Gartenausgang des Führerbunkers) aufgetaucht seien, liquidiert wurden.[442] Deshalb ist es durchaus denkbar, dass diese beiden Leichen verbrannt worden sind und überhaupt keine Leichen nach oben gebracht wurden.

Neunte Frage: Wurden tatsächlich eine männliche und eine weibliche Leiche nicht weit vor der Bunkertür abgelegt?

Antwort: Vermutlich. Dafür gab es Zeugen: Günsche, Linge, Kempka, die nach eigenen Aussagen und gegenseitiger indirekter Bestätigung selbst daran beteiligt waren. Außerdem gab es weitere Zeugen, welche nicht selbst daran beteiligt waren, sich aber in der Nähe befanden und den Transport aus dem Bunkerausgang bzw. vom Beobachtungsturm aus direkt beobachtet haben wollen: RSD-Wachoffizier Hofbeck und RSD-Wachmann Mansfeld.

Zehnte Frage: Wenn zwei Leichen tatsächlich aus dem Gartenausgang des Führerbunkers herausgetragen worden sind, wo waren sie vorher?

Antwort: Zeugenaussagen besagten, dass genau diese beiden Leichen aus dem Arbeitsraum Hitlers die Treppe hinauf und durch die Bunkertür des Gartenausganges herausgetragen wurden (Günsche, Linge, Kempka, Axmann, die, bis auf Axmann, auch angeblich selbst daran beteiligt waren.

Elfte Frage: Wurden eine männliche und eine weibliche Leiche in Hitlers Arbeitsraum im Führerbunker tot aufgefunden? Wenn ja, wie kamen sie dahin?

Antwort: Wenn es Adolf und Eva Hitlers Leichen waren, so ist bekannt, dass diese Personen sich, nicht lange bevor sie gefunden wurden, lebend in diesen Raum begeben hatten. Waren es aber fremde Leichen, so hätten sie erst dorthin gebracht werden müssen. Das hätte erfolgen können auf eigenen Beinen, wofür die Tatsache sprach, dass die Leichenstarre noch nicht eingetreten war. (Diese kann aber auch bereits schon wieder gelöst gewesen sein, falls die Leichen länger als 48 Stunden tot waren.)

Das hätte erfolgen können durch Hineintragen in den Bunker, zum Beispiel in den großen Kisten, die am 01.05.1945 wieder aus dem Führerbunker herausgetragen wurden[443]. Und das hätte erfolgen können durch Nutzung eines geheimen Zuganges zum Bunker, der eigentlich als geheimer Ausgang gedacht war.

Zwölfte Frage: Waren es definitiv Adolf und Eva Hitler, die sich in Hitlers

Arbeitsraum im Führerbunker das Leben nahmen?

Antwort: Das kann definitiv nicht behauptet werden, da sich alle Beweise dafür, dass es sich tatsächlich um Adolf und Eva Hitlers Leichen gehandelt hatte, die vor dem Gartenausgang des Führerbunkers aus einem Granattrichter gezogen wurden, im Laufe der Jahre „in Luft aufgelöst" haben.

Es gab einen einzigen überlebenden Zeugen, der durchgehend behauptete, es seien Hitler und seine Frau gewesen: Chefdiener Linge. Aber er gab gleichfalls auch zu, dass er sich das Gesicht der männlichen Leiche gar nicht richtig angesehen habe. Andere Zeugen behaupteten, an den sichtbaren Unterschenkeln der ansonsten eingewickelten männlichen Leiche Schuhe, Socken und Hosenbeine gesehen zu haben, wie man sie von Hitler gekannt habe.

Wir können feststellen: Mit Hitlers üblicher Bekleidung hätte auch eine andere Person bekleidet gewesen sein können und ein Doppelgänger, der sich in den letzten Tagen im Bunker aufgehalten hätte, hätte garantiert genau diese Bekleidung getragen.

Da also nicht beweisbar ist, dass es die Leichen von Adolf und Eva Hitler waren, ist völlig offen, ob diese beiden Personen am Auffindungsort gestorben sind oder ob fremde Personen für sie starben. Das heißt, höchstens zu 50 Prozent besteht die Wahrscheinlichkeit, dass sie es doch waren. Und genau dies behaupten eine Reihe von Zeugen und Autoren.

Es gab ja aber, wie bereits oben dargestellt, eine zweite Gruppe von Zeugen und Autoren, die behaupteten, die Russen hätten die Leichen von Hitler und seiner Frau niemals gehabt, weil sie von seinen Gefolgsleuten befehlsgemäß hundertprozentig beseitigt worden seien. Dieser, letzteren Auffassung wenden wir nun unsere Aufmerksamkeit zu und unterziehen auch sie einer Plausibilitätsprüfung. Auch hier stellen wir wieder eine Reihe von Fragen.

Dreizehnte Frage: Wurden die Leichen von Adolf und Eva Hitler vor dem Gartenausgang des Führerbunkers wirklich spurlos verbrannt?

Antwort: Nein. Dafür gibt es drei Indizien.

Erstes Indiz: Angeblich wurden Kiefer, Brücken und Prothesen von Adolf und Eva Hitler durch die SMERSCH gefunden. Für den sowjetischen Militärgeheimdienst waren es Teile der gefundenen Leichen, welche von dem Suchtrupp Klimenko auch direkt bei den Leichen gefunden worden sind. Das wurde übrigens auch durch einen dabei anwesenden sowjetischen Militärhistoriker bestätigt.

Zweites Indiz: Die Verbreitung der Lüge, Axmann habe die Asche aus dem Bunker herausgebracht. Dies behauptete Frau Junge, der es Günsche erzählt haben soll. Es gab aber keine Asche, die weg geschafft werden konnte. Das hat auch Axmann bestätigt.[444]

Drittes Indiz: Die Behauptung, die Reste der Verbrennung seien durch Granat- und Bombeneinschläge Garten verstreut worden, bis auf für eine Identifizierung wichtige Teile (so Axmann, Günsche, Kempka, Karnau).

Da die Vertreter der Theorie, Hitlers und seiner Frau Leiche seien vom Feuer praktisch zu Asche verbrannt worden, wissen, dass genau das auch eine Schwachstelle ist für den Nachweis, dass Hitler wirklich tot und nicht geflohen war, nutzen sie gerne für ihre Behauptung, dass Hitler und seine Frau an diesem 30.04.1045 im Bunker starben, auch die von den Russen angeblich gefundenen Kiefer und Brücken.

Für die Vertreter der „Asche"-Theorie haben diese Körperteile das Feuer, welches ihre Leichen pulverisiert haben soll, auf wundersame Weise überstanden. Aber eben nicht die Körper, welche die Russen sichergestellt hatten und bei denen der Nachweis, dass es die Leichen von Hitler und seiner Frau waren, nie erfolgreich angetreten wurde.

> Wenn dem so gewesen wäre, dass die beiden Leichen völlig verbrannt und zu Asche zerfallen waren, was nur zwei Zeugen (Günsche, Karnau), die wir in den entsprechenden Dossiers des mehrfachen Lügens überführt haben, im Widerspruch zu allen anderen Zeugen behaupteten[445], wieso lagen dann zwei Leichen in einem Granattrichter, dicht beim Notausgang des Führerbunkers? Wer hätte da und warum, zwei Leichen (und passend eine männliche und eine weibliche Leiche) bestatten sollen, mit passenden Hinweisen (Goldenes Parteiabzeichen Hitlers, goldene Uhr, EK I) auf Hitler, Leichen, welche auch noch (wie passend, weitgehend verkohlt waren)?
> Wenn dem so gewesen wäre, dass die beiden Leichen völlig verbrannt und zu Asche zerfallen waren, wieso lagen dann die beiden als Hitler und Frau betrachteten Leichen in einem Granattrichter, dicht beim Notausgang des Führerbunkers, in einem Granattrichter, in dem auch die (dazu passenden) Kadaver von Hitlers Hunden Blondi und Wolf lagen?
> Wenn dem so gewesen wäre, dass die beiden Leichen völlig verbrannt und zu Asche zerfallen waren, warum gibt es dann andere Zeugen, die bestätigen, dass die Leichen, die aus dem Bunker herausgetragen wurden in einem Granattrichter bestattet wurden? (Mengershausen, Krebs, Mohnke, Weidling, Beermann)

Was spricht gegen die Auffassung der SMERSCH, dass es die Leichen von Hitler und dessen Frau waren?

Der Reichsjugendführer Artur Axmann, der wohl inzwischen mitbekommen hatte, dass es wichtig war, den Fund zweier als Hitler und dessen Frau betrachteter verkohlter Leichen in einem Granattrichter so zu erklären, dass Zweifel an der Identität der Leichen als Hitler und dessen Frau entstanden, sagte gegenüber Musmanno 1947 aus: „In den letzten Tagen starben viele Menschen im Gebiet der Reichskanzlei (Lazarett usw.). Einige wurden auch bei den Bombenangriffen und durch Artilleriebeschuss getötet und rund um die Reichskanzlei herum verbrannt. Die Reste wurden wahllos in Bomben- und/oder Granattrichter im Garten geworfen. Hitler wollte keine Leichen herumliegen sehen, wenn er sich für seine halbstündigen Spaziergänge in den Garten hinauswagte ...“[446]

Gut, das könnte die SMERSCH Lügen strafen, denn Axmanns Aussage, wenn man sie für bare Münze nähme, sprach dagegen, dass die ausgegrabenen Leichen die Hitlers und seiner Frau waren. Aber leider entdeckten wir gleich mehrere Lügen Axmanns in nur drei Sätzen.

> Hitler machte keine Spaziergänge mehr außerhalb des Bunkers in den letzten Tagen.

- ➢ Wie tief hätten die Krater sein müssen, damit er die hineingeworfenen Leichen nicht zu sehen bekam, zumal Axmann nicht davon sprach, dass sie zugeschüttet worden wären?
- ➢ Es mangelte an Benzin. Für häufige Leichenverbrennungen von irgendwelchen unbedeutenden Soldaten oder Zivilisten war gleich gar keines da.
- ➢ Wer sollte sein Leben bei dem starken Artilleriebeschuss in den letzten Tagen für die Bestattung der Leichen irgendwelcher unbedeutender Personen gefährden?

Was war Axmanns vermutliches Motiv für diese Schilderungen Musmanno gegenüber? Er wollte damit nicht etwa die Lüge über Hitlers Tod in einem Granattrichter beenden, sondern er wollte verhindern, dass bei Feststellung der Tatsache, dass es nicht die Leiche Hitlers war, weltweit nach diesem gesucht werden würde. Er wollte also noch Jahre danach Hitlers Rückzug decken.

Diese Plausibilitätsprüfung lässt die Schlussfolgerung zu, dass falsche Leichen (oder zumindest eine falsche männliche Leiche) verbrannt worden sind. Inwieweit dies den überlebenden Zeugen bekannt war, wissen wir nicht. Zumindest scheint es eine Absprache bezogen auf das Verhalten bei den zu erwartenden Verhören durch die Alliierten gegeben zu haben.

Weitere Plausibilitätsprüfungen

Eine weitere Plausibilitätsprüfung unternahmen wir hinsichtlich der Behauptung, dass die männliche Leiche als die Leiche Hitlers erkannt worden sei.

Angeblich wurde ja nach dem Auffinden der Leichen im Arbeitsraum die Leiche Hitlers auf eine Decke gelegt und dann war diese Decke um seinen Körper zugeschlagen worden. Sinn war es ja, gemäß Hitlers Befehl, dass der Körper, und insbesondere das Gesicht, verhüllt sein sollten, wenn die Leichen nach oben getragen wurden. Das geschah auch so, denn die Decke war offensichtlich für die Verhüllung des Kopfes nach oben gezogen worden, weshalb sie dann für die Füße zu kurz gewesen ist, denn alle Zeugen sprachen ja zumindest von den Schuhen Hitlers, manche auch von den Socken oder auch von dem unteren Rand der Hosenbeine Hitlers, manche sogar von sichtbaren Unterschenkeln bis zu den Knien. Nun gab es tatsächlich Zeugen, die behaupteten, auch von Hitlers Kopf etwas gesehen zu haben und ihn dadurch erkannt zu haben, weil die Decke verrutscht sei. „Der linke Arm war aus der Decke herausgerutscht und hing bis zum Ellenbogen schlaff herunter."[447] Das sah Kempka angeblich, als die Leiche gerade aus den Räumen Hitlers herausgetragen wurde.

Wie konnte die Decke (schon da) verrutschen, so dass der Kopf teilweise sichtbar gewesen sein soll und dass ein Arm herunterhing? Wie soll man sich das vorstellen? Da hat Kempka offensichtlich selber nicht über sein Märchen nachgedacht. Wenn der linke Arm wirklich herausgerutscht wäre, dann hätte er die Decke vom Körper gezogen und der gesamte Körper oder Oberkörper wäre zu sehen gewesen, zumindest hälftig. Davon sprach aber keiner der Zeugen. Da Kempka auch noch behauptete, dieser Zustand, dass der linke Arm herausgerutscht sei, sei auch nach dem Transport, bei der vor dem Bunker liegenden Leiche, immer noch so gewesen, kann man davon ausgehen, dass die Nennung dieses Details, von welchem kein anderer Zeuge sprach, erfunden wurde, um die Szene glaubhafter zu machen oder um ihn, Kempka („Ich habe Adolf Hitler verbrannt", hieß sein erstes Buch großsprecherisch), herauszuheben. Oben vor der Bunkertür, habe er jedenfalls eine Korrektur vorgenommen: „Schnell bückte ich mich und legte Hitlers linken Arm enger an seinen Körper."[448]

Wir können feststellen: Mit Hitlers üblicher Bekleidung hätte auch eine x-beliebige Leiche bekleidet gewesen sein können und ein Doppelgänger, der sich in den letzten Tagen im Bunker aufgehalten hätte, hätte garantiert genau diese Bekleidung getragen.

Die Plausibilitätsprüfung zu einer weiteren Spur (Blutspuren) hat uns zu der Überzeugung geführt, dass die Blutspuren auf der Bunkertreppe zum Notausgang ein weiteres Indiz dafür sind, dass es nicht Hitlers Leiche war, die nach oben getragen wurde. Wie kommen wir darauf?

In dem sowjetischer Untersuchungsbericht vom 18.06.1946 wurde dokumentiert, es habe Blutspuren gegeben auf dem Weg, auf dem die Leiche Hitlers nach oben getragen wurde. Wie können aber in einer Höhe von 20 cm bis 1,05 Meter Blutspuren an Wänden und Türpfosten entstanden sein, wie in dem Bericht dokumentiert wurde, wenn die Leiche, die nach oben transportiert wurde, eingehüllt war in eine Felddecke? Nehmen wir an, der Kopf wäre bis zur Schläfe frei gewesen (was nicht dem Befehl Hitlers entsprochen hätte), und durch das Legen auf die Decke, deren Seiten zugeschlagen wurden, befand sich der Körper mit der Vorderseite nach oben, dann wären keine Blutspuren an den Wänden möglich gewesen, wenn die Leiche von zwei oder mehreren Männern so transportiert wurde, wie allgemein in Bauchhöhe tragend, transportiert wird. Denn wie hätte der Kopf an die Wände kommen sollen, wenn es hinten nach Zeugenaussagen einen bis vier (!) Träger gab, deren Körper ja zum Teil zwischen Leiche und Wand befindlich waren? Und das bei einer Treppe, die laut dem Bericht der sowjetischen „Mythos"-Kommission nur einen Meter breit war (die Bunkertür oben nur 91,5 cm breit).[449] Eine andere Bewegungsweise ist aber unmöglich. Das Blut hätte also bestenfalls auf den Fußboden tropfen können.

Wie hätte es aber ausgesehen, wenn zwei Träger, einer vorn und einer hinten, die Leiche an der Seite, also praktisch unter dem rechten Arm seitlich, mit dem Gesicht zu den Trägern hin, transportiert hätten? Die rechte Seite mit dem Einschussloch, das einige Zeugen angeblich sahen, hätte dann nach unten gezeigt, wenn der vordere Träger an der Kopfseite getragen hätte. Am Türpfosten und auf der Treppe bei Wendungen hätte damit kein Blut an die Wand geraten können. Aber auf den Fußboden und die Treppenstufen hätte natürlich Blut tropfen können.

Wie hätte es aber ausgesehen, wenn es nur einen Träger gegeben hätte, der die Leiche über die Schulter getragen hätte, (auch dafür gab es einen angeblichen Zeugen) mit dem Kopf nach unten hängend? Am Türpfosten und auf der Treppe bei Wendungen an den Treppenabsätzen hätte durchaus Blut an die Wand geraten können. Und auf den Fußboden hätte natürlich auch Blut tropfen können.

Wir stellen also fest: Die männliche Leiche wurde wahrscheinlich, vorausgesetzt, das Blut stammte von ihr und wurde nicht gezielt im Treppenhaus verteilt, von einem Träger, mit dem Kopf nach unten über die Schulter des Trägers nach hinten hängend, nach oben transportiert, oder von zwei Trägern, welche die Leiche unter dem rechten Arm in Hüfthöhe getragen haben. Der Transport durch zwei Träger kann nur so erfolgt sein, dass die noch nicht starre Leiche mit der Vorderseite zu den Trägern getragen wurde, weil es anders wegen der relativ steifen Wirbelsäule schwerer gewesen wäre, sie an den Treppenwendungen zu transportieren. Und dass der hintere Träger die Kopfseite trug. Damit wäre das Blut von der linken Schläfe getropft. Zwar sprach Linge in Kriegsgefangenschaft von einem Einschuss in die linke Schläfe, aber später von rechts, wie alle anderen Zeugen. Voraussetzung wäre aber gewesen, dass der Kopf der Leiche, zumindest bis zur Schläfe, nicht bedeckt gewesen wäre.

Es hätte also nur Blut tropfen können, wenn entgegen Hitlers Befehl gehandelt worden wäre! Das ist eigentlich undenkbar und nur möglich gewesen, wenn es sich eben nicht um Hitlers Leiche gehandelt hat. Dann wäre nämlich auch denkbar, dass der Schädel zerschlagen worden war (weil es nicht der Hitlers war) und dieser blutete nicht aus einer Schussöffnung, sondern aus einer großflächigen Wunde!

Noch einmal zur Anzahl der Träger. Wenn die Leiche Hitlers von nur einem Träger getragen wurde, dann hätte dies ein großer kräftiger Mann sein müssen. Wurde sie von zwei Personen transportiert, dann hätte der Träger hinten ebenfalls, da der schwerere Körperteil zu tragen war, ein großer kräftiger Mann sein müssen. Wir denken dabei, entgegen den Zeugenaussagen, an Günsche und Dr. Stumpfegger.

Könnte das Blut aber vielleicht von dem Teppich stammen, der zwecks Spurenbeseitigung nach oben getragen wurde? Wahrscheinlich nicht. Der Teppich ist ja mit Sicherheit so gerollt worden, dass die Oberfläche nach innen kam. Selbst wenn beim Zusammenrollen Blut an den Rand geraten wäre, dann hätte das niemals so viel sein können, dass es auf dem Weg noch heruntergetropft wäre, auch weil ein Teppich sehr saugfähig ist und die außen befindliche Unterseite des Teppichs vermutlich versiegelt war. Es soll hier auch nicht vergessen werden, dass Hitlers Blut bekanntermaßen außerordentlich schnell gerann.

Diese Plausibilitätsprüfung lässt die Schlussfolgerung zu, dass, wenn ein Leichentransport nach oben stattgefunden hat, dieser durch nur einen oder zwei Personen auf keinen Fall aber durch mehr als zwei Personen an einem Ende, wie Günsche behauptete, erfolgt sein kann, und bestätigt die Annahme, dass die Blutspuren als „Dekoration" zielgerichtet auf der Treppe und an den Wänden, vermutlich durch Blut aus dem Lazarett, erzeugt worden sind.

Zweiter Teil
Indizien für Fehlermittlungen
zum Todesfall Hitler

„Es ist freilich wahr, ein unwiderleglicher, in Gestalt von Hitlers totem Körper belegter Beweis ist noch nicht erbracht worden."[450]

***

Es gibt berechtigte Zweifel am Tode Hitlers am 30.04.1945 im Führerbunker, denn es gibt zahlreiche Indizien dafür, dass Hitler (und seine Frau?) nicht am 30.04.1945 im Führerbunker der Reichskanzlei in Berlin starb. Richtig bewertet hätten sie den Charakter von Beweisen. Schauen wir uns diese starken Indizien an:

Erstes Indiz: Die offizielle Darstellung von Hitlers angeblichem Tod konnte durch die Zeugenaussagen nicht belegt werden.

Das Gericht in Berchtesgaden stellte 1956, im Ergebnis der Untersuchungen und Verhöre zwecks Todesfeststellung von Hitler, fest: Es gab keine Zeugen für den Tod Hitlers! Und in der Tat. Die überlebenden Zeugen konnten nur den Transport und die Verbrennung von zwei Leichen bestätigen, wobei einige meinten, die weibliche Leiche sei definitiv die von Eva Hitler gewesen.

Es gab ganze sieben überlebende Beteiligte oder Augenzeugen am angeblichen Transport zweier Leichen aus dem Führerbunker bis vor dessen Tür zum Garten der Reichskanzlei und/oder für die darauf folgende Verbrennung der Leichen: Chefadjutant Günsche, Chefdiener Linge, Cheffahrer Kempka, Leibwächter Hofbeck, Leibwächter Mansfeld, Leibwächter Reisser und Leibwächter Mengershausen. Keiner von ihnen hat wirklich bestätigen können, dass er dabei Hitler identifiziert habe. Alle widersprachen einander. Und weitere Zeugen konnten nur vom Hörensagen berichten. So hat Frau Heusermann von SS-Hauptsturmführer Beermann, der das so vermutete, aber auch nicht selbst gesehen hat, praktisch in dritter Linie erfahren: „Die Leichen seien dann von Günsche und Linge hinausgetragen, in einen Trichter gelegt und angezündet worden."[453] Ähnlich wie Beermann haben sich auch andere FBK- und RSD-Leute als angebliche Augenzeugen ausgegeben und ihre Märchen wurden praktisch durch wieder andere Bewohner der Reichskanzlei als angebliche Augenzeugenberichte verbreitet.

Dass die männliche Leiche in eine Decke gehüllt war bestätigten zum Beispiel Axmann, Kempka und Günsche. Auch der Maschinenmeister im Führerbunker, Hentschel sagte aus, dass beide Leichen in Decken gehüllt und damit nicht erkennbar waren.[454].

Die angebliche Identifizierung der männlichen Leiche als Hitlerleiche erfolgte nur anhand der Kleidung. So wurde verbreitet, dass an den freien Stellen der männlichen

Leiche (Unterschenkel) Kleidungsstücke zu sehen gewesen seien, die von Hitler als übliche Bekleidung bekannt waren: schwarze Schuhe, schwarze Socken, schwarze Hose. Dass genau diese Kleidung auch von „Zeugen" berichtet wurde, die es nicht gesehen haben können, zeigt, dass diese Taktik funktioniert hat und unterstreicht nur die Wirksamkeit der taktischen Finesse.

Frau Junge schrieb über Hitlers Kleidung: „Er trug die bekannte schwarze Hose, den feldgrauen doppelreihigen Rock, ein blütenweißes Hemd und eine schwarze Krawatte. Ich habe ihn nie in einem anderen Anzug gesehen."[455] Das ging anderen Zeugen mit Sicherheit genau so und deshalb war für sie klar, als sie nur die Schuhe, die Hose und bestenfalls noch die Socken sahen, dass es Hitler sein musste.

Die Informationen über die Todeszeit, die Todesart, die Lage der Leichen, die Erkennbarkeit der Leichen, über den Transport und Anzahl und Namen der Träger der Leichen, über den Ablageplatz der Leichen und über deren Verbrennung, über den Grad der Vernichtung der Leichen und über den konkreten Ort der Bestattung der Überreste und vieles mehr sind gravierend widersprüchlich und zum Teil völlig unglaubwürdig. Stellen wir deshalb folgende Fragen:

> Gab es Zeugen für den erklärten Willen Hitlers, Selbstmord zu begehen? Antwort: Ja.
  Wer bezeugte glaubhaft den unmittelbaren Selbstmord des echten Hitler? Antwort: Niemand.
> Gab es Zeugen für den Transport einer männlichen und einer weiblichen Leiche aus dem Bunker nach oben vor die Tür des „Gartenausganges" des Führerbunkers? Antwort: Ja.
> Wer bezeugte glaubhaft den Transport der Leichen eines echten Hitler? Antwort: Niemand.
> Gab es Zeugen für die Verbrennung von zwei Leichen vor dem Bunker? Antwort: Ja.
> Gab es Zeugen für die Verbrennung eines echten Hitler vor dem Bunker?
  Antwort: Nein.
> Wurden Leichen oder Leichenteile am offiziell anerkannten Verbrennungsort gefunden? Antwort: Ja.
> Waren die gefundenen Leichen oder Leichenteile nachweislich die von Hitler und seiner Frau? Antwort: Nein.

Zweites Indiz: Die Leichen wurden nicht so behandelt, wie von den mit der Leichenverbrennung und der Beseitigung der Leichenreste Beauftragten nach Hitlers konkreten Befehlen zu erwarten gewesen wäre:

> Die Inbrandsetzung der Leichen erfolgte sehr wahrscheinlich, indem durch Adjutant Günsche eine Stielhandgranate auf die Leichen geworfen wurde!
> Während der Verbrennung wurden aus dem Bunkereingang heraus volle Benzinkanister auf die Leichen geworfen!
> Die Personen, die von Hitler mit der Verbrennung und der Beseitigung der Überreste beauftragt worden waren kümmerten sich nicht um die korrekte Ausführung des Befehls.

Der absolut despektierliche Umgang mit den angeblichen Leichen des Führers und seiner Frau lässt vermuten, dass es sich nicht um die Leichen des Ehepaares Hitler handelte.

Drittes Indiz: Es gab keine echte Hitlerleiche. Die Einschätzung, man habe Hitlers Leiche gefunden, beruhte auf Glaube und Hoffnung.
Wir rufen in Erinnerung: Am 05.05.1945 hatten Sowjetgeheimdienstler eine männliche und eine weibliche Leiche aus einem Granattrichter geborgen, wenige Meter

rechts vor dem Notausgang des Führerbunkers hinter der Reichskanzlei, gleich neben dem Gerüst am Abluftturm. Beide Leichen waren stark verkohlt. Einen Tag später waren sich die Sowjetgeheimdienstler angeblich schon ziemlich sicher und eine Woche später vollkommen sicher, dass es sich dabei um die Leichen von Adolf Hitler und Eva Hitler handelte:

> weil Zeugen aussagten, sie wüssten oder sie hätten gehört, oder sie hätten gehört, dass jemand gehört hätte, dass Adolf Hitler und Eva Hitler nach einem gemeinsamen Suizid auf Hitlers Wunsch verbrannt worden wären;
> weil ein vor Angst schlotternder SS-Mann (Mengershausen) behauptete, daran beteiligt gewesen zu sein, als die Reste der Leichen von Adolf Hitler und seiner Frau in genau diesem Granattrichter vergraben worden seien;
> weil in dem Granattrichter, unter den Leichen, auch die Kadaver von zwei Hunden aufgefunden wurden, von denen der größere, ein Schäferhund, von Zeugen eindeutig als Hitlers Hündin „Blondi", identifiziert wurde;
> weil im gesamten Gelände der Reichskanzlei neben den Leichen von Josef und Magda Goebbels diese beiden aufgefundenen Leichen die einzigen waren, welche Brandspuren aufwiesen, was passend war, denn schließlich hatten Gefangene ja von der Verbrennung Hitlers geredet;
> weil die Obduktion der beiden Leichen am 08. und 09.05.1945 ergeben hatte, dass sie Glassplitter von Giftampullen im Mundraum gehabt hätten und nach Blausäure gerochen hätten, weshalb es sich nur um Hitler und seine Frau gehandelt haben könne, da Zeugen von beabsichtigter Vergiftung gesprochen hatten.

Und hinzu kam, als Krönung ihrer angeblich beweiskräftigen Annahmen, dass die Befragung der Mitarbeiter von Hitlers Zahnarzt Professor Dr. Blaschke, Frau Heusermann und Herrn Echtmann, ergeben habe, dass der Zahnstatus der beiden Leichen mit dem Zahnstatus von Adolf und Eva Hitler identisch wären. Aber gerade der Zahnstatus, der als sicherster Beweis für Hitlers Tod gilt, wie hinreichend nachgewiesen wurde, ist unzutreffend. Und wie sich erwiesen hat, handelte es sich nicht um die Leichen von Adolf Hitler und seiner Frau Eva. Die Blutgruppen stimmten nicht überein und angebliche Schädelteile Hitlers gehörten nicht zu seiner Leiche.
Wie kommen wir zu dieser Behauptung?
Ganz einfach: Was die falsche Blutgruppe betrifft, so wissen wir, dass die Amerikaner 1945 von dem Sofa, auf dem Hitler und seine Frau gestorben sein sollen, Blutspuren abgeschabt und analysiert haben. Sie stellten fest, dass es sich um menschliches Blut, aber nicht um die Blutgruppe von Adolf Hitler handelte. Und die Russen haben ebenfalls Proben genommen, sie halten aber die Ergebnisse ihrer Blutgruppenuntersuchung auch 2017 immer noch geheim, offensichtlich, weil sie kein passendes Ergebnis erhalten haben. Immerhin ist bekannt, dass der damalige sowjetische Geheimdienstchef Berija aus der Sendung mit den Laborergebnissen, die an Stalin weitergeleitet wurde, Blutproben entfernen ließ![456]
Und was den odontologischen Beweis betrifft, so müssen wir feststellen, dass auch das im Dezember 1972 von einem us-amerikanischen Professor der Zahnmedizin und seinem norwegischen Kollegen erstellte Gutachten (Sognnaes-Gutachten) über die Echtheit der von den Russen präsentierten Teile der Zähne von Hitler und seiner Frau, keinen wirklichen Beweiswert hat.
Warum? Ja, was haben die beiden Professoren denn getan? Sie haben „... die end-

gültige zahnmedizinische Identifikation ..." abgeleitet aus den Zeugenaussagen von Hitlers Zahnarzt und weiteren Ärzten, aus den „fünf Röntgenaufnahmen" eines Kopfes aus dem Jahre 1944 (kurz nach dem Stauffenbergattentat aufgenommen), den Zahnbefunden aus den sowjetischen Obduktionsakten und „sonstigen bereits veröffentlichten Darstellungen".[457] Selbst, wenn dieses Gutachten wirklich absolut belastbar wäre, dann würde das trotzdem nicht bedeuten, dass es sich bei der Leiche um Hitler gehandelt hat. Es besagt nur, dass der Mensch, dessen Kopf im September 1945 geröntgt wurde, das gleiche Zahnschema hatte wie die aufgefundenen Zahnbeweise (Kiefer, Brücken) eines darstellen.

Da wir Indizien dafür haben, dass beim Stauffenbergattentat nicht Hitler, sondern ein Doppelgänger verletzt wurde und dass eine andere Person zum Röntgen geschickt wurde, wie auch, weil wir davon ausgehen, dass am 30.04.1945 eine andere Person als Hitler starb, ist das Gutachten von Sognnaes und Ström nicht falsch, es betrifft aber eine unbekannte Person.

Somit ist auch die scheinbar Fall abschließende Feststellung des Autors Völklein falsch: „Dieses Beweismaterial insgesamt gestattet jetzt die definitive Aussage, dass Hitler in der Tat gestorben ist und dass die Russen tatsächlich seinen Leichnam entdeckt und obduziert haben."[458] Mitnichten!

Die Tatsache, dass die Sowjetgeheimdienstler zwar mehrere Fotos von angeblichen Doppelgängern und von durch sie selbst verursachten Fälschungen einer angeblichen Hitlerleiche besaßen[459], auch von den Leichen der Goebbelsfamilie und des Generals Krebs, aber niemals eines von den ausgegrabenen angeblichen Leichen Hitlers und seiner Frau vorwiesen, beweist ebenfalls, dass sie sich nicht wagten, die falschen Leichen der Öffentlichkeit zu präsentieren. Die Leichen wurden von sowjetischer Seite nie den Zeugen oder Vertretern der Alliierten oder anderen Interessierten, etwa Historikern oder fremden Gerichtsmedizinern gezeigt.[460] Man befürchtete offensichtlich die Aufdeckung einer sowjetischen Täuschungsaktion oder möglicherweise auch, dass aufgedeckt werden würde, dass, wie blamabel, der Sowjetgeheimdienst selbst 1945 einer raffinierten Täuschung durch die Gestapo zum Opfer gefallen war.

Die Tatsache, dass die Russen ein Jahr, nachdem sie angeblich erfolgreich die Leichen von Hitler und Frau obduziert hatten und Ergebnisse vorwiesen, auf welche sich auch heute noch die meisten Autoren, insbesondere deutschsprachige, beziehen, wenn sie behaupten, Hitler sei am 30.04.1945 im Bunker in Berlin durch Suizid (eventuell kombiniert mit Gnadenschuss) zu Tode gekommen, noch einmal von vorne damit begannen, Hitlers Verbleib zu prüfen („Operation Mythos"), ist ein eindeutiges Indiz dafür, dass sie für Hitlers Tod keinen echten Beweis hatten. So wurde die „Reichskanzleigruppe", also die in russischer Gefangenschaft befindlichen Zeugen aus dem Führerbunker im April 1946 wieder nach Berlin gebracht. Dort sollten sie bei einem „Ortstermin" noch einmal im Bunker die Szenen nachstellen.[461]

Danach sprengten die Russen den Tatort Bunker, verwüsteten die Reichskanzlei, verstreuten die Angehörigen der „Reichskanzleigruppe" in verschiedene Gefängnisse und Lager in der Sowjetunion. Das Versprechen gegenüber den Zeugen, ihnen die Leiche von Hitler zu zeigen, hielten sie nicht ein. Sie konnten es nicht einlösen, sie hatten diese Leiche nicht. Sehr interessant und beredt in dieser Frage ist auch die Tatsache, dass General Baur, Hitlers Chefpilot, Jahre später von einem sowjetischen Militärarzt verhört wurde, der das Verhör damit begründete, dass sie endlich wissen müssten, ob sie die Leiche vernichten könnten.[462]

Viertes Indiz: Hitlers Leiche ist nicht etwa deshalb verschwunden, weil sie „restlos verbrannt" und vom Artilleriefeuer zerbröselt worden wäre.

Während Joachimsthaler es für „... eine Ironie des Schicksals, dass von Hitlers Leiche nur eine Oberkiefer-Goldbrücke mit Porcellanfacetten und ein Unterkieferknochen mit Zähnen übriggeblieben sind... " hielt, bezweifelte Adjutant Günsche selbst das.[463] Und in der Tat. Wenn die Verbrennungshitze so groß gewesen wäre, dass die Körper zu Asche verbrannt wären, dann hätte es auch keine vorweisbaren Brücken und Kiefer gegeben. Niemals aber konnten unter den herrschenden Bedingungen beide Leichen einhundertprozentig verschwinden. Bekannt ist, dass Leichen nur im Krematorium unter gewaltiger Hitze völlig zu Asche verbrennen. An freier Luft, auf sandigem Boden, der sofort vieles des verschütteten Benzins durchsickern und verdunsten lässt, ist es nicht möglich, die Leichen, die zunächst verkohlen, spurlos zu Asche zu verbrennen. Und was die angeblich geborgenen Prothesen betrifft: Kunststoff verformt sich bereits bei 180 - 260 Grad Celsius und zerschmilzt dann. Angeblich aber wurde Eva Hitlers Kunststoffbrücke unversehrt der Leiche entnommen! Gold schmilzt ab 1064 Grad Celsius. Bei einer Zahngoldlegierung schon früher. Aber auch die Goldzähne Hitlers sollen unbeschädigt geblieben sein! Die Porzellanfacetten sind im Feuer weder geplatzt noch haben sie sich verfärbt. Und der angebliche Unterkiefer Hitlers war nur angesengt, nicht verkohlt oder gar verbrannt!

Diese, den Behauptungen der Anhänger der „Leichen völlig verbrannt bis auf ... - These" in die Parade fahrenden Tatsachen, werden von einem bekannten Autor so gelöst, dass er meint, dass diese Teile irgendwie geschützt lagen – geschützt durch zu Asche verbrannte Körperteile? Der selbe Autor nimmt aber die Lügen des RSD-Mannes Karnau für bare Münze: „Jedenfalls sagte Karnau ... dass von Hitler nur mehr zerfallende Knochen übrig geblieben waren."[464] Wovon wurden dann aber die Kiefer und Prothesen geschützt?

Nun gut, selbst wenn wir annehmen, das sei gewesen, dann bleiben drei Fragen, die zu beantworten wären:

Erstens: Wie kam es dazu, dass die Russen verschiedene Körperteile (Bruchstücke der Schädeldecke, Oberkieferbrücke und Unterkiefer) angeblich von Adolf Hitler genau bei den Leichen fanden, welche sie in dem Granattrichter gefunden haben?

Wäre es nicht eine neue, unbegründete Verschwörungstheorie, wenn man nun behaupten würde, das hätten die Russen so gemacht, damit die von ihnen gefundenen Leichen als die Leichen Hitlers und seiner Frau bestätigt werden würden?

Die Russen konnten ja zu dem Zeitpunkt nicht wissen, welche Teile echt waren, die gefundenen Leichen oder die vielleicht an anderer Stelle gefundenen Kiefer und Brücken? Wenn die Russen diese Teile irgendwo verstreut (wie Günsche behauptete) auf dem Gelände um den Führerbunker herum gefunden hätten, als Überreste, die Feuer und Artillerie- und Bombenschläge überlebt hatten, dann hätten sie doch auch nicht gewusst, zu welcher Leiche sie gehörten! Und dann wären außerdem die Gebissteile ebenfalls nicht erhalten geblieben!

Zweitens: Wenn das aber doch so wäre, was hätte es der Behauptung der Russen und der Theorie einiger Zeugen und einiger Autoren von den wie durch ein Wunder erhalten gebliebenen Körperteilen genützt? Es hätte ihren Behauptungen über Hitlers Tod gedient, solange diese Teile nicht überprüft worden sind. Inzwischen ist aber erwiesen, dass keines der Teile zu Adolf Hitler gehört! Es lagen also falsche Teile bei falschen Leichen!

Drittens: Damit stellt sich die Frage: Wer waren dann die beiden verkohlten Leichen (wie passend, eine männliche und eine weibliche[465], bei denen Fundstücke lagen, die zu Hitler passten: Goldenes Parteiabzeichen, goldene Uhr), die am 30.04.1945 verbrannt wurden und am 05.05.1945 ausgegraben worden sind?

Axmann und Günsche versuchen die Beantwortung dieser Frage in ihrem Sinne so, dass sie behaupten, es seien einfach irgendwelche Leichen gewesen. Axmann sagte 1947 aus: „In den letzten paar Tagen starben viele Menschen im Gebiet der Reichskanzlei (Lazarett usw.). Einige wurden auch bei den Bombenangriffen und durch Artilleriebeschuß getötet und rund um die Reichskanzlei herum verbrannt. Die Reste wurden wahllos in Bomben- und/oder Granattrichter im Garten geworfen."[466] Axmanns Absicht ist klar: Damit sollten die Leichen als irgendwelche fremde, unbekannte Leichen, erklärt werden. Was sie ja letztlich auch waren. Aber damit wurde nicht erklärt, wie die Brücken und Kiefer, die so aussahen, wie die von Hitler und seiner Frau zu genau den Leichen kamen.

Günsche erklärte am 20.06.1956: „Im Garten ... sind etwa ab dem 25. April auch sehr zahlreiche andere Leichen begraben worden, wobei es sich im wesentlichen um in dem damals in der Reichskanzlei eingerichteten Lazarett Gestorbene gehandelt hat ..."[467] Ja, das ist ja eine unserer Vermutungen, dass die Leichen eines männlichen und einer weiblichen Toten aus dem Lazarett für Hitler und dessen Frau verbrannt und bestattet worden sind.

Dass die beiden Leichen, die man aus dem Bunker heraustrug, vor dem Bunker verbrannt wurden und ihre Reste rechts von der Bunkertür vergraben wurden, das bestätigte auch der RSD-Chef Rattenhuber: Er habe vor der Bunkertür einen RSD-Mann und zwei Mann vom FBK über den Verbleib der Überreste der beiden Leichen befragt. „Sie wiesen dann, während wir im Gartenausgang des Bunkers standen, nach halbrechts mit dem Bemerken, dass man sie dort beerdigt habe."[468] Rattenhuber nannte auch einen Namen: Mengershausen habe die Leichen in einem Krater bestattet.[469] Und das geschah, bevor Mengershausen verhört wurde.

Ein weiterer Strohhalm, an den sich die Vertreter der These, Hitlers Leiche sei restlos beseitigt worden, klammern, sind die verlogenen Behauptungen verlogener Zeugen. So wurde von einigen „Zeugen" behauptet, dass die Überreste von der Verbrennung der Leichen Adolf und Eva Hitlers durch den sowjetischen Artilleriebeschuss des Geländes völlig zerstört worden seien. Der Zeuge Kempka, der absolut unglaubhaft ist (Vergleiche: Dossier Kempka) wurde von Joachimsthaler dafür als Kronzeuge genommen, ebenso wie vom Autor Shirer.[470] Kempka äußerte nämlich auf die Frage, wo Hitlers Leiche geblieben sei: „Durch das ununterbrochene Artilleriefeuer wurden alle Spuren verwischt." Ähnliches behauptete auch der RSD-Mann Karnau.[471] Der Autor Bullock nahm an, „... dass die Überreste Adolf Hitlers und seiner Frau durcheinandergerieten mit den Leichen, die dort gefunden wurden, zumal der Garten unter dauerndem Bombardement stand, bis die Russen die Reichskanzlei einnahmen."[472]

Wenn das so gewesen wäre, dass der Artilleriebeschuss nichts von den Leichen übriggelassen hätte, wieso fand man dann aber zahlreiche unbeschädigte Leichen auf dem Gelände? Allein der Suchtrupp Klimenko fand in der Nähe des Bunkereinganges 15 Leichen. Da war keine Rede davon, dass diese in Stücke gerissen gewesen seien. Haben die russischen Artilleriegeschosse, in ihrer verständlichen unbändigen Wut auf Hitler, sich ausschließlich dessen Körper als Ziel ausgesucht?

Die Behauptung mancher Zeugen und mancher Autoren, Hitlers Leiche sei auf seinen Befehl hin restlos verbrannt worden, übersteht keine tiefer gehende Prüfung erfolgreich.

Und da gibt es noch einen Kronzeugen, der nach Meinung des Autors Joachimsthaler niemals log: Der RSD-Chef Rattenhuber schrieb in einem Bericht für seine Vernehmer: „Ein SS-Mann, der zusätzlich Treibstoff beschafft hatte, teilte mir mit, er habe die Leichen nicht restlos verbrennen können, weil die Temperatur nicht hoch genug gewesen sei. Deshalb sei die Beerdigung erfolgt."[473]

Damit drängt sich eine erfolgreiche Flucht Hitlers und eine erfolgreiche Täuschung der Öffentlichkeit durch die Russen oder der Russen durch die Deutschen direkt auf.

Fünftes Indiz: Es gab zahlreiche Hinweise auf eine aktive Fluchtvorbereitung durch Hitler. Dazu gehörten: die Ausdünnung des Personals in Hitlers Umfeld, die Heranziehung von für eine Flucht förderlichen Personen in Hitlers Nähe (Goebbels, Krebs, Müller, die spezifische Funktionen bei der Flucht hatten), die permanente, penetrante Wiederholung Hitlers, in Berlin bleiben und dort sterben zu wollen vor zahlreichen Zeugen; die auffällige Überbetonung von Hitlers geistigem körperlichem und Verfall durch den Schauspieler Hitler selbst und/oder durch einen Doppelgänger; das Eintreffen bestimmter bunkerfremder Personen in den letzten Tagen (von Greim, Schörner, Wagner) und andere.

Sechstes Indiz: Die Tatsache, dass die einfachen Sachbeweisstücke (Orden, Uhr, Parteiabzeichen, Stoffreste ...), welche die Russen gesammelt hatten, nicht eindeutig Hitler zuzuordnen waren, ist ein klarer Hinweis darauf, dass die männliche Leiche in dem Granattrichter nicht die von Hitler war. Und selbst wenn die Gegenstände Hitler gehört hätten, dann hätten sie auch absichtlich ausgestreut werden können. So wurde zum Beispiel dem Zahntechniker Echtmann gesagt, das ihm gezeigte EK I und das Goldene Parteiabzeichen habe man bei der Leiche gefunden.[474]

Das ist schon interessant, denn Hitler hatte das Abzeichen von seinem Uniformrock zwei Tage zuvor Magda Goebbels angeheftet und außerdem befohlen, dass alles, was an ihn erinnere, zu vernichten sei. Da wird er wohl kaum diese Identifizierungsmerkmale getragen haben. Dagegen ist es nachzuvollziehen, dass diese zu einer fremden Leiche gelegt worden sind, um eine angebliche Identität zu beweisen.

Siebentes Indiz: Die Tatsache, dass auch von alliierter Seite mehrfach bestätigt wurde, dass man eine Flucht Hitlers und deren Vertuschung durch die Zeugen ins Kalkül zog.[475]

Im Ergebnis der unmittelbaren Zeugenbefragungen und der Informationen durch die Russen äußerte General Eisenhower bei einem Besuch in den Niederlanden am 06.10.1945 vor Journalisten: „Obwohl ich Hitler zunächst für tot gehalten habe, besteht jetzt Grund zu der Annahme, dass er lebt."[476]

Da sowohl von sowjetischer Seite (Stalin), als auch durch den britischen Premierminister Attlee (So bin ich z.B. der Meinung, dass Hitler am Leben ist ..."[477]), aber auch durch US-Geheimdienstleute (Oberst Heimlich) festgestellt wurde, dass man durchaus davon ausgehe, dass Hitler entkommen sei, bestätigt dies unsere Auffassung, dass die Alliierten von einer Flucht Hitlers ausgegangen sind.

Allerdings konnten die Ermittler diese Flucht nicht nachweisen. Sie hatten lediglich Indizien: es gab keine echten Leichen von Hitler und seiner Frau. Die Zeugen widersprachen sich in auffälliger Weise. Wenn aber einer der an der Verschleierung der Flucht Beteiligten Verrat begangen hat – die Foltermethoden der Verhörspezialisten können dazu geführt haben – dann hat man die Erkenntnisse, welche Stalin zunächst in ihrer Gänze allein besaß, richtig gedeutet, aber beschlossen, entweder es auf sich beruhen zu lassen oder nur verdeckt weiter nach Hitler zu suchen.

Die Dolmetscherin Rshewskaja von der Ermittlungsgruppe der SMERSCH von Oberst Gorbuschin schrieb nach dem Auffinden eines Telegramms von Bormann im Bunker: „Bormann hatte offensichtlich für sich – und andere? – ein Asyl außerhalb von Deutschland vorbereitet. War es ihm gelungen, aus Berlin zu entkommen. Und Hitler mit ihm? War die Geschichte mit dem Selbstmord nur ein für uns inszeniertes Täuschungsmanöver?"

In einem Interview, welches Ulrich Völklein mit Lew Besymenski, einem sowjetischen und postsowjetischen russischen Historiker, führte, hob Besymenski hervor: „... sowjetische Geheimdienstler und Gerichtsmediziner waren es auch, die sehr schnell die Todesumstände des ‚Führers' und seiner kurz vor dem gemeinschaftlichen Selbstmord geheirateten Lebensgefährtin Eva Braun aufklärten." Als Völklein ihn gleich darauf auf Stalins „gespielte Ahnungslosigkeit" ansprach, antwortete Besymenski: „Ich denke nicht, dass man Stalin vorhalten kann, diese Ahnungslosigkeit von Anfang an gespielt zu haben. Jedenfalls in den ersten Nachkriegsmonaten war sich Stalin tatsächlich nicht sicher, ob Hitler wirklich den Tod gefunden hatte."[478]

Stellen wir richtig: Stalin war nicht nur Monate nach dem Kriege, sondern Zeit seines Lebens der Auffassung, dass ihm Hitler entkommen sei. Er hat sich nie korrigiert. Erst seine Nachfolger hielten es Jahrzehnte später für richtig, um einen „Mythos Hitler" zu verhindern, seinen angeblichen Tod publik zu machen. Sie wussten zwar, dass sie keine belastbaren Beweise für seinen Tod hatten und auch, dass sie möglicherweise mit falschen Zahnbeweisen hinter das Licht geführt wurden, oder dass sie selbst falsche Zahnbeweise schufen. Aber sie waren wohl, nachdem von Hitler jahrelang nicht wirklich mehr etwas gehört wurde oder zu befürchten war, der Auffassung, dass er, der also abgetaucht war in die politische Bedeutungslosigkeit, ruhig noch ein paar Jahre leben könne. Schaden konnte er nicht mehr anrichten. Vor ein Internationales Tribunal gestellt hätte er aber möglicherweise unerwünschte Propaganda machen und seine Gefolgschaft mobilisieren können. Hitler kam nicht von Elba zurück wie Napoleon und mit jedem Jahr, in dem man nichts mehr von ihm hörte, verblasste die Erinnerung seiner Gefolgsleute und verringerte sich die Gefahr die von Hitler ausging.

Auch Besymenski hielt übrigens die Annahme, Hitler hätte geflohen sein können, für „nicht völlig abseitig".[479]

Achtes Indiz: Die Tatsache, dass von der Bunkerbesatzung aktiv Spuren beseitigt wurden, die bewiesen hätten, dass nicht Hitler dort gestorben war.

Wenn es nicht um die Vertuschung der wahren Ereignisse gegangen wäre, weshalb hätten dann überhaupt Spuren des von ihnen selbst angekündigten Todes des Ehepaares Hitler beseitigt werden müssen?

Die Russen schrieben in ihrem Untersuchungsbericht, dass sie am Sofa im angeblichen Sterbezimmer Hitlers verwischte Blutspuren entdeckt hätten: „Spuren des Wegwischens". Sie erwähnten auch bei den Angaben zur Möblierung nicht den Tisch aus Hitlers Arbeitszimmer. Sie haben aufgenommen, was sie antrafen. Dieser Tisch aber war nicht mehr da, als sie den Bunker betraten. Weshalb war er nicht mehr da? Da ein Zeuge (Cheffahrer Kempka) behauptete, auf dem Tisch sei Hitlers Blut zu sehen gewesen, ist klar, weshalb er von der Bunkerbesatzung beiseite geschafft und wahrscheinlich verbrannt wurde: nicht zu Hitler passende Blutspuren mussten beseitigt werden.

Schon bei der Spurenbeseitigung sprach der Diener Schwiedel nur von zwei Sesseln, obwohl immer drei Sessel im Arbeitszimmer Hitlers gestanden hatten.[480] Möglicherweise wurde dieser Sessel ebenfalls gleich beiseite geschafft, weil darauf Blut zu sehen war, was nicht überraschend käme, denn der Adjutant Günsche hatte behauptet, der tote Hitler habe nicht auf dem Sofa, sondern in dem dritten Sessel gesessen.

Hitler hatte ja oft in den letzten zehn Tagen verkündet, dass er sich das Leben nehmen wolle. Und einige Getreue hatten das fleißig kolportiert. Die Russen hätten also ohnehin erfahren, dass er sich das Leben genommen hatte. Deshalb hätten also Blutspuren, die auf seinen Tod hindeuteten, nicht beseitigt werden müssen. Dennoch geschah es. Hier stellen sich deshalb einige Fragen:

> Weshalb wurden solche Anstrengungen unternommen, um Spuren von Hitlers Tod zu verwischen?
> Dass die Leichname verbrannt werden sollten, weil Hitler nicht wollte, dass sie als Trophäen nach Moskau gebracht und ausgestellt werden würden, ist nachvollziehbar. Weshalb aber musste der schwere Teppich mit dem Blutfleck nach oben getragen und verbrannt werden? Hitler wird kaum befürchtet haben, dass der Teppich von den Russen „einbalsamiert" und in einem Moskauer Kuriositätenkabinett ausgestellt werden würde oder dass man ihn bei der jährlichen Parade zur Feier des „Roten Oktober" über den Roten Platz tragen würde. Und seine Leute werden das auch nicht befürchtet haben.
> Weshalb suchten Linge, Krüger und Schwiedel so intensiv nach der Patronenhülse? Warum wurden die Pistolen Hitlers weggebracht?

> Warum mussten einige SS-Leute den Wohnraum Hitlers in Brand setzen, obwohl alle Dokumente bereits vernichtet waren und nur das leere Mobiliar noch darin stand?

Für all dies gibt es nur eine Erklärung: Die Blutflecken am Teppich, am Sofa und möglicherweise auch am Sessel sowie Fingerabdrücke am Inventar sollten verschwinden! Das wäre, wenn es sich bei der männlichen Leiche um die Leiche Hitlers gehandelt hätte, kontraproduktiv gewesen, da ja die Analyse der Blutflecken bewiesen hätte, dass Hitler wie ein Soldat und nicht durch Gift, unsoldatisch, unmännlich, wie ein Feigling, gestorben wäre. Und dass Hitler im Bunker lebte und damit auch Fingerabdrücke hinterließ, war ja logisch.

Die Blutspuren zu beseitigen machte also nur Sinn, wenn man verhindern wollte, dass das Blut nicht als das Hitlers erkannt werden würde. Deshalb kann man aufgrund der Beseitigung all dieser Spuren eine erfolgte Flucht Hitlers und deren Vertuschung unterstellen.

Neuntes Indiz: Die Tatsache, dass Hitler befahl, auch alle Spuren und Dokumente, die auf Eva Braun verwiesen (auch Fotos) zu vernichten und zwar sowohl in der Reichskanzlei und im Führerbunker, als auch in Berchtesgaden und in Eva Brauns Haus in München. Da Hitler Eva Braun aber sogar noch geheiratet hatte und dies in seinem Testament, das verbreitet und damit öffentlich gemacht werden sollte, erwähnte, macht diese Maßnahme nur dann einen Sinn, wenn er mit ihr fliehen wollte.

Zehntes Indiz. Die Tatsache, dass der echte Hitler und auch seine Frau in den letzten Tagen absolut kein Verhalten zeigten, wie es von Selbstmördern vor dem Suizid bekannt ist.

> Hitlers Chefpilot, Generalleutnant Hans Baur, sagte aus, Hitler habe ihm ganz klare Anweisungen gegeben, als er am 29.04.1945 (und auch am 30.04.1945) zuletzt mit ihm gesprochen habe. Seine Anweisungen seien **„ruhig und bestimmt"** gegeben worden. Sie betrafen die Regelung der weiteren Funktionsfähigkeit der Reichsführung.[481]
> Nun, da muss man doch hellwach werden! Wenige Stunden vor einem geplanten Suizid ist es einem Selbstmörder doch völlig egal, was nach ihm geschieht!. „Nach mir die Sintflut" ist da wohl eher die Haltung. Wenn man dagegen die Absicht hat, seinen Tod nur vorzutäuschen, um später wieder aufzutauchen und in die alten Rechte und Positionen einzutreten, dann sieht das schon ganz anders aus. Hier hatte Hitler also offensichtlich seine eigene Abwesenheitsvertretung organisiert.
> Dr. Schenck berichtete: Als er am 30.04.1945 Eva Hitler sah, habe er absolut nicht den Eindruck gehabt, mit einer Frau am Tisch zu sitzen, die wusste, dass sie Stunden später aus dem Leben scheiden würde. „Wenn diese junge Frau sich ihrer ausweglosen Situation bewußt war, und das ist wohl nicht zu bezweifeln, so zeigte sie jedenfalls **keine äußere Reaktion**, die darauf hätte hindeuten können."[482]
> Hitlers Cheffahrer Kempka sagte aus: Als er am 29.04.1945 abends mit Hitler zusammentraf, da sei dieser „... **vollständig ruhig und gefaßt** ..." gewesen. Kempka schrieb in seinem Buch weiter: „Auch ich, der ihn so gut kannte, konnte ihm nicht ansehen, dass er bereits mit dem Leben abgeschlossen hatte.[483]
> Hitlers Adjutant Otto Günsche berichtete über ein Gespräch mit Hitler am 30.04.1945: „Hitler war **ganz ruhig und unverändert**."[484]

Elftes Indiz: Einige Ungereimtheiten verstärken den Verdacht, dass Hitler geflohen ist.

> Von mehreren Zeugen wurde eine wie eingeübt klingende Formel während der Aussagen immer wieder verwendet:
> Hitlers Befehle im Zusammenhang mit seinem Tod wurden alle ausgeführt. (Voss, Rattenhuber, Günsche ...) Und zwar auch quasi „präventiv" ohne, dass jemand danach fragte!

> Aufmerken ließ uns auch eine Aussage von Reisser, der berichtete, beim Leichentransport nach oben sei ihm Blut von der männlichen Leiche auf die Uniformhose getropft.
> Dazu folgende Begebenheit: Nach der Lagebesprechung am 19.04.1945, während der sich Hitler sehr erregt hatte, ließ er einen Aderlass von Morell durchführen, da er Kopfschmerzen hatte und einen Blutstau im Kopf vermutete. Morell band Hitlers Arm mit einem Schlauch ab und führte die Kanüle in die Vene ein. Aber es floss kein Blut. Hitlers Blut war sehr dick, gerann sofort und verstopfte die Nadel." Mit einer dickeren Kanüle gelang es dann. „Linge hielt ein Glas unter die Spritze, in das Hitlers Blut in dicken Tropfen rann ... Es kam etwa ein Wasserglas voll Blut zusammen, das sofort gerann."[485]
> Das heißt also, dass das Blut an den Wänden und im Treppenaufgang zum Notausgang schwerlich von Hitler sein konnte, da sein Blut schon am Auffindungsort der Leiche, die man erst nach einer Wartezeit von zehn Minuten (Befehl Hitlers) auffand, geronnen gewesen wäre.

Zwölftes Indiz: Die Unterlassung einer ärztlichen Leichenschau nach dem angeblichen Tod Hitlers.
Normalerweise hätte der zuständige Arzt, und das war im Bunker Dr. Stumpfegger, die ärztliche Leichenschau durchführen müssen. Diese ist aber nicht erfolgt. Hitler hätte garantiert Wert darauf gelegt, denn es bestand ja die Gefahr, dass man seinen scheintoten Körper in Brand setzte! Und das ist laut dem sowjetischen Obduktionsbefund der angeblichen Hitlerleiche offensichtlich auch passiert!
Linge jedenfalls erklärte, dass er Dr. Stumpfegger im Zusammenhang mit Leichenauf-findung, Leichentransport und Leichenverbrennung nicht gesehen habe.

Dreizehntes Indiz: Die Tatsache, dass Hitler in seinem Testament Dönitz zwar zum Staatspräsidenten und zum Oberbefehlshaber machte, aber die entscheidende Position, die des Führers (der NSDAP, des Reiches und des Volkes) unbesetzt ließ, also für sich selbst quasi reserviert hielt.
Jemand, der wirklich sterben will, aber zugleich auch daran interessiert ist, dass seine Idee und seine Politik fortleben, der sorgt dafür, dass das System, welches er hinterlässt in allen Positionen funktionsfähig bleibt. Dass Hitler sich vom Diktator zum Demokraten gewandelt haben sollte, der nach seinem Tode plötzlich demokratische Strukturen in Deutschland wirken wissen wollte, das wird ja wohl niemand ernsthaft in Erwägung ziehen.
Auch Cheffahrer Kempka war übrigens der Auffassung, dass Dönitz nur mit der Wahrnehmung der Geschäfte eines Reichspräsidenten in Abwesenheit Hitlers beauftragt worden sei.[486]

Vierzehntes Indiz: Die offensichtliche Ungewissheit über die Identität der männlichen Leiche.
Adjutant Günsche machte den Versuch, die falsche Leiche als echt darzustellen, indem er nach Rückkehr aus der Kriegsgefangenschaft behauptete, angeblich den

toten Hitler später noch einmal erkannt zu haben, nachdem die männliche Leiche bereits außerhalb des Bunkers für die Verbrennung abgelegt worden sei: „In dem Augenblick, in dem ich die Leiche Eva Brauns niedergelegt habe, war Bormann nochmals an die Leiche Hitlers herangetreten und hatte den Kopf von der Decke freigemacht. Ich habe dann den Kopf Hitlers, während ich selbst mich nach dem Niederlegen der Leiche von Eva Braun noch in gebückter Stellung befand, nochmals für einen Augenblick gesehen. Die Blutspuren hatten sich inzwischen von der Schläfe her weiter auf dem Gesicht verbreitet. Die Gesichtszüge waren aber noch einwandfrei zu erkennen."[487]

Das ist für uns ein weiterer Hinweis darauf, dass es sich eben nicht um Hitlers Leiche gehandelt haben kann, denn:

> Mit Sicherheit wird Bormann Hitlers Leiche nicht noch einmal ins Gesicht geschaut haben, um zu sehen, ob Hitler noch lebte.
> Sicher schaute er Hitler auch nicht aus übergroßer Anhänglichkeit noch einmal ins Gesicht, denn ein toter Hitler war für Bormann absolut wertlos geworden.
> Wenn er Hitler tot in seinem Arbeitsraum aufgefunden hätte, dann musste er ihn nicht noch einmal außerhalb des Bunkers prüfend anschauen. Aber wahrscheinlich lagen die Leichen bereits in Decken gehüllt[488] auf dem Fußboden von Hitlers Arbeitsraum und er wollte sich nun, oben, doch noch ein Mal vergewissern, ob es sich wirklich um Hitlers Leiche handelte oder ob es ein Doppelgänger war.
> Da stellt sich doch die Frage: Seit wann läuft Blut aus den Schläfen eines auf dem Rücken Liegenden in sein Gesicht? Die Schwerkraft wird es immer auf dem kürzesten Weg nach unten ziehen.

Damit ist klar, dass Günsche nur noch einmal seine Behauptung verstärken wollte, es habe sich bei der verbrannten männlichen Leiche um Hitler gehandelt. Wir meinen: Günsche hat diese Szene erfunden, um damit zu unterstellen, dass es ganz klar Hitler gewesen sein muss, weil ansonsten Bormann etwas gesagt hätte, was er aber nicht getan hat.

Fünfzehntes Indiz: Es ist zu vermuten, dass das Testament Hitlers nicht von ihm selbst in der Nacht vom 28. auf den 29.04.1945 diktiert wurde.

Der echte Adolf Hitler hat der jeweiligen Sekretärin immer direkt in die Maschine diktiert. Er hat bei Diktaten sich stets korrigiert und Worte, Sätze oder ganze Passagen ändern lassen. Und er lief während eines Diktates permanent im Raum herum. Nun hat aber überraschenderweise die Person, die als Hitler auftrat, sich bei dem Diktat völlig anders verhalten. Es wurde in das Stenogramm diktiert. Es erfolgte keinerlei Änderung. Der Mann, der diktierte, stand die ganze Zeit am Tisch, sich festkrallend. Es wurde also ein offensichtlich eingeübter Text von einem anderen als dem Urheber des Textes buchstabengetreu abgespult.

Sechzehntes Indiz: Ein US-Agent, vermutlich vom CIC, gab sich am Abend des 25.09.1945 als SS-Offizier aus und horchte Gretl Braun, die Schwester von Eva Hitler und Ehefrau von Hermann Fegelein, sowie Herta Schneider, eine Freundin von Eva Hitler in Garmisch-Partenkirchen aus, wo denn Eva Braun sei?

Gretl Fegelein antwortete, dass sie es nicht für undenkbar halte, dass Hitler, Eva und Fegelein Berlin im letzten Moment verlassen hätten.[489] Daraus lässt sich schlies sen, dass Eva Braun ihrer Schwester gegenüber irgendetwas durchsickern ließ. Bekannt ist auch, dass Eva Braun in der Nacht vom 28.04.1945 auf den 29.04.1945 Hanna Reitsch einen Brief an ihre Schwester mitgegeben hat. Könnte es sein, dass sie in diesem Brief Andeutungen gemacht hatte, dahingehend, dass alles gut werde, weil man noch einen sicheren Weg aus der Falle kenne? Vielleicht sogar, dass sie Dank der Hilfe der Hanna Reitsch aus Berlin entkommen würden? Hanna Reitsch vernichtete jedenfalls den Brief, angeblich weil er kindisches Geschwätz enthalten habe. Tatsächlich war diese Behauptung der Reitsch eine Lüge, die der Selbsterhaltung diente. Schon allein der Gedanke, dass sie heimlich den Brief der „First Lady" gelesen habe, wäre abwegig, wenn sie nicht entweder einen Befehl hatte, zu verhindern, dass ein verräterisches Schriftstück die Adressatin erreichte oder (vorausgesetzt, sie hat die Fluchtmaschine geflogen) wenn sie befürchten musste, dass ihr aus dem Bekanntwerden des Inhaltes ein Nachteil erwachsen würde.

Siebzehntes Indiz: Die Tatsache, dass mit verschiedenen Tricks versucht wurde, über die wirklichen Ereignisse einen Schleier zu legen (Cover-Story).
Dazu gehörten das Auslegen von Ködern, ein Beispiel sei hier genannt: Bormanns doppelte Tagebücher. Die Russen fanden in Berlin das Tagebuch Bormanns (nur mit kurzen Bemerkungen, so wie heute „Twitter-Nachrichten") an verschiedenen Orten, gleich zwei Mal. Daran sieht man, dass ihnen ein Köder vorgeworfen worden ist und man darf annehmen, dass die Angaben in diesem Tagebuch manipuliert worden sind.
Dazu gehört auch die Alibiverschaffung für bestimmte Personen. Die Anwesenheit von Schädle (Hitlers Chef der Leibwache FBK), von Betz (Hitlers 2. Pilot) und Albrecht (Hitlers Adjutant) von Lindloff (Hitler-Leibwächter vom FBK) wurde von verschiedenen Zeugen bezogen auf die letzten beiden Tage so oft, manchmal beiläufig, an Stellen, wo das gar nicht in dem Zusammenhang nötig gewesen wäre, ins Spiel gebracht, dass der Verdacht entsteht, dass da Alibis verschafft werden sollte. Man kann deshalb annehmen, dass diese Leute zur Begleitung des flüchtigen Hitler gehörten.

Achtzehntes Indiz: Das merkwürdige Aussageverhalten von Personen aus Hitlers Umgebung.
Wenn Hitler wirklich tot war, und das sollte ja alle Welt erfahren, warum verhielten sich die Überlebenden seiner Umgebung so merkwürdig, logen und verschleierten und stellten nicht statt dessen den Ablauf der Geschehnisse widerspruchsfrei dar?
Und man sollte hierbei auch immer bedenken, dass es sich um Widersprüche handelte, die sich nicht aus der Vergesslichkeit einzelner Zeugen erklären lassen und dass nicht nur die Zeugen einander widersprachen, sondern dass sie sich sogar selbst widersprachen.
Hier einige Beispiele für die bei einem realen Ablauf von Selbsttötung und Verbrennung Hitlers unnötig gewesenen Darstellungen: Der Chefpilot Hitlers, General Baur, zum Beispiel, war angeblich kurz vor Hitlers Tod bei diesem und hatte den Befehl erhalten, die Leichen Hitlers und seiner Frau zu verbrennen und er war nach 16:00 Uhr wieder im Führerbunker, wo er dann erfuhr, dass Hitler tot sei.

Bei seinem ersten Verhör durch die Russen sagte er jedoch aus: „Es ist mir bekannt, dass der Führer tot ist. Das wurde im Rundfunk durchgegeben. Wir alle trauerten über diese Tatsache. Ob sein Tod die Folge eines Selbstmordes war oder ob er auf eine andere Weise getötet wurde, ist mir nicht bekannt. Der Führer wurde nicht mit einem Flugzeug evakuiert."[490]

Die Befragung der Zeugen durch die Alliierten, ergab unterschiedliche Aussagen bezüglich praktisch allen wichtigen Gesichtspunkten, wie:

- hinsichtlich des Todeszeitpunktes (schwankt um bis zu zwei Stunden);
- hinsichtlich der Personen, die beide Leichen fanden (Linge und Bormann oder Günsche und Goebbels?);
- hinsichtlich der Art des Todes der beiden Personen (Kopfschuss oder Gift, Kopfschuss und Gift, Schuss in den Mund);
- hinsichtlich der Positionen der beiden Toten beim Auffinden;
- hinsichtlich der Träger der Leichen;
- hinsichtlich der Reihenfolge beim Transport (welche Leiche zuerst?) (Männliche Leiche zuerst. Weibliche Leiche danach.[491] Weibliche Leiche zuerst. Männliche Leiche danach.)[492];
- hinsichtlich der Lage der Leichen, in Bezug zum Bunkereingang;
- hinsichtlich der Art der Vernichtung der Leichen;
- hinsichtlich des Ortes der „Beisetzung" der Leichen.

Da nichts, aber auch gar nichts klar und übereinstimmend beantwortet wurde, weiß man zumindest, dass die Mehrzahl der Zeugen überhaupt nicht in die Ereignisse des 30.04.1945 nachmittags involviert war und dass von den wenigen echten Zeugen der Ereignisse nur einer oder zwei (wenn überhaupt) die Ereignisse so darstellten, wie sie wirklich abliefen. Aber wer waren diese Personen?

Neunzehntes Indiz: Hitlers Tod wurde ja von den Zeugen auch deshalb angenommen, weil die weibliche Leiche, die herausgetragen wurde zur Verbrennung, angeblich nicht mit einer Decke verhüllt gewesen sei, so dass man Eva Hitler erkannt habe. Da also Eva Hitler tot gewesen sei, sei es ja wohl logisch, dass die verhüllte Leiche nur die von Adolf Hitler gewesen sein könne. Eva Hitler habe ja öfter davon gesprochen, dass sie mit Hitler zusammen sterben wollte, wenn es keinen anderen Ausweg gebe.

Obwohl Eva Hitler selbst und zahlreiche Kolporteure behaupteten, sie habe mit Hitler im Bunker sterben wollen, sprechen aber einige Indizien dagegen, dass sie lebensmüde war: Zu Eva Brauns Wunsch, mit Hitler im Führerbunker durch Selbstmord zu sterben, gibt es unterschiedliche Überlieferungen, solche, die das unglaubwürdig sein lassen; solche, die einfach so interpretiert wurden, aber durchaus auch eine andere Interpretation zulassen; solche, die ihn eindeutig bestätigen oder zumindest zu bestätigen scheinen. Eva Braun hatte ihr Schicksal mit dem Hitlers verbunden. Sie wäre möglicherweise aus dem Leben geschieden, wenn Hitler bei einem Attentat tödlich verletzt worden wäre.[493] Das heißt aber nicht, dass sie nicht leben wollte, solange Hitler lebte. Und offensichtlich hatte sie auch in den letzten Tagen noch die Hoffnung, dass es für beide eine Zukunft geben könne. Unsere Auffassungen:

1. Eva Braun dachte definitiv nicht daran, im Bunker zu sterben. 2. Ihre Äußerungen wurden einer zweckbestimmten Interpretation unterworfen, bzw. man ging ihr einfach „auf den Leim".

Zu 1.: Dass Eva Braun nicht sterben wollte, kann man einem Brief entnehmen, den sie am 19. April 1945 an ihre Freundin Herta Schneider schrieb, wo es hieß: ‚Wenn alle Stricke reißen, wird sich aber sicher ein Weg für uns *alle* finden, Euch wiederzusehen."[494] Und man kann es auch den Aussagen von Menschen entnehmen, die ihr in diesen Tagen begegneten. Am 22.04.1945 bat sie Hitler, ihr eine Plastik zu kaufen, die im Garten stand: „Bitte kaufe sie mir doch, wenn alles gut geht und wir noch aus Berlin herauskommen!"[495] In der Nacht vom 23.04. auf den 24.04.1945 gab es ein Gespräch zwischen Eva Braun und Reichsminister Speer. Speer erinnerte sich: „In der Tat war sie die einzige Prominente und Todgeweihte in diesem Bunker, die eine bewundernswerte und überlegene Ruhe zeigte. (Sie) ... offenbarte ... eine fast heitere Gelassenheit."[496]

Am 23.04.1945 schrieb sie an ihre Schwester Gretl, sie solle sämtliche Korrespondenz zwischen Hitler und ihr „wasserdicht verpacken und eventuell vergraben ... nicht vernichten!!"[497] Sie hoffte also offensichtlich noch, eines Tages wieder in den Besitz der Briefe zu kommen.

Und Chefpilot Hans Baur meinte: „Ich war nicht der einzige, der sie in den letzten Tagen vor dem Doppelselbstmord um ihre Gelassenheit und fast heitere innere Ruhe beneidete."[498]

In der Nacht vom 29. zum 30.04.1945 lernte Dr. Schenck angeblich Eva Braun im Vorbunker kennen. Er schätzte ein: „Wenn diese junge Frau sich ihrer ausweglosen Situation bewußt war, und das ist wohl nicht zu bezweifeln, so zeigte sie jedenfalls keine äußere Reaktion, die darauf hätte hindeuten können. Sie saß am Kopfende des langen Eichentisches und war der Mittelpunkt der Gesellschaft. ... Unbefangen plauderte sie in ihrer bayrisch gefärbten Redeweise drauflos."[499]

Zu 2.: Es gibt eine Reihe von Interpretationen von Aussagen oder angeblichen Aussagen Eva Brauns , die darauf gerichtet waren, dem angeblich erfolgten Selbstmord vom 30.04.1945 eine vorausgegangene Geschichte zu geben:

> Am 15. April sei Eva Braun nach Berlin zurückgekommen.[500] „Ich hatte Sorge, dass die Russen Berlin einschließen. Ich bin gekommen, weil ich in diesen Stunden beim Führer sein will. Ich werde auch mit ihm sterben."[501]

> In einem Brief an ihre Freundin Herta vom **22.04.1945** schrieb sie „ich sterbe so wie ich gelebt habe ..."[502]

> Linge behauptete, am **23.04.1945** habe ihn Eva Braun gebeten, sie zum Ausführen ihres Hundes in den Garten der Reichskanzlei zu begleiten. Dort habe sie traurig bemerkt, nun sei wohl alles zu Ende, wenn nicht noch ein Wunder geschehe. Linge habe sie beruhigt, mit dem Hinweis auf General Wenck. „Im weiteren Verlauf des Gesprächs bemerkte Eva Braun traurig, wenn dieses Wunder nicht geschehe, sei der Tod der letzte Ausweg. Dann habe sie den sehnlichsten Wunsch, mit Hitler als seine legitime Ehefrau zu sterben."[503] Hier wusste sie offensichtlich schon, dass zur Täuschung der Nachwelt eine Eheschließung in letzter Minute vorgesehen war.

- Am **23.04.1945**, gegen Mitternacht, sagte Eva Braun zu Speer: „Er hat sich entschlossen, hierzubleiben und ich bleibe bei ihm. Und das weitere wissen Sie ja auch ... Er wollte mich zurückschicken nach München. Ich habe mich aber geweigert, ich bin gekommen, um hier Schluß zu machen."[504]
- Brief vom **25.04.1945** an ihre Schwester Gretl: „Jeden Tag, jede Stunde kann das Ende kommen, und so sind wir uns darüber klargeworden, dass wir es nicht zulassen wollen, lebend gefangen genommen zu werden."[505] (Gemeint war das Ende des Dritten Reiches. Und nicht lebend gefangen genommen werden, konnte natürlich auch heißen, rechtzeitig zu fliehen!)
- **26.04.1945**: Der Cheffahrer Hitlers, Kempka, wollte von Eva Braun gehört haben: „Ich will den Führer unter keinen Umständen verlassen, sondern, wenn es sein muß, gemeinsam mit ihm sterben. Er hat zuerst darauf bestanden, dass ich Berlin mit dem Flugzeug verlasse. Ich habe ihm geantwortet: ‚Ich will nicht! Dein Schicksal ist auch mein Schicksal."[506]
- **26.04.1945**: Eva Braun zu Frau Junge: „Frau Junge, ich habe solche entsetzliche Angst. Wenn es nur endlich vorbei wäre!"[507]
  Das musste nun wirklich nicht heißen: wenn das Leben nun „endlich vorbei wäre". Das hätte ebenso gut heißen können: Wenn wir nur endlich hier raus wären!

Zwanzigstes Indiz: Wenn Eva Braun tatsächlich starb, dann bewies das keinesfalls, dass auch Hitler starb.

Es wurde von einigen Zeugen behauptet, der weibliche Leichnam sei unverhüllt transportiert und verbrannt worden, so dass man habe sehen können, dass es sich um Eva Hitler gehandelt habe. Und da Eva Hitler tot war, wurde nach ihrer und Hitlers häufiger Feststellung, sie würden gemeinsam sterben wollen, daraus hergeleitet, dass die verhüllte männliche Leiche somit nur die von Adolf Hitler gewesen sein konnte. Aber wollte denn Hitler mit ihr sterben?

Falls Eva Hitler tatsächlich nicht in eine Decke gehüllt gewesen wäre (wovon wir nicht ausgehen, wohl aber die männliche Leiche, wie von einer Reihe von Zeugen behauptet wurde, drängt sich die Vermutung auf, dass es vielleicht noch ganz anders gewesen sein könnte. Deshalb soll es nicht unterlassen werden, auch eine weitere Spur zu verfolgen. Es war doch so: Eva Braun war eine lebenslustige junge Frau an der Seite eines eher asexuellen Mannes, der seine Hormone durch Machtgebrauch verarbeitete. Und es gab Stimmen, die meinten, Hitler sei potenzgestört gewesen, vermutlich ab 1943. Irving schrieb, dass seit 1940 Blutserumtests bei Hitler ergeben hatten, dass der Körper die Produktion von Sexualhormonen eingeschränkt habe. Er meinte, das sei verursacht gewesen durch die Last der Verantwortung, die Hitler getragen habe.[508]

Es ist sogar möglich, dass die Verbindung nur platonischer Art war, denn angeblich hat Eva Braun ihrer Friseurin anvertraut, dass Hitler mit ihr keinen Geschlechtsverkehr gehabt habe. Und auch die Frau eines Gynäkologen aus Hitlers Umfeld soll das behauptet haben.[509]

Jedenfalls lernte Eva Braun Anfang 1944 den SS-General Hermann Fegelein kennen, als dieser mit Reichsführer SS Heinrich Himmler zu Hitler auf den Berghof kam. Einer Vertrauten gestand sie, dass Fegelein einen großen Eindruck auf sie gemacht habe. Und sie sagte ihr auch: „Vor einigen Jahren sagte der Chef, wenn Du Dich eines Tages in einen anderen Mann verlieben solltest, dann laß mich das wissen, dann gebe ich Dich frei! ... Wenn ich Fegelein 10 Jahre früher kennengelernt hätte, würde ich den Chef gebeten haben, mich freizugeben."[510]

Eva Braun arrangierte die Ehe zwischen Fegelein und ihrer jüngeren Schwester Gretl Braun. So war ihr Fegelein oft nahe. Wie die Hitlersekretärin Christa Schroeder berichtete, blickten Fegelein und Eva Braun sich beim Tanz immer voller Zärtlichkeit und Sehnsucht in die Augen. Sie vermutete mehr als schwägerliche Gefühle, die aber ihrer Meinung nach nicht voll ausgelebt wurden.[511]

Interessant wird es nun: Der Chefpilot Hitlers, Hans Baur, der Eva Braun seit 1933 kannte und mit dem sie vertraut war, soll in seiner Zelle in sowjetischer Kriegsgefangenschaft gegenüber einem Mitgefangenen geäußert haben, dass sie am Ende des Krieges ein Kind erwartet habe.[512] Und er schien der Meinung zu sein, dass es von Hitler war, denn er schätzte ein: „Die meisten Eingeweihten waren überzeugt, dass Hitler die einzige Liebe ihres Lebens war, und ich glaube das auch."[513]

Allerdings gab es ja auch Zeugen, die mit Informationen aufwarteten, die durchaus eine andere Vaterschaft denkbar machten: Fegelein!

Wenn aber das Kind von Hitler gewesen wäre, dann wäre dieser also nicht so alt und gebrechlich gewesen, wie er immer dargestellt wurde! Wenn es aber nicht von ihm gewesen sein sollte, dann hätte es nur von Fegelein sein können. Es ist jedenfalls nicht unwahrscheinlich, dass das Kind von Hermann Fegelein stammte.

Und wenn Eva Braun wirklich schwanger war, dann stellt sich die Frage, wann sie empfangen haben soll. Damals gab es keine solchen Testmöglichkeiten wie heute, um eine Schwangerschaft einfach, schnell und eigenhändig feststellen zu können. Die Regel musste also zwei Mal ausgeblieben sein, ehe man vom Verdacht zur Gewissheit übergehen konnte. Und Eva Braun hätte das nicht selbst feststellen können, sondern musste sich, um völlige Gewissheit zu erlangen, einem Arzt anvertrauen. Nun könnte Dr. Morell dieser Arzt gewesen sein und dieser wurde vielleicht auch deshalb von Hitler davongejagt. Vielleicht war sie aber auch in München bei einem Gynäkologen, der sie und ihre Stellung zu Hitler nicht kannte, was wohl eher anzunehmen ist.

Wenngleich sie es nur einem engen Vertrauten, Hans Baur, gesagt zu haben scheint, hätten ja doch die Sekretärinnen, die meistens mit Hitler und ihr zu Mittag speisten oder beim Tee zusammensaßen, sicher etwas gemerkt, wenn sie schon in einem Schwangerschaftsmonat gewesen wäre, in dem man als Beobachter an der Wölbung des Leibes eine Schwangerschaft vermuten kann. Das heißt, Ende April 1945 kann sie höchstens im fünften Monat gewesen sein, was sich vielleicht kleidungsmäßig kaschieren ließ.

Wann aber bestand die Gelegenheit für Eva Braun, von Hitler oder von Fegelein geschwängert zu werden?

Eva Braun war, als Hitler am 20.11.1944 (Fegelein im Gefolge) aus dem Führerhauptquartier Wolfsschanze umzog in die Reichskanzlei nach Berlin, sofort aus München gekommen. Sie blieb, bis Hitler (im Gefolge Fegelein) am 10.12.1945 in das Führerhauptquartier an der Westfront „Adlerhorst" bei Bad Nauheim abreiste.[514]

Hitler war seit dem 20. Juli 1944, seit dem Attentat und folgenden Krankheiten geschwächt und sprach auch nach seiner Rückkehr aus der Wolfsschanze nur leise. Da war kaum die Kraft zur Kopulation! Fegelein dagegen hätte bei Gelegenheit des

Wiedersehens durchaus mit ihr ein Kind zeugen können.

Und sie kam am Nachmittag des 19.01.1945 schon wieder mit ihrer schwangeren Schwester Gretl und dem Ehepaar Bormann nach Berlin.[515] Da sie vielleicht schon sicher war, schwanger zu sein, hat sie möglicherweise Fegelein darüber informiert oder sie hat versucht, Hitler zur Kopulation zu bewegen, um das Kuckuckskind zu legitimieren. Sie feierte jedenfalls dort am 06.02.1945 ihren 33. Geburtstag. „Nachdem sich Hitler zurückgezogen hatte, amüsierte man sich in dem oberen Stockwerk der Alten Reichskanzlei bei Tanz und Champagner ...“[516] Wieder einmal ideale Bedingungen für Eva Braun und Hermann Fegelein sich ganz intim näher zu kommen.

Am 08.02.1945 feierte man dann Abschied von Berlin, wie Bormann notierte[517]. Und am 09.02.1945 fuhr sie mit ihrer Schwester wieder nach München. Während dieser Zeit im Februar war sie selten beim Tee mit Hitler dabei, wie die Sekretärin Wolf aussagte.[518] Hatte sie Berührungsängste zu Hitler, wegen ihres Seitensprunges?

Ist Eva Braun im März 1945 wegen Hermann Fegelein nach Berlin gekommen? Fakt ist, dass Fegelein eifersüchtig war: Traudl Junge berichtete, dass Fegelein einmal verärgert geäußert habe: „Die Art, wie Eva und der Führer miteinander tun, kann einen krank machen, als wäre er ein junger Hahn und sie eine Henne.“[519] Die Vaterschaft Fegeleins wäre also nicht ganz von der Hand zu weisen. Ist es aber möglich, dass Hitler Evas Verrat erkannt hätte?

Selbst wenn Hitler, wie sie behauptet haben soll, ihr angeboten haben sollte, sie könne sich jederzeit einen anderen Mann suchen, er gebe sie dann frei, so muss man das nicht glauben. Hitler hatte auch Göring zu seinem Nachfolger bestimmt, aber als dieser die Nachfolge antreten wollte, hatte er ihn aller Ämter enthoben. Und er hatte auch verkündet, jeder dürfe Berlin verlassen und sich absetzen. Als aber Fegelein genau das Tage später tun wollte, betrachtete das Hitler als Fahnenfluchtversuch und ließ ihn bestrafen. Wenn er also mitbekommen haben sollte, dass Eva einen Galan hatte, dann hätte durchaus seine Rachsucht geweckt worden sein können. Dass er etwas ahnte, könnte man auch folgender Bemerkung, im Herbst 1944 gegenüber den Sekretärinnen geäußert, entnehmen: „... Eva schreibt mir auch dringende Bittbriefe, ich soll dieses Jahr zum Berghof kommen. Sie behauptet, ich müsste dringend ausspannen nach dem Attentat und der Krankheit. Aber ich weiß auch, dass hauptsächlich die Gretl dahintersteckt, die ihren Hermann bei sich haben will.“[520] Vielleicht wusste er auch, was seine Sekretärin Christa Schroeder über seine Freundin Eva Braun und den SS-Gruppenführer Hermann Fegelein zu wissen glaubte: Dem ist „ihr Herz zugetan“.[521] Wir glauben jedenfalls nicht, dass Hitler die Sache nicht durchschaut hätte.

Als Fegelein in den letzten Tagen vor dem Untergang aus dem Bunker verschwunden war, erkundigte sich Eva Braun mehrfach nach ihm. Am 26.04.1945 befragte sie SS-Offiziere nach dem Verbleib von Fegelein und sie zeigte Frau Junge, dass sie litt, da sie ihn schon zwei Tage nicht gesehen habe und er sich nicht ein bisschen um sie kümmere.

Als es dann später um das Schicksal ihres Schwagers Fegelein ging, hat sie zwar geweint, aber sich angeblich nicht für ihn eingesetzt. Chefdiener Linge berichtete: „Eva Braun weigerte sich, wenn auch sichtlich mit sich ringend, Hitler um Gnade für ihren Schwager zu bitten, obwohl Hitler andeutete, dass er den hoch dekorierten SS-Obergruppenführer eventuell mit einer ‚Frontbewährung' davon kommen lassen würde."[522] Als Fegelein dann wegen Fahnenflucht und Hochverrat zum Tode verurteilt worden war, hatte „… Eva Braun … verweinte Augen …"[523]

Wir vermuten, dass sie erfahren hatte, dass Fegelein von den Offizieren, die ihn aus seiner Wohnung abgeholt hatten, mit einer Rothaarigen angetroffen worden war. Er war also fremdgegangen und hatte damit ihre Schwester Gretl und für sie noch schlimmer, falls sie wirklich etwas mit ihm hatte, sie selbst betrogen. Damit wäre er für sie erledigt gewesen und sie sah keinen Grund, sein Leben zu retten. Und in dem Falle wollte sie entweder aus Enttäuschung sterben oder Hitler hat sie wegen des Betruges sterben lassen, sie in dem Glauben lassend, er werde ebenfalls sterben. Damit käme also durchaus auch die Variante in Frage, dass Eva Hitler tatsächlich starb, der männliche Leichnam aber nicht der von Adolf Hitler war.

***

Es gibt also ausreichend starke Indizien die den Tod Hitlers im Führerbunker bezweifeln lassen und dagegen eine Flucht Hitlers wahrscheinlich sein lassen. Mögliche Fluchtziele werden in Band III der Reihe „Beweise oder Vermutungen" thematisiert.

Die wenigen wirklich Eingeweihten mussten ihren Lebtag lang schweigen, nicht etwa weil sie nach vielen Jahren Hitlers Rache fürchteten (irgendwann war der auch gestorben), sondern weil sie bis zu ihrem Tode hätten gerichtlich belangt werden können.

Wie sehr zum Beispiel General Weidling, der Verteidigungskommandant von Berlin, welcher nun wirklich nichts mit Hitlers Flucht zu tun hatte, eine Flucht Hitlers tatsächlich für möglich hielt und wie wütend er darüber war, dass sie erfolgt sein könnte, äußerte sich in seinen bereits erwähnten Worten: „Ich kann mir nicht vorstellen, dass Hitler am Leben und dass nur eine niederträchtige Inszenierung veranstaltet wurde, denn das wäre die gemeinste und vielleicht die dümmste Handlung des Nationalsozialismus gewesen."[524]

Wir bitten die Leserinnen und Leser,

die dieses Forschungsprojekt wohlwollend betrachten
und helfen können, weitere Indizien und Beweise
zu finden und Lücken hinsichtlich der Informationen über die
Personen, welche in den letzten Tagen in und um den Führerbunker agierten, zu schließen,
eine entsprechende Mitteilung an den Herausgeber zu senden.

Auch konstruktive Kritik oder Hinweise auf Fehler
(große, wie kleine)
werden gern entgegengenommen.

Mail an: asug02@web.de

Dritter Teil
„Todesfall Hitler" – eine mögliche Aufklärung

Wenn man alle Indizien in Betracht zieht, dann ergibt sich, dass durchaus das folgende Szenario für die Ereignisse oder angeblichen Ereignisse des 30.04.1945 im Führerbunker denkbar ist: Es wurde der Nachwelt das Stück „Des Kaisers neue Kleider" mit Adolf Hitler, bekanntermaßen ein Schauspieler, als Regisseur und Hauptdarsteller vorgespielt.

Wie jeder weiß, wurde in dem Märchen von Hans Christian Andersen den Zeugen etwas vorgespielt, ohne Verwendung von Täuschungsmitteln. Der Kaiser war nackt. Seine Hofschranzen lobten lauthals die schönen, fein gewebten Kleider die der Kaiser angeblich trug. Einige Zeugen, die erkannten, was wirklich zu sehen war, wagten nicht die Wahrheit zu sagen und lobten ebenfalls lauthals des Kaisers neue Kleider und die Masse der anderen stimmte in das Lob ein, weil sie glaubten, sie seien vielleicht nur zu dumm, um die fein gewebten Kleider des Kaisers erkennen zu können oder weil sie Angst vor den Schergen des Kaisers hatten, welche eine Aufdeckung der Wahrheit unterdrücken wollten.

Wieder andere verbreiteten die Mär von des Kaisers „neuen Kleidern" gegenüber denen, die nicht dabei gewesen waren, weil sie sich wichtig machen wollten, als Leute, welche die „neuen Kleider" des Kaisers persönlich gesehen hatten.

So ähnlich verhielten sich viele der am 30.04.1945 noch im Bunker Anwesenden. Sie wollen angeblich alles (die „neuen Kleider" des Kaisers) gesehen haben, tatsächlich kolportierten sie nur, was man ihnen erzählte oder reimten sich etwas zusammen, was sie nicht selbst erlebt hatten.

Dieses Szenario lässt vermuten, dass kein Doppelgänger im Bunker eingesetzt wurde, dass Hitler seinen körperlichen und geistigen Verfall der letzten Wochen und Monate selber spielte und dass er bis zum 30.04. (Flucht in der Frühe des Tages mit einer kleinen Maschine ab dem Tiergarten, von den Russen dokumentiert) oder sogar bis zum 01.05.1945 (Flucht mit einem SS-Panzerbataillon in nordwestlicher Richtung aus Berlin heraus) im Bunker blieb. Und es lässt ebenso vermuten, dass die überlebenden Beteiligten an Leichenauffindung, Leichenschau, Transport, Verbrennung und Spurenbeseitigung, die SS-Offiziere Günsche, Linge, Kempka, Hofbeck in die Täuschungsaktion eingeweiht gewesen sein mussten. Natürlich auch der Chef von Hitlers Leibwache Reichssicherheitsdienst (RSD) Rattenhuber, der aber keine eigenen Angaben gemacht hat (bzw. eine eigene Beteiligung und eigene Beobachtungen vehement abstritt) und Heinrich Müller, der Chef der Geheimen Staatspolizei (Gestapo), der bis zum Abend des 01.05.1945 (!) im Führerbunker weilte.

***

Nach der wortlosen Verabschiedung Hitlers und seiner Frau von den im Lagevorraum Versammelten gegen 15:00 Uhr des 30.04.1945, begaben sie sich unter dem Vorwand, zu Frau Goebbels zu gehen, um sich zu verabschieden, da diese nicht an er Verabschiedung im Lagevorraum teilgenommen hatte[525] oder weil Frau Goebbels Hitler noch einmal zu sich gebeten hatte[526], in den Raum von Goebbels, gegenüber den Räumen Hitlers. Von dort wäre es ihnen möglich gewesen, im Arztraum des Dr. Stumpfegger zu verschwinden. Dort hätten sie zunächst, abgeschirmt durch Dr. Stumpfegger, der Besucher von seinem Raum fernhielt.

Deshalb wurde Stumpfegger von den einen Zeugen dann und dort nicht gesehen, wo er bei einem realen Ablauf hätte sein müssen (Leichenschau) und von anderen Zeugen da und dort gesehen, wo er nun wirklich nicht sein musste oder zu sein brauchte (Leichentransport), um ihm einen Anwesenheitsnachweis zu geben. Das geschah übrigens auch hinsichtlich dem Chef von Hitlers anderer Leibwache (Führerbegleitkommando - FBK), Schädle, der vermutlich zu Hitlers Fluchtbegleitern gehört hat. Schädle erhielt einen Anwesenheitsnachweis, in dem er von mehreren Personen aus dem Bunker als anwesend erwähnt wurde. Wie weit die dazu notwendigen Lügen gingen, ist ganz besonders beim Bunkertelefonisten Misch zu sehen. (Vgl.: Dossier Misch) Auch Hitlers 2. Pilot, Betz, wurde übrigens in der selben auffallenden Weise immer wieder erwähnt, so dass man zu der Schlussfolgerung kommen muss, dass er wahrscheinlich nicht mehr anwesend war.

Gegen 15:30 Uhr wurde in Hitlers Arbeitsraum im Lazarett gesammeltes Blut[527] aus einem Gefäß langsam von oben auf das Sofa gegossen, so dass es genau an der rechten Lehne herabtropfte, Spritzer an Sofa und Wand hinterließ und auf dem Teppich eine Blutlache bildete. Anschließend wurde vor dem rechten Sofabein eine Blutlache erzeugt und dann wurden die Reste als Streifen und Tropfen auf dem Weg nach oben zum Gartenausgang des Bunkers verteilt.

Hinter der Panzertür des Notausganges zum Garten geschah nun gegen 16:00 Uhr folgendes: Dort lagen zwei Leichen („Dosenfleisch" im Geheimdienstjargon der CIA), die (vermutlich einige Stunden zuvor) im Garten der Reichskanzlei von Angehörigen des Reichssicherheitsdienstes erschossen worden waren, wie der Telefonist Misch schrieb.[528] Sein Informant, Hofbeck vom RSD, hatte behauptet, es seien Polen gewesen, die zur falschen Zeit am falschen Ort (Verbrennung der Hitlerleiche) gewesen seien.

Günsche nahm eine der Leichen auf, Linge und Kempka nahmen die zweite Leiche auf. Beide Leichen wurden nach draußen vor die Panzertür des Notausganges getragen und dort abgelegt, von Linge, Günsche und Kempka eiligst mit Benzin aus Kanistern übergossen und aus dem sicheren Bunkereingang heraus mit einem Hilfsmittel in Brand gesteckt, nachdem die Entzündung mit einer Handgranate durch Günsche nicht zu dem gewünschten Ergebnis, die Leichen in Brand zu setzen, geführt hatte.

Dass in Hitlers Arbeitszimmer nicht wirklich zwei Leichen aufgefunden und nach oben getragen werden konnten, dafür spricht auch die Aussage des Dieners Schwiedel. Dazu müssen wir zunächst betrachten, was Linge zum Einwickeln der Leichen ausgesagt hatte. Linge hatte folgendes behauptet: „Die Decke habe ich zugleich vor dem Sofa ausgebreitet und dann die Leiche Hitlers auf der Decke niedergelegt, wobei mir ein zweiter Mann behilflich war ... Die Decke ist dann von mir und dem zweiten Mann zugeschlagen worden, worauf wir die Leiche sofort aufgehoben und uns durch den Vorraum und den Mittelgang in Richtung auf den Gartenausgang in Bewegung gesetzt haben."[529] Da war keine Rede davon und da war auch keine Zeit dafür, Tisch und drei Sessel wieder hinzurücken, so wie sie immer standen. Es war aber auch zu eng in diesem kleinen Raum, als dass man eine Decke für Hitlers Leiche hätte ausbreiten können, ohne alles wegzurücken. Und es ist auch nicht anzunehmen, dass die Person, welche die angebliche Eva Hitlerleiche aufnahm, alle Möbel wieder zurechtgerückt hätte. Zumal Bormann die weibliche Leiche aufgenommen haben soll und den Trägern der Hitlerleiche direkt folgte.

Schwiedel jedenfalls wurde mit dem Diener Krüger durch Linge beauftragt, den Teppich mit den Blutspuren nach oben zu bringen und zu verbrennen. Und Schwiedel nun machte folgende Beobachtung: „Linge hat mir und meinem Kameraden Heinz Krüger den Auftrag gegeben, den Teppich im Arbeitsraum Hitlers zusammenzurollen und im Garten zu verbrennen. Es war etwa 16.15 Uhr. Krüger und ich haben zugleich den Arbeitsraum Hitlers betreten. Hier bot sich uns beiden folgendes Bild: Das Sofa und die beiden Sessel standen an den gewohnten Stellen, das Sofa an der Wand, die Sessel etwas schräg vorwärts zum Sofa. Der Tisch war etwas vom Sofa abgerückt."[530]

So aber, wie in dem engen Raum (in dem man Platzangst bekommen konnte), alles Mobiliar stand, konnten dort keine Decken auf dem Boden ausgebreitet und Leichen darauf gelegt werden. Dazu muss man wissen, wie die räumlichen Verhältnisse in Hitlers Arbeitsraum waren. Sie waren absolut beengt. Dort konnte man nicht einfach mal eben so Möbel zur Seite schieben (ein Sessel fehlte übrigens schon, als Schwiedel und Krüger den Teppich zusammenrollten) und großartig Decken ausbreiten, um Leichen darauf zu legen und einzuwickeln! Den Tisch etwas abzurücken, hätte jedenfalls nicht ausgereicht zum Platz schaffen für die Leichen, er war eher so abgerückt, wie er stets abgerückt werden musste, wenn Hitler vom Sofa aufstand. Und Linge hatte ja angeblich sofort mit der männlichen Leiche den Raum verlassen, wie auch Bormann, der sofort mit der weiblichen Leiche gefolgt sein soll. Da hatte also niemand wieder Ordnung geschaffen.

Im Laufe des Abends wurden die beiden verkohlten Leichen in einen wenige Meter entfernten Granattrichter geschoben und über den Kadavern von den beiden bereits dort liegenden Hunden Hitlers (Blondi und Wolf) mit Erde überschüttet, welche festgestampft wurde, wobei (wie sowjetische Untersuchungen zeigten) die Knochen der männlichen Leiche mehrfach gebrochen wurden. Die Stahlsplitter in Brust und Lunge der weiblichen Leiche waren durch die Handgranate verursacht worden, die Günsche auf die Leichen warf, beim Versuch, sie in Brand zu setzen.

Den Leichen wurden Kiefer und Zahnbrücken, bzw. bei Eva Hitler, eine Prothese, hinzu gelegt, die man schon länger vorbereitet hatte. Die echten Zähne und Kiefer der Leichen waren ausgeschlagen und entfernt worden.

So erklärt sich auch, dass dort zwei verkohlte Leichen von den Russen gefunden und als Hitlers und der Frau Hitlers Leichen betrachtet worden sind, wobei sich später herausstellte, dass es Hitler und Frau eben nicht waren (Blutgruppe nicht passend, Schädelteil falsch, Zahnprothesen gefälscht, wie wir nachgewiesen haben).

Der Arbeitsraum Hitlers, in dem die beiden Leichen gefunden worden sein sollen, war also in Wahrheit leer! Das beweisen auch die völlig widersprüchlichen Zeugenaussagen zum Antreffen von zwei Leichen, zu deren Lage, deren Zustand und deren Bekleidung, für die es keine vernünftige Erklärung gibt, außer der einer Absprache, alles widersprüchlich und verworren darzustellen, um dem Feind die Aufdeckung der Geschehnisse zu erschweren.

Die Eingeweihten verbreiteten ihre Behauptung, zwei Leichen in Hitlers Raum gefunden zu haben, die angeblich Hitler und seine frisch Angetraute waren und die sich vergiftet bzw. erschossen hätten. Weitere Personen haben diese Behauptung aufgegriffen und kolportiert. Sie haben des „Kaisers neue Kleider" gesehen! Es gab sogar Zeugen, die keinerlei Einblick in den Raum hatten, sich aber ein eigenes Bild machten, um ihre Lebenserinnerungen interessanter zu gestalten oder sich bei den Verhören wichtig zu machen, bzw. aus Angst vor Drangsalen den Russen oder deren westlichen Verbündeten offenbarten, was diese hören wollten.

Somit hätte auch kein Leichentransport nach oben stattgefunden und es hätte sich auch kein Trauerzug anschließen können.

Goebbels nahm entweder vor den Aktivitäten zwischen 15.30 und 16:00 Uhr oder direkt danach die wenigen Beteiligten zusammen, und erklärte:

Partei- und Volksgenossen!
Wir decken den Rückzug des Führers, so wie einst Marschall Ney den Rückzug Napoleons aus Russland. Der Führer wird sich in einem sicheren Umfeld auf die Revanche und auf eine Rückkehr des Nationalsozialismus vorbereiten. (Oder, vermutlich eher: Er will in einer sicheren Umgebung sterben, um sicherzustellen, dass seine Leiche nicht in einem Panoptikum ausgestellt wird.)
Der Führer wollte ja, dass auch ich Berlin rechtzeitig verlasse und mich und meine Familie in Sicherheit bringe. Es war das erste Mal, dass ich dem Führer widersprochen habe, denn ich habe einen anderen Weg gewählt. Einige von Ihnen haben ja auch für sich den Weg gewählt, den ich für mich und meine Familie gewählt habe. Ich werde hier sterben. Ich habe Berlin für den Nationalsozialismus gewonnen. Ich bin Gauleiter von Berlin, und nun auch nach dem Willen des Führers Reichskanzler. Hier ist mein Platz. Hier in meinem Gau und hier in der Reichshauptstadt. Ich werde den jüdisch-bolschewistischen Untermenschen nicht lebend in die Hände fallen!
Andere wollen versuchen, auszubrechen und den Boden für eine Wiederkehr des Nationalsozialismus bereiten. Das ist gut so. Aber nicht alle werden es schaffen, dem Feind zu entkommen. Jeder, der den roten Kommissaren oder den Häschern der westlich-dekadenten Plutokraten in die Hände fällt, wird von ihnen wie eine Zitrone ausgepresst werden, um zu erfahren, wo der Führer ist.
Als der vom Führer eingesetzte neue Reichskanzler weise ich deshalb folgendes an: Der Schwur den Sie dem Führer gegeben haben, gilt weiter. Bei eventuellen Verhören sagen Sie aus, der Führer habe alle von ihrem Eid entbunden. Das macht Ihre Aussagen glaubwürdiger.
Jeder muss selbstverständlich versuchen, unterzutauchen. Falls das nicht gelingt und Sie in Gefangenschaft geraten sollten, dann halten Sie sic, falls sie nicht den Weg des selbstgewählten Todes gehen wollen, an folgendes angebliches Gesche-

*hen: Der Führer und seine Frau haben sich durch Erschießen oder durch Erschies-
sen und gleichzeitig durch Gift, das können Sie selbst wählen oder variieren, das
Leben genommen, um dem Feind nicht in die Hände zu fallen. Der Führer hat angewiesen, beide Leichen restlos zu verbrennen. Immer wieder betonen: Daran
haben wir uns gehalten. Der Führer und seine Frau wurden restlos zu Asche verbrannt. Es ist am besten, wenn sich jeder von Ihnen die Einzelheiten ausdenkt, mit
denen er bei eventuellen Verhören seine Geschichte ausschmückt. Wenn sich die
Aussagen nämlich widersprechen, dann ist das überzeugender, glaubhafter, als
wenn wir die Einzelheiten absprechen würden. Zumal sich das über zermürbende
langwierige Verhöre nicht durchhalten ließe, abgesprochene Aussagen korrekt zu
wiederholen. Es müssen also nur wenige übereinstimmende Aussagen getroffen
und immer wiederholt werden, egal was auch immer sonst Unterschiedliches gesagt
wird von Ihnen. Verwirren Sie den Feind durch widersprüchliche Aussagen, durch
falsche Dienstgrade[531] etc. Und gut wäre auch, wenn Sie bei Verhören einige Ereignisse der letzten Tage einfach um ein, zwei Tage nach hinten verschieben würden.
Ich fasse noch einmal zusammen: Die angeblichen Fakten, die von Ihnen bei aller
Unterschiedlichkeit ihrer Darstellung im Detail der Ereignisse des 30.04.1945 unbedingt unter den Leuten in der Reichskanzlei zu verbreiten sind und, falls Sie in e-
ventueller Gefangenschaft dazu gezwungen sein werden, zu Protokoll gegeben
werden müssen, sind*

> *der Führer und seine Frau schieden aus dem Leben;*
> *die Leiche des Führers wurde eingehüllt und aus dem Bunker nach oben transportiert;*
> *man erkannte die nicht eingewickelte Eva Braun ganz deutlich;*
> *die andere Leiche trug eine schwarze Hose, schwarze Seidenstrümpfe und schwarze Halb-
schuhe, wie diese vom Führer bekannt waren;*
> *neben dem Bunkereingang wurden die Leichen abgelegt und mit Benzin in Brand gesetzt;*
> *die Leichen sind zu Asche verbrannt. Es gab höchstens kleine Reste, die irgendwo vergraben
wurden;*
> *alle Ereignisse spielten sich am Nachmittag des 30.04. ab.*

*Diese wenigen Angaben kann sich jeder merken. Was auch immer Sie sonst an Ein-
zelheiten erzählen sollten, ist zweitrangig, die Feinde werden töricht genug sein, sich
das Übereinstimmende als Beweis für den Tod des Führers herauszupicken. Aber
wichtig ist, dass Sie bei Vernehmungen da und dort banale Details erwähnen, das
erhöht die Glaubwürdigkeit!
Sämtliche Beweise sind zu vernichten. Verbrennen Sie den Teppich außerhalb des
Bunkers. Setzen Sie den Bunker in Brand. Verbreiten Sie, dass der Führer aus dem
Leben schied.
Wie gesagt: Sie haben Interpretationsspielraum bei Ihren Darstellungen!
Wichtig ist auch noch, dass Sie die Anwesenheit folgender Personen in Ihre even-
tuell notwendigen Aussagen mehrfach an geeigneten Stellen als am 30.04. im Bun-
ker oder in der Reichskanzlei anwesend, einflechten: Betz, Schädle, Lindloff sowie
Albrecht und Dr. Stumpfegger.[532]
Heil Hitler!*

Wir sind der Überzeugung, dass sich nur so oder ähnlich (vielleicht wurde auch gesagt, dass es darum ginge, die Leiche Hitlers unbeschädigt in Sicherheit zu bringen, zu verstecken und bei einer Wiederkehr des Nationalsozialismus, ähnlich der Leiche Lenins im Moskauer Mausoleum am Roten Platz, einbalsamiert in der Reichshauptstadt „Germania" oder in Linz zu bestatten.

Auf jeden Fall diente das unglaubliche Gewirr von Widersprüchen, Lügen, Auslassungen und Hinzuinterpretationen durch die Zeugen der Verschleierung nicht des Todes von Hitler, der sollte ja gerade behauptet werden, sondern der Verschleierung des Überlebens und der Flucht Hitlers. Weshalb sonst behauptete jeder Zeuge etwas anderes, betreffend Zeit der Verabschiedung, Teilnehmer an der Verabschiedung, Lage der Leichen im Bunker und oben im Garten, Bekleidung von Eva Hitler, Ort angeblicher Schusswunde, Verbleib der Leichen, Verbleib der Waffen, Art und Ausführungsweise des angeblichen Suizides Hitlers … ?

Wie schnell sich dann eine Story über ein angebliches Geschehnis verbreiten lässt und quasi zum Selbstläufer wird, zeigt folgende Aussage des Garagenmeisters Schneider: Er habe von seinem Chef Kempka in der unterirdischen Garage von Hitlers Tod erfahren. „Diese Kunde ging von Mund zu Mund, alle redeten davon, doch keiner wusste genau Bescheid."[533] Bei dem Autor Doernberg heißt es dann: „Aus dieser Nachricht und dem Befehl, Benzin zum Führerbunker zu schicken, machte er sich sein eigenes Bild."[534] Und alle anderen machten sich natürlich auch ihr Bild. Sie hatten nichts selbst gesehen. Schneider, von dem zum Beispiel die Kraftfahrer es hatten, hatte ebenfalls nichts gesehen. Und Kempka, von dem es Schneider hatte, hatte ebenfalls nichts gesehen, denn er hatte nur beim Transport einer weiblichen Leiche und bei der Verbrennung von zwei Leichen, deren wahre Identität er nicht erkannt hatte, außerhalb des Bunkers geholfen.

Nun stellt sich die Frage, ob die Beteiligten lückenlos ihr Lügengebäude hätten aufrechterhalten können. Wir wissen aus den Zeugenaussagen,

> dass Linge angeblich beteiligt war an: Verabschiedung, Leichenauffindung, Leichenschau, Transport, Verbrennung, Spurenbeseitigung;
> dass Günsche angeblich beteiligt war an: Tötungsabsicherung, Transport, Verbrennung, Spurenbeseitigung;
> dass Kempka angeblich beteiligt war an: Transport, Verbrennung;
> dass Axmann angeblich beteiligt war an: Leichenauffindung, Spurenbeseitigung;
> dass Hofbeck angeblich indirekt beteiligt war an: Transport, Verbrennung;
> dass Reisser angeblich beteiligt war an: Transport.

Wenn diese Variante zugetroffen hat, dann hätte Hitlers Chefdiener, SS-Sturmbannführer **Heinz Linge,** am meisten lügen müssen.

Das hat er auch versucht. Verbrennung und Spurenbeseitigung wären ja tatsächlich so durchgeführt worden, da hätte und hat er ja auch keine großen Probleme gehabt. Bei allen Phasen vorher aber, nach der stattgefundenen Verabschiedung (Leichenauffindung, Leichenschau, Transport) hätten als fiktive Geschichte von ihm durchgehend während der Verhöre in der Kriegsgefangenschaft, häufig unter Folter, zurück in der Bundesrepublik bei Befragungen, in seinem Buch und bei Interviews, durchgehalten werden müssen.

Und genau da hatte er Probleme. Linge war nicht in der Lage, permanent die gleichen Aussagen zu machen, er nannte vorsichtshalber keine Namen der Personen, die mit ihm die Hitlerleiche getragen haben sollen, verwickelte sich in Widersprüche und machte Mitgefangenen aus dem Führerbunker in der Sowjetunion gewisse Andeutungen.

Hitlers Adjutant, SS-Sturmbannführer **Otto Günsche,** hätte ebenfalls hinsichtlich Tötungsabsicherung (Wache halten vor Hitlers Räumen), Transport und Spurenbeseitigung durchgehend lügen müssen. Günsche, der bei den Verhören stets zurückhaltend war, den Russen als „harte Nuss" galt und nach seiner Rückkehr aus der Gefangenschaft so gut wie keine Interviews gab und auch kein Buch schrieb, trauen wir das unbedingt zu.

Er wird sich gerade deshalb später bei Interviews zurückgehalten haben, weil er es vermeiden wollte, widersprüchliche Aussagen zu machen und von Journalisten festgenagelt zu werden. Günsche hat jedenfalls gegenüber dem britischen Historiker David Irving zugegeben, dass er die Russen nach Strich und Faden belogen habe.[535]

Reichsjugendführer **Artur Axmann** hätte hinsichtlich Leichenschau, Transport und Spurenbeseitigung (Pistolen mitgenommen) durchgehend lügen müssen. Das gelang ihm nicht. Wir wissen ja, dass er unterschiedliche Aussagen über den Zustand der Hitlerleiche bei deren Auffinden gemacht hat, woran er angeblich (nachgewiesenermaßen aber nicht wirklich) beteiligt gewesen sein wollte. (vgl.: Dossier Axmann)

Hitlers Cheffahrer SS-Obersturmbannführer **Erich Kempka** hätte hinsichtlich des Leichentransportes und der Leichenverbrennung, an denen er beteiligt gewesen sein will, durchgehend lügen müssen, da dieser Transport ja erst ab Bunkerausgang stattgefunden hätte. Nun, Kempka hat bekanntlich tatsächlich viel gelogen und sich selbst widersprochen und später berichtigt. (vgl.: Dossier Kempka)

Der RSD-Wachmann, SS-Untersturmführer **Hans Hofbeck** hätte hinsichtlich seiner Beobachtungen beim Leichentransport und bei der Verbrennung sowie bezüglich der Bestattung der Leichenreste durchgehend lügen müssen. Das ist denkbar, denn Hofbeck hat ganz offensichtlich gezielt zur Verwirrung beigetragen: er hat Misch den angeblichen Schützen bei der Erschießung von Fegelein genannt (vielleicht war er es selbst); er hat falsche Angaben zu den Trägern der Hitlerleiche gemacht, obwohl er direkt am Notausgang gestanden haben will; er hat falsche Angaben zur Art der Verhüllung der Leichen gemacht und er hat falsche Angabe über den Verbrennungsort der Leichen gemacht.

Der FBK-Offizier, **Hans Reisser** hätte nur hinsichtlich seiner Beteiligung am Transport lügen müssen, falls es den nicht gegeben hätte. Von Reisser ist auch kaum eine relevante Aussage bekannt. Er hielt sich offensichtlich sehr zurück.

Aufgrund all dieser Tatsachen kommen wir zu der Auffassung, dass diese Variante, die alle Ungereimtheiten und widersprüchlichen Aussagen der Zeugen erklären würde und die auch am leichtesten von der Verschwörung hätte realisiert werden können, möglicherweise tatsächlich umgesetzt wurde.

Nachwort

Die Verschleierung von Hitlers Flucht ist gelungen. Sie wirkt auch heute, mehr Als 70 Jahre danach, weiter. Die öffentliche Meinung glaubt, dass Hitler am 30.04.1945 verstarb, in den Geschichtsbüchern steht es festgeschrieben. Dass Hitler tot ist, sehen die meisten Menschen als gut an, wenige bedauern es. Die Frage ist aber, warum wurde bis heute die Flucht Hitlers nicht aufgedeckt? Es gab mehrere Gruppen von Nutznießern des Glaubens an Hitlers Bunkertod. Wir können diese Gruppen nur identifizieren, wenn wir uns die Frage stellen: qui bono? Die Verschleierung oder die bewusste Nichtaufdeckung von Hitlers Flucht diente erstaunlicherweise sowohl seinen Gefolgsleuten, als auch seinen Feinden. Die Westalliierten, und nach Stalins Tod auch seine Nachfolger, hatten kein Interesse daran, Hitlers erfolgreiche Flucht bekannt werden zu lassen. Zum einen befürchteten sie ein Erstarken des Neofaschismus, zum anderen wollten sie die Blamage, dass es ihnen nicht gelungen war, ihn zu fassen, nicht publik werden lassen. schließlich hätten sie ihn auch noch vor ein Kriegsverbrechertribunal stellen müssen, dessen Tribüne der brillante Redner und Demagoge für Propaganda und Rechtfertigungen hätte nutzen können. Und was Hitlers Gefolgsleute betraf, so war es besser für sie, wenn zu ihren Lebzeiten niemand erfuhr, dass Hitler (vielleicht sogar mit ihrer Hilfe) lebend entkommen war, weil dies neue Verfahren und entsprechende Verurteilungen für sie mit sich gebracht hätte. Auch heute noch werden Täter aus dem Dritten Reich gesucht, wie die kürzlich (Januar 2016) erfolgte bundesweite Polizeiaktion zeigte, bei der drei ehemalige Angehörige der SS-Division „Hitlerjugend", der Jüngste 87 Jahre alt, verhaftet wurden. Sie taten also nicht nur 1945, sondern auch in all den Jahren und Jahrzehnten danach alles für die weitere Geheimhaltung der wirklichen Geschehnisse im Führerbunker am 30.04.1945. Sie hatten einen Eid geleistet, der für sie selbst dann galt, falls Hitler sie tatsächlich formal davon befreit hätte, wie es hieß.
Die Flucht Hitlers wurde von den Gefolgsleuten durchaus nicht als egoistisch, sondern als der Idee und Bewegung (Nationalsozialismus), der Revanche (Hoffnung auf einen durch den Führer vorbereiteten erfolgreichen Gegenschlag nach dem Zusammenbruch der Antihitlerkoalition) und der Restaurierung der alten Verhältnisse mit der Wiedereinsetzung in ihre alten Positionen und darüber hinaus, dienend, betrachtet. Die lebensgefährliche Nibelungentreue der Gefolgsleute, ist jedenfalls nicht erklärbar allein durch die Treue zu einem Führer, der praktisch keine Macht mehr hatte, keine Idee mehr präsentierte und keine erstrebenswerten Ziele verfolgte. Axmann, der verständlicherweise nicht die ganze Wahrheit sagte, erklärte das Verhalten der Zurückgebliebenen so: „Für uns war die Vorstellung, Hitler als Oberster Befehlshaber und Staatschef könne in die Hände des Feindes fallen oder im Kampf getötet werden, unerträglich. Eine solche Situation, in der wir uns befanden, die kann man mit dem Verstand nicht mehr bewältigen. Meine innere Stimme sagte mir, es geht nicht darum, dass Hitler drei Tage länger lebt, vielmehr war für mich der Eid entscheidend, den ich geleistet habe. Und der galt nicht nur für Zeiten des Glücks. Mit dem Eid verbunden war die Treue. Deshalb haben wir bis zum Schluß gestanden."[536]

Informationsspeicher

Personenverzeichnis: Sowjetische Akteure

Personen, welche die sowjetischen Ermittlungen anwiesen und Ergebnisse unter Verschluss hielten:

Lawrenti P. **Berija,** Seit 1940 Volkskommissar des Inneren (NKWD). 1953 hingerichtet.

Sergej Nikforowitsch Kruglow; Stellvertreter Berijas, Minister für Innere Angelegenheiten (NKWD) der UdSSR

General **Merkulow,** Minister für Staatssicherheit 1943 - 1946

Generalleutnant Dmitri Nikolajewitsch **Abakumow,** Ab 1943 stellv. Volkskommissar der Verteidigung und Leiter der Hauptabteilung, Gegenaufklärung (SMERSCH). Chef der Spionageabwehr im NKWD. 1951 hingerichtet.

Generaloberst (Armeegeneral laut Schukow) Wassilij **Sokolowskij,** Stellvertreter von Marschall Schukow

Generalleutnant **Telegin,** Mitglied des Kriegsrates der 1. Belorussischen Front. Chef der Politabteilung der 1. Weissrussischen Front. 1947 in der UdSSR zu 25 Jahren Haft verurteilt.

Generaloberst **Kusnezow,** Chef der Verwaltung Aufklärung im Generalstab der Roten Armee

Generaloberst Iwan A. **Serow,** Stellv. von Marschall Schukow, Stellv. des Volkskommissars des Innern (NKWD); Vertreter des NKWD in Deutschland.

General Amajak **Kobulow;** Stellv. Chef der NKWD-Hauptverwaltung für das Kriegsgefangenenwesen

Generalleutnant Aleksandr Anatoljewitsch **Wadis.** Chef der Verwaltung der Spionageabwehr (SMERSCH) des Volkskommissariats für Verteidigung/des Ministeriums für Staatssicherheit der UdSSR bei der GSBSD (Gruppe der sowjetischen Streitkräfte in Deutschland) Chef der Frontverwaltung der Spionageabwehr SMERSCH

Generalmajor **Trussow,** Kommandeur der SMERSCH (Aufklärungsabteilung)der 1. Belorussischen Front

Generalmajor Melnikow, Stellv. des Chefs der Verwaltung der SMERSCH der 1. Belorussischen Front

Personen, die an der Suche nach Hitler bzw. nach Hitlers Leiche beteiligt waren, „Beweise" schufen oder diese Aktionen vor Ort direkt angewiesen und/oder in direkter Linie geleitet haben:

Oberst Andrej Sewostjanowitsch **Miroschnitschenko,** Chef der Abteilung der Verwaltung der Abwehr (SMERSCH) der 1. Belorussischen Front
Oberst Wassilij **Gorbuschin,** Stellv. Chef der Abteilung Abwehr (SMERSCH) der 3. Stoßarmee der 1. Belorussischen Front
Oberstleutnant Iwan Issajewitsch **Klimenko,** Chef der Abteilung Abwehr (SMERSCH) beim 79. Schützenkorps der 3. Stoßarmee
Oberstleutnant **Wassiljew,** Chef der 4. Abteilung der Verwaltung der Aufklärung SMERSCH der 1. Belorussischen Front.
Major Boris Alexandrowitsch **Bystrow,** Biologe, Kandidat der Wissenschaften (Doktor eines Wissenschaftszweiges), Oberoperationsbeauftragter der Verwaltung der Abwehr (SMERSCH) der 1. Belorussischen Front

Hauptmann **Derjabin**, Stellv. des Chefs der Abteilung Abwehr (SMERSCH) beim 79. Schützenkorps der 3. Stoßarmee

Major Georgi **Aksjonow**, Stellv. Chef der Abteilung Abwehr (SMERSCH) der 207. Schützendivision

Hauptmann **Aljperowitsch**, Chef der Untersuchungsgruppe der Erkundungsabteilung der 3. Stoßarmee

Gardeoberleutnant Alexej Alexandrowitsch **Panassow**, Zugführer bei der SMERSCH des 79. Schützenkorps

Oberleutnant **Iljin**, Zugführer der SMERSCH der 207. Schützendivision

Leutnant Jelena **Rshewskaja-Kagan**, Dolmetscherin der SMERSCH-Ermittlungsgruppe von Oberst Gorbuschin

Soldat Iwan Dmitrijewitsch **Tschurakow**, Angehöriger des Zuges von Panassow, SMERSCH des 79. Schützenkorps. Tschurakow entdeckte in einem Bombentrichter eine männliche und eine weibliche Leiche, beide stark verkohlt, die später als die von Hitler und seiner Frau betrachtet wurden.

Weitere Personen, die Zeugen der Ereignisse waren oder in der einen und der anderen Weise an der Aufklärung beteiligt waren:

General B. S. **Telpuschowskij**, Militärhistoriker

Oberstleutnant **Schkarawski**, Chefsachverständiger der 1. Belorussischen Front

Major Boris **Polewoi** (Boris Nikolajewitsch Kampov, 1908 – 1981), zuletzt Oberstleutnant, Kriegsberichterstatter für die „Prawda". Schriftsteller.

Major **Chasin**, Chef der Unterabteilung der Abt. Abwehr der 3. Stoßarmee

Oberstleutnant Fedor **Parparow**, Ermittlungsoffizier NKWD, Jahrgang 1893, Kandidat der Juristischen Wissenschaften (Dr. jur.), Resident des Auslandsgeheimdienstes in mehreren Staaten. Redakteur des Textes des „Buch Hitler".

Major Igor **Saweljew**, Ermittlungsoffizier NKWD.

Oberstleutnant des medizinischen Dienstes **Gratschow**, Korpsarzt

Personenverzeichnis: Deutsche Akteure

Axmann, Artur *1913/†1996. Seit 1940 Reichsjugendführer der NSDAP und Jugendführer des Deutschen Reiches. Ausbruch aus dem Bunker am 01.05.1945. Untergetaucht. Ende 1945 in amerikanische Kriegsgefangenschaft geraten. Entlassung 1949.

Baur, Hans *1897/†1993. Chefpilot Hitlers. Führer der Flugstaffel „Reichsregierung". SS-Gruppenführer. Generalleutnant der Polizei. Flog Hitler seit 1932. Am 02.05.1945 nach dem Ausbruch aus der Reichskanzlei in sowjetische Kriegsgefangenschaft geraten. Entlassung am 08.10.1955. Laut Spiegel (15/1959 vom 08.04.1959 unter „IN MEMORIAM") in 1959 gestorben.

Beermann, Helmut *unbekannt/†unbekannt. SS-Hauptsturmführer. Angehöriger des FBK. Leiter des Kurierdienstes. Am 02.05.1945 nach dem Ausbruch aus der Reichskanzlei in sowjetische Kriegsgefangenschaft geraten. Am nächsten Tag geflohen und am 25.05.1945 in britische Kriegsgefangenschaft geraten. Entlassung am 09.05.1948.

Below, Nicolaus von *1907/†1983. Oberst der Luftwaffe. Seit 16.06.1936 Hitlers Luftwaffenadjutant. 1945-1948 in britischer Kriegsgefangenschaft.

Bergmüller, Johann *1894/†unbekannt. Stellvertreter des Leiters der Dienststelle 1 des RSD. Kriminalkommissar. SS-Hauptsturmführer. Am 02.05.1945 nach dem Ausbruch aus der Reichskanzlei in sowjetische Kriegsgefangenschaft geraten. Entlassung am 25.11.1949. Hat vermutlich seine wahre Dienststellung und Aufgabe verheimlichen können.

Betz, Georg *1903/†angeblich 02.05.1945. 2. Pilot Hitlers. SS-Obersturmbannführer /Buch Hitler, S. 526/ Oberst laut Baur. Angeblich gefallen beim Ausbruch aus der Reichskanzlei am 01./02.05.1945. Ist laut Kempka schwerverletzt von Fräulein Heusermann in ihre Wohnung mitgenommen worden.

Blaschke, Johannes, Hugo *1881/†1959. Dentist (Zahnmediziner ohne akademische Ausbildung). Von 1933 - 1945 Hitlers Zahnarzt. Privatzahnarzt auch für andere Nazi-Größen. Professorentitel ohne Promotion durch Hitler verliehen. Oberster SS-Zahnarzt. Brigadeführer und Generalmajor der Waffen-SS. Internierung bei den Amerikanern ab 20.05.1945. Entlassung Ende 1948.

Bormann, Martin *1900/†angeblich 02.05.1945. Sekretär des Führers, Leiter der Parteikanzlei der NSDAP. Reichsleiter der NSDAP im Ministerrang. Reichsminister ohne Geschäftsbereich. Ab Ende 1942 faktisch Stellvertreter Hitlers. SS-Obergruppenführer. Angeblich am 02.05.1945 nach dem Ausbruch aus dem Bunker in auswegloser Lage Suizid begangen. 1946 als Hauptkriegsverbrecher in Nürnberg in Abwesenheit zum Tode verurteilt. 1954 gerichtlich für tot erklärt.

Brandt, Karl *08.01.1904/†02.06.1948. Dr. med. SS-Obergruppenführer. Reichskommissar für das Sanitäts- und Gesundheitswesen. Generalkommissar für Kampfstoffragen, Begleitarzt Hitlers.

Bruck, Dr. Feodor (Fedor) *unbekannt/†unbekannt. Jüdischer Zahnarzt aus Schlesien, wahrscheinlich aus Liegnitz oder zumindest in Liegnitz praktizierend. Angeblich Ausbilder und Chef der Zahnarztgehilfin Käthe Heusermann, die ihm angeblich half im Untergrund zu überleben. Angeblicher Nachfolger als Praxisinhaber der Praxis von Professor Blaschke, dem Leibzahnarzt von Hitler. 1947 wanderte er in die USA aus. Dort arbeitete er angeblich als Polizist, weil seine Approbation als Zahnarzt nicht anerkannt wurde.

Burgdorf, Wilhelm *1895/†angeblich 01.05.1945 durch Suizid im Führerbunker. Leiche nicht identifiziert. General der Infanterie. Chef des Heerespersonalamtes und Chefadjutant der Wehrmacht bei Hitler.

Echtmann, Fritz *1913/†1983. Fritz Echtmann war seit 1938 Zahntechniker in der Praxis von Professor Dr. Blaschke.

Eicken, Carl Otto von *1873/† 1960. 1945 Chefarzt der HNO-Klinik der Charité. Behandelte Hitler mehrmals.

Fegelein, Hermann *1906/†28.04.1945. SS-Gruppenführer und Generalleutnant der Waffen-SS. Verbindungsoffizier des Reichsführers SS bei Hitler. Verheiratet mit Gretl Braun, der Schwester von Eva Braun. Am 27.04.1945 wegen Fahnenflucht durch Hitler degradiert zum einfachen SS-Mann. Am 28.04.1945 ohne Gerichtsurteil erschossen wegen Verrats. Leiche unauffindbar.

Frick, Helmut *1913/†unbekannt. SS-Obersturmführer beim FBK. Nach dem Ausbruch aus der Reichskanzlei am 01.05.1945 in sowjetischer Kriegsgefangenschaft. Nach Rochus Misch, der ihn dort gesehen haben will vermutlich unerkannt (oder als sowjetischer Agent in der Reichskanzlei) Mitglied des „Nationalkomitee Freies Deutschland".

Fritzsche, Hans *1900/†1953. Ministerialdirektor und Leiter der Rundfunkabteilung des Reichspropagandaministeriums. Am 02.05.1945 Gefangennahme durch sowjetische Streitkräfte. 1950 entlassen.

Günsche, Otto; *1917/†2003. SS-Sturmbannführer der „Leibstandarte Adolf Hitler", Führerbegleitkommando, ab 1943 vertretungsweise, später vollumfänglich persönlicher Adjutant Hitlers. Rückkehr aus sowjetischer Kriegsgefangenschaft 1955, entlassen in ein Zuchthaus der DDR. Dort entlassen im Mai 1956.

Haase, Werner; *1900/†1950. Professor Dr. med. habil. Schon 1935 zeitweise Begleitarzt Hitlers. SS-Obersturmbannführer. /Katakombe, S. 359/ Oberarzt an der Chirurgischen Universitätsklinik in Berlin. Im April 1945 Leiter des Lazaretts in den Kellern der Reichskanzlei. Verstorben in sowjetischer Gefangenschaft, in der Butyrka, 1947. Vermutlich an den Folgen der Folter.

Henschel, Josef *unbekannt/†unbekannt. RSD-Angehöriger, Dienststelle 1, Kriminal-Obersekretär. SS-Untersturmführer. Am 02.05.1945 in sowjetische Gefangenschaft geraten. 09.10.1955 entlassen.

Hentschel, Johannes: *1908/†1982. Genannt Hannes. Elektromeister. Maschinenmeister in der Reichskanzlei schon vor Hitlers Machtantritt oder seit 1934 /Misch, S. 317/ und im Führerbunker. Zivilist. Von Hitler zum Chefelektriker gemacht und 1936 zum Cheftechniker der Reichskanzlei. Letzter Insasse des Führerbunkers. Am 02.05.1945 in sowjetische Kriegsgefangenschaft geraten. 1949 entlassen.

Heusermann, Käthe; *1909/†1993. (Käthe Reiß-Heusermann). Geboren in Liegnitz/Schlesien. Seit dem 04.04.1937 als Zahnarzthelferin in der Praxis von Hitlers Zahnarzt Hugo Blaschke angestellt. Bei Behandlungen Hitlers dabei gewesen. Bis zum 01.05.1945 Aufenthalt in der Reichskanzlei. Von den Russen am 09.05.1945 zu Hitlers Zahnstatus verhört und ab dem 13.05.1945 wie eine Kriegsverbrecherin bis zum 02.06.1955 in sowjetischen Gefängnissen und Konzentrationslagern gefangen gehalten worden.

Hofbeck, Hans *unbekannt/†unbekannt. Kriminalsekretär beim RSD und SS-Untersturmführer. RSD-Dienststelle 1. Geriet am 02.05.1945 in russische Gefangenschaft. Berichtete Rochus Misch angeblich unter Namensnennung des jeweiligen Schützen über die Erschießung von Fegelein und über die Erschießung der beiden Personen, die am 30.04.1945 zur falschen Zeit im Garten der Reichskanzlei auftauchten.

Högl, Peter *1897/†02.05.1945. Leiter der Dienststelle 1 des Reichssicherheitsdienstes (Kriminal-Begleitkommando des Führers). Högl rettete Hitler 1934 das Leben, als dieser beim Schlag gegen Röhm von einem SA-Standartenführer, der erkannte, dass es ums Ganze ging und die Pistole zog, bedroht wurde. Stellvertreter des Führers des RSD, Rattenhuber. Kriminaldirektor und SS-Obersturmbannführer.

Nach Ausbruch aus dem Bunker am 02.05.1945 tödlicher Kopfschuss nach Aussagen von Zeugen.

Jakubeck, Erwin *unbekannt/†unbekannt. Diener Hitlers im Führerzug. Am 02.05.1945 in Berlin in Kriegsgefangenschaft geraten. Am 10.12.1946 entlassen worden.

Junge, Gertraud (Traudl) *1920/† 2002. Ab 30.01.1943 jüngste Sekretärin Hitlers. Nach dem Ausbruch aus der Reichskanzlei aus Berlin herausgelangt, durch eigenen Fehler zurück nach Berlin, Verrat durch Nachbarn. Mitte Mai 1945 in sowjetischer Gefangenschaft. Im Herbst durch glückliche Umstände in den Westen gelangt. Von Amerikanern 1946 verhaftet. 1947 entlassen.

Karnau, Hermann *unbekannt/† unbekannt. RSD, Dienststelle 1. SS-Oberscharführer. Von den Engländern gefangen genommen am 25.05.1945. Entlassung am 21.03.1946.

Kempka, Erich *1910/†1975. SS seit 1930. Seit 1932 als zweiter Fahrer Hitlers eingesetzt. Kempka gehörte zugleich zum ersten Begleitkommando Hitlers, das für seine Sicherheit zuständig war. Seit 1936 ständiger Fahrer Hitlers und Führer des Kfz-Parks. SS-Obersturmbannführer. „Chef für das Kraftfahrtwesen beim Führer und Reichskanzler". Ausbruch aus dem Bunker am 01.05.1945. Entkam aus Berlin. 20.06.1945 Verhaftung durch die amerikanische Armee. Kriegsgefangener bis 1947.

Krebs, Hans *1898 / † 01.05.1945. General der Infanterie. Amtierender Chef des Generalstabs des Heeres. Suizid am 01.05.1945 in der Reichskanzlei.

Krüger, Else *1915/†unbekannt. Seit 1942 Sekretärin von Martin Bormann. Ausbruch aus dem Bunker am 01.05.1945. Entkam aus Berlin. Interniert durch britische Armee. Heiratete ihren Vernehmer, Herrn James.

Krüger, Heinz *unbekannt/†unbekannt. SS-Hauptscharführer. Diener Hitlers.

Kunz, Dr. Helmut *1910/†unbekannt. SS-Sturmbannführer Dr. Kunz war Adjutant des Chefarztes im Amt für Sanitätswesen der SS bis 22.04.1945. Dann in die RK abkommandiert, da das Amt aufgelöst wurde. Sowjetische Gefangenschaft

Lindloff, Ewald *unbekannt/†unbekannt. Angeblich gefallen am 02.05.1945. SS-Obersturmführer (nach Günsche, Reisser) bzw. Hauptsturmführer (nach Joachimsthaler) beim FBK.

Linge, Heinz *1913/†1980. März 1933 Eintritt in die Waffen-SS. Seit 1934 in Hitlers Diensten. Kammerdiener Hitlers. Sturmbannführer der SS. Führerbegleitkommando. Ab Sommer 1944 Chef des persönlichen Dienstes bei Hitler. Am 02.05.1945 von den Russen gefangen genommen. 1955 aus der Kriegsgefangenschaft entlassen. Linge war zehn Jahre lang in unmittelbarer Nähe Hitlers und damit von allen Mitarbeitern Hitlers die als Zeugen befragt wurden der intimste Beobachter.

Mansfeld, Erich *1913/†unbekannt. RSD, Dienststelle 1. Aus Berlin entkommen. 14.07.1945 in amerikanische Gefangenschaft geraten. 04.11.1946 entlassen worden.

Mengershausen, Harry *1915/†unbekannt. RSD, Dienststelle 1. Ausbruch aus der RK am 01.05.1945. Am 02.05.1945 von sowjetischen Soldaten gefangen genommen worden. Als wichtiger Zeuge vom der SMERSCH betrachtet. Bis 12.01.1956 in verschiedenen sowjetischen Gefängnissen und Lagern inhaftiert.

Misch, Rochus; *29.07.1917/†2013. SS-Oberscharführer. Leibwächter und Telefonist im Führerbunker. Ausbruch aus der Reichskanzlei als Letzter in der Frühe des 02.05.1945. Kriegsgefangenschaft vom 02.05.1945 bis 31.12.1953.

Mohnke, Wilhelm *1911/†2001. Seit 1933 Mitglied der SS. Ab 1933 Leibstandarte „Adolf Hitler". SS-Brigadeführer und Generalmajor der Waffen-SS. Ritterkreuzträger. Kommandeur der „Zitadelle" (Reichskanzlei und Umgebung). Hitler direkt unterstellt. Führte den Ausbruch am 01.05.1945 an. Gefangennahme nach Ausbruch aus der Reichskanzlei am 02.05.1945. Entlassung aus sowjetischer Kriegsgefangenschaft 11.10.1955.

Naumann, Dr. Werner *1909/†1982. Dr. Naumann war seit 1944 Staatssekretär im Propagandaministerium. SA-Brigadeführer. Ausbruch aus dem Bunker am 01.05.1945. Flucht in den Westen. Untergetaucht und erst 1953 von den Briten verhaftet. Im selben Jahr entlassen. Danach aktiv beim Versuch, für den Nationalsozialismus in Deutschland eine neue politische Basis zu schaffen.

Poppen, Hilko */† ?. Angehöriger des RSD. Rottenführer der SS laut Joachimsthaler, Hauptscharführer . RSD-Wachposten am Führerbunker.

Rattenhuber, Johann *30.04.1897/†30.06.1957. Chef des Reichssicherheitsdienstes (RSD) und von dessen Vorläufer „Kommando z.b.V." von 1933 - 1945. SS-Gruppenführer. Am 02.05.1945 Gefangennahme. Kriegsgefangener in Russland bis Ende 1955. Laut Anhang im Buch Hitler /S. 604/ angeblich bereits 1951 entlassen.

Reisser, Hans *1909/†unbekannt. SS-Obersturmführer, Mitglied im FBK seit 1934. Nach Ausbruch aus der Reichskanzlei am 04.05.1945 gefangen genommen und inhaftiert in der Sowjetunion. Entlassung am

08.10.1946. Offensichtlich gelang es Reisser, seine wahre Identität zu verheimlichen.

Retzbach, Vorname unbekannt. *unbekannt / † unbekannt. 2. Telefonist in RK und FB.

Schädle, Franz; *1906/†angeblich am 01.05.1945 durch Suizid. Leiche wurde nicht gefunden. SS-Obersturmbannführer, 1930 NSDAP (Alter Kämpfer der NSDAP), 1930 auch SS SS-Nr. 2600). Am 01.03.1932 als einer von acht Mann für das neue Führerbegleitkommando ausgesucht von Himmler (persönliche Leibwächter) engster Ring des Personenschutzes. Von 1932 bis 1945 immer in unmittelbarer Nähe von Hitler. Ab 20.12. 1944 Nachfolger von Bruno Gesche als Kommandeur der Leibwache. „Für Oberst Schädle konnte ich mich nicht erwärmen. ... war ein alter Kämpfer, ein Musterexemplar von SS-Mann." So Hentschel in /Katakombe, S. 363/ Angeblich am 28.04.1945 verletzt. Deshalb nicht am Ausbruch beteiligt.

Schenck, Dr. Dr. Ernst Günther *1904/†1998. Mediziner (Internist) und Chemiker. Seit 1938 Chefarzt einer Inneren Abteilung am Städtischen Krankenhaus München-Schwabing, Dozent und zuletzt außerordentlicher Professor an den Universitäten Heidelberg und München. Ernährungsinspektor der Waffen-SS. Ernährungsinspektor der Wehrmacht. Oberstarzt. Standartenführer der SS. Obersturmbannführer nach Buch Hitler (S. 615). Ab dem 22.04.1945 in dem Lazarett unter der RK als Chirurg tätig. Sowjetische Kriegsgefangenschaft am 02.05.1945. Entlassung 1955.

Schneider, Karl, Friedrich, Wilhelm *1895?/†unbekannt. SS-Hauptsturmführer. Garagenmeister. Stellvertreter von Kempka in der Fahrbereitschaft. Nach dem Ausbruch aus der RK am 02.05.1945 in sowjetische Kriegsgefangenschaft geraten. Entlassung am 20.10.1955.

Schwägermann, Günther *1915/unbekannt. Leibstandarte Adolf Hitler. Seit 1939 persönlicher Adjutant von Goebbels. SS-Hauptsturmführer. Ausbruch aus dem Bunker am 01.05.1945. Entkam aus Berlin. In amerikanischer Kriegsgefangenschaft vom 25.06.1945 bis 24.04.1947.

Schwiedel, Werner *1920/†unbekannt. Ordonnanz (Diener), Angehöriger des FBK. SS-Oberscharführer. Ausbruch aus der Reichskanzlei am 01.05.1945. Von den Sowjets am 02.05.1945 gefangen genommen. Am 17.05.1950 entlassen.

Stumpfegger, Ludwig, Dr. *1911/†vermutlich am 02.05.1945. Dr. med., SS seit 1933. SS-Obersturmbannführer. Begleitarzt Himmlers. Seit 10.10.1944 auf Himmlers Vorschlag Begleitarzt Hitlers. Angeblich Suizid gemeinsam mit Martin Bormann am 02.05.1945 nach dem Ausbruch aus der Reichskanzlei.

Tornow, Fritz *?/†?. Feldwebel der Wehrmacht. Hundedresseur Hitlers.

Voss, Hans-Erich *1897/†1969. Verbindungsoffizier zwischen dem Marinechef Dönitz und Hitler, seit 1944 Vizeadmiral. Ausbruch aus der RK am 01.05.1945. Bis 21.01.1955 in sowjetischer Gefangenschaft.

Weidling, Helmuth *1891/†17.11.1955 Am 03.05.1945 nach Kapitulation seiner Berliner Verbände in sowjetische Gefangenschaft begeben. General der Artillerie. Kampfkommandant von Berlin (Befehlshaber Verteidigungsbereich Berlin). Am 17.11.1955 in sowjetischer Gefangenschaft verstorben.

Zeittafel

zur tatsächlichen russischen Informationsgewinnung über Hitlers Tod oder Überleben
im Vergleich mit den Aussagen Stalins und seiner Generale über Hitlers Tod

Datum	Ereignis	Datum	Offizielle sowjetische Statements
02.05.45	Einnahme des Geländes der Reichskanzlei, Gefangennahme der ersten Zeugen und erste Verhöre. Auffindung eines toten Doppelgängers (Gustav Wehler). /Argunova 2005/	02.05.45	Marschall Tschuikow behauptete, Sowjetsoldaten hätten in den Morgenstunden des 2. Mai 1945 Hitlers verkohlte Leiche, eingerollt in einen rauchenden Teppich, gefunden. /Janßen, S. 2/
03.05.45	Fund und Bergung der Leichen der Familie Goebbels und des Generals Krebs		
04.05.45	Auffinden mehrerer männlicher Leichen, die als Hitler betrachtet wurden. „Besonders verwirrte alle der Umstand, dass nach der Eroberung der Reichskanzlei am 4. Mai 1945 der Leichnam eines Führer-Doppelgängers, Gustav Wehler, gefunden wurde." /Argunova 2005/		
05.04.45	Bergung der bereits einen Tag zuvor gefundenen und wieder eingegrabenen Leichen, die als die Hitlers und seiner Frau betrachtet wurden.	05.05.45	Der Chef der SMERSCH der 1. Belorussischen Front übergab einen ersten Bericht über die erfolgten Ermittlungen „Über das Schicksal Hitlers, Goebbels, Görings und anderer Staatsmänner und Politiker Deutschlands" an seinen Vorgesetzten im Generalstab der Sowjetarmee, Generaloberst Kusnezow (Chef der Verwaltung Aufklärung) /Völklein, S. 140ff/, der ihn umgehend weiterleitete.
07.05.45	Verhör des Zahnarztes Dr. Kunz zum Tod der Goebbelskinder.		
09.05.45	Verhör von Frau Heusermann zu den Zähnen des Ehepaares Hitler		
11.05.45	Verhör von Frau Heusermann und von Herrn Echtmann zu den Zähnen des Ehepaares Hitler		
		31.05.45	NKWD-Chef Lawrenti Berija wurde über den zahnärztlichen Befund unterrichtet. Berija gab den Befehl, Stalin darüber zu unterrichten. /Harrison, S. 36/
		03.06.45	General Wadis sandte Bericht über die angebliche Verbrennung der Leichen nach Moskau. /Besymenski, Der Tod, S. 217/

Datum	Ereignis	Datum	Offizielle sowjetische State-ments
		06.06.45	Stalin teilte dem US-Sondergesandten Harry Hopkins mit, dass er überzeugt sei von Hitlers Überleben. /Harrison, S. 36/
		09.06.45	Am 09.06.1945 beantwortete Schukow auf einer Internationalen Pressekonferenz eine Frage: „Wir haben noch keine Leiche gefunden, die als die Hitlers identifiziert werden konnte." Er glaube, Hitler hätte im letzten Augenblick Berlin auf dem Luftweg verlassen können. /Harrison, S. 36/
		Juni 45	Brigadegeneral Dick White wurde von einem Sowjetgeneral empfangen, der ihm „Hitlers identifizierte falsche Zähne" vorlegte. /Harrison. S. 36/
		16.06.45	„Alle Dokumente über den Verlauf der Untersuchungen landeten am 16. Juni 1945 bei Stalin. An diesem Tag hat Lawrentij Berija Stalin und Molotov über die Identifizierung der Überreste Hitlers, über die Resultate der Expertisen und über Zeugenaussagen gefangener Deutscher berichtet." /Argunova 2005/
		Juni 456	Stalin sandte einen Sonderbevollmächtigten (General Mesik) nach Berlin, mit dem Auftrag, alle Daten zu überprüfen, die Stalin über Hitlers Tod gesandt worden waren. Die angeblichen Leichen Hitlers und seiner Frau wurden in Finow ausgegraben und danach wieder bestattet. General Mesik nahm die Kieferknochen von Hitler und Braun mit nach Moskau./Argunova 2005/ Ebenso sämtliche gefangen genommenen Zeugen.
		17.07.45	Am 17. Juli 1945 erklärte Stalin dem US-Präsidenten Truman, Hitler sei noch am Leben und habe sich aus Deutschland abgesetzt. /Janßen/

Datum	Ereignis	Datum	Offizielle sowjetische Statements
1961	Mitarbeiter der Abteilung „Geschichte des Großen Vaterländischen Kriegs" im Institut für Marxismus-Leninismus beim ZK der KPdSU führten 1961 eine inoffizielle Untersuchung zu Hitlers Tod durch. Dabei wurden das einzige Foto des angeblich toten Hitler (eine Munitionskiste mit einem undefinierbarer Inhalt) und die Fotografien der damals entdeckten toten Hitlerdoppelgänger einer Prüfung unterzogen und es wurden erneut (sowjetische) Zeugen befragt. /Argunova 2005/		
		1963	Marschall Sokolowski durfte mit Erlaubnis Chrustschows dem amerikanischen Autor Cornelius Ryan 1963 offiziell erklären, dass die SU „Hitler als tot betrachtet". Sokolowski behauptete, Hitler habe sich in den Mund geschossen, /Janßen, 1968/
		2017	Schädelteil und Sofastoff befinden sich jetzt im Staatsarchiv der Russischen Föderation. Kieferknochen Hitlers im Archiv des Föderalen Geheimdienstes. /Argunova 2005/

Dossiers

Dossier Axmann

Reichsjugendführer Artur Axmann hat nach dem Krieg bei Verhören, in Interviews und in seinem Buch alles getan, um seine Bedeutung und seine Erlebnisse in den letzten Tagen des Dritten Reiches im Umfeld Hitlers „aufzuhübschen".

Es war nun einmal so, dass er durch die Umstände bedingt, immer zu spät gekommen war (Verabschiedung Hitlers von seinen Getreuen; Leichenschau; Selbsttötung von Goebbels und Frau). Das war nun gar nicht gut für sein Ego und für seine ihm von Hitler zugedachte Rolle, die Hitlerjugend (HJ) nach dem Krieg wieder aufzubauen. „Peinliche Lücken" in der Vita als Hitler-Getreuer konnte er nicht gebrauchen. Er brauchte eine Legende, die seine Rolle als Jugendführer auch nach dem Kriege begründen würde.

Axmann erfand deshalb einfach einige Szenen, die es so nicht gegeben hat. Dabei hat er Informationen anderer genutzt und seine eigene Fantasie blühen lassen, wie es hätte gewesen sein können. Leider sind sehr viele Historiker und Journalisten, die Axmanns Aussagen auswerteten, darauf hereingefallen.

Eine solche von ihm ganz offensichtlich erfundene Szene, die er sich vielleicht für einen zukünftigen Propagandafilm zur Erbauung junger Führer der neuen HJ nach dem Krieg erdacht hat, die ihn zugleich aufwertete, als den letzten Schüler des Führers, betrifft ein angebliches letztes Gespräch mit Hitler über die Zukunft Deutschlands, des Nationalsozialismus, der HJ.

So will Axmann angeblich in der Nacht vom 29.04.1945 zum 30.04.1945 zusammen mit seinem Adjutanten Weltzin (dessen Tod zu der Zeit, als Axmann das für sein Buch niederschrieb, lange bekannt war – sonst hätte er ihn wahrscheinlich nicht als Begleiter erwähnt), den Lagevorraum im Führerbunker betreten haben. Beide hätten sich dort in die Sessel gesetzt. Leider hat Axmann nicht geschrieben, was er dort mitten in der Nacht wollte. „Da erschien Hitler und ging auf die Bank im Vorraum zu. Mit einer Handbewegung lud er mich ein, mich neben ihn zu setzen. Wir saßen eine Zeit zusammen, ohne ein Wort zu sagen." Weltzin zog sich zurück.

Axmann will gewusst haben, dass Hitler sterben würde: „Und ich wusste, dass er morgen tot sein würde." Weiter schrieb er: „Endlich brach Hitler das Schweigen. Er erkundigte sich nach meinem Werdegang und meiner Familie." Angeblich hat Axmann dann eine Reihe von Fragen zur Zukunft gestellt, die Hitler beantwortete. „Niemand war während unseres Gesprächs vorbeigekommen." Damit und mit dem erwähnten Rückzug seines Adjutanten hat Axmann einer Überprüfung durch Zeugenbefragung geschickt einen Riegel vorgeschoben.

„Wieder saßen wir längere Zeit zusammen, ohne ein Wort zu sprechen, bis er sich dann mühsam erhob. Nicht wie sonst faßte er mich mit seinen Augen. Er sah durch mich hindurch in eine weite Ferne. Das war der Abschied."[539] So hatte Axmann angeblich praktisch als Letzter von Hitler persönlich erfahren, wie es weitergehen sollte: „Ideen leben nach ihren eigenen Gesetzen fort. Ich glaube, es wird etwas ganz Neues kommen", habe ihm Hitler als Vermächtnis mitgegeben.

Wann soll aber das Gespräch stattgefunden haben? Es passt zeitlich nicht hinein in den Ablauf der Geschehnisse! Angeblich hatte Hitler in der Nacht seine übliche Teestunde und parallel dazu eine Reihe von Verabschiedungen zu bewältigen, ein stundenlanges Gespräch mit dem Chef des Lazaretts im Keller der Reichskanzlei, Professor Haase, und schließlich auch noch seinen Hund vergiften lassen, wobei er sich das Resultat angeschaut haben soll!

Weitere Geschichten, die Axmann auftischte, betrafen die Leichenschau, den Leichentransport und den Tod von Bormann. Er behauptete, an der Leichenschau beteiligt gewesen zu sein. So schrieb er in seinen 1995 herausgegebenen Erinnerungen: „Am Nachmittag ging ich zurück in den Bunker … Ich ging zu den Privaträumen Hitlers. Vor dem Eingang stand der SS-Sturmbannführer Otto Günsche und sperrte ihn mit seiner hünenhaften Gestalt. Er habe vom Führer den Befehl erhalten, keinen Besucher mehr einzulassen ... Mit Dr. Goebbels begab ich mich in den Lageraum, wo sich bereits Martin Bormann aufhielt ... Wir sahen uns wortlos an. Dann fragte Dr. Goebbels: ‚War da nicht ein Schuß?' Bald darauf erschien Otto Günsche und meldete :'Der Führer ist tot.' Es war gegen 15.30 Uhr. Mit Goebbels und Bormann folgte ich Günsche in Hitlers Wohnraum.“[540]

Dass Axmann das alles so, wie er es beschrieb, nicht erlebt haben kann, weil er zu spät kam, machen wir an folgenden Aussagen anderer Zeugen fest:

> Mit Günsche stand der diensthabende Offizier der Bunkerwachmannschaft, SS-Obersturmführer Frick, vor der Tür zum Lagevorraum Wache. Von einem zweiten Wachoffizier, also von Frick, ist aber bei Axmann keine Rede!

> Günsche hat niemals ausgesagt, dass Axmann noch zu Hitler wollte, ja er war sich nicht einmal sicher, ob dieser im Lageraum oder im Lagevorraum mit den anderen Personen wartete.

> Günsche hatte seinen Wachtposten ganz klare Befehle erteilt. So durften nur „Goebbels, Bormann, Burgdorf, Krebs, Rattenhuber, Mohnke, Linge und Kempka" den Lagevorraum betreten.[541] Von Axmann war da keine Rede und er wäre demnach schon von den Wachposten vor der Panzertür zu Hitlers Bunker aufgehalten und zurückverwiesen worden in den Vorbunker.

> Axmann ist nicht mit Goebbels in den Lageraum gegangen. Goebbels ging allein dorthin. Das haben andere Zeugen so ausgesagt.

> Im Lageraum befand sich nicht nur Bormann. Bei Axmann ist keine Rede von den nach Aussagen anderer Zeugen im Lageraum anwesenden Dr. Naumann, Krebs, Burgdorf ..., weil er selbst zu dieser Zeit nicht in dem Raum war.

> Als Günsche Hitlers Tod meldete, war Bormann im Gegensatz zu Axmanns Darstellung bereits nicht mehr im Raum sondern betrat mit Linge zusammen Hitlers Arbeitsraum. Außerdem gab es eine Aussage von Linge, dass er und nicht Günsche die im Lageraum Wartenden informiert habe.

Auch Axmanns angebliche weitere Beobachtungen stimmen vorne und hinten nicht. So schrieb er: „Wir blieben am Eingang stehen und erhoben den Arm. An der Wand uns gegenüber saß der tote Hitler in der rechten Ecke eines kleinen Sofas. Er trug Uniform, eine schwarze lange Hose und einen feldgrauen Rock mit dem goldenen Parteiabzeichen und dem EK I. Sein Oberkörper war nach rechts geneigt und sein Kopf etwas nach hinten gesunken. Gesicht und Stirn waren auffallend weiß. Von beiden Schläfen führte eine schmale Blutspur nach unten. Die Augenlider waren fast geschlossen, der Unterkiefer leicht verschoben. Der linke Arm lag am Körper, der rechte hing an der Lehne des Sofas herab. Auf dem Polster waren Blutspritzer zu sehen. Die Pistole lag auf dem Teppich.“[542] An diesen Aussagen irritiert uns:

> Dass die Leiche das Goldene Parteiabzeichen und das EK trug, denn Hitler hatte mit dem Goldenen Parteiabzeichen von seinem Uniformrock Magda Goebbels ausgezeichnet.
> Der Autor Mario Frank beseitigte diesen Widerspruch einfach, indem er schrieb: Offenbar besaß Hitler mehrere Exemplare des goldenen Parteiabzeichens.“[543] Sicher. Aber warum sollte Hitler, der angewiesen hatte, dass alles, was auf die Identität der Leiche oder der Asche hindeuten könnte, zu beseitigen sei, kurz vor seinem Tod noch ein neues Abzeichen an seinen Rock stecken lassen haben oder selbst anstecken sollen, ein Abzeichen, das den Russen geholfen hätte, die Leiche zu identifizieren?

> Das die angegebene Position der Leiche nur bedingt übereinstimmt mit den sowjetischen Untersuchungsergebnissen vom Mai 1946.
> Der Arm kann nicht außen herabgegangen haben, da die Blutspuren an der rechten Außenseite des Sofas dagegen sprechen.
> Günsche berichtete eine ganz andere Position der Leichen als Axmann. Linge berichtete ebenfalls eine ganz andere Haltung der angeblichen Hitlerleiche als Axmann.

> Alles was Axmann äußerte konnte man sich auch ausdenken, ohne dabei gewesen zu sein. Außerdem erhielt er seine Informationen durch die wirklichen Zeugen, und diese baute er später in seine Aussagen bei Vernehmungen und Erinnerungen ein.
> Axmanns gegenteilige Aussage zu der oben erwähnten in seinem Buch, die er Ende 1945 in einem Verhör durch die Amerikaner machte: „Von beiden Schläfen tropfte Blut, und sein Mund war blutig und verschmiert, aber es war kein Blut verspritzt ... Ich glaube, daß Hitler erst Gift nahm und sich dann durch den Mund erschoß.“[544] Seine Unglaubwürdigkeit wird dadurch nicht gemindert, im Gegenteil. Damals also keine Blutspritzer. Damals also eine schmale Blutspur und kein tropfendes Blut. Damals also Mundschuss statt Schläfenschuss.
> Eine weitere falsche Darstellung finden wir, wenn Axmann davon berichtet, woher er Hitlers Pistole habe: „Von Otto Günsche erhielt ich die 7,65-mm-Pistole, mit der sich Hitler erschossen hatte, und auch seine 6,35-mm-Pistole, die er in der letzten Zeit stets in seiner Tasche getragen hatte.“[545] Allerdings soll das alles ganz anders gewesen sein, wie wir aus (auch widersprüchlichen) Zeugenaussagen wissen:
> „Günsche ging nach unten, in Hitlers Arbeitsraum. Dort war alles unverändert. Er hob die Pistolen Hitlers auf, stellte fest, dass aus der 7,65er geschossen worden war. Er steckte beide Pistolen ein und übergab sie später Axmanns Adjutanten Leutnant Hamann. Dann ging er in den Lageraum ...“[546] Das heißt zugleich, dass Axmann, seinen Adjutanten im Gefolge, erst im Bunker erschien, als die Leichen bereits oben brannten. Da erst begab sich Axmann in den Lageraum zu Goebbels und den anderen Größen, während sein Adjutant im Lagevorraum wartete.
> Oder: Günsche gab sie beide Axmanns Adjutant, Weltzin.[547] Der nahm sie mit? Gerhard Weltzin starb in russischer Gefangenschaft.[548]
> Oder: Günsche steckte beide Waffen Hitlers in die Tasche und gab sie später Axmanns Adjutant Leutnant Hamann zusammen mit Hitlers Hundepeitsche. Hamann wollte beides als Reliquie für die Hitlerjugend aufheben.[549]

Rattenhuber widerlegte ganz klar Axmanns Behauptung, dass er die Waffen direkt von Günsche erhalten habe: „Der Reichsjugendführer Axmann, der bei unserem Gespräch (zwischen Rattenhuber und Linge!) zugegen war, nahm Hitlers Pistole an sich mit der Bemerkung, er möchte sie für bessere Zeiten aufheben.“[550]

Axmann sagte also nicht die Wahrheit darüber, aber auch die anderen Zeugen variierten ihre Aussagen über diesen Vorgang.

Auch die Aussage über die Auffindung der Leiche von Hitlers Frau hat Axmann erst von Goebbels erfahren. Er schrieb: „Neben ihm saß Eva Hitler in einem dunklen Kleid. Ihre Augen waren geschlossen, der Mund leicht geöffnet. Der Körper wies kein Zeichen gewaltsamer Einwirkung auf. Sie machte den Eindruck einer Schlafenden. Eva Hitler hatte sich vergiftet.“[551] Genau so aber hatte Goebbels gegenüber Baur die Situation beschrieben! Es ist naheliegend, dass er dann Axmann, der zu spät kam, ebenfalls über das Gesehene oder angeblich Gesehene in gleicher Wortwahl informierte.

Dass Axmann die Leichen im Arbeitsraum Hitlers nicht gesehen hat, wird auch deutlich an der Tatsache, dass er in seinem 576 starken Buch der für sein ganzes weiteres Leben so gravierenden Szene keine 20 Zeilen widmete.[552]

Auch Axmanns angebliche Beobachtungen des Leichentransportes können so nicht stimmen: „Goebbels und ich gingen in den Lageraum. Wir standen beide in der Tür, als SS-Männer Hitlers Leiche vorbeitrugen. Sie war in eine Wolldecke gehüllt, die nur den Oberkörper verdeckte. Dahinter trug Bormann Eva Hitler. Sie war nicht verhüllt. Günsche übernahm sie und trug sie die Treppe zum Aufgang hinauf.“[553]

Es war in Wirklichkeit aber so: Bormann nahm die weibliche Leiche auf. Im Lagevorraum übernahm sie Kempka, dem auf halber Treppe nach draußen Günsche die Leiche abnahm (wie Günsche behauptete), bzw. (wie Kempka schrieb) trugen sie zusammen die **überraschen-**

derweise schwere Leiche der Eva Hitler nach oben. Axmann also hätte, im Eingang zum Lageraum stehend, nur Kempka mit der weiblichen Leiche sehen können! Außerdem hatte Axmann in Nürnberg ausgesagt, dass beide Leichen verhüllt waren und nicht etwa Eva Hitler unverhüllt.

Schließlich schien Axmann entweder unter Gedächtnisschwäche zu leiden oder er betrieb absichtlich Falschinformation. So schrieb er : „Dann fragte Dr. Goebbels: ‚War da nicht ein Schuß?' Bald darauf erschien Otto Günsche und meldete: ‚Der Führer ist tot.' Es war gegen 15.30 Uhr."[554] Auf Seite 526 seines Buches schrieb Axmann aber: „Um 16.30 Uhr starb Adolf Hitler."[555]

Bei der Einschätzung von Axmanns Behauptungen, muss man beachten: Axmann hat das alles als eine der Varianten, die verbreitet wurden, erst nach seinem Eintreffen im Bunker, als die Leichen oben schon brannten, erfahren oder später aus den Veröffentlichungen anderer Zeugen übernommen. Er kannte die meisten Veröffentlichungen der anderen Zeugen. Immerhin erschien sein Buch erst 1995! Damit entfallen alle Aussagen Axmanns, die er nicht vor dem Nürnberger Gericht gemacht hat, als nicht verwertbar für die Aufklärung des Falles.

Dossier Dr. Bruck

Der (angebliche) jüdische Zahnarzt Dr. Fedor (bzw. Feodor) Bruck aus Schlesien, angeblich einst in Liegnitz praktizierend, spielte eine merkwürdige Rolle in der sowjetischen „Operation Zahnstatus Hitlers". Dr. Bruck wurde von sowjetischer Seite im Zusammenhang mit der Suche nach dem zahnärztlichen Personal, welches mit Hitlers Zähnen zu tun hatte, erwähnt. Er wurde von den sowjetischen Geheimdienstleuten vor den Praxisräumen des Professor Blaschke, am Kurfürstendamm 213, angetroffen und führte sie in die Praxis. Nach eigenen Aussagen war er:

> der Zahnarzt, der in Schlesien Frau Heusermann als zahnärztliche Helferin ausbildete, einstellte und mit ihr zusammenarbeitete;
> ein verfolgter Jude, der von Frau Heusermann und deren Schwester in Berlin versteckt worden sei.

Nach Berichten der Russen selbst war er der neue Inhaber der Praxis von Professor Blaschke (zumindest ab dem 02.05.1945). Alles, was wir aus den sowjetischen Darstellungen und aus dem Verhalten von Frau Heusermann hinsichtlich Dr. Bruck gegenüber ihren sowjetischen und später deutschen Verhörenden und Interviewern wissen, offenbart einige Unstimmigkeiten und Merkwürdigkeiten. Daraus ergeben sich einige Fragen:

> Gab es Dr. Bruck überhaupt?
> Gab es Dr. Bruck als jüdischen Zahnarzt, der Professor Blaschkes Praxis am Kurfürstendamm übernahm?
> Gab es eine echte Verbindung zwischen Dr. Bruck und Käthe Heusermann?

Unsere Recherchen ergaben zu der Frage „Gab es Dr. Bruck überhaupt?":
Ein Dr. Bruck hat tatsächlich existiert. Und er muss auch mit der Praxis von Professor Blaschke zu tun gehabt haben. Das ergibt sich aus einer Information, die aus den USA stammt und 2012 auf bild.de von Helmut Böger publiziert wurde.[556] Ob dieser Mann aber wirklich schon am 30.04.1945 so hieß, ist unbekannt. Es ist durchaus denkbar, dass ein anderer Mensch sich diese Identität nach dem 30.04.1945 zugelegt hatte.

Unsere Recherchen ergaben zu der Frage „Gab es eine echte Verbindung zwischen diesem Dr. Bruck und Käthe Heusermann?":

Ja, die gab es. Dr. Bruck war von den Sowjetgeheimdienstlern in bzw. vor der Praxis am Kurfürstendamm angetroffen worden und hatte sich als der neue Praxisinhaber vorgestellt.

Nun gibt es zwei Möglichkeiten. **Erste Möglichkeit**: Er war, wie er selbst den SMERSCH-Leuten sagte, der aus Schlesien gekommene und in Berlin mit Hilfe von Frau Heusermann untergetauchte jüdische Zahnarzt, der einst der Chef von Frau Heusermann war.

Das aber bestätigte Frau Heusermann nicht. Im Gegenteil, er scheint für sie nicht existiert zu haben. Das ist um so merkwürdiger, als die Rettung eines jüdischen Mitbürgers nach 1945 in der Regel nicht verheimlicht dagegen verständlicherweise gern offenbart wurde.

Zweite Möglichkeit: Er war der deutsche Zahnarzt in Professor Blaschkes Praxis, Dr. Rohkamm, der sich einer Verhaftung durch die Russen mit dieser Identitätswandlung entziehen wollte. Damit wäre er praktisch ein Kollege von Frau Heusermann gewesen. Von Dr. Rohkamm gab es jedenfalls nach dem 02. Mai 1945 keine Spur mehr in Berlin.

Unsere Recherchen ergaben zu der Frage „Gab es Dr. Bruck als jüdischen Zahnarzt, der Professor Blaschkes Praxis am Kurfürstendamm übernahm?":

Das ist ungeklärt. Wie bereits bei der Beantwortung der vorherigen Frage dargestellt, trafen die sowjetischen Geheimdienstler zwar einen angeblichen Dr. Bruck am 09.05.1945 vor der Zahnarztpraxis von Professor Blaschke an, aber das hätte durchaus der Dr. Rohkamm gewesen sein können, der seine wahre Identität als Assistent des Obersten SS-Zahnarztes und Zahnarztes Hitlers aus gutem Grund nicht preisgeben wollte.

Es ist doch immerhin ziemlich seltsam, dass der Dr. Bruck, der sich praktisch ins gemachte Nest (eine renommierte Praxis am Kurfürstendamm) gesetzt hatte, dieses Nest ohne Not wieder aufgab und sich 1947 in die USA begeben haben soll. Dort wurde seine zahnärztliche Approbation aber nicht anerkannt und er musste als Polizist arbeiten, so berichtete sein Sohn. Warum konnte er nicht als Zahnarzt arbeiten? Lautete seine Approbationsurkunde etwa auf den Namen Rohkamm? Wir nehmen an, er hat diese Urkunde in den USA aus gutem Grund niemals vorgelegt.

Da Dr. Bruck angeblich Frau Heusermann als zahnärztliche Helferin in Schlesien ausbildete und beschäftigte, muss er (Studium und Einarbeitung in seine neue Tätigkeit als selbstständiger Zahnarzt) mindestens zehn Jahre älter gewesen sein als sie. Frau Heusermann wurde 1909 geboren. Dr. Bruck wäre also bei Eintritt in den Polizeidienst in den USA um die Fünfzig gewesen.

Ist es denkbar, dass in den USA fünfzigjährige Migranten ohne Berufserfahrung im Polizeidienst neu eingestellt und eingesetzt worden sind? Außerdem war er ein körperlich kleiner Mann[557], der auch immer nur als Zahnarzt gearbeitet hatte. Kaum geeignet für den us-amerikanischen Polizeidienst, bei dem es „ganze Kerle" braucht. Wenn aber, wie wir vermuten, der angebliche Dr. Bruck in Wahrheit Dr. Rohkamm war, dann hat er Frau Heusermann nicht zwanzig Jahre zuvor in Schlesien als zahnärztliche Helferin ausgebildet und er könnte deutlich jünger gewesen sein. Vielleicht nicht älter als Frau Heusermann, denn diese war 1945 bereits 36 Jahre alt.

Die Absprache mit Frau Heusermann bezüglich seiner angeblichen Identität als Dr. Bruck hätte durchaus in den letzten Tagen vor dem Zusammenbruch erfolgt sein können, denn Frau Heusermann pendelte zwischen der Praxis am Kurfürstendamm und der in der Reichskanzlei praktisch täglich hin und her.[558]

Oder Dr. Bruck erbot sich den Russen, am 09.05.1945, Käthe Heusermann aus ihrer

Wohnung zu holen. Frau Heusermann sagte jedenfalls aus: „Am 9. Mai 1945 bin ich von einem Zahnarzt, der inzwischen die Praxis Blaschke übernommen hatte, aufgesucht worden mit der Aufforderung, in die Praxis zu kommen, wo nach Karteiunterlagen und Röntgenaufnahmen Hitlers gesucht werde. Ich habe dieser Aufforderung Folge geleistet."[559]

Es gibt nun drei Möglichkeiten, wer dieser Zahnarzt, der Frau Heusermann abholte, gewesen sein konnte: ein bulgarischer Student der Zahnmedizin, der die Offiziere der SMERSCH, angeblich im Auftrag von Professor von Eicken, begleitet hatte, der echte Dr. Bruck oder der Assistent von Professor Blaschke, Dr. Rohkamm.

Da Frau Heusermann bei ihrem Eintreffen in der Praxis Blaschke am 09.05.1945 den Bulgaren erst dort gesehen haben will („... ein ausländisch anmutender Mann, der als Sachverständiger bezeichnet wurde ..."), kann es der Bulgare nicht gewesen sein, der sie abholte. Dieser Mann fällt auch weg, weil er als Einziger im Unterschied zu Dr. Bruck und Dr. Rohkamm, ihre Wohnung nicht kannte.

Frau Heusermann gab aber auch mit keinem Wort zu erkennen, dass es sich um Dr. Bruck, den sie nach dessen Aussagen angeblich als verfolgtem Juden geholfen hatte, in Berlin zu überleben, gehandelt hatte. Sie erwähnte auch nie eine Ausbildung, die sie in ihrer schlesischen Heimat bei einem Zahnarzt gemacht haben sollte. Im Gegenteil, sie betonte im Verhör, dass sie ohne eine solche Ausbildung sei und als Quereinsteigerin bei Professor Blaschke angefangen habe.

Wenn es aber der Dr. Rohkamm war, der sich den Russen als angeblicher Dr. Bruck erboten hat, Frau Heusermann zu holen, dann hätte Dr. Rohkamm spätestens bei der Gelegenheit (wahrscheinlich aber schon viel früher) Frau Heusermann gebeten haben können, mitzuspielen. Und er hätte ihr erklären können, dass sie die SMERSCH-Offiziere in die Reichskanzlei führen müsse, weil er befürchtete, dort jemandem zu begegnen (vielleicht andere Zeugen), der ihn möglicherweise (in dem Moment völlig unpassend) mit „Dr. Rohkamm" angeredet hätte.

Dossier Doppelgänger

Ein Doppelgänger ist bekanntlich jemand, der einem anderen Menschen täuschend ähnlich sieht. Die Begriffe Doppelgänger und Double werden für jemanden benutzt, der eine andere Person glaubhaft vor Dritten als diese andere Person vertreten kann. Während Doppelgänger dem Original auf natürliche Weise weitgehend ähnlich sind, können Doubles auch Personen sein, die erst durch Maskenbildner (und durch Einsatz von Hilfsmitteln: Masken, künstliche Bärte ...) als Ersatzdarsteller in einen Zustand versetzt werden, der sie als das Original, zumindest aus einiger Entfernung, durchgehen lässt.

Eingesetzte Doppelgänger sollten zumindest annähernd das Alter, die Gestalt und die Gesichtsform des Originals haben. Besser wäre es noch, wenn auch die Stimme und die Körperhaltung passten.

Die Doubles kann man nur begrenzt einsetzen, da sie nur annähernd so aussehen, so sprechen und sich so bewegen, wie das Original. Aber es gibt auch Totaldoppelgänger, bei denen alles stimmt (bis auf zu vernachlässigende Kleinigkeiten).

Welche Rolle spielen Doppelgänger im politischen Leben und was sprach dafür, auch für Hitler einen oder mehrere Doppelgänger einzusetzen?

Erstens: Der Einsatz von Doppelgängern ist ein Element des Sicherheitsgeflechtes, welches sich Diktatoren zu ihrem eigenen Schutz schaffen oder welches von den für ihre Sicherheit mit ihrem Leben verantwortlichen Leuten geschaffen wird. Das heißt auch, dass ein Diktator möglicherweise nicht jeden der von seinen Sicherheitsleuten vorsichtshalber bereitgehaltenen Doppelgänger kennt bzw. überhaupt von ihm weiß.

Auch Stalin hatte mehrere Doppelgänger[560] ebenso Saddam Hussein. Und Doppelgängereinsatz machte Sinn. Hitler selbst sprach von sieben Attentaten, die er überlebt habe. Seine Sicherheitsexperten wussten von weit mehr. Nicht alle geplanten Anschläge waren Hitler gemeldet worden. Es sollen 42 geplante, vorbereitete oder gar ausgeführte Anschläge auf Hitlers Leben gegeben haben.[561] Allein in der 2. Hälfte des Jahres 1943 wurden sechs Anschläge auf Hitlers Leben vorbereitet.[562] Aufgrund dessen ist es natürlich, dass man für bestimmte Auftritte zur Minimierung der Tötungsgefahr für Hitler Doppelgänger als potenzielle Opfer möglicher Attentate einsetzte.

Offiziell hat Hitler sich Doppelgänger zwar vorführen lassen, diese aber angeblich immer abgelehnt. Hitlers Politik, offiziell das Eine zu sagen und tatsächlich das Andere zu tun, seine Umgebung im Unklaren zu lassen, ist allerdings bekannt. Das bestätigte zum Beispiel auch sein langjähriger Leibarzt Dr. Morell, der in einem Brief an seine Frau aus dem Krankenhaus für Internierte in Bayern, in dem er 1947 verstarb, schrieb: „... dass Hitler stets seine Gedanken für sich behielt und gänzlich verschlossenen Wesens war. Wie oft hat er gesagt, dass das Geheimhalten seiner Pläne eine große Stärke von ihm sei ..."[563]

Zweitens: Der Einsatz von Doppelgängern dient auch der Täuschung und Geheimhaltung. Zum Beispiel zeigt sich ein Doppelgänger auf einer unbedeutenden Veranstaltung, die aber absichtlich breit durch die Medien geht, während die echte Person, welche er darstellen muss, eine wichtige, aber geheime Aufgabe wahrnimmt.

Drittens: Der Einsatz von Doppelgängern dient auch der Bequemlichkeit der Diktatoren. Unangenehme Aufgaben, langweilige Veranstaltungen, unwichtige Auftritte kann man durchaus auch von einem „Darsteller" wahrnehmen lassen, während das Original anderem nachgeht: sich ausruht, pflegt, Wichtiges vorbereitet. Das ist möglich, wenn es nicht so darauf ankommt, dass das Original vor Ort ist, also zum Beispiel wenn wenig gesprochen wird (falls die Stimme des Doubles der des zu Vertretenden nicht ausreichend ähnlich ist), etwa für Paradeabnahmen auf der Tribüne stehend oder bei der Auszeichnung von Personen, wo nur ein Orden angeheftet wird, die Hand gedrückt wird und zwei, drei Worte gesagt werden.

Viertens: Der Einsatz von Doppelgängern dient auch der Schaffung eines Mythos, wenn der Diktator, der vor Augenzeugen ganz offensichtlich durch ein Attentat beseitigt worden war, plötzlich wieder auferstehen würde (Im Falle Hitlers: Die Vorsehung steht auf meiner Seite.).

Fünftens: Der Einsatz von Doppelgängern kann auch einer Führungskaste zur Erhaltung ihrer Macht dienen, indem nach einem erfolgreichen Attentat auf den Diktator mit Todesfolge dessen Doppelgänger seine Rolle im Auftrag der Führungskaste als gelenkter Darsteller übernimmt und fortführt.

Es soll tatsächlich Darsteller für Hitler gegeben haben. Dazu gehört haben sollen ein Gustav Weber oder Gustav Weler und ein Heinrich Bergner.[564] Eine Hausangestellte von Hitlers Berghof, Pauline Köhler, behauptete, sie habe mindestens drei Doppelgänger von Hitler gesehen.

Der britische Chirurg Thomas soll anhand von Bildanalysen und den ärztlichen Unterlagen, die es über Hitler gibt, ebenfalls zu dem Schluss gekommen sein, dass Hitler Doppelgänger hatte. Scotland Yard ging den Angaben von dem Chirurgen Thomas nach und veröffentlichte jedoch den Bericht nicht. Dieser soll, bezeichnender Weise, für 100 Jahre gesperrt sein!

Einer der Doppelgänger Hitlers wurde mit einem Einschuss in der Stirn außerhalb des Bunkers von Vizeadmiral Voss entdeckt und den Russen fälschlicherweise als Hitler präsentiert.

Die Tatsache, dass es für Hitler Doubles gab, wurde auch aus den USA aufmerksam beobachtet. So hieß es in der New York Times vom 19.04.1945, es gebe einen Totaldoppelgänger von Hitler, gedacht als Märtyrer für den Tod auf dem Schlachtfeld. Auch die Newsweek vom 13.03.1939 wies unter der Überschrift: „Adolf Hitler Doppelt!", auf diese Tatsache hin. Da der SS-General Fegelein einer Vertrauten/Geliebten gegenüber Ende April 1945 geäußert hatte, dass es zwei „Hitler" im Bunker gebe, ist anzunehmen, dass diese Information über eine andere Geliebte (Fegelein wird ihr dasselbe gesagt haben), eine britische Agentin, in den Westen gelangte.

Einen ganz starken Verdacht haben wir bezüglich der Person Julius Schreck. Dieser war Hitlers erster Cheffahrer, bevor Kempka diese Funktion übernahm. Schreck, im Range eines SS-Brigadeführers (Generalmajor), stand Hitler persönlich sehr nahe und er sah Hitler sehr ähnlich. Er war in der NSDAP seit 1921, wie Hitler. Er organisierte und leitete für Hitler in den 20er Jahren den Vorläufer der SS. Er wurde gelegentlich als Ersatzdarsteller für Hitler eingesetzt. Dann starb er „plötzlich und unerwartet" 1936 angeblich bei einem Verkehrsunfall[565], bzw. nach anderer Quelle an einem Zahnabszess bzw. nach wiederum anderer Quelle an einer Hirnhautentzündung.[566] Die überlieferten doch sehr unterschiedlichen Todesursachen deuten schon auf eine Verschleierung hin. Vielleicht wurde Schreck ab 1936 als Totaldoppelgänger in der Reserve gehalten?

Dass Hitler Doppelgänger einsetzte, dieser Verdacht erhärtet sich, wenn man die Ereignisse vom 20. Juli 1944 genauer betrachtet. Dass Hitler möglicherweise auch am 20.07.1944 einen Doppelgänger zur Lagebesprechung in die Gästebaracke des FHQ „Wolfsschanze" geschickt hat, um sich selbst vor dem Besuch Mussolinis noch etwas auszuruhen, wurde von dem Autor Werner Brokdorf vermutet. Und es gibt in der Tat Hinweise darauf. Wir gehen sogar noch weiter: Wir vermuten, dass Hitler wusste, dass ein Attentat an diesem Tage auf ihn ausgeführt werden sollte. Zumindest hat Hitler bereits vor seiner Abreise vom Berghof in das Führerhauptquartier „Wolfsschanze" eine Vorahnung gehabt[567], dass ein Attentat auf ihn erfolgen könne. Damit ist es durchaus denkbar, dass er in diesen Tagen einen Vertreter hat viele Termine, so auch die Lagebesprechung, wahrnehmen lassen, zumal er sich für unersetzbar für Deutschland hielt. Jedenfalls erklärte er seiner Sekretärin Christa Schroeder am Vorabend des Attentats vom 20.07.1944: „Es darf mir jetzt nichts passieren, niemand ist da, der die Sache weiterführen kann."[568] Und Hitler verwies nach dem Attentat darauf, dass er Frau Schroeder tags zuvor von seinen Ahnungen erzählt habe.[569]

Wenn man sich die Fotos anschaut, die Hitler zeigen, wie er am Tage des Attentates, nur eine oder zwei Stunden, nachdem er angeblich in der Lagebaracke verletzt wurde, seinem Besucher, dem italienischen Faschistenführer Mussolini den Ort des Geschehens zeigt oder wie er seinen verletzten Marineadjutanten Karl-Jesko von Puttkamer an dessen Krankenbett besucht (Buch Hitler, Fotostrecke zwischen den Seiten 416 und 417), dann kann man sich des Eindrucks nicht erwehren, dass es nicht Hitler war, der sich während des Attentates in der Lagebaracke befand. Hitler soll folgende Verletzungen erlitten haben: Prellung des rechten Arms, Schäden an beiden Trommelfellen, Reizung der Gehörgänge, Verletzungen an beiden Beinen durch über 100 Holzsplitter, Brandwunden am Bein, Bluterguss am rechten Ellenbogen, Quetschung im Rücken, versengte Haare und rote Flecken im rußgeschwärzten Gesicht. Die Kleidung hing in Fetzen von ihm herab.[570] Dazu kamen: vorübergehende Taubheit auf dem rechten Ohr, Schwerhörigkeit auf dem linken Ohr. Schnitte im Gesicht, versengtes Haar, Bluterguss an der linken Hand, weitere Holzsplitter im Körper.[571] Linge meinte gar: „an die 200 Holzsplitter".[572] Da ist es schwer vorstellbar, dass er so schnell wieder fit war und einen Staatsempfang durchführen konnte. Hitler allerdings empfing Mussolini auf dem Bahnhof, aufrecht, lediglich den rechten Arm in einer schwarzen Schlinge.[573]

Dass der Doppelgänger einiges abgekriegt hatte und unter den Folgen litt, zeigte die Tatsache, dass „Hitler" nach dem 20.07.1944 sehr stark alterte.

Die Russen jedenfalls haben den Einsatz von Doppelgängern durch Hitler absolut nicht für undenkbar gehalten. In den Verhören war gerade das immer wieder eine

Frage an die Gefangenen. So berichtet Hans Hofbeck zu den Verhören in russischer Gefangenschaft: „Die Frage nach dem Doppelgänger habe ich dahingehend beantwortet, dass sich in der Reichskanzlei ein Pförtner befunden habe, der Ähnlichkeit mit Hitler gehabt habe. Einen solchen Mann hat es tatsächlich als Pförtner gegeben. Dieser Mann hatte ähnliche Gesichtszüge wie Hitler und auch einen ähnlichen Schnurrbart sowie eine ähnliche Frisur. Er war aber etwas kleiner.“[574]

Die angebliche Hitlerleiche war auch kleiner als Hitler es war. Dies wurde versucht, mit dem Verbrennungsprozess zu erklären. Aber war das so?

Hofbeck sagte weiter: „Im übrigen habe ich immer wieder versichert, dass Hitler tot sei und nicht etwa ein Doppelgänger erschossen und verbrannt worden sei.“[575]

Natürlich war das in seiner Lage das Vernünftigste. Und über eine Vernehmung im **Mai 1946** in Berlin, wo er gemeinsam mit Günsche und Baur verhört wurde, sagte Hofbeck später aus: „Dabei war wieder von dem Doppelgänger die Rede. Baur hat bei dieser Vernehmung erwähnt, dass in weit zurückliegender Zeit einmal ein Mann aus Breslau vorgestellt worden sei, der Hitler sehr ähnlich gesehen habe. Es habe sich dabei um einen Bäckermeister gehandelt. Hitler habe aber völlig abgelehnt. Ich habe mich dann erinnert, dass ich von diesem Mann aus Breslau schon früher einmal gehört hatte.“[576] Auch der Bunkertelefonist Rochus Misch berichtete darüber, dass seine Vernehmungsoffiziere unbedingt herausbekommen wollten, ob für Hitler ein Doppelgänger starb: „Zuerst ging die Vernehmung normal. Dann wurde ich eine Woche lang jede Nacht aufs Grausamste gefoltert. Die Russen behaupteten, Hitler habe einen Doppelgänger gehabt und wollten mir nicht glauben.“[577]

Immerhin soll auch von Heinrich Müller, dem Gestapochef, der Hinweis stammen, dass der Doppelgänger für Hitler 1941 in Breslau entdeckt und für seine Rolle vorbereitet worden sei. Bis auf einige Auftritte sei der Darsteller nach dem 20.07.1944 nicht mehr eingesetzt worden.[578] Entweder das war vom Geheimpolizeichef Müller gelogen oder der Doppelgänger war bereits zu krank, als dass er hätte in der Öffentlichkeit Hitlers Rolle spielen können. Allerdings hätte er immer noch gut für einige Stunden oder einige Tage den körperlich und geistig in desolatem Zustand befindlichen Hitler spielen und an seiner Stelle sterben können.

Wir haben also in der Frage der Doppelgänger für Hitler:

> die Bestätigung, dass es Doppelgänger gab, das Gegenteil wäre bei einem Diktator auch nicht anzunehmen gewesen;
> die Aussage einer deutschen Schauspielerin, dass Fegelein in der letzten Dekade des April 1945 von einem Doppelgänger im Führerbunker sprach;
> die Vermutung, dass der kranke Totaldoppelgänger Julius Schreck freiwillig für seinen alten Freund Adolf Hitler starb;
> die Vermutungen ausländischer Experten, dass es Hitlerdoppelgänger gab, die im Einsatz waren.

Dossier Junge

Die jüngste von Hitlers Sekretärinnen, Gertraud (Traudl) Junge, war eine Randfigur. Sie war in keiner der Phasen an den Aktionen beteiligt und sie war auch keine direkte Zeugin. Sie nahm zwar meist an Hitlers Teestunden teil, spielte aber keine besondere Rolle in Hitlers Umgebung. Dennoch wurde sie in allen Büchern über Hitlers Tod als Zeugin erwähnt und wurden ihre Aussagen dort wo sie in das Konzept passten, als Beweise genutzt.

Frau Junge hat durch Erfindungen, wahrscheinlich aus Wichtigtuerei (Buchautorin Lebenserinnerungen) zur Vertuschung und Verwirrung, wohl eher unbeabsichtigt, beigetragen. Sie hat ein schlechtes Gedächtnis gehabt, denn die Tage und die konkrete Zeit der verschiedenen Ereignisse, über welche sie schrieb, passten nicht zu den Aussagen vieler anderer Zeugen.

Sie hat auch selbst angesprochen, dass die psychische Belastung durch das Leben im Bunker, die Störung des Tag-Nacht-Rhythmusses, den Schlafmangel, das Zeitgefühl gestört war: „Wir wissen kein Datum mehr."[579] „Ich erinnere mich an keine Gespräche, keine Einzelheiten mehr."[580]

Das was sie der interessierten Nachwelt mit ihren Zeitungsberichten (meist in englisch) und in ihrem Buch von 2002 offenbarte und was sie aussagte, zeigte aber auch, dass sie: erstens als Kolporteurin von Falschinformationen missbraucht wurde, dass sie zweitens, so wie die anderen Personen aus Hitlers Umfeld instruiert wurde, bestimmte Aussagen einer erfolgten Absprache gemäß zu treffen, drittens, dass sie zu kognitiven Fehleinschätzungen neigte und viertens, dass sie über eine „dichterische Ader" verfügte.

Zu **Erstens:** Frau Junge wurde ganz eindeutig missbraucht **als Kolporteurin angeblicher Geschehnisse.** Das wird deutlich an ihren Darstellungen zu den Geschehnissen, die sie von Günsche erfuhr hinsichtlich der Leichenauffindung, des Transportes und der Verbrennung. Günsche hatte neben anderen Leuten (Axmann, Kempka ...) für die Verbreitung seiner Falschinformationen gerade auch sie ausgesucht, weil sie ihm vertraute und er sie wohl für eine „Litfaßsäule" hielt. So hat sie von Günsche erfahren und später weitergegeben, dass Hitlers Leiche zu Asche verbrannt sei und die Asche nicht mehr auffindbar sei. Sie schrieb in ihrem Buch: „... ich denke darüber nach, wie vergänglich die Menschen sind. Vor ein paar Tagen noch der mächtigste Mann im Reich und jetzt ein Häufchen Asche, das in alle Winde verweht."[581] Damit kolportierte sie, was ihr Günsche erzählt hatte.

Während eines Verhörs durch die Amerikaner am 07.08.1946 berichtete sie, dass ihr von Günsche gesagt worden sei, dass Hitlers Asche von Artur Axmann in einem Kästchen aus dem Führerbunker gebracht worden sei. Offensichtlich ist sie auch in dieser Frage dem Günsche auf den Leim gegangen, der Nebelkerzen warf und Täuschungsaktionen durchführte.[582] „Ich zweifelte keinen Augenblick an Günsches Worten. Wo hätte der Führer auch sonst sein sollen. Seine Erschütterung kann man nicht spielen ... Wo hätte der Führer auch sonst sein sollen. Kein Fahrzeug, kein Flugzeug, kein geheimer Gang führte aus diesem Bunker heraus in die Freiheit. Und Hitler konnte ja noch nicht einmal mehr richtig gehen, sein Körper hatte ihm nicht mehr gehorcht ..."[583]

Also, Erschütterung kann man durchaus spielen. Und hatte Hitler kein Fahrzeug mehr? Sie konnte es nicht wissen. Und hatte Hitler kein Flugzeug mehr? Sie konnte es nicht wissen. Und gab es keinen geheimen Gang? Ihr, der unbedeutendsten Sekretärin Hitlers, hätte man es bestimmt nicht erzählt, wenn es einen solchen Gang gegeben hätte.

Sie sprach aber genau die Punkte an, die angeblich eine Flucht verhindert haben. Auch Chefleibwächter Rattenhuber hatte genau so in dem Bericht argumentiert, welchen er im Mai 1945 für die Russen niederschrieb! Günsche hatte ihr das suggeriert, was zwischen den Fluchthelfern Hitlers abgesprochen worden war.

Zu **Zweitens:** Frau Junge wurde, wie andere auch, konkret instruiert, bestimmte Aussagen zu treffen, falls sie in Gefangenschaft geraten würde. Das wird ganz deutlich an ihren Aussagen zur Person Schädle. Bezogen aus den 28.04.1945 schrieb sie: „Wer jetzt noch von den Posten und Soldaten hinaus muss ins Freie, spielt mit dem Leben. Schon gibt es Verwundete unter unseren Leuten. Der Führer des Kommandos hat einen Beinschuss und kann sich nicht mehr bewegen vor Schmerzen."[584] Bezogen auf den 01.05.1945 schrieb sie: „Aber jeder lässt sich vom Führer des Begleitkommandos Waffen geben."[585] Die Erwähnung von Schädle als Waffen ausgebendem ist ziemlich weit hergeholt. In der Waffenkammer steht als Ranghöchster in der Regel ein Waffenunteroffizier, höchstens ein Hauptfeldwebel. Man stelle sich vor, der Kompaniechef habe beim Bund die Waffen selbst ausgegeben. Und vom Dienstgrad Schädles als Oberstleutnant ausgegangen wäre es sogar der Bataillons- oder gar Regimentskommandeur gewesen, der den Mannschaften die Waffen eigenhändig ausgegeben hätte! Sehr unglaubwürdig. Vermutlich hat ihr Günsche gesagt, Schädle habe einen wichtigen Geheimauftrag, er sei auf dem Weg zu Dönitz oder zu Schörner. Das müsse unbedingt geheim bleiben. Deshalb müsse jeder so tun, als habe er ihn noch in den letzten Stunden in der Reichskanzlei oder im Bunker gesehen!

Vermutlich ist es aber auch so gewesen, dass man den Frauen nicht getraut hat, denn sie waren keine Soldaten und hatten keinen Eid geleistet. Deshalb vermuten wir, dass einer der Männer, wahrscheinlich Günsche, zu den Frauen gesagt hat: *Bleibt hier und wartet, bei dem Gedränge (im Keller der Reichskanzlei) wird das zu schwer für euch und wir müssen uns ja wiederfinden. Ich hole für euch die Waffen. Zurückgekommen hat er dann vermutlich gesagt: Der Kommandochef Schädle hat die Waffen ausgegeben. Und das bei seiner schweren Verwundung. Alle Achtung!*

Ebenfalls bezogen auf den 01.05.1945 schrieb Frau Junge: „Nur Schädle, der verwundete Chef des Begleitkommandos, hat sich schon erschossen."[586]

Dieser Satz wurde einfach so eingestreut. Komisch nur: Misch will seinen Chef Schädle angeblich noch in der Frühe des nächsten Tages gesehen haben.

Zu **Drittens**: Einige Informationen, welche die Frau Junge weitergab, zeigen ganz klar, dass sie zu kognitiven **Fehleinschätzungen** (zeitlicher, personeller und sachlicher Art) neigte. Diese wurden zum Beispiel deutlich an folgenden ihrer abgegebenen Zeugnisse:

Für den 26.04.1945 berichtete sie von einer Kriegshochzeit in der Neuen Reichskanzlei. Ein Küchenmädchen habe einen Kraftfahrer geheiratet. Goebbels Staatssekretär Dr. Naumann habe den Standesbeamten gespielt.[587]

Das war aber alles ganz anders: Am 27.04.1945 traute Dr. Naumann in Anwesenheit Hitlers und Eva Brauns zwei Ordonnanzen standesamtlich.[588] Auch der Ort der Feier war ein anderer. Und wir können nicht glauben, dass Naumann in dieser Zeit, wo er auch noch ein Bataillon Volkssturm anführte, Zeit hatte, täglich Eheschließungen zu beurkunden, zumal er nicht einmal zur Eheschließung Hitlers abkömmlich war. Es kann also nur an einem der beiden Tage geschehen sein.

Über die Ankunft von Generaloberst Ritter von Greim im Führerbunker schrieb sie, Hanna Reitsch habe den Generaloberst in den Bunker gebracht. „Auf ihre Schulter gestützt humpelt Greim auf einem Bein in den Bunker."[589] Offensichtlich war sie nicht dabei, als Generaloberst von Greim in den Bunker gebracht wurde und hat sich die Szene für ihr Buch so vorgestellt.

Die Ankunft im Führerbunker beschrieb Hanna Reitsch nämlich so: Nach der Ankunft vor der Reichskanzlei brachten „SS-Wachen ... den Generaloberst in den Operationsbunker, in dem Dr. Stumpfegger sofort seine ärztliche Behandlung übernahm. Danach wurden wir – der Generaloberst auf seiner Bahre liegend – zwei Stockwerke tiefer in den Führerbunker gebracht."[590]

Für den 27.04.1945 schrieb sie in ihrem Buch, dass Hitler eine lange Reihe von Leuten aus den verschiedenen Bunkern im oberen Bunker und auf der Treppe bis hinunter zum Führerbunker verabschiedet habe.[591] Das war aber nach zahlreichen Zeugenaussagen in der Nacht zum 30.04.1945! (Es könnte allerdings auch sein, dass vielleicht sie die Einzige war, welche das richtige Datum nannte!)

Auch das Datum der Tötung der Hunde Hitlers durch Professor Dr. Haase, welches sie auf den 28.04.1945 datierte, war falsch, da dies erst am 29.04.1945, vielleicht sogar erst am 30.04.1945 stattfand.

Zu Viertens: Die dichterische Ader von Frau Junge zeigte sich auch an folgenden angeblichen Begebenheiten an denen sie beteiligt gewesen sein wollte:

> So soll es, nach dem was Frau Junge in ihrem Buch schrieb, am 28.04.1945, noch vor dem Abflug von Generalfeldmarschall Ritter von Greim gewesen sei, als Professor Haase aus dem Lazarett geholt wurde, um „Blondi" zu töten. „Wir sahen, wie der Führer mit ihm sprach, ihm eine der Giftampullen gab und dann mit ihm in den kleinen Vorplatz bei den Toiletten ging, wo Blondi mit ihren Jungen untergebracht war. -

Der Arzt beugte sich über den Hund, eine kleine Welle von bitter-süßem Mandelgeruch schlug uns entgegen, dann regte sich Blondi nicht mehr. Hitler kam zurück... Wortlos schloss er sich in sein Zimmer ein."[592]

Wo will Frau Junge mit wem („wir") gesessen haben, um das beobachten zu können? Günsche, der es auch gesehen haben will, aber nicht mit Frau Junge, sondern mit Mohnke in der Nähe (Aufenthaltsraum vor der Telefonzentrale) gesessen haben will, erwähnte sie nicht und Misch, der es, aus seiner Telefonzentrale, auch gesehen haben will, erwähnte weder Günsche, noch Frau Junge oder sonst wen, der die Szene gleich ihm gesehen haben könnte.

Hitler blieb nach ihrer Darstellung die ganze Zeit dabei, als Blondi getötet wurde. Die anderen Zeugen sagten aber aus, dass Hitler in Wahrheit nur kurz dazu gekommen sei und sofort wieder gegangen sei. Sie erwähnte auch den Feldwebel Tornow, der den Hund festgehalten hat, nicht. Damit wird auch hier deutlich, dass sie diese Szene nicht selbst erlebt hat, sondern sich zusammendichtete.

Frau Junge behauptete auch, den Schuss aus Hitlers Pistole gehört zu haben. Da die Geräusche des Luftfiltersystems und die Bomben- und Granateinschläge, die von außerhalb des Bunkers zu hören waren, ein Schussgeräusch aus einer Pistole geschluckt hätten und weil Frau Junge oberhalb des Führerbunkers an der Treppe des Vorbunkers weilte, zwischen ihr und dem Arbeitsraum Hitlers vier Türen geschlossen waren, hat sie sich auch das zusammengedichtet.[593]

> Ein weiteres Märchen der Frau Junge: „Zum letzten Mal gehe ich an Hitlers Tür vorbei. Da, an dem eisernen Garderobenständer hängt wie immer Hitlers schlichter grauer Mantel, darüber seine große Mütze mit dem goldenen Hoheitszeichen und seine hellen Wildlederhandschuhe. Die Hundeleine baumelt daneben."[594] Schon wieder zusammengedichtet, beziehungsweise gelogen: Da dies direkt vor dem Ausbruch gewesen sein soll, kann es nicht stimmen. Der Befehl Hitlers lautete: alles was an mich erinnert, ist zu verbrennen. Die Nachhut hatte bereits ganze Arbeit geleistet. Die Hundepeitsche hatte Axmanns Adjutant mitgenommen für ein HJ-Museum.

> Frau Junge behauptete, im leeren Zimmer Hitlers, nachdem die Leichen abtransportiert worden waren, Evas Pistole und die Messinghülse der Giftkapsel gesehen zu haben.[595] Auf der blau-weiß gemusterten Sitzbank habe sie Blut gesehen. Aber Blut war nicht auf dem Sitzpolster! Wenn sie in Hitlers Zimmer gewesen wäre, dann hätte sie davon berichtet, dort auch andere auf Plünderzug Befindliche getroffen zu haben. Da war Harry Mengershausen, der sich angeblich das Goldene Parteiabzeichen von Hitlers Rock stahl (Zeuge: Rattenhuber), da war Axmann, der sich die beiden Pistolen holte (Zeuge: Rattenhuber) Wenn sie überhaupt im hinteren Teil des Bunkers gewesen wäre, dann hätte sie auch nicht behauptet, von der Verbrennung seien in den Bunker zurückgekehrt: Goebbels, Bormann, Axmann, Hewel, Günsche, Kempka.[596] Axmann war nämlich unten geblieben! Hewel war nicht dabei. Andere, die dabei gewesen sein sollen, erwähnte sie nicht (Krebs, Burgdorf ...). Offensichtlich hat sie nur vermutet, wer zur „Trauergemeinde" gehört haben könnte und das dann so niedergeschrieben.

> Für den 28.04.1945 abends, hielt Frau Junge eine weiteres Märchen für ihre Leser bereit. Sie schrieb: „Irgendwo finde ich ein Feldbett und schlafe eine Stunde, es muss mitten in der Nacht sein, als ich aufwache. Draußen im Korridor und in den Führerräumen herrscht ein geschäftiges Kommen und Gehen der Diener und Ordonnanzen. Ich wasche mich, ziehe mich um, es wird Zeit sein, den Tee mit dem Führer zu trinken. Immer noch trinken wir Tee mit ihm. Und immer ist der Tod unsichtbarer Gast. Aber heute empfängt mich ein unerwartetes Bild, als ich die Tür zu Hitlers Arbeitszimmer öffne.[597]

Was bei dieser Darstellung auffällt und so absolut nicht stimmen kann: Frau Junge will in der Nähe der „Führerräume", wie sie schreibt, „ein Feldbett" gefunden haben, welches sie für eine Stunde Schlaf genutzt haben will. Im Führerbunker gab es folgende Feldbetten: Ein Bett im Zimmer von Goebbels, Betten im Raum von Linge, ein Bett im Raum von Dr. Stumpfegger, das Doppelstockbett für die RSD-Wachleute vor der Treppe zum Notausgang. In keinem dieser Betten hätte sie schlafen können, da sie anderen Personen konkret zugeteilt waren und sie sich nicht einfach in irgendein Bett hätte legen können. Ihr Bett befand sich im Keller der Reichskanzlei. Es ist absolut auszuschließen, dass Frau Junge eines dieser Betten hätte benutzen können! Sie schrieb auch, dass sie sich dort gewaschen und umgezogen haben will. Die einzige Möglichkeit, sich zu waschen war in der Toilette des Führerbunkers. Diese hätte sie natürlich nutzen können. Aber woher hatte sie die Sachen um sich umzuziehen? Die hatte sie im Keller der Reichskanzlei, dort wo ihre eigentliche Schlafstelle war. Und es ist auch abwegig zu glauben, dass das Personal Kleidungsstücke zum Umziehen und sei es nur Unterwäsche, stets bei sich getragen hätten, wenn sie den Führerbunker besuchten. Auch die Zeit stimmt absolut nicht, von wegen „es muss mitten in der Nacht sein", denn lange Jahre bevor sie dies so in ihrem Buch niederschrieb, hatte sie zum Zeitpunkt der Niederschrift der Testamente Hitlers ausgesagt: „Bald nach dem Abendessen ..."[598]

> Frau Junge hat angeblich einen Silberfuchsmantel oder auch einen Blaufuchsmantel von Eva Braun geschenkt bekommen, sie erwähnte mal diesen und mal jenen. 30.04.1945: „Dort hängt der schöne **Silberfuchsmantel**, den sie so liebte. ‚Frau Junge, ich möchte Ihnen diesen Mantel zum Abschied schenken', sagt sie."[599] 01.05.1945: Im Schrank in Evas Zimmer hängt mein **Blaufuchsmantel**. Sein Futter trägt das goldene Monogramm E.B. Ich kann ihn nicht brauchen ..."[600]

Die Berichte von Frau Junge mussten deshalb von uns mit Vorsicht genossen werden. Durch den kritischen Quellenvergleich und Plausibilitätsprüfungen der Aussagen haben wir dennoch einige Informationen von ihr verwenden können.

Dossier Heusermann

Käthe Heusermann war die Kronzeugin der Sowjets bei der Identifizierung der Zähne Hitlers und Eva Brauns. Da mit ihrer Aussage die gesamte Beweisführung der Russen, dass sie Hitlers Leiche gefunden und sichergestellt hatten, stand und fiel, wurde sie zehn Jahre lang eingekerkert. Man befürchtete offensichtlich, dass sie umkippen und die Wahrheit sagen könnte. Es gab eine Übereinkunft der Alliierten, dass die einfachen Kriegsgefangenen nach wenigen Jahren zurück zu ihren Familien entlassen werden sollten. Das war auch seitens der Sowjetunion bei vielen Gefangenen der Fall. Aber sie benötigten auch weiterhin Zehntausende von billigen Arbeitskräften. Um das zu garantieren haben sie deren Status verändert aus „Kriegsgefangener" in „Kriegsverbrecher". Damit waren in der Regel 25 Jahre Zwangsarbeitslager verbunden. Wenn man also Frau Heusermann zur Kriegsverbrecherin gestempelt hätte, weil man ihre Arbeitskraft benötigte, dann wäre die lange Haft einigermaßen verständlich gewesen. Aber man brauchte sie nicht als Arbeitskraft, man setze sie nicht ein, im Gegenteil, man hielt sie in Isolationshaft. Bezeichnend ist auch, dass sie in keiner Weise nach ihrer Freilassung 1955 von selbst an die Öffentlichkeit gegangen ist. Offensichtlich wirkten die Verhaltensregeln, die ihr die Russen zum Zeitpunkt der Freilassung eingebläut hatten, nach.
Die ehemalige Angehörige des sowjetischen Militärgeheimdienstes Jelena Rshewskaja-Kagan, damals Leutnant und Dolmetscherin des Oberst Gorbuschin, behauptete in ihrem Buch (2005), die Zahnarzthelferin Käthe Heusermann sei auf einen Hinweis des jüdischen Zahnarztes Dr. Feodor Bruck von einem bulgarischen Studenten, der wiederum Praktikant bei einem HNO-Arzt in der Charité (Professor von Eicken), gewesen sein soll, in die Praxis von Hitlers Zahnarzt, Professor Blaschke geholt worden. Und sie sei Dr. Brucks, der aus der Provinz nach Berlin gekommen sei, Schülerin und spätere Gehilfin gewesen. Sie und ihre Schwester hätten Dr. Bruck in Berlin unter falschem Namen vor der Gestapo versteckt.[602]
Das ist durchaus möglich gewesen. Frau Heusermann kam aus Schlesien. Sie stammte aus Liegnitz. Frau Heusermann hat aber nie erzählt, dass sie den Dr. Bruck versteckt hätte, obwohl sie doch annehmen konnte, dass die Russen dies als eine gute Tat betrachten würden und dass ihr nach dem Zusammenbruch des Nazi-Regimes die Lebensrettung eines Juden hoch angerechnet werden würde. Aber ganz im Gegenteil, sie hat alles getan dafür, dass der Zusammenhang zwischen ihr und Dr. Bruck nicht bekannt wurde:

Während einer Befragung am 27.04.1956 sprach sie von einem Zahnarzt, der die Praxis Blaschke übernommen habe, der sie aus ihrer Wohnung zur Praxis geholt habe, wo sie die Russen erwarteten. Sie erwähnte nicht, dass es Dr. Bruck gewesen sei und dass sie ihn gerettet habe. Außerdem hat sie bei den Verhören niemals den Namen Dr. Bruck erwähnt. Als sie bei einem der Verhöre (19.05.1945) nach ihrem beruflichen Hintergrund befragt wurde, gab sie an, dass sie keine spezielle zahnärztliche Ausbildung habe und erst 1937 (also im Alter von 28 Jahren) „einen praktischen Lehrgang" in der Privatpraxis von Professor Blaschke gemacht habe.[603] Sie unterschlug also die Ausbildung (Lehre) und Praxis als zahnärztliche Helferin bei Dr. Bruck in Schlesien oder es gab diese Ausbildung einfach nicht. Und damit gab es wahrscheinlich auch einen jüdischen Zahnarzt Dr. Bruck nicht.[604]

Der britische Historiker Trevor-Roper schrieb über sie: „Durch einen merkwürdigen Zufall hatte sich Fräulein Heusermann während der Belagerung von Berlin als Flüchtling in der Reichskanzlei aufgehalten und während Hitlers letzten Tagen vieles beobachtet."[605] Als Flüchtling? Ja, was für ein „merkwürdiger Zufall"! Es gab offensichtlich keinen Zahnarzt mehr in der Reichskanzlei, aber die Sprechstundenhilfe Heusermann und der Zahntechniker Echtmann hielten sich in der Reichskanzlei auf (nach Echtmann ab dem 25.04.1945, nach Heusermann schon seit dem Abflug von Professor Blaschke am 22.04.1945 oder gar früher) und hatten Unglaubwürdiges zu berichten.

Der Aufenthalt von Frau Heusermann (wie auch der von Herrn Echtmann) in der Reichskanzlei war durch nichts zu begründen. Sie war von ihrem Chef aufgefordert worden, am 21.04.1945 mit nach Berchtesgaden auszufliegen, was sie aber ablehnte. Sie begründete es damit, dass sie eine Wohnung in Berlin habe und dass sie zu viel zu tun hätte. Blaschke warnte sie vor Vergewaltigung und Tötung durch die Russen. Sie gab später an: „Ich begriff überhaupt nicht den Ernst der Lage. Vielleicht war es dumm von mir, aber ich hatte so viel zu tun, dass ich gar nicht merkte, wie aussichtslos alles geworden war."[606]

Die Frage ist nun: Was sollte sie zu tun haben, wenn ihr Chef sie aufforderte, mitzukommen? Hat sie den Juden Bruck versorgen müssen? Das hätte ja auch ihre Schwester tun können. Falls sie geglaubt haben sollte, der Schutz von Bruck sei ihr „Persilschein" für die Russen, so hatte sie sich geirrt, genauso wie sie eben mehrfach vergewaltigt wurde, so wie es ihr Chef befürchtete und sie kam für elf Jahre in ein sowjetisches Geheimdienstgefängnis.

Gegenüber den Russen gab sie als Grund an, sie habe ihre Sachen eingegraben, damit sie bei einem Bombenangriff nicht zerstört werden konnten und sie hätte deshalb bleiben müssen.[607] Wäre der Grund gewesen, dass sie sich um Bruck kümmern musste, dann hätte sie das den Russen offenbaren können.

Sie hielt sich dann in der Zahnarztpraxis ihres Chefs am Kurfürstendamm auf und begab sich am 25. oder 26.04.1945 in die Reichskanzlei (Aussage Echtmann). (Das Datum ist anzuzweifeln. Laut Heusermann selbst erhielt sie am 24.04.1945 von Eva Braun und Hitler eine Giftampulle.[608]) Weshalb gingen sie in die Reichskanzlei? Ohne Zahnarzt konnten sie nicht wirklich arbeiten. Der Sturmbannführer Dr. Kunz war zwar von Beruf Zahnarzt, hat aber nicht in der Reichskanzlei für „das gemeine Volk" praktiziert. Er hat sich dagegen an der Vergiftung der Goebbelskinder beteiligt. Außerdem wurde er weder von Frau Heusermann, noch von Herrn Echtmann in irgendeinem Zusammenhang erwähnt.

In der Reichskanzlei ist man ja offensichtlich vom 22.04.1945 bis zum 26.04.1945 ohne Heusermann und Echtmann ausgekommen, wenn man Echtmanns Zeitangabe glaubt. Und Blaschke hatte ja mit seiner Aufforderung an Frau Heusermann, mit in den Süden zu fliegen, unterstrichen, dass es keinerlei Anforderung „von oben" gab, Personal für die Reichskanzlei zu stellen.

Was mag Frau Heusermann dazu bewogen haben, in der Reichskanzlei zu bleiben? Sie war kein naives kleines Mädchen. Sie war zu dem Zeitpunkt bereits 36 Jahre alt. Glaubte sie, in der Reichskanzlei geschützt zu sein? Der Glaube, in der Reichskanzlei besser geschützt zu sein, als draußen in der Stadt, war ja geradezu töricht. Im Zentrum der Macht, die gerade in den Abgrund stürzte war es viel gefährlicher, als anderswo. Sie aber glaubte wohl, dass sie sich dann im Auge des Taifuns befände, in dem es immer ungefährlicher ist, als an seinen Rändern. Ein Grund könnte auch gewesen sein, dass sie so an der Versorgung der Insassen mit Verpflegung teilhaben konnte und so für sich, für ihre Schwester (und für den von ihr versteckten jüdischen Zahnarzt – falls es ihn wirklich gab) Verpflegung besorgen konnte. In Berlin hungerte man, die Versorgung war zusammengebrochen. In der Reichskanzlei jedoch gab es noch genügend zu essen. Der Ernährungsinspekteur der Wehrmacht und der SS, Dr. Ernst-Günther Schenck, der später als Chirurg im Lazarett der Reichskanzlei tätig wurde, schaffte Lebensmittel für 3000 Mann auf sechs Wochen (Säcke mit Mehl, Dauerbrot, Hülsenfrüchten und Fleischdosen) herbei.[609]

Könnte es nicht auch so gewesen sein, dass weder die Heusermann, noch ihr Kollege Echtmann nach dem Abflug ihres Chefs Blaschke in der Reichskanzlei waren? Gab es möglicherweise eine Absprache zwischen Heusermann und Echtmann dahingehend, zu behaupten, dass sie in der Reichskanzlei gewesen waren? Wollten sie sich so gegenüber den Russen als wertvolle Zeugen anbiedern?

Unsere Vermutung wird bestätigt durch die vielen Lügen, die von beiden über angebliche Erlebnisse in der Reichskanzlei und im Führerbunker bekannt geworden sind. Käthe Heusermann wie auch Fritz Echtmann haben mehrfach gelogen, aus Angst, und ihre Lügen wurden von den Sowjets begierig aufgenommen, da sie in deren Darstellungskonzept passten.

Als Zahnärztliche Helferin von Professor Blaschke, der nicht mehr in Berlin weilte, hatte sie nichts im Bunker zu suchen. Sie gab aber an: „.... Am 24. April 1945 bin ich von Eva Braun im Führerbunker gefragt worden, ob ich denn nun etwas habe, um mir das Leben zu nehmen, wenn der Russe kommt. Nachdem ich diese Frage verneint hatte, kam Hitler selbst hinzu. Er holte dann eine in einer Messinghülse enthaltene Glasampulle herbei mit dem Bemerken, man müsse nur darauf beißen, schlucken sei nicht notwendig ...“[610]

Wir glauben nicht, dass Eva Hitler die Heusermann so gut kannte, dass sie mit ihr darüber sprach. Die Heusermann gehörte zum einfachen „Personal", welches sich nicht einmal in täglicher Nähe zum Machtzentrum befand, sondern über die Jahre selten und sporadisch mit Hitler in Kontakt kam.

Sie behauptete auch 1956, dass sie bei der Verabschiedung von Mitarbeitern des Lazaretts unter der Reichskanzlei durch Hitler am 30.04.1945 (sie meinte es sei der 29.04.1945 gewesen) teilgenommen habe.[611] Dr. Schenck jedoch erwähnt nur vier Personen vom medizinischen Personal, sie war nicht darunter.

Und Echtmann sagte aus: Nach der Verabschiedung Hitlers am 30.04.1945 habe Frau Heusermann ihm gesagt, dass heute alle Beteiligten von Hitler eine Giftampulle erhalten hätten. Sie hatte ihre Ampulle ja angeblich schon am 24.04.1945 erhalten und für die anderen gilt, dass Dr. Schenck nichts davon berichtet hat, dass Giftampullen von Hitler ausgegeben worden seien.

Frau Heusermann blieb elf Jahre lang in Gefangenschaft, wie eine Schwerverbrecherin, die meiste Zeit in Einzelhaft.[612] So wichtig war es den sowjetischen Geheimdienstlern, dass sie all die Jahre nach dem Krieg nicht in Deutschland über die Manipulation der Zahnbeweise (von welcher Seite auch immer) für Hitlers Tod sprechen konnte.

Dossier Kempka

Hitlers Fahrer und Chef des Kraftfahrzeugparkes, SS-Obersturmbannführer Erich Kempka, Zeuge in Nürnberg und Zeuge der us-amerikanischen und der britischen Untersuchungen, betätigte sich als ein Märchenerzähler.

Das haben auch andere gemerkt. Wie Kempka stolz mitteilte, hat sich der amerikanische Ankläger in Nürnberg so geäußert: „Es ist komisch, dass ausgerechnet Sie überall mit dabei waren."[613] Das können wir unterstreichen. Kempka war entweder dabei oder er schwindelte sich in die Szenen hinein. Um ein Buch veröffentlichen zu können und das Dilemma, dass er in den letzten Tagen zu wenig Berichtenswertes erlebt hatte, zu lösen, erfand er einfach aus den diversen Erzählfetzen der echten Zeugen eine eigene Geschichte, mit sich selbst als Hauptdarsteller. Trotzdem wurde sein Buch nicht sehr umfangreich.

Sehen wir uns die Märchen von Kempka an. Kempka, der damit rechnete, dass seine „Erzählungen" angezweifelt werden würden, hat übrigens im Jahre 1950 eine eidesstattliche Erklärung bei einem Münchener Notar abgegeben, in der es hieß: „Ich habe nichts fortgelassen und nichts hinzugefügt, sondern die historischen Tatsachen so geschildert, wie ich sie selbst erlebt habe."[614]

Aber diese Schutzbehauptung entsprach keineswegs der historischen Wahrheit. Möglicherweise haben die persönliche Wahrheit, die sich Kempka zusammengebastelt hatte und auch die Absprachen zum Aussageverhalten bei Verhören, die vermutlich im Bunker vor dem Ausbruch erfolgten, sich in den fünf Jahren seit 1945 so als echte Wahrheit in sein Hirn eingebrannt, dass er es selber glaubte. Hier nun einige von Kempkas Märchen:

Kempkas „Fegelein-Märchen"

Kempka erfand eine ganz eigene Variante des Geschehens um den Schwager der Eva Hitler, SS-Gruppen- oder Obergruppenführer (nach unterschiedlichen Angaben) Hermann Fegelein. Demnach sei der nicht von den Sicherheitsleuten aus seiner Wohnung abgeholt worden, sondern selbst in den Bunker gekommen, um eine dort versteckte Aktentasche mit den Geheimdokumenten, die ihn und Himmler belasteten, zu holen. Und er sei in einem merkwürdigen Zivil aufgetreten: Hausschuhe, Ledermantel, Schal und Sportmütze.[615]

Dass ein Mann den langen Weg von der Bleibtreustraße, wo er sich zuvor befand, in die Reichskanzlei unter russischem Beschuss, über Trümmer, zerstörte Fahrzeuge und Leichen, durch Staub, Qualm und an Brennendem vorbei nicht mit Hausschuhen bewältigt haben kann und auch nicht, ohne einen davon zu verlieren, in die Reichskanzlei gelangt sein kann (und noch dazu volltrunken, wie überliefert wurde), das ist wohl jedem vernünftigen Menschen klar. Weshalb Kempka solchen Unsinn schrieb, ist unbekannt.

Kempkas Hundetötungs-Märchen

Kempka schrieb, dass Hitler den Professor Haase am 28.04.1945 gebeten habe, seinen Schäferhund Blondi zu vergiften, um das von Himmler erhaltene Gift auf Zuverlässigkeit zu prüfen. „Sofort nach der Einspritzung lag der Schäferhund tot auf dem Teppich."[616] Weder der Tag, noch der Ort (auf dem Teppich?) stimmten. Der Hund wurde in der Toilette getötet. Kempka hat sich das ausgedacht. Nach Aussagen verschiedener Zeugen wurde das Gift dem Hund nicht eingespritzt, sondern oral zugeführt.

Kempkas Hochzeits-Märchen

Auch Kempkas Beschreibung der Vorgänge während der Eheschließungszeremonie ist eine Erfindung, denn Kempka war nicht dabei. Die Trauung von Adolf und Eva Hitler, geborenen Braun, fand im Lageraum statt, nicht im Arbeitsraum, wie er behauptete. Und zu den Gästen der Hochzeit Hitlers mit Eva Braun zählte Kempka auch Botschafter zbV Hewel, der jedoch nicht dabei war.[617]

Und Kempka behauptete auch, er habe schon Tage vorher gewusst, dass Hitler heiraten werde. Das ist wenig glaubhaft, denn Linge, der Chefdiener, erfuhr erst am 28.04.1945 am Abend völlig überraschend von Bormann, dass Hitler heiraten werde.[618] Kempka war in den Tagen vor dem 29.04.1945 nicht mehr im Bunker, da es dort nichts für ihn zu tun gab.

Kempkas Hitlertod-Lügen

Kempka hat im Zusammenhang mit der Vorbereitung, der Durchführung und der Nachbereitung des angeblichen Todes von Adolf und Eva Hitler eine Reihe von Falschaussagen gemacht. Eine ganz eindeutige Lüge, die Kempka aber später zurücknahm[619], war folgende Behauptung in seinem Buch: „Bormann, Linge und ich hatten den Schuss gehört und stürzten ins Zimmer. Dr. Stumpfegger kam zur Untersuchung ...“[620] Kempka war nämlich kein Zeuge bei der Leichenschau. Er hat nur später eine eingewickelte Leiche gesehen, von der er annahm, dass es Hitlers Leiche gewesen sei.

Weitere Erfindungen Kempkas

Kempkas Behauptung: Teilnehmer an der letzten Verabschiedungsszene im Bunker seinen gewesen: Frau Junge, Frau Christian, Frl. Manziarly, Günsche, Bormann.

Tatsächliches Geschehen: Es waren viel mehr Personen aus Hitlers Umgebung dabei. Kempka, der nicht dabei war, hat sich aus späteren Schilderungen von Zeugen oder aus seinem Wissen von den Personen, die in der Regel in Hitlers Nähe waren, sein Bild gemacht.

Kempkas Behauptung: Auf das Mittagessen folgte die Verabschiedungsszene.

Tatsächliches Geschehen: Von der letzten Lagebesprechung wusste Kempka offensichtlich nichts. Daher auch eine bis zwei Stunden Zeitunterschied, die in Kempkas Aussagen zu den Aussagen anderer Zeugen besteht.

Kempkas Behauptung: Er sei überrascht worden von dem Ansinnen, Benzin zu besorgen.

Tatsächliches Geschehen: Kempka musste sich nicht erstaunt zeigen über die Benzinanforderung. Er hatte bereits am 28.04.1945 von Linge, der an diesem Tage schon Benzin bei ihm bestellt hatte, den Grund erfahren.[621] Und er hatte gemeinsam mit Günsche und Linge am 29.04.1945 bereits acht bis zehn Kanister im Maschinenraum des Führerbunkers eingelagert. So berichtete Voss, schon einen Tag vorher sei Benzin aus der Garage im Bunker bereitgestellt worden.[622]

Kempkas Behauptung: Kempka wurde von Günsche angerufen, der als Erstes von ihm angeblich eine Flasche Schnaps wollte. „Ich war von dieser Frage sehr überrascht. Wir hatten in diesen Tagen keinen Sinn für Alkohol.“

Tatsächliches Geschehen: Im Bunker gab es genügend Alkohol. Alle tranken.[623] Alkohol getrunken wurde selbst von den Sekretärinnen in diesen Tagen sehr häufig.

Kempkas Behauptung: „Ich selbst eilte auf dem schnellsten Wege über Trümmer und zusammengeschossene Fahrzeuge zu Günsche, um zu erfahren, was los sei.“

Tatsächliches Geschehen: Es war lebensgefährlich bei dem Beschuss des Geländes. Er wird durch den unterirdischen Gang, der aus seinem Garagenbunker in den Keller der Reichskanzlei führte, gegangen sein und dann von dort unterirdisch in den Führerbunker gelangt sein.

Kempkas Behauptung: Bei Günsche angekommen: „Seine Züge hatten sich sichtbar verändert. Totenbleich und verstört schaute er mich an ... Günsche ist noch so erschüttert dass er keine Worte findet.“[624]

Tatsächliches Geschehen: Alle wussten seit Tagen von Hitlers beabsichtigtem Suizid. Günsche wusste seit dem Morgen, dass Hitler an diesem Tag sterben würde. Dann ist man nicht schockiert. Das war ebenfalls eine Erfindung Kempkas.

Kempkas Behauptung: „Er hebt nur den rechten Arm und deutet mit einer zum Pistolengriff geformten Faust nach seinem Munde.“[625]

Tatsächliches Geschehen: außer Kempka waren es nur Axmann und Frau Junge, die von einem Schuss in den Mund sprachen. Alle hatten es angeblich von Günsche, der aber später abstritt, das gesagt zu haben!

Kempkas Behauptung: ‚Das Benzin! ... Wo bleibt das Benzin?!‘ Die persönliche Ordonnanz Linge schrie verzweifelt nach dem Brennstoff.“ Er habe geantwortet: „Benzin ist da!“[626]

Tatsächliches Geschehen: Das ist Unsinn. In einer Situation, wo es um Minuten ging, um die Leichen außerhalb des Bunkers noch vor dem Eintreffen der Russen zu verbrennen, da wird kaum im Arbeitszimmer auf die Bereitstellung des Benzins mit den Leichen gewartet worden sein. Die Leichen wurden so schnell wie möglich nach oben gebracht, zumal am Bunkerausgang schon Benzinkanister bereit gestellt worden waren. Linge war ja auch am Notausgang, als die Kraftfahrer Benzin brachten! (Zeuge: RSD-Wachmann Mansfeld) Damit kann Kempkas Erzählung, Linge habe nach Benzin gefragt, nicht stimmen!

Kempkas Behauptung: Einer seiner Untergebenen habe den Lagevorraum, vom Notausgang zum Garten kommend, betreten, um zu melden, dass das Benzin bereitgestellt worden sei.

Tatsächliches Geschehen: Niemand durfte den Bunker betreten. Und dass das Benzin da war, wusste Linge schon lange, da es zwischen den Trägern und dem Beobachtungsposten im Turm Zoff gab, der durch Linge geschlichtet wurde.

Oder wurden die Leichen etwa im Bunker verbrannt? Das ist so abwegig nicht. Sowohl die Behauptung von sowjetischer Seite, man habe im Bunker vier verbrannte Leichen entdeckt, als auch die Mitteilung des Marschalls Schukow, vor dem Bunker habe es keine Brandstelle gegeben, wie auch die Information des Telefonisten Misch, der Maschinenmeister Hentschel habe ihm nach dem Krieg gesagt, die Leichen seien im Bunker verbrannt worden, sprechen dafür.

Kempkas Behauptung: Auf einer von Kempka angefertigten (Tatort)-Skizze hat er Hitlers angebliche Sitzsituation nach seinem Tod und die seiner Frau ganz anders dargestellt (praktisch seitenverkehrt), als andere Zeugen. [627] Kempka behauptete auch, in der rechten Ecke des Sofas habe Eva Hitler, die sich vergiftete, auch eine Pistole in der Hand gehabt. „Der rechte Arm hing noch über die Lehne der Polsterbank, und auf dem Boden daneben lag ihr Revolver."

Tatsächliches Geschehen: Das ist nun total falsch, da es anders herum gewesen war, wie alle anderen Zeugen aussagten und wie die Blutspuren an der rechten Seite des Sofas zeigten. Da hat er wohl nicht richtig zugehört, denn selbst gesehen hatte er nichts. Dort lagen aber Hitlers Pistolen! Und Frau Junge hat Eva Hitlers Pistole auf dem Tisch liegen sehen, bevor Kempka wieder nach unten kam!

Kempkas Behauptung: „Günsche und ich gingen noch einmal zusammen in das Sterbezimmer unseres Chefs. Die Spuren des Todes lagen noch sichtbar vor den Augen. Die Pistolen Evas und Adolf Hitlers lagen auf dem roten Teppich. Sowohl der Tisch als auch der Bodenbelag wiesen noch deutlich die Blutspuren vom Tode des Führers auf. Die umgestürzte Vase lag auf dem Tisch. Schräg vor uns stand ein kleines Jugendbildnis von Hitlers Mutter. Über dem Schreibtisch hing vereinsamt das Bild Friedrichs des Großen."[628]

Tatsächliches Geschehen: Die Russen haben keine Blutspuren auf dem Tisch gefunden!

Kempkas Beitrag zur Desorientierung von Ermittlern

Die Tatsache, dass Kempka Dienstgrade falsch angab, Ereignisse falsch terminierte, räumliche Gegebenheiten im Führerbunker falsch darstellte und rechts und links verwechselte, kann auch absichtsvoll im Sinne der Desorientierung der Ermittler geschehen sein.

- Obwohl Kempka als Obersturmbannführer die Dienstgrade der SS hat kennen müssen, bezeichnete er Hitlers Chefadjutanten Schaub als Gruppenführer.[629] Der war aber Obergruppenführer.[630] Und Kempka bezeichnete seinen Vorgesetzten, den Chef des Führerbegleitkommandos (FBK), Schädle, als Sturmbannführer. Der war aber wie Kempka Obersturmbannführer.
- Und Kempka schrieb, am 25.04.1945 sei Speer erneut mit einem Fieseler Storch gelandet, was aber auch nicht stimmt.[631]

- Kempka verbreitete die Variante, dass Morell auf Anordnung Hitlers Berlin verlassen habe, da er unter Angstzuständen gelitten habe.[632]
Ebenfalls falsch.
- Hitler habe aus der Befürchtung, seine Ärzte könnten ihn betäuben, damit man ihn aus Berlin herauszuschaffen könne, von nun an keinen Arzt mehr für sich in Anspruch nehmen.[633]
Schon wieder falsch. Dr. Stumpfegger übernahm umgehend die Betreuung Hitlers und gab ihm am nächsten Tag bereits Spritzen.
- Kempka beteiligte sich an der Anwesenheitslüge für Dr. Stumpfegger. Mehrfach behauptete er, Dr. Stumpfegger habe mit Linge Hitlers Leiche hinausgetragen.
Mehrfach erwähnte er Stumpfegger als Beteiligten. Dieser war aber offensichtlich zu der Zeit irgendwo im Bunker abgetaucht.
- Kempka hat eine Bunkerskizze in seinem Buch (S. 77), in der es keinen direkten Zugang zu den Räumen von Goebbels, Dr. Stumpfegger etc. gibt, obwohl es diesen gab, wohl um die Aufklärung zu erschweren, so wie es, befehlsgemäß, auch Misch tat!
- Kempka bezeichnete die Zahnarzthelferin Frl. Heusermann als Frau Dr. Heusermann.[634]
- Kempka schrieb, dass Goebbels Dr. Morells Zimmer zusammen mit seiner Frau bezogen habe. Das stimmte auch nicht.[635] Frau Goebbels schlief im Vorbunker, wo auch die Kinder untergebracht waren. Mit Goebbels verband sie nichts mehr. Sie wollte Jahre vorher schon mit den Kindern den „Bock von Babelsberg" verlassen und in die Schweiz flüchten.
Kempka schrieb auch von „gegen 2 Uhr nachmittags"[636] als die Leichen vor dem Bunker abgelegt worden waren. Das ist eine total falsche Zeitangabe, die vermuten lässt, dass Kempka nicht bei der Aktion dabei war (weil es diese gar nicht gab?) und nachträglich schätzte, wann es wohl gewesen sein könnte.
- Kempka hat auch behauptet, dass er mit Günsche zusammen (gleichzeitig) die Leiche von Eva Braun hinausgetragen und abgelegt hätte, was ebenfalls nicht stimmte. Kempka war die weibliche Leiche zu schwer. Günsche nahm sie ihm ab. Kempka wollte sich allerdings die Möglichkeit nicht nehmen lassen, sagen zu können, er habe Eva Hitlers Leiche zumindest mit hinausgetragen und abgelegt.
- Ebenso hat Kempka behauptet, die Beine der beiden außerhalb des Bunkers abgelegten Leichen hätten in Richtung Tür gezeigt. Es waren aber, nach Günsche, die Köpfe. Die Leichen wären drei Meter halb rechts vom Bunkereingang abgelegt worden, so behauptete Kempka.[637] Alle anderen Zeugen sprachen von halb links. Kempka behauptete, Hitlers linker Arm, sei aus der Decke gerutscht.[638] Der RSD-Wachmann Mansfeld aber sagte aus, der rechte Arm sei aus der Umhüllung gerutscht![639] Kempka scheint ein Rechts-Links-Problem gehabt zu haben, denn auch auf seiner Darstellung der Situation, in welcher die Leichen in Hitlers Raum auf dem Sofa gefunden wurden, hat er die Seiten verwechselt. Wie er da problemlos seinen Führer gefahren hat, ist uns ein Rätsel.

Wie erklären sich die vielen Fehler, Lügen und Falschaussagen Kempkas sonst noch?

Wir denken, dass einige Erfindungen Kempkas zum Geschehen am 30.04.1945 verursacht waren, durch sein Bestreben, sich wichtiger zu machen, als er war. Kempka hatte in den letzten Wochen an Bedeutung verloren für Hitler, weil dieser nicht mehr den Bunker verließ und sich folglich nicht mehr fahren ließ. Kempka schrieb in seinem Buch, dass er Hitler überraschend am 15. oder 16.03.1945 zur Front fahren musste. „Nach dieser Fahrt hat Adolf Hitler keinen Wagen mehr bestiegen. Bis zu seinem Tode verbrachte er Tag und Nacht in seinem Bunker."[640] Da Kempka Hitler also nicht mehr fahren musste und da er auch nichts im Führerbunker zu suchen hatte (er war kein Teilnehmer der Lagebesprechungen und auch nie eingeladen zu den Teestunden im Führerbunker), er war kein Hochzeitsgast am 29.04.1945, obwohl Hitler zu seiner Hochzeit Gast gewesen war, gab es keine Berührungspunkte mehr zwischen ihnen (bis auf Kempkas Teilnahme an der Verabschiedung Hitlers von einer ganzen Gruppe um 22:00 Uhr des 29.04.1945)[641] danach sah Kempka am nächsten Tag eine in eine Decke gehüllte Leiche, die er für Hitler hielt. Die Gruppenverabschiedung an der er teilnahm, dichtete er übrigens um in ein Einzelgespräch mit Hitler, das um 18.00 Uhr stattgefunden habe. [642] Das hat er wahrscheinlich nur erfunden, weil er den „Liebesentzug" nicht ertragen hat. Er betrachtete sich, zutiefst gekränkt, als bedeutungslos, da er von Hitler nicht mehr besonders gewürdigt wurde.

Wir können also feststellen, dass mögliche Ursachen für Kempkas Falschinformationen sowohl persönliche Charaktereigenschaften, als auch Befehlsausführung und Absprachen waren.

> Kempka musste sich etwas zusammenreimen, da er in vielen Fällen kein direkter Zeuge dessen war, worüber er berichtete.
> Kempka war ebenfalls ein Opfer der Falschinformation durch Günsche.
> Kempka handelte entsprechend einer geheimen Absprache zwischen einer kleinen Gruppe von Helfershelfern, die auch Geschehnisse erfunden, oder weggelassen oder verfremdet haben.
> Einige seiner Darstellungen deuten darauf hin, dass Auffindung, Transport und Verbrennung der Leichen nicht so stattgefunden haben, wie es von den „Zeugen" allgemein dargestellt wurde.

Damit ist wohl eindeutig bewiesen, dass einer der Hauptzeugen für Hitlers Tod im Bunker eine Person war, der man bei der Aufklärung des Falles nicht trauen durfte.

Dossier Klimenko

Der Oberst des sowjetischen Militärgeheimdienstes und „Held der Sowjetunion" Klimenko, war auch ein Märchenerzähler, wie eine Reihe falscher Behauptungen und Darstellungen von ihm beweisen:

> Klimenko stellte es in seinen späteren Darstellungen in Interviews und Zeitungsartikeln so dar, als seien er und seine Männer vom Oberkommando als Einzige damit beauftragt worden, „Adolf Hitler und die ihn umgebenden Personen" aufzuspüren und gefangenzunehmen.[643]
> Angeblich lag das „weiße Hochzeitskleid" von Eva Braun auf Hitlers Bett (Klimenko wies aber dennoch selbst daraufhin, dass die Zeugen alle davon sprachen, dass Eva Braun in einem schwarzen Kleid getraut worden wäre). Mit Sicherheit wäre dieses Hochzeitskleid von den russischen Ärztinnen, die als erste russische Militärangehörige (ohne Auftrag) den Bunker betraten, und ihn verließen, als sie Eva Hitlers Kleiderschrank geplündert hatten, noch vor dem Geheimdienst (!), entdeckt und wie andere Kleidung von Eva Hitler mitgenommen worden. (Übrigens heiratete Eva Hitler in einem dunkelblauen Seidenkleid und einem grauen flauschigen Pelzcape.[644]
> Klimenko behauptete außerdem, im Keller der Reichskanzlei fast 100 Offiziere mit dem Dienstgrad „Oberst" gefangen genommen zu haben. Was für eine einmalige und unglaubliche Konzentration von Fast-Generalen im Keller der Reichskanzlei, der übrigens bis auf das Lazarett leer war! Wieder ein Märchen!
> Deutsche Bürger hätten Admiral Voss gefangen und bei ihm abgeliefert.
> Klimenko selbst hat schon unabsichtlich diese ganze Lüge etwas torpediert, indem er in einem Gespräch mit Besymenski, lange nach dem Krieg, sagte, dass Voss nicht von seiner Gruppe festgenommen worden sei, sondern „Angehörige des Nachrichtendienstes der 3. Stoßarmee hatten ihn festgenommen."[645]
> Ein weiterer Zeuge, der **Vizeadmiral Voss,** Verbindungsmann zwischen Hitler und Großadmiral Dönitz, sei laut Klimenko am 02.05.1945 durch deutsche Bürger, in deren Kuhstall er sich habe verstecken wollen, seiner Gruppe übergeben worden. Das war offensichtlich eine der vielen Erfindungen Klimenkos, denn **erstens** gab es 1945 vielleicht im Zentrum von Moskau, mit Sicherheit aber nicht im Zentrum von Berlin, in der Friedrichstraße, wo Voss gefangen genommen wurde[646], Kuhställe und **zweitens** gab es wohl eher keine Deutschen, die schon am 02. Mai 1945 andere Deutsche bei den Russen ablieferten, höchstens Kommunisten, die aus Russland zurückgekommen waren, aber die „Gruppe Ulbricht" traf erst Tage später in Berlin ein.

Der ehemalige Kampfkommandant der Reichskanzlei, Mohnke, antwortete jedenfalls auf Befragen danach, wie die Bevölkerung des „roten Wedding", eines Arbeiterbezirks in Berlin, reagiert habe, als am 02.05.1945 die Insassen der Reichskanzlei, viel SS und „Bon-zen", auf der Flucht durch ihr Gebiet zogen: „Sie meinen, mit Flüchen und Verwünschungen, mit Drohungen oder gar Tätlichkeiten gegen uns? Nichts von alledem, auch nicht mit hämischen Bemerkungen ... Wenn ich die äußerlich erkennbaren Gefühle definieren soll, mit denen die Menschen insbesondere in den Arbeitervierteln uns damals begegneten, so muß ich sagen, das war Hilfsbereitschaft, Mitgefühl und eine praktisch bewiesenen Solidarität. Sie hatten selbst fast nichts mehr, und das wenige teilten sie noch ..."[647]

Dieses Verhalten war eher typisch für das „Stockholmsyndrom". So berichtete General Koller, dass Göring, als Oberkommandierender der Luftwaffe ein Versager und eigentlich geeignet von den Opfern des Bombenterrors in Berlin gelyncht zu werden, bei mehreren nächtlichen Aufenthalten in öffentlichen Luftschutzbunkern von der Bevölkerung positiv aufgenommen wurde![648]

> Klimenko hat auch ein rechtes Verwirrspiel inszeniert, was die Auffindung der Leichen und Festnahme und die Verhöre des RSD-Mannes Mengershausen in dem Zusammenhang betraf.

Während er in einem Interview behauptete, am 04.05.1945 seien die beiden Leichen erstmals ausgegraben und wieder eingegraben worden, um dann am 05.05.1945 endgültig aus dem Granattrichter geborgen zu werden, hat er 1965 in einem Spiegel-Bericht /SPIEGEL 19-1965/ geschrieben, dass bereits am 03.05.1945 die Leichen zum ersten Mal entdeckt und am nächsten Tag geborgen worden seien.

Während es hieß, Harry Mengershausen sei erst am 13.05.1945 als Zeuge für den Bestattungsort der vermutlichen Leichen von Hitler und seiner Frau entdeckt worden, schrieb er 1965, dass „die Wachleute, die an der Identifizierung teilnahmen" bestätigten, dass es Hitlers Leiche und die seiner Frau gewesen seien und fügte gleich hinzu, dass der Wachmann Mengershausen genaueres wusste, als ob dieser bereits am 05.05.1945 dabei gewesen sei.

Dossier Dr. Kunz

Der SS-Sturmbannführer Dr. Helmut Kunz war Adjutant des Chefarztes im Amt für Sanitätswesen der SS bis zum 21.04.1945. Nach der Auflösung des Amtes wurde er zunächst einem Lazarett zugeteilt, als dieses verlegt wurde, wurde er dann am 23.04.1945 in die Reichskanzlei abkommandiert. [649] Merkwürdig ist, dass Dr. Kunz weder von Heusermann und Echtmann erwähnt wurde, die sich in den letzten Tagen in der Zahnstation der Reichskanzlei aufgehalten haben.

Am 02.05.1945 in SS-Uniform im Lazarett der Reichskanzlei festgenommen, war Dr. Kunz total verängstigt. „Er spricht abgehackt, atmet hastig und knetet dabei die Finger."[650] Im Verhör sagt er aus, am 27.04.45 habe Frau Goebbels ihn angesprochen, ihre Kinder zu töten. Er habe zugestimmt. Am 01.05.1945 in den Bunker gerufen habe er gegen 20:40 Uhr auf Verlangen von Goebbels und seiner Frau den Kindern Morphium gegeben, um sie einzuschläfern.[651]

Nach einer etwa zehnminütigen Wartezeit außerhalb des Raumes sei er mit Magda Goebbels wieder hinein zu den Kindern, und Magda Goebbels habe „... jedem Kind eine zerdrückte Ampulle Zyankali in den Mund ..." gelegt. Auf Nachfragen erklärte Dr. Kunz, dass er allein dabei gewesen sei, als Magda Goebbels ihre Kinder getötet habe.[652] Kunz hatte also Beihilfe zu einem sechsfachen Kindsmord begangen.[653] Wir gehen sogar davon aus, dass nicht die Mutter ihre Kinder getötet hatte, sondern Dr. Kunz. Der vor Angst schlotternde Gefangene hatte beim ersten Verhör versucht, seine Schuld zu minimieren, indem er Frau Goebbels alles in die Schuhe schob. Die war tot und konnte nicht widersprechen.

Als er aber etwa zwei Wochen später, beim Verhör am 19.05.1945, mit der Behauptung konfrontiert wurde, es gebe Zeugenaussagen (vermutlich Günsche), die besagten, nicht er, sondern Dr. Stumpfegger habe die Kinder getötet[654], griff er begierig nach dieser Chance, sich von einer möglichen Anklage zu befreien, indem er sofort bestätigte: „Ja, ich gebe zu, dass ich während der Untersuchung falsche Aussagen über die Umstände der Tötung der Kinder von Goebbels gemacht habe. Es ist wahr, dass Dr. Stumpfegger mir dabei geholfen hat." Aus dem angeblich Hilfe leistenden Dr. Stumpfegger machte er sofort den Haupttäter, während er angeblich vor der Tür gewartet haben will. Er habe gegenüber Magda Goebbels sein Unvermögen geäußert, die Kinder zu töten. Er habe nicht die seelische Kraft dazu. (Diese Worte hat er Dr. Stumpfegger gestohlen, der sie ihm gegenüber wahrscheinlich gebraucht hatte, als er einen Arzt für den Kindermord suchte, da er zuerst von Magda Goebbels angesprochen worden war.) Daher habe er auf Wunsch von Magda Goebbels den Dr. Stumpfegger rufen müssen.[655] Er habe ihn gesucht. „Nach drei bis vier Minuten fand ich Dr. Stumpfegger, der im Bunker Hitlers im Speisezimmer saß ..."[656] Hier hat Kunz eindeutig gelogen. In Hitlers Bunker gab es keinen Speiseraum. Das Personal speiste im Korridor des Vorbunkers an langen Tischen. Also dort, wo Kunz sich angeblich in den Goebbelsräumen befand. Wenn er diesen Korridor gemeint haben sollte, dann hätte er keine drei bis vier Minuten gebraucht. Der Weg aus jedem der Räume, die an diesem Korridor lagen, betrug nur Sekunden! Kunz hat genau das Gegenteil erzählt, von dem was Dr. Stumpfegger am 01.05.1945, vor dem Ausbruch aus der Reichskanzlei, gegenüber Kempka, dem Cheffahrer Hitlers vor dem Ausbruch aus der Reichskanzlei äußerte: Dr. Goebbels habe ihn gebeten, die Kinder zu töten. Das habe er nicht fertig gebracht und deshalb im Keller der Reichskanzlei einen Arzt ausfindig gemacht, der dies dann getan habe.[657] Damit konnte er nur Dr. Kunz gemeint haben.

Kunz erzählte auch Märchen, als er behauptete, die Tötung von „Blondi", dem Schäferhund Hitlers sei durch Dr. Stumpfegger erfolgt und Eva Braun sei dabei gewesen.[658] So behauptete er: „Eva Braun wollte Gift nehmen. Sie zeigte Dr. Kunz eine Zyankalikapsel, die sie bei sich hatte, und sagte: ‚Es ist ganz einfach - man braucht bloß hineinzubeißen und alles ist aus.' Dr. Stumpfegger, einer von Hitlers Ärzten, der dabei war, sagte: ‚Woher wissen Sie denn, ob da wirklich Gift drin ist?' Alle erschraken und man probierte sofort eine der Kapseln an Hitlers Schäferhund Blondi aus. Wie Kunz berichtet, zerdrückte Stumpfegger die Kapsel im Maul des Tieres mit einer Zange; das Tier brach tot zusammen."[659] Da hat sich Ryan von Kunz einen Bären aufbinden lassen. Niemand hätte Hitlers Hund (auch noch einfach mal so, spontan) ohne dessen Genehmigung töten dürfen. Und wer den Hund vergiftete ist auch bekannt: Professor Dr. Haase. Wahrscheinlich wollte Kunz seine Lüge, dass Stumpfegger auch die Goebbelskinder getötet habe, glaubhafter werden lassen.

Zu der mangelnden Glaubwürdigkeit des Dr. Kunz noch zwei weitere Beweise: Kunz bezeichnete den Gruppenführer Rattenhuber als Obergruppenführer.[660] Dr. Kunz war sich sicher, dass ein Gespräch mit Eva Braun, den Sekretärinnen und Professor Haase am Abend des 30.04.1945 im Kasino des Führerbunkers stattgefunden habe.[661] Zu der Zeit wäre Eva Braun aber bereits tot und verbrannt gewesen, zumindest aber wäre sie bestimmt nicht mehr im Bunker gewesen.

Dossier Linge

Heinz Linge, der Chefdiener im Range eines SS-Sturmbannführers (Major) war ein zuverlässiger Diener Hitlers. Er war seinem Führer treu ergeben. Hitler selbst hat ihn einmal so eingeschätzt: „Linge ist ein guter Kerl, aber nicht so intelligent und er vergißt schnell."[662]
Linge war an allen Phasen beteiligt (Verabschiedung, Leichenschau, Transport, Verbrennung, Spurenbeseitigung), falls sie stattgefunden haben. Aber er gehörte ganz offensichtlich nicht zu den Eingeweihten. Allerdings wusste er mehr, als er zugab. Gegenüber einem Zellenkameraden (einem deutschen Spitzel des sowjetischen Geheimdienstes, namens Ackermann) äußerte Linge, dass nur eine Person, Bormann, wisse, was er wisse.[663] Das be-

deutet, dass Linge etwas bemerkt hat, was anders war als die offizielle Darstellung. Seine Aussage würde auch dazu passen, dass Bormann sich vor dem Bunker noch einmal ganz genau das Gesicht der abgelegten „Hitler"-Leiche betrachtete, wie Günsche berichtete.

Linge wurde in sowjetischer Gefangenschaft gedemütigt und immer wieder ausgepeitscht. „Sein Vernehmer verhörte ihn mit unerbittlicher Geduld, die ihn, so Linge später, ‚schier zur Verzweiflung brachte'."[664] Schließlich war Linge so weichgeklopft worden, dass er sich bereit erklärte, seine Erinnerungen an die Zeit mit Hitler niederzuschreiben. Linge wurde dennoch als Kriegsverbrecher eingestuft und zu 25 Jahren Zwangsarbeit verurteilt.

Aber Linge war lediglich ein Diener! Er war kein Täter in dem Sinne. Offensichtlich sollte das eine Art „Beugehaft" sein, da man vermutete, dass er nicht alles gesagt und niedergeschrieben hatte. Erst 1955 wurde Linge mit den offiziell letzten Zehntausend Kriegsgefangenen entlassen. Es gab wohl Zehntausende Kriegsgefangene, die Adenauer nicht heimholen konnte, da die Russen falsche Zahlen angegeben haben und diese Gefangenen bis zu ihrem Tode als Arbeitskräfte ausnutzten.

Auch Linge beteiligte sich an der Verwirrung mit den Dienstgraden: Er bezeichnete in einer Aussage Schädle als Sturmbannführer, obwohl dieser Obersturmbannführer war.[665]

Linge log, als er bei den Russen aussagte und als er entsprechende Aussagen nach seiner Rückkehr aus der Kriegsgefangenschaft machte, welche einen Einschuss in die Wand betrafen. Befragt sagte er: „Eine Beschädigung der Wand durch Geschosseinschlag habe ich nicht festgestellt, allerdings auch nicht besonders danach gesehen."[666] In Gefangenschaft allerdings hatte er dem Untersturmführer Henschel vom RSD mitgeteilt, er habe auch beim Ortstermin im Juni 1946 im Bunker den Einschuss in der Wand noch gesehen. Was hat das zu bedeuten? Und warum haben die Russen diesen Einschuss nicht bemerkt?

Linge hat ebenfalls den Henschel darüber informiert, dass er die Granden im Lageraum über Hitlers Tod informiert habe. Was hat das nun wieder zu bedeuten? Falls es eine Lüge war, wozu diente sie? Falls es wahr war, welche Konsequenzen hätte das für unsere Betrachtung?

Linge wollte sich bei der Gefangennahme durch die Russen erschießen, was Misch angeblich verhinderte.[667] Linge war Diener, zwar der Chefdiener Hitlers, aber sicher kein Kriegsverbrecher. Weshalb wollte er sich erschießen? Gab es da mehr? Stimmte es wirklich, was RSD-Chef Rattenhuber ausgesagt hatte, dass Linge Hitler den Gnadenschuss gegeben habe?

Linge hatte wirklich ein schlechtes Gedächtnis. Ein Beispiel: in seinem Buch schrieb er, zu der Kapitulation Frankreichs in dem bekannten Eisenbahnwaggon aus dem ersten Weltkrieg: „Ich stand, einen Stahlhelm auf dem Kopf, am Eingang des Wagens ..."[668] Das entsprechende Foto (zwischen Seite 64 und 65) zeigt ihn jedoch mit Schirmmütze.

Dossier Mengershausen

Harry Mengershausen, der Leibwächter, der den Ort gezeigt hatte, wo die beiden am 30.04.1945 vor dem Notausgang des Führerbunkers verbrannt und dann vergraben worden waren, hat definitiv mehrfach gelogen. Seine Aussagen sind nicht verwendbar. Sie dienten allerdings der Vertuschung der Flucht Hitlers durch die Verwirrung, zu der sie beigetragen haben. Ob er das tat, um sich wichtig zu machen oder ob er es tat, um von der Wahrheit abzulenken, ist offen. Allerdings glauben wir, dass er ein zu kleines Licht war, als das er hätte eingeweiht sein können. Da er nicht eingeweiht war, hätte er nicht gewusst, was er verschleiern sollte. Also wollte er sich nur wichtig machen und er wollte sich wertvoll machen als Zeuge, als Schutz vor Strafe durch die Russen. Dafür gibt es einige Hinweise.

Mengershausen behauptete im ersten Verhör durch die SMERSCH-Offiziere, er sei Mitglied der Kampfgruppe Mohnke gewesen, mit der Aufgabe der „Verteidigung des Geländes der Reichskanzlei und zum unmittelbaren Schutz Adolf Hitlers eingeteilt.[669] Mengershausen hatte Angst, dass die Russen ihn sofort erschießen würden, falls sie erführen, dass er nicht einfach nur ein Kämpfer aus der Verteidigungsfront der Reichskanzlei war, sondern zu den Leibwächtern Hitlers gehörte, denn er war nicht Mitglied der Kampfgruppe Mohnke, sondern Mitglied des Reichssicherheitsdienstes. Die Russen protokollierten: „... Harri war sehr verängstigt. Er glaubte anscheinend, er werde zur Erschießung geführt."[670]

Der RSD, zu dem Mengershausen gehörte, war nicht Bestandteil der Kampfgruppe Mohnke und hatte auch andere Aufgaben. Zwar war der RSD auch für die Sicherheit der Reichskanzlei zuständig, aber die Reichskanzlei wurde von der Dienststelle 15 unter der Führung von SS-Obersturmbannführer Ludwig Forster bewacht. Mengershausen aber gehörte zur Dienststelle 1 unter dem Kommando von Kriminaldirektor Högl. Deren Aufgabe war zu dieser Zeit die Absicherung des Führerbunkers und zwar in der Weise, dass die älteren RSD-Leute (die schon vor 1944 dabei waren), „... den Treppenzugang vom oberen Vorbunker zum unteren Führerbunker zu überwachen hatten ..."[671] während die jüngeren Beamten, zu denen Mengershausen gehörte, „im wesentlichen im Turm Dienst" taten und an der Bunkertür zum Garten. Folglich war Mengershausen nicht im Speisesaal der Reichskanzlei, von wo aus er angeblich die Verbrennung der Leichen von Adolf und Eva Hitler beobachtet hätte. Mengershausens Posten war am 30.04.1945 im Beobachtungsturm, jeweils drei Stunden im Wechsel mit seinem Kameraden Mansfeld. Mengershausens Ausrüstung als Wachposten lag im Turm und wurde auch von Mansfeld in dessen Schicht genutzt.

Am 30.04.1945 hatte Mansfeld um 14:00 Uhr den Dienst von Mengershausen übernommen. Die Schicht ging also bis 17:00 Uhr. Erst dann hat Mengershausen wieder im Turm gestanden! Mengershausen hatte also gerade keine Schicht, als die Leichen nach oben gebracht wurden. Er konnte also nichts beobachtet haben. Außerdem waren seine angeblichen Beobachtungen auch völlig falsch. Sie stimmten nicht vorne und auch nicht hinten. Das war nun nicht verwunderlich, da er ja kein Augenzeuge war. Er kann bestenfalls vor dem Ausbruch aus der Reichskanzlei von anderen Personen etwas gehört haben. Aber verbreitet wurde natürlich nur die offizielle Version, mit nur wenigen einheitlichen Details.

Außerdem behauptete Mengershausen auf die Frage der Verhörenden, wie er erkannt habe, dass es sich um Hitler gehandelt habe: „Er hatte eine schwarze, über die Schuhe fallende Hose und einen graugrünen Militärrock an. Unter dem Rock waren ein weißes Vorhemd und die Krawatte zu sehen. Eine solche Uniform hätte kein anderer leitender Nazi getragen. Ich hatte ihn in dieser Kleidung mehrmals gesehen, und sie hatte sich mir gut eingeprägt. Zudem sah ich sein Gesichtsprofil genau: die Nase, das Haar und der Schnurrbart. Deshalb behaupte ich, dass es sich um keinen anderen als Hitler handelte. Hitlers Ehefrau Braun hatte, als man sie aus dem Luftschutzbunker hinaustrug, ein schwarzes Kleid mit ein paar rosa Blumen auf der Brust an. Ich hatte sie einige Male in diesem Kleid gesehen. Außerdem sah ich ihr Gesicht. Das Gesicht war oval, mager, die Nase gerade und dünn, das Haar hell. Da ich die Braun also von früher her gut kannte, behaupte ich, dass aus dem Luftschutzbunker eben ihre Leiche nach draußen getragen wurde."[672] Der Zeuge log bei Darstellung der Bekleidung Hitlers, denn dieser war in eine Decke gehüllt, den Uniformrock konnte niemand sehen, auch nicht Mengershausen. Und so log er vermutlich auch bei seiner Aussage zu der angeblichen Leiche von Eva Braun.

Später erzählte Mengershausen auch noch eine ganz andere Geschichte. Danach sah er die Leichen von Hitler und Frau schon beim Transport direkt im Bunker. Von der Position aus, die er angab, kann er aber die Leichen ebenfalls nicht gesehen haben. Und außerdem tischte er noch die Geschichte auf, Dr. Stumpfegger sei mit Zyankali-Spritzen in Hitlers Räume gegangen, um Hitler und seine Frau auf Hitlers Wunsch zu töten, während er, Mengershausen, in Dr. Stumpfeggers Arztraum gewartet habe.

Und die Darstellung, dass er an der Tür des Bunkernotausganges Dienst getan habe, war ebenfalls gelogen! Dort war allein Hofbeck als Posten eingeteilt worden. Interessant ist auch, was Mengershausens oberster Chef beim RSD über ihn ausgesagt hat, nämlich, dass Mengershausen sich Hitlers Goldenes Parteiabzeichen von dessen Jackett geholt habe. „Ich war über die berechnende Art des SS-Mannes Mengershausen erstaunt, der, in Hitlers Zimmer eingedrungen, von Hitlers Rock, der über dem Stuhl lag, das goldene Abzeichen entfernte, in der Hoffnung, dass in Amerika für diese Reliquie teuer bezahlt würde."[673]

Dossier Misch

Der Kurier, Leibwächter und Telefonist, Oberscharführer Rochus Misch, war ein unbedeutendes Mitglied der Bunkerbesatzung. Misch war 1937 der SS beigetreten und 1940 in das Führerbegleitkommando aufgenommen worden. Misch veröffentlichte seine Erlebnisse in einem Buch und in mehreren Zeitschriftenartikeln. Für Befragungen stand er stets bereit.

Misch war der Unbedeutendste der Stammbesatzung im Führerbunker und im entscheidenden Zeitabschnitt war er von jeglicher wichtiger Beobachtung ausgeschlossen. Trotzdem trug er erheblich zur Verwirrung über die Geschehnisse im Bunker bei. Er konnte sich zu gewissen Ereignissen nicht richtig erinnern oder stellte Behauptungen auf, die interessant für sein Buch waren oder für die zahlreichen Interviews, die er nach seiner Rückkehr aus der Gefangenschaft gab, aber nicht der Wahrheitsfindung dienlich gewesen sind.

Die sowjetischen Geheimdienstleute hielten ihn für einen wichtigeren Mann, als er es tatsächlich war. Sie folterten ihn, weil sie meinten, er verheimliche etwas, was er über Hitlers Flucht wissen müsse, da er ja quasi ständig im Führerbunker gewesen war.

Misch aber war zwar räumlich nah am Geschehen, direkt im Führerbunker, nur wenige Meter von Hitlers Räumen entfernt, tatsächlich aber vor lauter Telefonaten, praktisch so weit weg, wie irgendeiner in den anderen Kellern der Reichskanzlei. Er hat aufgrund dessen kaum etwas vom Geschehen im Führerbunker mitbekommen. Dagegen hat er zahlreiche Unwahrheiten verbreitet, so zum Tod der Goebbelsfamilie, über Begegnungen mit seinem Kommandochef Schädle, der zu der Zeit wahrscheinlich nicht mehr im Bunker war, über angebliche Beobachtungen bei der Leichenauffindung und beim Transport der Leichen Hitlers und seiner Frau.

Mischs Erfindungen zum letzten Auftritt Hitlers: „Ich erhasche einen letzten Blick auf Hitler, wie er in seinem Arbeitszimmer verschwand. Eva, jetzt seine Frau, folgte ihm ... Günsche schloss die Tür hinter Eva und Hitler ..."[674]

Nun, zwischen dem Eingang von Mischs Telefonvermittlung bis zur Tür von Hitlers Arbeitsraum waren es mindestens fünf Meter und zwei Türen und zwei Ecken, um die herum er nicht sehen konnte, waren auch dazwischen. Betrachten wir Mischs Lügen zu Hitlers angeblichem Tod:

> So behauptete er, er sei, nachdem Hitler sich zum Finale zurückgezogen habe, mit dem Maschinenmeister Hentschel allein im vorderen Teil des Führerbunkers gewesen. Dort sollen aber mehrere Personen gewesen sein, die Günsche dorthin beordert hatte und die Bormann (oder Günsche) für den Transport der Leichen rief.

> Misch behauptete, dass Eva Braun tot in der Couchecke gesessen habe, mit dem Kopf zu Hitler, „Knie an die Brust angezogen, sie hatte ein dunkelblaues Kleid angehabt und weiße Rüschen am Kragen".[675] „Durch die beiden geöffneten Türen sah ich Eva (Braun) mit angezogenen Knien ..."[676] Er konnte sie aber nicht sehen.

> Der britischen Zeitschrift „Sun" sagte Misch, er habe keinen Schuss gehört und auch kein Blut gesehen. „Aber ich sah, wie Hitlers Leiche in ein Tuch gewickelt und nach draußen gebracht wurde, um verbrannt zu werden. Es war vorbei."
> Misch behauptete also, er habe in die Räume Hitlers hineinsehen können. Allerdings erwähnt er keinen anderen Zaungast, obwohl eine ganze Anzahl anderer Zeugen behauptete, ebenfalls dort gewesen zu sein. Keiner aber hat die jeweils anderen erwähnt! Außerdem war die

- ➤ Panzertür zwischen dem vorderen Korridor und dem hinteren Korridor (Lagevorraum) auf Befehl von Günsche geschlossen und nur ausgewählte Personen hatten Zugang. Und außerdem kann man ja wohl eine Felddecke und ein Tuch auseinanderhalten.
- ➤ Über die Sitzposition Hitlers sagte er, dass dieser tot, entweder auf dem Sofa oder im Sessel gesessen habe. Er wisse es nicht mehr genau.[677] Hier hat Misch eindeutig gelogen. Da er es nicht gesehen hat und auch nicht wissen konnte, wie die Leiche positioniert war, sagte er vorsichtshalber „Sofa oder im Sessel". Später hat er seine obige Falschaussage korrigiert. „Da lag Hitler schon auf dem Boden. Sie hatten ihn eingepackt in graue Pferdedecken. Nur seine schwarzen Halbschuhe guckten noch raus."[678] Wo Hitler saß, wusste er also angeblich nicht mehr genau. Klar!
  Misch hat von Linge und von Günsche unterschiedliche Darstellungen gehört: Linge sagte, Hitler habe in der rechten Sofaecke gesessen, Günsche behauptete, Hitler habe in einem separat stehenden Sessel gesessen. Vorsichtshalber hat sich Misch dann nicht festgelegt.
- ➤ Misch schrieb in seinem Buch: „Mein Blick fällt zunächst auf Eva. Sie sitzt mit angezogenen Beinen auf dem Sofa, den Kopf zu Hitler geneigt." Dass ihr Kopf zu Hitler geneigt war, das hat Misch angeblich erkannt. Allerdings wusste er nicht, wo Hitler saß. Wie konnte er dann diese Aussage treffen?

Misch berichtete weiter, dass er kurz weg gewesen sei. „Zurück an der Schwelle zum Arbeitszimmer sehe ich, dass man Hitler zwischenzeitlich auf den Boden gelegt hat. Im Flur stehend, mache ich dann zum letzten Mal Platz für den ‚Führer'. Linge, Günsche, Kempka und ein mir unbekannter Kamerad vom RSD haben ihn in eine graue Decke eingewickelt und tragen ihn an mir vorbei. Die Stoffhülle ist zu kurz, um den Leichnam ganz zu bedecken, Hitlers Schuhe ragen heraus."[679]

Misch hat uns mit dieser erfundenen Situationsbeschreibung ungewollt verraten, dass er kein Zeuge des Leichentransportes war. Er nannte Günsche und Kempka als Beteiligte am Transport der männlichen Leiche. Die beiden haben aber nach eigenen Aussagen nacheinander die weibliche Leiche getragen. Ein weiteres Märchen von Misch: ein unbekannter Kamerad vom RSD sei dabei gewesen.

Aber vom RSD war keiner am Transport der Leichen beteiligt. Und die Männer vom FBK, wie Misch, und die vom RSD, die im Umfeld des Bunkers Dienst taten, kannten sich alle. Und der Einzige vom RSD, der in dem Zusammenhang von anderen Zeugen genannt wurde, war Högl, der Chef der RSD-Gruppe im Führerbunker. Den aber kannte Misch garantiert! Die RSD-Leute im Bereich Führerbunker waren immer die selben! Die kannte Misch alle! Also schon wieder gelogen.

Mischs Lügen zu Schädle: Misch hat sich offensichtlich daran beteiligt, dem Chef des FBK-Kommandos, Obersturmbannführer Schädle, der vermutlich zu Hitlers Fluchtbegleitern gehörte, absprachegemäß einen Anwesenheitsnachweis zu geben.

- ➤ Für den 30.04.1945 nachmittags, als Hitler tot gewesen sein sollte, erwähnte er Schädle als anwesend: „Dann wollte ich unserem Kommandochef Meldung machen. Auf dem Weg habe ich, aufgeregt, wie ich war, im Verbindungs-Tunnel kehrt gemacht und bin zurück."[680] In einem angeblich zweiten Anlauf will er den FBK-Chef dann doch noch informiert haben: „Ich bin zum Kommandanten hin und habe gemeldet: "Der Führer ist tot."[681] Mehrere andere Zeugen sahen Schädle angeblich zur selben Zeit ganz woanders.
- ➤ „Kommandochef Franz Schädle bleibt vollkommen ruhig, als ich ihm die Nachricht vom Ableben Hitlers überbringe."[682] Einer seiner Kameraden (Karnau) behauptete aber, Schädle habe geweint. Beide haben ihren Auftrag ausgeführt: Schädle als anwesend darstellen.
- ➤ Er habe Schädle „... zuletzt gesehen, wie er sich aus dem Führerbunker mit einer Krücke in Richtung Reichskanzlei schleppte und **das lahme Bein** nachzog."[683]

- ➤ Den Autoren des Buches „Katakombe" berichtete Misch, wie er in der Frühe des 02.05.1945 den Bunker verlassen hat und durch die RK ins Freie kam. Dabei war keine Rede mehr davon, dass er Schädle getroffen habe.[684]
- ➤ Und weitere Jahre später behauptete er in seinem Buch, dass er als er sich in der Frühe des 02. 05.1945 selbst auf die Flucht begab, zunächst seinen Chef Schädle gesucht habe, um sich abzumelden. „Durch menschenleere Flure lief ich zu Schädles Dienstraum im Keller der Neuen Reichskanzlei, um mich abzumelden."[685] Schädle habe ihn daraufhin, wegen seiner Beinverletzung humpelnd, durch die Kellergänge geführt zu einem Kellerfenster, durch welches er, Misch, fliehen konnte. Er habe ihm den genauen Weg zur Weidendammer Brücke erklärt. Schädle selbst habe seiner Verletzung wegen nicht mitkommen wollen. „Wir verabschiedeten uns. Der Kommandochef wünschte mir alles Gute. Unmittelbar nachdem er mir herausgeholfen hatte, erschoss er sich in der Neuen Reichskanzlei."[686]

Merkwürdig ist schon, dass Misch sich bei Schädle abmelden wollte, wo er doch erstens bereits vom Reichskanzler Goebbels die Genehmigung hatte, sich in Sicherheit zu bringen und wo er doch zweitens wusste, dass die RK bereits leer war.

Dossier Rattenhuber

Johann Rattenhuber wurde von den sowjetischen Verhörspezialisten als aktiv Beteiligter an Hitlers Flucht betrachtet. Er habe die Flucht Hitlers mit einem U-Boot nach Argentinien sogar organisiert, vermuteten sie.

Wir sind ebenfalls von Rattenhubers Beteiligung an Hitlers Flucht überzeugt. Allerdings hatte er nichts mit der Flucht außerhalb des Bunkers zu tun. Er hat da nichts organisiert. Das haben andere getan. Er war führend verantwortlich für die Täuschung der Zeugen über Hitlers Tod im Bunker und für alle Maßnahmen, die dazu erforderlich waren, sowie für die Nachbereitung.

Da die aus seinen Verhören und Zeugenbefragungen ersichtlichen Lügen zeigen, dass er etwas zu verbergen hatte und vertuschen wollte, ist anzunehmen, dass er – neben Gestapo-Müller – die Aktion vom 30.04.1945 im Bunker leitete.

Rattenhuber wurde vom Sowjetgeheimdienst fast ein Jahr lang immer wieder zu Hitlers Flucht verhört.[688] Er war mit Sicherheit ebenfalls gefoltert worden. Er erklärte sich deshalb dann auch bereit dazu, einen Bericht über die letzten Tage Hitlers niederzuschreiben, in der Hoffnung, dass die Russen von ihm abließen.[689]

Rattenhubers Taktik war ähnlich jener der berühmten drei Affen, er stellte sich als Unbeteiligten und Nichtinformierten hin (nichts getan, nichts gesehen, höchstens etwas gehört), und er trieb dieses Spiel sogar soweit, dass er so tat, als wisse er nicht einmal, welchen Dienstgrad sein Stellvertreter beim RSD hatte! Dieser, Peter Högl, war Kriminaldirektor. Er aber bezeichnete ihn als (nur) Kriminalrat![690]

Gerade das, sowie seine Aufgaben als Chef des Reichssicherheitsdienstes und seine offensichtlichen Falschaussagen sind ein sicheres Indiz dafür, dass er an der Vertuschung der Verschwörung maßgeblich beteiligt war. Wovon wollte Rattenhuber alles nichts gewusst haben? Zu Rattenhubers Lügen gehören die Behauptungen:

- ➤ Er sei während Hitlers (angeblichem) Suizid nicht in der Nähe gewesen. Aussage vom 26.11.1955 „Über die Umstände des Todes Hitlers habe ich selbst keine unmittelbaren Wahrnehmungen gemacht.[691]

  Maximilian Kölz, ein SS-Untersturmführer (Leutnant) des RSD sagte aber aus, dass er von Rattenhuber gehört habe, dass „... Hitler und auch Eva Braun nun tot seien."[692] Da Kölz sofort von seinem Posten von der Treppe zum Vorbunker aus gesehen haben will, wie die beiden Leichen gerade nach oben getragen wurden, müsste also Rattenhuber, der ihm den Tod mitteilte, zuvor direkt in der Nähe der Leichen gewesen sein.

- ➢ Er habe nichts über die Menge des Benzins für die Verbrennung der Leichen Hitlers und seiner Frau gewusst.
- ➢ Er wisse nicht, wo die Reste der Leichen verscharrt worden sind.
- ➢ Er habe nicht mit Kempka den Verbrennungsplatz aufgesucht.
- ➢ Er habe Mansfeld keinen Befehl gegeben, die Überreste Hitlers und seiner Frau zu beerdigen.[693]

Am 30.04.1945 war Rattenhuber nach Zeugenaussagen an allen Phasen (Verabschiedung, Leichenschau, Transportbeobachtung, Verbrennung) beteiligt und darüber hinaus wohl an weiteren Aktionen. Aber er leugnete alles. Er hat die Männer zum Schweigen verpflichtet. Zur Bestattung der Leichen berichtete der RSD-Wachmann Mansfeld: „Der General Rattenhuber hatte mich auch, als er mich aufforderte daran teilzunehmen, darauf hingewiesen, dass größte Geheimhaltung dieses Vorganges zur Pflicht gemacht werden.“[694]
Warum sollten denn alle anderen Zeugen, die sich an Rattenhubers Aussagen und Verhalten erinnern, lügen? Es ist doch viel wahrscheinlicher, dass Rattenhuber log.
Rattenhuber schrieb: ... „gegen 1 Uhr stand ich wieder auf, ging die Posten ab und kam gegen 4 Uhr in den Führerbunker. Hier teilte mir Linge mit, dass der Führer sich selbst entleibt habe und er den schwersten Befehl seines Lebens ausgeführt habe. ... Linge sagte mir, dass die Leichen in Decken gewickelt und beim Notausgang verbrannt würden. ... sagte er mir, dass ihm Hitler befohlen habe, das Zimmer zu verlassen und nach zehn Minuten, wenn er nichts mehr höre, das Zimmer wieder betreten solle, um seinen Befehl auszuführen. Als ich sah, wie er die Pistole Hitlers auf den Tisch im Vorraum legte, wusste ich, was mit dem ‚schwersten Befehl‘ gemeint war ...“[695] Warum hat Rattenhuber (wie auch Günsche) das behauptet, was Linge eindeutig abstreitet? Rattenhuber wusste sehr genau, dass „Hitler“ von fremder Hand starb. In der Befürchtung, dass die Russen das durch die Obduktion der Leiche herausfinden könnten, hat er vorbeugend diese Behauptung aufgestellt. Und die Russen haben sie als mögliches Geschehen akzeptiert.
Und Rattenhuber, als General, kontrollierte die Posten? Selbst wenn er die Posten kontrolliert haben sollte, dann hätte er auch die brennenden Leichen gesehen, bevor ihm Linge davon berichtete! Und er hat sie gesehen: Baur berichtete, dass er, als er in den Bunker kam und Hitler bereits tot war, von Rattenhuber Einzelheiten der Verbrennung erfuhr. „Die Leiche von Eva Braun, so berichtete Rattenhuber, sei schon ‚in sich aufgestanden‘, der Körper Hitlers dagegen zusammengeschrumpft.“[696]
Und der SS-Zahnarzt Dr. Kunz sagte am 02./03.05.1945 aus: Hitlers Leiche sollte im Garten verbrannt werden. „Das hörte ich von ... Rattenhuber. Er sagte: Der Führer hat uns allein gelassen, nun müssen wir seine Leiche nach oben bringen!“[697]
Die Zusammenfassung des Berichtes, den Rattenhuber für die Russen schrieb[698], mit der er noch einmal seine mündlichen Aussagen bekräftigen und eine Flucht Hitlers aus dem Bunker als unmöglich darstellen wollte, ist in Wahrheit ein weiterer Beitrag Rattenhubers zur Verschleierung der wahren Geschehnisse im Bunker gewesen, denn da heißt es:

„1. Hitler lehnte die wiederholten Bitten aller Offiziere am 22. und 23. April, Berlin zu verlassen, ab.“
Kein Widerspruch! Das wurde von Zeugen bestätigt. Die Ablehnung jeglicher Fluchtaufforderungen war eine Maßnahme der Fluchtvorbereitung und ein Indiz für ihre Vertuschung.

„2. Ein Durchbruch mit den Streitkräften am 29.04.45 wurde von ihm ebenfalls abgelehnt.“
Kein Widerspruch! Das wurde von Zeugen bestätigt. Die die überaus auffallende und wiederholte Ablehnung jeglicher Fluchthilfeangebote war eine Maßnahme der Fluchtvorbereitung

und ein Indiz für deren Vertuschung.

„3. Auch die Bitte von Dr. Goebbels und seiner Frau, er möge Berlin mit einem kleinen Flugzeug verlassen, wurde abgelehnt."
Kein Widerspruch! Das wurde von Zeugen bestätigt. Allerdings war der Vorschlag, es mit einem „kleinen Flugzeug" zu versuchen, nicht aus den üblichen Quellen zu entnehmen. Also entweder wusste Rattenhuber mehr als andere oder er hat hier in der Absicht, eine Flucht als abwegig darzustellen, unbeabsichtigt etwas verraten (Freudscher Versprecher), denn die Flucht von vier Personen (drei Männern und einer Frau) aus Berlin mit einem kleinen Flugzeug in der Frühe des 30.04.1945 haben die Russen ja dokumentiert. Die Ablehnung von Fluchtangeboten jeglicher Art war jedenfalls, wie nachgewiesen, eine Maßnahme der Fluchtvorbereitung und ein Indiz für die Vertuschung. Goebbels war ein Eingeweihter.

„4. Ab 29.04. gab es keine Autos mehr ... Die Achse eignete sich für den Start von Flugzeugen nicht mehr."
Einwand! Als ob eine Flucht mit einem Auto sinnvoll gewesen wäre! Aber es gab Panzer! Greim und Reitsch wurden in der Nacht vom 28./29.04.1945 unbeschadet mit einem Schützenpanzer bis zur Siegessäule gebracht.[699] Kempka hatte am vermeintlichen Todestag Hitlers noch drei Schützenpanzerwagen und wollte die Familie Goebbels damit herausbringen.

„5. Am Abend des 29.04 nahm Hitler Abschied von uns. Am Morgen des 30.04. trat er noch einmal zu uns hinaus und begrüßte auf Axmanns Bitte die Mädchen vom Lazarett."
Ja, das war aber lange vor dem von den Russen beobachteten Start des kleinen Flugzeuges am Morgen des 30.04.1945 vom Tiergarten aus. Die vielen Verabschiedungen Hitlers dienten der Täuschung und der Verschleierung seiner Fluchtabsichten.

„6. Sein allgemeiner Gesundheitszustand hätte ihm nicht erlaubt, einen langen Weg durchzustehen. In den letzten drei Wochen verließ er den Bunker nicht ..."
Widerspruch! Das stimmt so nicht. Rattenhuber log oder er hatte ein schlechtes Gedächtnis bzw. einen schlechten Überblick über die Geschehnisse in seinem Zuständigkeitsbereich. Am 20.04.1945, gegen 15:00 Uhr nahm Hitler im Garten der Reichskanzlei Glückwünsche zum Geburtstag seitens Abordnungen der Front und seiner Granden entgegen.[700] „Bis zum 23. April hat Adolf Hitler das unterirdische Betongewölbe in unregelmäßigen Abständen zu kurzen Spaziergängen verlassen, um seine Schäferhündin ‚Blondi' auszuführen."[701] So verließ Hitler am 23.04. 1945, zwischen 16 und 17 Uhr, mit seiner Schäferhündin und „einigen Kameraden vom Begleitkommando", wie Misch sich erinnerte, den Bunker, um im Garten der Reichskanzlei frische Luft zu atmen.[702] Hitler bewegte sich die Strecke zum Notausgang des Bunkers und stieg später ohne fremde Hilfe die etwa 50 Stufen wieder hinab.[703]
Ebenfalls am 23.04.1945 sah Dr. Schenck Hitler mit einigen Generalen und Adjutanten im Garten stehen und diskutieren.[704] Und am 23.04.1945 stand Hitler außerhalb des Bunkers und schaute Schaub zu, wie dieser befehlsgemäß Akten, Briefe und Papiere Hitlers verbrannte.[705] Es stimmte also nicht, das Hitler in den letzten drei Wochen den Bunker wegen körperlicher Probleme nicht mehr verlassen habe, wie Rattenhuber den Russen weismachen wollte.

„7. Die Bestätigung des Todes des Führers erfolgte durch Sturmbannführer Linge und die SS-Leute, die die Leichen verbrannt und vergraben hatten, sowie durch den Umstand, dass sie mir den Ort zeigten, an dem Hitlers Überreste beerdigt worden waren."
Widerspruch! Auch hier log Rattenhuber eindeutig. Er hörte nicht erst nach der Bestattung der Leichen davon. Und er hörte es nicht von Linge. „Günsche lief in den Lageraum. Er riss die

Tür so hastig auf, dass Goebbels, Krebs, Burgdorf, Axmann, Naumann und **Rattenhuber**, die um den Tisch standen, zusammenfuhren. Günsche rief: ‚Der Führer ist tot!'. Alle stürzten in den Vorraum.“[706]

Rattenhuber begleitete mit den anderen auch die Leichen nach oben und stand auf dem o-bersten Treppenabsatz.[707] Das bestätigte auch der RSD-Mann Mansfeld, der das auf dem Weg nach unten sah.[708] Und Kölz sagte ja, wie bereits erwähnt, aus, dass Rattenhuber ihm bereits vor dem Abtransport der Leichen nach oben mitgeteilt habe, dass Hitler und dessen Frau tot seien.[709]

„8. Reichsjugendführer Axmann, der sich in einem überaus deprimierten Zustand befand, nahm am 30. April die Pistole des Führers an sich.“

Einwand! Hierzu gibt es unterschiedliche Aussagen. (Siehe dazu: Dossier Axmann)

„9. Hitler hatte Zyankali genommen, dessen Geruch im Raum zu spüren war. Der Teppich zeigte einen Blutflecken. Dr. Stumpfegger hatte mir schon einige Tage früher mitgeteilt, er habe Zyankali für Hitler und dessen Frau zu beschaffen.“

Rattenhuber sagte nur aus, was die Russen von ihm hören wollten! Selbst wenn es danach gerochen haben sollte, war das kein Beweis dafür, dass Hitler das Gift genommen hat. Sicher soll dagegen gewesen sein, dass in der weibliche Leiche Zyanid nachweisbar war.

Und weshalb sollte Dr. Stumpfegger Gift besorgen? Hitler hatte schon länger Giftampullen, von denen er mindestens zehn an Personen seines Umfeldes verteilte. Man kann nicht an-nehmen, dass Hitler äußerst freigiebig seine Umgebung und sogar fernere Personen, wie Fräulein Heusermann mit den Ampullen versorgt hatte, dann aber plötzlich entdeckte, dass er ja nicht an sich selbst und seine Frau gedacht hatte.

„10. Die strengste Weisung an die Wachen, niemanden herauszulassen, damit die Truppen nicht von Hitlers Tod erfuhren. Alle waren im Bunker versammelt, so dass, falls sich ein Fremder eingefunden hätte, dieser sofort aufgefallen wäre.“

Einspruch! Auch hier offenbarte Rattenhuber, dass er entweder keinen Überblick hatte, oder seine Dienstpflichten vernachlässigte oder log. Mindestens der Gestapochef Müller; und zwei Handwerker betraten unabhängig voneinander am 30.04.1945 den Führerbunker. Bis 18:00 Uhr arbeiteten der Kanalarbeiter Wernikke und der Elektriker Günner im Führerbunker. Sie teilten dem Leiter Haustechnik mit, sie hätten gehört, Hitler sei tot.[710]

*„11. ... ein äußerst schweres Feuer rund um die Uhr im Raum des Bunkers. Der Ring .... wur-de sehr stark bestrichen, so dass kein einziger Mensch passieren konnte ... Es gab zahlreiche Posten, so dass Hitlers Erscheinen sofort bemerkt worden wäre. **Auch lasse ich den Ge-danken nicht zu, dass Hitler ohne seine Frau gegangen wäre.“*** (Hervorhebung: Hrsg.)

Posten kann man hinweg kommandieren. Hitler muss nicht als solcher erkennbar gewesen sein. Vielleicht wurde wegen der notwendigen und auch tatsächlich durch General Krebs indi-rekt erwirkten Feuerpause für die Flucht sogar gewartet bis zum 01.05.1945!

Und was meinte Rattenhuber damit, dass er nicht glaube, dass „Hitler ohne seine Frau ge-gangen wäre“? Hat Hitler vielleicht doch seine frisch Angetraute geopfert, zum einen, weil sie ein Kind von Fegelein erwartete und zum anderen, weil eine tote Eva Hitler doch der Freifahr-schein für ihn in eine Zukunft ohne Nachstellung gewesen wäre? So wie Rattenhuber suggestiv wirkend schrieb, er könne sich das nicht vorstellen, so sollten auch die Russen denken: Wenn Hitlers Frau tot ist, dann wird er es natürlich auch sein.

„12. Bis zum Moment des Durchbruchs am 1. Mai waren alle da, keiner fehlte, der Hitler hätte begleiten können. Fremde erschienen nicht im Bunker. Alle Personen, die bereits am 27.04.

da waren, waren auch noch am 30.04. anwesend. Wäre etwas anderes vorgekommen, wäre das von mir bemerkt oder mir gemeldet worden."

Der Herr Rattenhuber war schon so schlau, Männer seiner Einheit einzuteilen für Hitlers Begleitung, die nicht im Bunker Dienst taten. Diese konnten in den Kellern der Reichskanzlei bereit gestanden haben. Und warum erwähnt er als Vergleichstermin gerade den 27.04.? War das ein Freudscher Versprecher? War der Doppelgänger ab dem 27.04.1945 im Führerbunker? Rattenhuber hat ja nicht einmal verhindert, dass eine Gruppe unbekannter BDM-Mädel am 26.04.1945 bis zur Tür des Führerbunkers gelangt ist, worüber sich Hitler bei Linge beschwerte.[711]

Der technische Leiter der Reichskanzlei, Wilhelm Zimm, war am 29.04.45 im Führerbunker, angeblich um einen Ventilator zu reparieren. Danach nicht mehr.[712] Am 29.04.1945 in der Frühe war der Gauamtsleiter Wagner als Standesbeamter zur Trauung von Adolf Hitler mit Eva Braun erschienen – in Begleitung zweier Unbekannter! Und mehrere Adjutanten hatten am 29. und 30.04. in der Frühe den Führerbunker für immer verlassen. Herr Rattenhuber hat eben nicht alles bemerkt, bzw, es ist ihm nicht alles gemeldet worden, wie er schrieb.

„13. Ein SS-Mann, der zusätzlich Treibstoff beschafft hatte, teilte mir mit, er habe die Leichen nicht restlos verbrennen können, **weil die Temperatur nicht hoch genug gewesen sei.** *Deshalb sei die Beerdigung erfolgt."*

Rattenhuber hat gleich nach seiner Gefangennahme berichtet, dass er selbst sich um weiteren Treibstoff für die Verbrennung bemüht habe, weil die Leichen schlecht brannten.[713]

„Ich persönlich habe die Leichname von Hitler und seiner Ehefrau nicht gesehen, doch bin ich fest davon überzeugt, dass Hitler tot ist."

Einspruch! Wieder eine Lüge von Rattenhuber. Zumindest eingewickelt hat er die beiden Leichen gesehen, die als die von Hitler und seiner Frau betrachtet wurden.

Als die männliche Leiche aus dem Arbeitsraum Hitlers heraus und dann durch den Lagevorraum getragen wurde, standen dort: „Goebbels, Burgdorf, Krebs, Axmann, Naumann, Günsche und **Rattenhuber** ..."[714] **Rattenhuber** folgte der Leichenprozession nach oben, wie alle anderen.[715]

Und er sah die Leichen brennen: „Die Körper von Hitler und Eva Braun brannten schlecht, und ich ging hinunter und kümmerte mich um weiteren Brennstoff. Als ich wieder nach oben kam, waren die Leichen schon ein wenig mit Erde bedeckt, und der Posten Mengershausen erklärte mir, dass es bei diesem unerträglichen Gestank unmöglich sei, Wache zu halten. Und so hätten er und ein anderer SS-Mann auf Anweisung von Günsche sie in die Grube gestoßen, wo der vergiftete Hund Hitlers lag."[716] [717]

Die Russen waren jedenfalls davon überzeugt, dass Rattenhuber Hitlers Flucht organisiert habe. Merkwürdigerweise scheint er aber eine Kronzeugenregelung erhalten haben. Rattenhubers Verwirrtaktik zeigte sich auch an folgenden seiner Darstellungen:

> „Am 29. April nachmittags hat sich Hitler von mir persönlich mittels Handschlag verabschiedet. Er hat sich dabei dahingehend ausgedrückt, dass er aus dem Leben scheiden werde und mir für meine Dienstleitung danke; er entlasse mich aus seinen Diensten ich solle versuchen, mit einer Kampfgruppe durchzukommen. Adolf Hitler äußerte dazu, dass er selbst „hier ewige Wache halten" werde. Auch der Wortlaut dieser Äußerung ist mir noch genau in Erinnerung. Diese Verabschiedung hat gleichfalls im Mittelgang des Führerbunkers vor den Räumen Hitlers stattgefunden ..."[718]

> Ja, und warum ist Rattenhuber doch geblieben? Merkwürdigerweise hat Rattenhuber diese Verabschiedung den Russen gleich nach seiner Festnahme Anfang Mai 1945 anders dargestellt: Erstens war es nicht am Nachmittag, sondern am Abend. Zweitens war er nicht der Einzige, von dem sich Hitler verabschiedete, sondern er war Teil einer Gruppe.

> „In der Nacht vom 29. auf den 30. April hat mich Hitler dann nochmals angesprochen. Es war zwischen 1 und 2 Uhr im oberen Teil des Führerbunkers, den Hitler aufgesucht hatte, um sich von den Schwestern und Helferinnen des in der Reichskanzlei eingerichteten Lazaretts zu verabschieden. Bevor er sich den Schwestern und Helferinnen zugewandt hat, ist er auf mich zugegangen und hat geäußert, dass doch heute mein Geburtstag sei; er gratuliere mir und wünsche mir alles Gute. Dabei hat er mir die Hand geschüttelt.
> „Das war das letzte Mal, dass ich Hitler gesehen habe ...“[719] Das hat sich Rattenhuber schön geredet. Hitler musste aufmerksam gemacht werden, dass Rattenhuber in einem Nachbarraum feierte und reagierte mit dürren Worten. Das hatte wohl den Hintergrund, dass der Hitlerdarsteller, der die Verabschiedung durchführte, Rattenhuber gar nicht besonders gut kannte.

Danach will Rattenhuber nichts mehr gesehen oder gehört haben, was im Zusammenhang mit Hitlers Tod stand. Am 26.11.1955 sagte Rattenhuber aus: „Über die Umstände des Todes Hitlers habe ich selbst keine unmittelbaren Wahr-nehmungen gemacht. Etwa am 22. April 1945 wurde in der Umgebung Hitlers bekannt, dass er sich entschlossen habe, in Berlin zu bleiben und hier zu sterben, falls der Entsatz nicht gelingen sollte. An einem der nächsten Tage war ich Zeuge eines von Hitler mit einer anderen Persönlichkeit seiner Umgebung – wer es war, ist mir nicht mehr erinnerlich – geführten Gesprächs. Hitler hat dabei geäußert, wo er denn hin solle, nachdem Himmler ihn auch verraten habe; lieber sterbe er hier, bevor er auf der Straße irgendwie zugrunde gehe. Der Wortlaut dieser Äußerung ist mir noch in genauer Erinnerung. Dieses Gespräch hat im Mittelgang des Führerbunkers vor den Räumen Hitlers stattgefunden.[720] Himmlers Verrat wurde allerdings erst am 27.04.1945 bekannt! Wortlaut noch genau in Erinnerung? Sonst hat er aber alles vergessen!? Man beachte auch, dass Rattenhuber immer genau an den Ort und an den Wortlaut erinnern konnte, nicht aber an die Person aus Hitlers Umgebung (die ja nicht mehr groß war)!!!
Dass Rattenhuber eine herausragende Rolle gespielt hat, verriet er auch, als er Mohnke gegenüber erwähnte: Wir haben Fegelein liquidiert.
Rattenhuber behauptete, von Stumpfegger ein Schreiben von Hitler, dass Zyankali besorgt werden sollte, gesehen zu haben. Auch das war vermutlich eine Lüge![721]

Warum gehörte Rattenhuber nicht zur Reichskanzleigruppe? Entweder war Rattenhuber so sehr gefoltert worden, dass er mit den anderen nicht nach Berlin gebracht werden konnte (er starb ja wohl auch nur zwei Jahre nach der Rückkehr aus der Kriegsgefangenschaft – oder verschwand er nach Südamerika?) oder Rattenhuber als Fluchthelfer sollte auf keinen Fall mit den anderen in Berührung kommen, um Absprachen zu vermeiden. Und es ist auch denkbar, dass seine Isolation von den anderen erfolgte, weil verhindert werden sollte, dass er den anderen Gefangenen den Widerstandwillen stärkte, indem er möglicherweise durchblicken ließ, dass Hitler erfolgreich geflüchtet sei.

Dossier Rshewskaja-Kagan
Die Russen haben gern Geschichten für Bücher und Zeitschriftenbeiträge erfunden, nicht anders, als das auch eine Reihe von Zeugen aus Reichskanzlei und Bunker taten. Und so hatte auch Jelena Rshewskaja-Kagan[722], die als Dolmetscherin des Vorgesetzten von Klimenko, Oberst Gorbuschin, arbeitete, einige Falschaussagen in ihrem Bericht. Sie veröffentlichte ihre Erlebnisse, die sie im Mai 1945 auf der Suche nach Hitler in Berlin hatte, erst 20 Jahre danach. Ihr Bericht bietet einige bis dahin unbekannte Details und hält sich an die sowjetische Linie, Hitler habe sich nicht erschossen, sondern nur Gift genommen und die Leichen von ihm und seiner Frau seien identifiziert worden. In ihrem Buch gibt es einige Unwahrheiten, die diese Zeugin aus zweiter Hand nicht unbedingt glaubwürdig sein lassen, was übrigens auf die

gesamte Ermittlungsgruppe Gorbuschin zutrifft, der sie angehörte.

> So hat sie angeblich Klappbetten für die sechs Goebbelskinder gesehen. Es handelte sich allerdings um drei Doppelstockbetten.[723] Allerdings sah auch Hentschel: drei alte Luftschutzbetten, die man an die Wand klappen konnte.[724]
> So behauptet sie, am 03.05.1945 sei eine Gruppe sowjetischer Generale in der Reichskanzlei erschienen und im Garten habe einer auf eine Leiche gezeigt, das sei Hitler. Diese Leiche wurde später als Hitler fotografiert und veröffentlicht und noch später als angebliches Double bezeichnet[725]. Allerdings kennen wir die Geschichte auch anders. Nach dem Bericht ihres Genossen Oberstleutnant Klimenko, dessen Suchgruppe auf dem Gelände der Reichskanzlei nach Hitler suchte und ebenfalls zur Gruppe Gorbuschin gehörte, habe der Vizeadmiral Voss, den er neben anderen Gefangenen für eine Identifizierung der Leichen mitgebracht hatte, geglaubt, eine der Leichen in einem leeren Wasserbecken, sei Hitlers Leiche, auf welche er aufgeregt gezeigt habe.
> Sie behauptete auch, die Leiche von General Krebs sei im Garten gefunden worden. Er habe sich vergiftet.[726] General Krebs soll sich aber erschossen haben. Und seine Leiche soll im Bunker geborgen worden sein, wie Klimenko behauptete. Der britische Autor Ryan gab den Bericht des Geheimdienstoffiziers Boris Polewoi wieder, der die Leichen der Generale Burgdorf und Krebs im Vorbunker im Korridor an einem langen Tisch aufgefunden haben will. „Beide hatten sich erschossen; man identifizierte sie an Hand von Papieren, die man in ihren Uniformen fand."[727]
> Sie behauptete, wie ihr Chef, Oberst Gorbuschin, sie hätten Professor Dr. von Eicken verhört.[728] Das Verhör führte aber der Chef beider, Oberst Miroschnitschenko. Ebenso behauptete sie, Professor von Eicken habe ihnen den Zahnarzt Blaschke genannt. Dieser aber wusste gar nicht, wer Hitlers Zahnarzt war.

Außerdem war diese Dolmetscherin, so ähnlich, wie die Frau Junge von Günsche, ein Opfer von Lügengeschichten des Geheimdienstoffiziers Klimenko, der sie ebenfalls, aber aus anderen Motiven, mit Falschinformationen fütterte:

> So schrieb die Rshewskaja über den Bunkerbesuch von Klimenko und einem anderen Offizier: Es seien dabei Hitlers Uniformstücke gefunden worden: „... im Schrank ein Uniformrock, auf einer Stuhllehne ein zweiter, feldgrauer."[729] Nun war es aber so, dass Linge bis auf die Uniform, die Hitler täglich trug, alle Kleidungsstücke nach Berchtesgaden geschickt hatte und dass er nach dem „Selbstmord Hitlers" sämtliche noch vorhandenen Sachen Hitlers hatte verbrennen lassen.[730]
> Eine weitere Lüge: Das Bild Friedrichs des Großen habe in Hitlers Zimmer gehangen. Aber das war bereits von General Baur am 01.05.1945 beim Ausbruch aus der Reichskanzlei mitgenommen worden. „Das Bild Friedrichs des Großen habe ich aus dem Rahmen genommen und dem Flugkapitän Baur übergeben ..."[731] Und Frau Junge schrieb in ihrem Buch: „Flugkapitän Baur verstaut das Ölbild des ‚großen Friedrich', das er aus dem Rahmen genommen hat, in einer Rolle. Er will es als Andenken mitnehmen."[732] Weder Klimenko noch die Rshewskaja konnten das Bild also gesehen haben.

Dossier Sicherheit im Führerbunker

Da einige angebliche Zeugen in dieser Sache behaupteten, im Führerbunker bestimmte Dinge gesehen und erlebt zu haben (Gespräch Hitlers mit Professor Haase; Vergiftung der Hunde; Transport der Leichen ...) muss hier auf die hohe Sicherheitsqualität des Bunkers hingewiesen werden, die es eben gerade nicht zuließ, dass alle möglichen Leute im Bunker ein- und aus gingen, wie sie wollten.

Es gab mit Sicherheit in den letzten Tagen kein Nachlassen in Sicherheitsfragen, wie das der SS-Standartenführer Dr. Schenck behauptete, schließlich fürchtete Hitler, durch ein Kommandounternehmen der Russen betäubt und entführt zu werden und er wollte unbedingt erreichen, dass er weder lebend, noch als Leiche angetroffen werden würde.

Nach dem Attentat vom 20. Juli 1944 wurden in den Führerhauptquartieren, in der Reichskanzlei und im Führerbunker die Sicherheit verstärkt. So berichteten Günsche und Linge: „Wer in den Lageraum eintreten wollte, selbst Göring, Dönitz, Jodl ... musste seine Aktentasche kontrollieren lassen. Persönliche Waffen waren beim Wachpersonal abzugeben. ... Auch Personen, die zur Sonderberichterstattung oder zum Empfang des Ritterkreuzes, das Hitler persönlich überreichte, ins Hauptquartier geladen wurden, mussten sich von den Posten des Sicherheitsdienstes durchsuchen lassen, bevor sie Hitler gegenübertreten durften.“[733]

Auch Generaloberst Guderian, Generalstabschef des Heeres, musste seine Waffe ablegen, wenn er Hitlers Arbeitszimmer betrat.

Vom Eingang der Reichskanzlei bis zu Hitlers Arbeitsraum standen an jedem Zwischeneingang Wachen. An der Tür des Vorraums zu Hitlers Arbeitszimmer standen SS-Wachen, welche Aktentaschen durchsuchten und Waffen entgegennahmen und verwahrten. An der Tür zu Hitlers Arbeitsraum standen weitere SS-Wachen.[734] Laut Rochus Misch wurde der Eingang zum Führerbunker von einem Mitglied des FBK gesichert, der an einem Tischchen saß. Der Notausgang vom Bunker zum Garten wurde vom RSD gesichert.[735]

Der Adjutant von General Krebs, Major Freytag von Loringhoven, berichtete: es kam „... niemand in den Bunker, der nicht nach Waffen untersucht worden war. Wenn ich z.B. in den Bunker kam, hatte ich stets eine große Aktentasche mit Karten und Papieren bei mir. Wir alle mußten unsere Mäntel und Pistolen abgeben. Die Aktentaschen wurden von den SS-Wachen sehr gründlich untersucht.“[736] „Ich hätte nicht einmal ein Taschenmesser unbemerkt in den Bunker schmuggeln können ...“[737]

Dossier Täuschungsaktionen („Rote Heringe“)

Hitlers Grundsatz war es „nie jemanden etwas wissen zu lassen, was dieser nicht unbedingt wissen musste. Jene aber, die unbedingt in eine Sache eingeweiht werden mussten, unterrichtete er erst, wenn der Zeitpunkt es unbedingt erforderte.“[738] Hitlers Leibarzt Dr. Morell schrieb nach dem Krieg aus dem Lager an seine Frau: „Anscheinend ist bei den Herrn immer noch nicht genügend bekannt, dass Hitler stets seine Gedanken für sich behielt und gänzlich verschlossenen Wesens war. Wie oft hat er gesagt, dass das Geheimhalten seiner Pläne eine große Stärke von ihm sei ...“[739]

Der Historiker Maser sagte über Hitler: „Häufig äußerte er sich im Kreise seiner unmittelbaren Umgebung über Täuschungen, Falschinformationen und Scheinmanöver als nützlichen Elementen der Diplomatie.“[740] Aber nicht nur in der großen Diplomatie, sondern auch sonst bediente sich Hitler dieser Taktik. Dass Hitler und seine Umgebung in der Durchführung von Täuschungsaktionen geübt waren, soll hier nur an wenigen Beispielen dargestellt werden:

Operationen unter falscher Flagge: Ein Beispiel dafür war der fingierte Überfall auf den Sender Gleiwitz. Der Auslöser für den Angriff auf Polen war der angebliche polnische Angriff auf den Sender Gleiwitz am 31.08.1939. In der deutschen Propaganda waren es Polen, die mit dem Überfall auf den deutschen Sender Gleiwitz („Unternehmen Tannenberg“) ihren Provokationen und Angriffen an den Grenzen zum Deutschen Reich die Krone aufgesetzt hatten. Deshalb wurde dann „zurückgeschossen“. Es waren jedoch keine Polen, die den Sender angegriffen hatten, sondern polnisch sprechende SS-Leute, die einen KZ-Häftling, der in eine polnische Uniform gesteckt worden war, erschossen beim Sender zurückließen. So wurde der Grund für den Blitzkrieg gegen Polen inszeniert.

Die Eva Braun-Tarnung: Die Liaison Hitlers mit Eva Braun war ein Tabuthema. Sie wurde intern nur E.B. genannt. Gegenüber außen Stehenden schwiegen die Mitglieder des „Hofes“ über Hitlers Geliebte.[741] Es erfolgte ein regelrechtes „Versteckspiel“, wenn Eva Braun zu Hitler nach Berlin kam. Sie war immer in Begleitung, sodass niemand aus der Tatsache, dass sie mit einer Regierungsmaschine abgeholt wurde eine unerwünschte Schlussfolgerung ziehen konnte. Im Gegenteil, man nannte gezielt Namen bestimmter Damen der Öffentlichkeit, die interessiert am Führer seien, um von Eva Braun abzulenken.[742]

Täuschungsaktionen bei Ausfahrten und Reisen: Um Attentätern keine Chance zu geben trat Hitler seine Ausfahrten und Reisen meist völlig überraschend für alle Beteiligten an. Bei Autofahrten wurde auf den "Führer-Stander" am Auto verzichtet. Bei Zugfahrten fuhr Hitler im verdunkelten Waggon des Sonderzuges, wenn er Deutschland durchquerte.[743] Bei Zugfahrten oder Flügen wurden falsche Fährten gelegt und für die Personen, die gebraucht wurden, erst in der Phase korrigiert, in der sie zum Einsatz kamen. Die Mitreisenden erhielten nur die Information, dass am Abend abgereist werde. Mit Autos wurden sie zu Flugplätzen oder Bahnhöfen gebracht. Die Bahnhöfe, die passiert wurden, waren während der Durchfahrt durch Wegnahme der Bahnhofsschilder vor Erkennen getarnt. Zusätzlich wurden durch beauftragte Personen die anderen getäuscht, indem völlig fehlleitende Informationen verbreitet wurden, welche auf ein ganz anderes Ziel deuteten.[744]

Flüge in die Führerhauptquartiere: Diese wurden natürlich ebenso verschleiert, wie andere Reisen: Um über seine wahren Absichten und seinen Aufenthaltsort zu täuschen, ließ Hitler zum Beispiel drei Condor-Maschinen seiner Flugbereitschaft in Hamburg landen und dort Schwimmwesten verladen. Am nächsten Morgen, vor einem von Chefpilot Baur vermuteten Start nach Norwegen, wurde er von Hitler in das Führerhauptquartier „Felsennest" bei Münstereifel gerufen, mit dem Befehl, die drei Maschinen dorthin zu bringen. So war vor feindlichen Agenten Hitlers Weg in den Westen zur Eröffnung des Frankreichfeldzuges verschleiert worden.[745]
Auch alle Personen, die Hitler in das jeweilige Führerhauptquartier mit nehmen wollte, wurden, wenn es sich um besondere Ereignisse handelte (zum Beispiel: Bezug des Führerhauptquartiers „Felsennest" zu Beginn des Frankreichfeldzuges) im Unklaren gelassen, wohin es gehen würde und sogar zunächst richtiggehend getäuscht. So wurden am 09.05.1940 diese Personen davon in Kenntnis gesetzt, dass noch am selben Abend eine Reise anzutreten sei. Ziel und Dauer der Reise wurden verschwiegen. Dafür wurden gegenüber den Sekretärinnen Andeutungen gemacht, die in eine ganz andere Richtung gingen: Ob sie Tabletten gegen Seekrankheit dabei hätten, dass es vielleicht für jede ein Seehundfell gebe usw. Da der Zug nach Norden fuhr, nahmen die Personen an, es gehe nach Norwegen. Erst zwischen Hannover und Hamburg änderte der Zug die Richtung. Auf den Bahnhöfen, die an der Strecke lagen, waren die Schilder entfernt worden. Schließlich kamen sie im Raum Münstereifel im Westen an.[746]
Hitler, der sich von Verrätern umgeben fühlte und auch im Führerhauptquartier einen Spion vermutete[747], wollte durch einen „roten Hering" verhindern, dass Verräter aus seinem Umfeld den Beginn des Frankreichfeldzuges dem Feind verraten würden.
Generell galt: Der RSD-Chef Rattenhuber musste gewährleisten, dass der jeweilige Aufenthaltsort Hitlers geheim blieb. So wusste die Öffentlichkeit nicht, ob er sich gerade auf dem Obersalzberg, in der Reichskanzlei oder im Führerhauptquartier oder auch anderswo aufhielt.[748] Ja, es war nicht einmal bekannt, wo sich die Führerhauptquartiere überhaupt befanden.
Zu den Täuschungsaktionen gehörte natürlich auch die Verwirrung, die geschaffen wurde, um Hitlers Flucht zu tarnen. Es wurden als Begleitung nur die zweite Garnitur ausgesucht, wenn das möglich war. Anderenfalls wäre zu offensichtlich gewesen, dass das Fehlen bestimmter Leute mit Hitlers gelungener Flucht zu tun gehabt haben könnte. So wurde Baur von den Rus-

sen immer wieder beschuldigt, Hitler ausgeflogen zu haben. Wenn Hitler geflohen ist, dann hat er aber mit Sicherheit darauf verzichtet, seinen Chefpiloten fliegen zu lassen. Intelligenter war es da schon, dass dessen Stellvertreter flog und dessen Abwesenheit kaschiert wurde durch Anwesenheitsbeweise seitens der Dagebliebenen. So wurde Betz, Hitlers zweiter Pilot, mehrfach von Baur und Kempka, die letzten Tage betreffend, als anwesend erwähnt, obwohl er wahrscheinlich gar nicht mehr in der Reichskanzlei war. Und so wurde auch Schädles Anwesenheit für die letzten zwei Tage (zu häufig) behauptet. Und unklug wäre es bei einer Flucht Hitlers auch gewesen, wenn der Chef seiner Leibwache, Rattenhuber ebenfalls verschwunden wäre. Wenn dagegen dessen Stellvertreter, Högl, zur Begleitung Hitlers gehört hätte, und die im Bunker verbliebenen Eingeweihten diesem ebenfalls einen Anwesenheitsnachweis verschafft hätten, wie es ja durch Günsche und andere geschehen zu sein scheint, dann war man den Regeln der Konspiration gerecht geworden.

Dossier Verhörmethoden der Sowjetgeheimdienste

Im Gegensatz zu den Behauptungen Besymenskis und seiner leichtgläubigen deutschen Nachbeter, wurden die Angehörigen der Reichskanzleigruppe in den sowjetischen Gefängnissen und Lagern gefoltert. Die sowjetischen Geheimdienstleute wollten auf diese Weise das Schweigen der Gefangenen zu der vermuteten Flucht Hitlers brechen.

Hitlers Chefpilot, der von den Russen mit einem Taschenmesser beinamputierte Generalleutnant der Polizei, Hans Baur, wurde der Mittäterschaft bei Hitlers Flucht verdächtigt. Sie warfen ihm vor, Hitler aus Berlin selbst ausgeflogen oder einen solchen Flug arrangiert zu haben. Sie prügelten den Beinamputierten immer wieder. Er trat in den Hungerstreik und wurde künstlich ernährt. Er war monatelang in Einzelhaft und beneidete die Kameraden, die Selbstmord begangen hatten.[749]

Baur berichtete: „... während der Jahre in den sowjetischen Lagern und Gefängnissen – die Lubjanka in Moskau war wirklich das schlimmste –, in denen die stalinistischen Vernehmungsoffiziere mich und meinen treuen Begleiter Rochus Misch häufig prügelten und drangsalierten, durchlitten wir viele Tage und Nächte marternder Schmerzen und quälender Demütigungen. Da habe ich den Tod dann manchmal herbeigesehnt; lieber ein Ende mit Schrecken als ein Schrecken ohne Ende ... In den schlimmsten Stunden der Folter und Mißhandlung beneidete ich diejenigen meiner Kameraden, die 1945 den Quälereien der Russen durch den Freitod entgangen waren."[750] Misch, der Zellengenosse Baurs bestätigte: „Man schlug und misshandelte Baur."[751] Auch Misch bestätigte selbst erlittene Folter in sowjetischer Kriegsgefangenschaft (Schläge ins Gesicht, Tritte, Kopf gegen eine Wand schlagen, Vergiftung durch Zwangsimpfung, Schläge auf die geschwollene Impfstelle, Unterbringung in einer eisigen Zelle in Einzelhaft, Schlafentzug für 40 Tage, stundenlanges Wartenlassen in einer 0,6 x 0,6 quadratmetergroßen Stehzelle, splitternackt ausgepeitscht mit siebenschwänziger Peitsche auf Gesicht, Hoden und Fußsohlen, eiskalte Duschen und Schlagen des Kopfes gegen die Fliesenwände.[752] Zudem war ihr Gefangenenalltag außerhalb der Verhöre ebenfalls so gestaltet, dass das Locken zu Aussagen unterstützt wurde, etwa indem die Gefangenen einen Krug für alles erhielten: für Essen, für Trinken und für die Exkremente![753] Bei Wohlverhalten sollten sich dagegen ihre Lage und die Umstände verbessern.

Misch schrieb wegen der andauernden Folterungen sogar an Geheimdienstchef Berija und bat ihn, um die Gnade des Todes durch Erschießen.[754]

Auch der RSD-Mann Josef Henschel (Kriminalobersekretär und SS-Unterstumführer) sagte nach seiner Rückkehr aus der sowjetischen Gefangenschaft aus: „Die Vernehmungen haben hauptsächlich nachts stattgefunden. Ich bin dabei mehrfach schwer mißhandelt worden. Bei diesen Mißhandlungen ist mir das rechte Trommelfell geplatzt."[755]

Aber auch die Verhörmethoden der Westalliierten waren nicht ohne. Dr. Morell, Hitlers Leibarzt, zu der Zeit ein tot kranker Mann, berichtete seiner Frau, dass er in Oberursel von den Amerikanern durch grelles Licht und starke Hitze gefoltert worden sei und man habe ihm die Zehennägel herausgerissen, einen nach dem anderen.[756] Frau Morell hatte während der Besuche ihres Mannes im Vernehmungslager Oberursel dies von den Mitgefangenen ihres Mannes bestätigt bekommen.[757]

Dienstgrade der Waffen-SS
verglichen mit den Wehrmachtsdienstgraden

Dienstgrade der Waffen-SS	Vergleichbarer Heeresdienstgrad
Mannschaftsdienstgrade	
SS-Mann	Soldat, Schütze
SS-Oberschütze	Obersoldat, Oberschütze
SS-Sturmmann	Gefreiter
SS-Rottenführer	Obergefreiter
	Hauptgefreiter
	Stabsgefreiter
Unterführer	
SS-Standartenjunker	Fähnrich
SS-Unterscharführer	Unteroffizier
SS-Scharführer	Unterfeldwebel
SS-Standarten-Oberjunker	Oberfähnrich
SS-Oberscharführer	Feldwebel
SS-Hauptscharführer	Oberfeldwebel
SS-Stabsscharführer	Hauptfeldwebel
SS-Sturmscharführer	Stabsoberfeldwebel
Offiziersdienstgrade	
SS-Untersturmführer	Leutnant
SS-Obersturmführer	Oberleutnant
SS-Hauptsturmführer	Hauptmann
SS-Sturmbannführer	Major
SS-Obersturmbannführer	Oberstleutnant
SS-Standartenführer	Oberst
Generäle	
SS-Brigadeführer u. Generalmajor der Waffen-SS	Generalmajor
SS-Gruppenführer u. Generalleutnant der Waffen-SS	Generalleutnant
SS-Obergruppenführer u. General der Waffen-SS	General (einer Waffengattung)
SS-Oberstgruppenführer u. Generaloberst der Waffen-SS	Generaloberst
Reichsführer SS	Generalfeldmarschall

Abkürzungsverzeichnis

Abkürzung	Erklärung
EK I	Eisernes Kreuz 1. Klasse
FB	Führerbunker
FBK	Führerbegleitkommando
HJ	Hitlerjugend
NKWD	Volkskommissariat des Inneren (Geheimdienst)
RK	Reichskanzlei
RSD	Reichssicherheitsdienst

Personenregister

(Ausgewählte Personen, Akteure und Zeugen der Ereignisse
rund um Hitlers angeblichen Tod)

Literaturverzeichnis

/Argunova 2005/ Argunova, Alisa: Die acht Bestattungen Hitlers: Russische Dokumente und Berichte. In: Zukunft-Braucht-Erinnerung.de Das Online-Portal zu den historischen Themen unserer Zeit. Übersetzung aus dem Russischen und Kommentare: Wolf Oschlies.

/Axmann/ Axmann, Artur: Hitlerjugend: Das kann doch nicht das Ende sein. S. Bublies Verlag. Koblenz, o.J. (1995?). 576 S.

Basti;Helsing, Hitler überlebte/ Basti, Abel; Helsing, Jan van; Erdmann, Stefan: Hitler überlebte in Argentinien. Amadeus-Verlag, Fichtenau 2015, 3. Auflage. 575 S.

/Benecke 2011/ Benecke, Mark; Benecke, Lydia: Aus der Dunkelkammer des Bösen. Neue Berichte vom bekanntesten Kriminalbiologen der Welt. Lübbe Digital. Vollständige E-Book-Ausgabe des in der Bastei Lübbe GmbH & Co. KG erschienenen Werkes. Lübbe Digital in der Bastei Lübbe GmbH & Co. KG. Originalausgabe. Köln, 2011.

/Berthold/ Berthold, Willi: Die 42 Attentate auf Adolf Hitler. Kopp-Verlag, Rottendorf, 256 S.

/Besymenski, Bormann/ Besymenski, Lew: Auf den Spuren von Martin Bormann. Dietz Verlag. Berlin, 1965. 1. Auflage. 272 S.

/Besymenski Notizen/ Besymenski, Lew: Die letzten Notizen von Martin Bormann: Ein Dokument und sein Verfasser. Deutsche Verlags-Anstalt. Stuttgart, 1974. 345 S.

/Besymenski, 1992/ Besymenski; Lew: Hitlers letzte Reise. Neue Thesen des Moskauer Historikers Lew Besymenski über den Tod des Führers und den Verbleib der Leiche. In: DER SPIEGEL 30/1992. 20.07.

/Besymenski, Der Tod/ Besymenski; Lew: Der Tod des Adolf Hitler. Die Endphase des Zweiten Weltkriegs aus sowjetischer Sicht. Ullstein Verlag. Frankfurt/Main und Berlin, 1990. 377 S.

/Bihl/ Bihl, Wolfdieter: Der Tod Adolf Hitlers: Fakten und Überlebenslegenden. Böhlau Verlag, Wien, Köln, Weimar, 2000. 192 S.

/Böddecker/ Böddeker, Günter: Der Untergang des Dritten Reiches. F. A. Herbig Verlagsbuchhandlung. München, Berlin, 1985. 287 S.

/Böger 2010/ Böger, Helmut: Patienten-Aufzeichnungen von Adolf Hitlers Leibzahnarzt: „Der Führer hat Karies... Patient fertig? "07.02.2010 auf Bild.de

/Brockdorf/ Brockdorf, Werner: Flucht vor Nürnberg: Pläne und Organisation der Fluchtwege der NS-Prominenz im „Römischen Weg". Verlag Welsermühl, Wien, Wels, 1969. 286 S.

/Buch Hitler/ Eberle, Henrik; Uhl, Matthias (Hr.): Das Buch Hitler. Geheimdossier des NKWD für Josef W. Stalin, zusammengestellt aufgrund der Verhörprotokolle des Persönlichen Adjutanten Hitlers, Otto Günsche, und des Kammerdieners Heinz Linge, Moskau 1948/49. Bastei-Lübbe Verlag, Bergisch Gladbach, 2005. Taschenbuchausgabe 5. Auflage, 2008. 672 S.

/Bullock/ Bullock, Alan: Hitler. Eine Studie über Tyrannei. Droste-Verlag, Düsseldorf. 1954, 1965. 838 S. Bullock, A. Hitler: Eine Studie über Tyrannei . Düsseldorf. 1965.

/Das Gupta 2012/ Das Gupta, Oliver: Hitler-Leibwächter Rochus Misch über das Ende des Diktators "Jetzt wird der Chef verbrannt". In: Sueddeutsche.de. 29. Mai 2012

/Doernberg/ Doernberg, Stefan (Hg.): Rshewskaja, Jelena: Hitlers Ende ohne Mythos. Jelena Rshewskaja erinnert sich an ihren Einsatz im Mai 1945 in Berlin. Reihe: Augenzeugen berichten. Verlag Neues Leben, Berlin, 2005. 128 S.

/Emde FOCUS 1998/ Emde, Heiner: Der letzte Beweis. In Zeitgeschichte. Focus Online. 09.03.1998.

/Fest/ Fest, Joachim: Der Untergang. Hitler und das Ende des Dritten Reiches. Eine historische Skizze. Alexander Fest Verlag. Berlin 2002. 2. Auflage. 207 S.

/FOCUS 2009/ FOCUS ONLINE: Geschichte: Hitlers angeblicher Schädel stammt von einer Frau. 30.09.2009/

/Frank 2005/ Frank Frank, Mario: Der Tod im Führerbunker. Hitlers letzte Tage. Siedler Verlag. München, 2005. Zweite Auflage. 330 S.

/Franz 2009/ Franz, Angelika: DNA-Analyse. Angeblicher Hitler-Schädel stammt von einer Frau. In: Spiegel-Online. Wissenschaft. 01.10.2009.

/Goebbels/ Goebbels, Joseph: Tagebücher 1945. Die letzten Aufzeichnungen. Verlag Hoffmann und Campe. Hamburg 1977. Lizenzausgabe für den Gustav Lübbe Verlag. Bergisch-Gladbach, 1980. 585 S.

/Gosztony/ Gosztony, Peter (Hg.): Der Kampf um Berlin 1945 in Augenzeugenberichten. Karl Rauch Verlag, Düsseldorf, 1970. 422 S.

/Görtemaker/ Görtemaker, Heike, B.: Eva Braun: Leben mit Hitler. Verlag C. H. Beck oHG, München 2010. 4. Auflage. 366 S.

/Harrison 2009/ Harrison, Edward D. R.: Hugh Trevor-Roper und "Hitlers letzte Tage" VfZ 1/2009. Jahrgang 57 (2009), Heft 1, S. 33-60

/Hugh 1996/ Hugh, Thomas: The Murder of Adolf Hitler: Truth about the Bodies in the Berlin Bunker. St. Martin's Press, New York. 1996.

/Irving 2004/ Irving, David: Wie krank war Hitler wirklich? Der Diktator und seine Ärzte. Wilhelm Heyne Verlag, München, 980, eBook edition by Parforce UK Ltd., London, 2004. 79 S.

/Janßen, 1968/ Janßen, Karl-Heinz: Wie starb Adolf Hitler? Die Geschichte der Geschichte. In: Zeit, 26. Juli 1968.

/Joachimsthaler/ Joachimsthaler, Anton: Hitlers Ende: Legenden und Dokumente. Bechtermünz Verlag. Genehmigte Lizenzausgabe für Weltbild Verlag GmbH, Augsburg 1998. 504 S.

/Junge/ Junge, Gertrud: Bis zur letzten Stunde. Hitlers Sekretärin erzählt ihr Leben unter Mitarbeit von Melissa Müller. List Verlag im Verlag der Ullstein Buchverlage GmbH. Berlin, 2002. Taschenbuch. 2. Auflage, 2004. 272 S.

/Katakombe/ Bahnsen, Uwe; O'Donell, James P.: Die Katakombe: Das Ende der Reichskanzlei. Deutsche Verlagsanstalt Stuttgart, 1975. Genehmigte Lizenzausgabe für den Bechtermünz Verlag im Weltbild Verlag. Augsburg, 1997. 437 S.

/Katukow/ Katukow, Michael, Jefremowitsch: An der Spitze des Hauptstoßes. Militärverlag der DDR. Berlin, 1979.

/Kellerhoff, Mythos/ Kellerhoff, Sven Felix: Mythos Führerbunker. Hitlers letzter Unterschlupf. Giebel Verlag in der BERLIN STORY. Berlin, 2003. 1. Auflage. 116 S.

/Kellerhoff, Adjutant/ Kellerhoff, Sven Felix: Der letzte Adjutant: SS-Mann Otto Günsche hat Hitlers Leiche verbrannt - nach dem Krieg lebte er als Manager in Köln. In: DIE WELT; 18.10.03

/Kempka 1975/ Kempka, Erich: Die letzten Tage mit Adolf Hitler: erweitert und erläutert von Erich Kern. Verlag K. W. Schütz KG. Preußisch Oldendorf, 1975. 324 S.

/Klee 2003/ Klee, Ernst: Das Personen Lexikon zum Dritten Reich. Wer war was vor und nach 1945. S. Fischer Verlag. Frankfurt am Main, 2003. 734 S.

/Kershaw: Das Ende/ Kershaw, Ian: Das Ende. Kampf bis in den Untergang. NS-Deutschland 1944/45. Deutsche Verlags-Anstalt. München, 2011. 704 S.

/Kershaw: Hitler/ Kershaw, Ian: Hitler, 1936 – 1945. Aus dem Englischen von Klaus Kochmann. Deutsche Verlags-Anstalt Stuttgart, 2000. 3. Auflage. 1343 S.

/Klimenko 1965/ Klimenko, Iwan: WIE ICH DIE LEICHE HITLERS FAND. Von Iwan Klimenko, Oberst der sowjetischen Armee. In: DER SPIEGEL. 19/1965. 05.05.1965.

/Koller/ Koller, Karl: Der letzte Monat. 14. April bis 27. Mai 1945. Tagebuchaufzeichnungen des ehemaligen Chefs des Generalstabs der deutschen Luftwaffe. Bechtle Verlag, Esslingen und München, 1985. 204 Seiten und Anhang.

/Kulke/ Kulke, Ulli: Der zweite Tod Hitlers. DIE WELT: 25.10.2006.

/Maser 1971/ Maser, Werner: Adolf Hitler: Legende, Mythos, Wirklichkeit. Bechtle Verlag, München, Esslingen, 1971. 670 S.

/Maser 1980/ Maser, Werner: Adolf Hitler: Das Ende der Führer-Legende. Econ Verlag, Düsseldorf, Wien. 1980. 1. Auflage. 447 S.

/Maser 2004/ Maser, Werner: Fälschung, Dichtung und Wahrheit über Hitler und Stalin: Olzog Verlag. München, 2004. 478 S.

/Misch/ Misch, Rochus: Der letzte Zeuge: Ich war Hitlers Telefonist, Kurier und Leibwächter. Unter Mitarbeit von Sandra Zarrinbal und Burkhard Nachtigall. Mit einem Vorwort von Ralph Giordano. Piper Verlag München, 2008. 335 S.

/Misch Bild/ Misch, Rochus: Hitlers letzter Tag ... und so ließ Magda Goebbels ihre sechs kleinen Kinder vergiften. In: Bild.de. 26.06.2008.

/Musmanno/ Musmanno, Michael A.: Hitlers letzte Zeugen: Die authentische Darstellung der dramatischen Ereignisse der letzten Wochen im Führerbunker der Reichskanzlei. Edition Erik Droemer. München, 2004. Überarbeitete und gekürzte Neuauflage des amerikanischen Originals „Ten Days To Die" von 1950. 320 Seiten.

/Padfield/ Padfield, Peter: Dönitz. Des Teufels Admiral. Ullstein-Verlag, Berlin, Frankfurt am Main, Wien. 1984. 608 S.

/Prawda/ Prawda. Organ des ZK der KPdSU. Moskau, 10.06.1945

/Reitsch/ Reitsch, Hanna: Fliegen - mein Leben. Erinnerungen. Wilhelm Heyne Verlag. München, 1981. 285 S.

/Ryan/ Ryan, Cornelius: Der letzte Kampf. Droemersche Verlagsanstalt Th. Knaur Nachf. München, 1977. 416 S.

/Schenck Patient/ Schenck, Ernst Günther: Patient Hitler: eine medizinische Biographie. Düsseldorf: Droste, 1989. 588 S.

/Schirrmacher/ Schirrmacher, Frank: Die zweite Erfindung Hitlers: „Der Untergang". Frankfurter Allgemeine Zeitung, 15.09.2004, Nr. 215 / Seite 33

/Schroeder/ Schroeder, Christa: Er war mein Chef. Aus dem Nachlass der Sekretärin von Adolf Hitler. Hrsgg. von Anton Joachimsthaler Herbig Verlag. München, 1985. 6. Auflage 2002. 399 S.

/Schukow 1969/ Schukow, Georgij Konstantinowitsch: Erinnerungen und Gedanken. Deutsche-Verlagsanstalt, Stuttgart 1969, 692 S.

/Schwarz FOCUS 17-1995/ Schwarz, Eugen, Georg: FOCUS Magazin | Nr. 17 (1995) Deutschland Der Eid war es und der Trotz. Montag, 24.04.1995

/Shirer/ Shirer, William: Aufstieg und Fall des 3. Reiches. Köln, 1961. 1174 S.

/Speer, Erinnerungen/ Speer, Albert: Erinnerungen. Deutsche Buchgemeinschaft C. A. Koch's Verlag Nachf. Berlin, Darmstadt, Wien, 1969. 608 S.

/SPIEGEL 15-1959/ IN MEMORIAM. Hans Baur. Der Spiegel 15/1959.

/SPIEGEL 50-1964/ Hitler: Goldene Brücke. In: Der Spiegel 50-1964. S.44

/SPIEGEL 19-1965/ Erich Kuby:Die Russen in Berlin 1945. Spiegel Serie. 29. April 1945. Der Spiegel 19/65. 05.05.1965. S. 74-92

/SPIEGEL 19-1965/ Klimenko, Iwan: Wie ich die Leiche Hitlers fand. In: Der Spiegel 19/1965. 05.05.1965. S. 94-99.

/SPIEGEL 20-1965/ Erich Kuby:Die Russen in Berlin 1945. Spiegel Serie. 1. Fortsetzung. Der Spiegel 19/65. 12.05.1965. S. 74-94

/SPIEGEL 21-1965/ Erich Kuby:Die Russen in Berlin 1945. Spiegel Serie. 2. Fortsetzung. Der Spiegel 21/65. 19.05.1965. S. 57-74

/SPIEGEL 22-1965/ Erich Kuby:Die Russen in Berlin 1945. Spiegel Serie. 3. Fortsetzung. Der Spiegel 22/65. 26.05.1965. S. 94 – 11

/SPIEGEL 23-1965/ Erich Kuby:Die Russen in Berlin 1945. Spiegel Serie. 4. Fortsetzung. Der Spiegel 23/65. 02.06.1965. S. 69 - 86

/SPIEGEL 3-1966/ Lagebesprechung Hitlers am 25. April 1945. In: Der Spiegel.3/1966. S. 37, S. 48/

/SPIEGEL 40-1966/ ZEITGESCHICHTE / SPEER. Fühlende Brust. In: DER SPIEGEL 40/1966. 26.09.1966.

/SPIEGEL 32-1968/ Zeitgeschichte / Hitler: Ein Stück Stoff. DER SPIEGEL: 32/1968. 05.08.1968

/SPIEGEL 15-1976/ DER SPIEGEL. HITLER: Glück gehabt. Er war bewacht wie kein anderer – trotzdem bot er Attentätern ein leichteres Ziel, als bislang angenommen wurde. DER SPIEGEL 15/1976, 05.04.1976

/SPIEGEL 12-1980/ GESTORBEN. Heinz Linge. Der Spiegel 12/1980. 17.03.1980

/SPIEGEL 30-1992/ Hitlers letzte Reise. Neue Thesen des Moskauer Historikers Lew Besymenski über den Tod des Führers und den Verbleib der Leiche. S. 110-116.

/SPIEGEL 14-1995/ Hitlers Höllenfahrt. Der Spiegel: 14/1995. 03.04.1995.

/SPIEGEL 15-1995/ Hitlers Höllenfahrt: Das Ende im Bunker und die lange Reise des Leichnams / Teil II. In: Der Spiegel 15/1995. 10.04.1995

/SPIEGEL 35-2004a/ Im Bunker des Bösen. Der Spiegel, 35/2004. S. 52 – 57

/SPIEGEL 35-2004b/ „Jetzt wird der Chef verbrannt": Hitlers Leibwächter und Telefonist Rochus Misch über die letzten Tage im Führerbunker. In: DER SPIEGEL. 35/2004. S. 61 – 65

/SPIEGEL ONLINE 2007/ Des Teufels Leibwächter Die Geheimnisse des letzten lebenden Hitler-Vertrauten, Spiegel Online. 29.07.2007

/The Sun/ Drittes Reich: Starb Hitler wirklich im Bunker?. 20min.ch am 30.01.2010. Bezug auf The Sun.

/Toland/ Toland;John: Adolf Hitler. New York, 1976. 1204 S.

/Trevor-Roper/ Trevor-Roper, H. R.: Hitlers letzte Tage. Ullstein-Verlag. Frankfurt (M.), Berlin, Wien, 1965. 240 S. 3. Auflage, 1973. Taschenbuch.

/Vinogradov 2005/ Vinogradov, V.K. et al. (Hrsg.): Hitler's Death. Russia's Last Great Secret from the Files of the KGB. Chaucer Press, London, 2005. Sammlung von Dokumenten aus dem russischen Staatsarchiv. Vorwort: Andrew Roberts

/Völklein/ Völklein,Ulrich (Hrsg.): Hitlers Tod. Die letzten Tage im Führerbunker. Steidl Verlag. Göttingen, 1998, 1999. Taschenbuch. 196 S.
/Wiegrefe, Im Bunker/ Wiegrefe, Klaus: Im Bunker des Bösen. In: DER SPIEGEL 35/2004 vom 23.08.2004. S. 52 – 68
/Wiegrefe, Die Frau/ Wiegrefe, Klaus: Die Frau an Hitlers Seite - Braut des Bösen: 1929-1945. In: SPIEGEL ONLINE. EINESTAGES. 08.02.2010

ISBN 9783743109810
I

Alfred H. Mühlhäuser (Hrsg.) Die Bunkerverschwörung vom 30.04.1945. Umfang: 348 S.

In den letzten Jahrzehnten sind zahllose Bücher erschienen, in welchen der Tod Hitlers am 30.04.1945 in seinem „Führerbunker" so dargestellt wird, wie er von seinen Gefolgsleuten, den meineidigen Zeugen, dargestellt und von unkritischen Historikern, Buchautoren und Journalisten akzeptiert wurde. Und es sind auch zahlreiche Bücher erschienen, in denen eine Flucht Hitlers und ein jahrelanges Überleben Hitlers in sicherer Entfernung vor der Rache der Alliierten behauptet wurde. Unsere Recherchen haben eine mit hochgradiger Wahrscheinlichkeit erfolgte Verschwörung im Führerbunker aufgedeckt. Am 30.04.1945 wurde in Hitlers Bunker der letzte Akt einer von langer Hand geplanten Verschwörung inszeniert, der zahllose Historiker, Journalisten, Buchautoren auf den Leim gegangen sind, weil nicht vorurteilsfrei recherchiert wurde, sondern die wohlfeilen Informationen der angeblichen Zeugen, welche das Kapitel Hitler abschließen halfen, gern entgegen und für bare Münze genommen wurden. Von wissenschaftlichem Herangehen bei diesem Gegenstand historischer Forschung kann in Deutschland kaum die Rede sein. Wissenschaftlich gerungen wurde nur zu den Fragen: Hat sich Hitler erschossen oder vergiftet oder gar beides? Hat sich Hitler selbst umgebracht oder ließ er sich dabei helfen? Ist Hitlers Leiche völlig zu Asche ver-brannt (spurlos, oder – wie passend – bis auf für eine Identifizierung wichtige Bestandteile seines Gebisses) oder blieb eine verkohlte Leiche übrig? Kaum ein Historiker ließ auch nur den geringsten Zweifel daran zu, dass Hitler am 30.04.1945 von eigener Hand verstarb.

Die Verschwörung hätte jedem ernsthaft herangehenden Forscher auf die Füße fallen müssen, so offensichtlich war sie aufgrund fehlender Beweise für Hitlers Tod und aufgrund der widersprüchlichen und vielfach nachweisbar falschen Aussagen der Zeugen.

Wir konnten aufgrund unserer Untersuchungen nachweisen, dass Hitler nicht am 30.04.1945 und auch nicht im Bunker starb, dass ihm offensichtlich die Flucht gelungen war, ob nun bald darauf in si-

	cherer Entfernung zu sterben, damit seine Leiche nicht als die Hitlers erkannt werden konnte oder ob vor einer Verurteilung zu fliehen, weil die Verschwörung weit größere Dimensionen hatte. Auf jeden Fall sind die bisherigen Darstellungen von Ort und Zeit des Todes Hitlers ganz offensichtlich falsch. Die Bunkerverschwörung war ein komplizierter und raffiniert eingefädelter Kriminalfall. Heute, 70 Jahre danach, ist der Fall durch unsere Arbeit aufgeklärt worden.

Alfred H. Mühlhäuser (Hrsg.): Hitlerfluchtberichte: Kritisch-analytische Betrachtung von sieben an die CIA-Methode angelehnten Fluchtdrehbüchern. Umfang 240 S.

April 1945: Die Suchtrupps sowjetischer, amerikanischer und britischer Geheimdienste hatten den Auftrag, Hitler lebend oder tot zu finden.
Es gelang ihnen nicht. Die „Zeugen" der Geschehnisse vom 30.04.1945 verstrickten sich in Widersprüche und widersprachen einander und auch sich selbst.
Keiner der Zeugen konnte unter Eid beschwören, dass es Hitlers Leiche war, die vor dem Notausgang des Führerbunkers verbrannt wurde.
Zahlreiche Indizien sprechen für eine raffiniert eingefädelte Flucht Hitlers, bei der selbst die engsten Paladine getäuscht worden sind.
Mit Hilfe ganz weniger Mitverschwörer scheint Hitler die Flucht vor der Verantwortung gelungen zu sein.
Angelehnt an eine CIA-Methode; die Wahrscheinlichkeit der Flucht bestimmter Personen durch sogenannte „Drehbücher" zu überprüfen, wurden in diesem Buch anhand von sieben denkbaren und auch in der Literatur auftauchenden Fluchtterminen (erster im September 1944, siebenter am 01.05.1945) mögliche Geschehnisse dargestellt und ihre Wahrscheinlichkeit kritisch überprüft.

Quellenverweise
und Anmerkungen

[1] Man muss hier hinzusetzen, dass ehemalige sowjetische Geheimdienstleute munkeln, diese beiden Leichen seien einbalsamiert worden und würden in Moskau bis heute versteckt gehalten.

[2] /Besymenski, Bormann, S. 126f/

[3] Der Führerbefehl Nr. 1 besagte, dass niemand das Recht hatte, Informationen aus seinem Bereich ohne Anweisung von ganz oben weiterzugeben. Alle Informationen hatten direkt zum Führer zu gelangen, der damit allein über das Gesamtbild verfügen durfte. /Padfield, S. 449/)

[4] /Joachimsthaler, S. 470/ Originalquelle: Prawda vom 10.06.1945.

[5] /The Sun/

[6] /Joachimsthaler, S. 396; Originalquelle: The Times vom 08. und 13.10.1945/

[7] /Wiegrefe, Im Bunker, S. 67/

[8] DER SPIEGEL, 19/1965, 05.05.1965, WIE ICH DIE LEICHE HITLERS FAND, Von Iwan Klimenko, Oberst der sowjetischen Armee

[9] /Argunova 2005/ Argunova, Alisa: Die acht Bestattungen Hitlers: Russische Dokumente und Berichte. In: zukunft-braucht-erinnerung.de Das Online-Portal zu den historischen Themen unserer Zeit. Übersetzung aus dem Russischen und Kommentare: Wolf Oschlies.

[10] ebenda

[11] /SPIEGEL 14-1995/

[12] /Katakombe, S. 367f/

[13] Echter Name: Boris Nikolajewitsch Kampov. 1908 – 1981. Schüler des Schriftstellers Maxim Gorki. Zuletzt Sekretär des sowjetischen Schriftstellerverbandes. Im 2. Weltkrieg Kriegsberichterstatter für die „Prawda". Nach dem Krieg zum Oberstleutnant befördert.

[14] /Ryan, S. 398/

[15] /Katakombe, S. 383/

[16] Entweder gelang es dem Major Polewoi, einige Historiker und Autoren mit seinen Geschichten zu desinformieren oder aber seine Kollegen Gorbuschin und Klimenko logen bei ihren gänzlich anderen Darstellungen. Polewoi berichtete jedenfalls, dass er im Korridor des Vorbunkers die Leichen der Generale Krebs und Burgdorf gefunden habe, die sich erschossen hätten. Er habe sie anhand ihrer Papiere identifiziert. /Ryan, S. 398/ Allerdings wurde die Leiche von General Krebs erst am 03.05.1945 gefunden und zwar außerhalb des Bunkers. /Besymenski, Der Tod, S. 147/ Die Leiche des Generals Burgdorf ist niemals aufgetaucht.

Angeblich fand Polewoi auch die Leichen der „ganzen Familie Goebbels". /Katakombe, S. 385/ Was aber so auch nicht stimmen kann, denn die Leichen von Goebbels und Frau wurden später an diesem Tag (02.05.1945) außerhalb des Bunkers gefunden, lediglich die Leichen der Kinder befanden sich im Vorbunker. /Katakombe, S. 385/ Und es ist ja kaum anzunehmen, dass Polewoi und sein Begleiter hinter dem Rücken von Hentschel, dem letzten Deutschen im Führerbunker, umfangreiche Leichentransporte durchgeführt haben sollten.

Oberstleutnant Klimenko, dessen Suchtrupp dem Major Polewoi nachmittags folgte, widerlegte praktisch Polewois Behauptungen. In /Doernberg, S. 48/ heißt es, dass die Leute von Klimenko wenige Meter vor dem Notausgang des Führerbunkers die verkohlten Leichen von Goebbels und Frau gefunden hätten.

Es ist kaum anzunehmen, dass die Leichen von Goebbels und seiner Frau außerhalb des Bunkers verbrannt wurden, danach in den Bunker hinuntergetragen und zu ihren Kindern gelegt wurden, wo sie angeblich Major Polewoi fand und schließlich von Unbekannten wieder außerhalb des Bunkers abgelegt worden sind, wo sie Stunden später von Klimenko und seinem Suchtrupp gefunden worden sind.

Es gab zwar die Vermutung, dass die Sowjets die Leichen zur Ablichtung und Dokumentation neben die Leichen der Kinder gelegt hätten. Allerdings ist das wenig glaubhaft, zumal es keine Zeugen dafür gibt. Und Hentschel, der Maschinenmeister war ja noch im Bunker, als Polewoi mit seinem Begleiter die gesamte Familie Goebbels tot im Bunker gefunden haben wollte. Hentschel stellte es nach dem Krieg bei Verhören vor Gericht und bei Befragungen durch Autoren immer so dar, als hätten nur die Leichen der

Goebbelskinder, nicht aber die ihrer Eltern im Bunker gelegen. Allerdings hat Hentschel, wie Misch berichtete, ihm nach Mischs Rückkehr aus der Gefangenschaft genau das Gegenteil berichtet! Danach brachten sich Goebbels und seine Frau getrennt von einander in verschiedenen Räumen im Bunker um. Niemand sei bereit gewesen, die Leichen nach oben zu tragen, weil das zu gefährlich war. Deshalb wurde versucht, sie im Bunker zu verbrennen. /Misch, S. 233/

Auch behauptete Polewoi, dass er Prellungen an der Leiche von Helga Goebbels, der ältesten Goebbelstochter festgestellt habe. /Ryan, S. 398/ Das widersprach aber völlig den Aussagen von Zeugen aus dem Bunker. Die Leichen der Kinder wurden erst später in Berlin-Buch untersucht. Polewoi kann und hat die Kinder nicht untersucht und konnte so auch keine Prellungen bei Helga Goebbels feststellen.

[17] Gemäss Stalins Befehl Nummer 11074, war Berlin ab dem 23.04.1945 auf der Karte genau zwischen der I. Weißrussischen Front (Marschall Schukow) und der I. Ukrainischen Front (Marschall Konjew) aufgeteilt worden. /Ryan, S. 353/

[18] /Katakombe, S. 386f/

[19] ebenda, S. 388/

[20] Hentschel hat zu anderer Zeit, an anderem Ort, ganz andere Aussagen gemacht. Wie Joachimsthaler dokumentierte, soll Hentschel am 22.11.1954 ausgesagt haben, dass er am 02.05.1945, um 09:00 Uhr vormittags in seinem Maschinenraum gefangen genommen worden sei. /Joachimsthaler, S. 87/ Möglicherweise war ihm die Angelegenheit 1954 peinlich und er veränderte deshalb seine „Erinnerung". Wie noch aufgezeigt werden wird, wurde Hentschel am Nachmittag wieder zum Bunker gebracht, wo er Klimenko und dessen Offizieren den Bunker zeigen musste.

[21] /Katakombe, S. 381/

[22] /Doernberg, S. 46/

[23] /Besymenski, Der Tod, S. 146/

[24] Allerdings behauptete Marschall Schukow in seinen Memoiren, dass die Leichen der Familie Goebbels in seinem Beisein am 03.05.1945 gefunden worden wären. /Joachimsthaler, S. 387/ /Schukow, S. 357/ Das ist möglicherweise ein Irrtum von Schukow gewesen, denn unabhängig voneinander berichteten Klimenko und ein sowjetischer Kriegsberichterstatter sowie ein Frontkameramann davon, dass sie bereits in der Nacht zum 03.05.1945 die Leichen von Goebbels und seiner Frau in Plötzensee gesehen hätten. Andererseits ist es, wenn man die üblichen Gepflogenheiten der Sowjets bedenkt, durchaus möglich, dass die beiden Leichen, als bekannt wurde, dass höchster Besuch durch den Oberkommandierenden der sowjetischen Truppen in Deutschland und Militärstellvertreter Stalins, Marschall Schukow, mit einem Rattenschwanz von Generalen zur Reichskanzlei kommen würde, zurückgebracht worden sind, um sie dem Marschall als gerade entdeckt zu präsentieren.

[25] /Besymenski, Der Tod, S. 147ff/ /Doernberg, S. 51f/

[26] /Bericht des Journalisten Mershanow in /Besymenski, Der Tod, S. 155/

[27] Joachimsthaler datiert dieses Ereignis auf den 03.05.1945, obwohl Schukow, ohne ein Da-tum anzugeben schrieb: „Nach Einnahme der Reichskanzlei ..." /Schukow, S. 608/ und das war der 02.05.1945. Dass Schukow den 02.05.1945 meinte, erkennt man auch daran, dass er im weiteren Bericht dann zum 03. Mai kam. /Schukow, S. 609/ Da Schukow schrieb, dass man zuerst die Leichen der Kinder im Bunker fand und danach auch die der Eltern außerhalb des Bunkers, müsste beides an einem Tag geschehen sein, obwohl Klimenko das Geschehen auf zwei Tage verteilte und die Reihenfolge anders darstellte: am 02.05.1945 die Leichen von Goebbels und seiner Frau entdeckt, am 03.05.1945 die Leichen der Goebbelskinder und des Generals Krebs. /Besymenski, Der Tod, S. 147, 150/ Möglicherweise hat aber Marschall Schukow bei der Auswertung seiner Jahre alten Notizen für das Verfassen seiner Memoiren etwas verwechselt.

[28] /Schukow, S. 608/

[29] ebenda

[30] /Doernberg, S. 52/ Die Rshewskaja schrieb: „Die Goebbels-Kinder waren von Leutnant Iljin erst am 3. Mai entdeckt worden." /Doernberg, S. 54/ Bericht des Generals Wadis vom 03.05.1945 an die vorgesetzte Dienststelle in Moskau. /Völklein, S. 95/

[31] /Völklein, S. 95/

[32] /Besymenski, Der Tod, S. 147/

[33] /Doernberg, S. 67/

[34] /Misch, S. 232/

[35] /Völklein, S. 95/

[36] /Doernberg, S. 67/

[37] /Misch, S. 232/

[38] /Besymenski, Der Tod, S. 332f/

[39] /Misch, S. 231f/

[40] /Besymenski, Der Tod, S. 158/

[41] ebenda, Bilderstrecke zwischen S. 192 und 193

[42] ebenda, Der Tod, S. 160

[43] Die Dolmetscherin berichtete allerdings, dass es Major Bystrow war, von Klimenko war keine Rede. /Doernberg, S. 53/

[44] /Doernberg, S. 53/ Angeblich musste, laut Bericht der Dolmetscherin, Voss im Vorbunker die Goebbelskinder identifizieren. Davon war im Bericht von Klimenko keine Rede, zumal ja auch die Leichen der Kinder zu der Zeit schon in Plötzensee gelegen haben sollen.

[45] /Besymenski, Der Tod, S. 160/ /Doernberg, S. 53/ Da Voss davon sprach, er habe die Kinder „noch gestern" gesehen, muss das tatsächlich am 02.05.1945 geschehen sein.

[46] /Besymenski, Der Tod, S. 161/

[47] ebenda, S. 148

[48] Ein General M. J. Katukow, der zur Begleitung Schukows gehörte, berichtete allerdings, dass der frisch eingesetzte sowjetische Kommandant der Reichskanzlei, ein Oberst Schewzow, auf die Frage der Generale, wo Hitler sei und auf die Forderung, ihn zu zeigen, geantwortet habe: „Ausgerissen ist er, der Schweinehund. Ins Jenseits zwar, aber ausgerissen. Nur sein verkohlter Leichnam ist übriggeblieben ..." /Katukow, S. 388f/ Aber offensichtlich haben Marschall Schukow und die Generale von Schukow keinen Hitlerleichnam vorgeführt bekommen. Ging ja auch nicht, denn eine als Hitler betrachtete verkohlte Leiche wurde ja angeblich erst am 04.05.1945 entdeckt und am 05.05.1945 geborgen. Das heißt, entweder Schewzow, wohl aber eher Katukow, hatte gelogen.
Allerdings gibt es die verwirrenden Äußerungen eines sowjetischen Stabsoffiziers, der am 06.06.1945 Kriegskorrespondenten der West-Alliierten erklärt haben soll, dass man am 03. und 04.05.1945 im Führerbunker zusammen mit drei anderen rußgeschwärzten Leichen auch die rußgeschwärzte Leiche Hitlers gefunden habe. /Joachimsthaler, S. 392/ Möglicherweise wurde das Auffinden der Leichen von Klimenko und seinen Leuten aus unbekanntem Grund auf den 04. und 05.05.1945 in der Darstellung und in den manipulierten (handschriftlichen und oft ohne Datum und Unterschrift) Protokollen verschoben.

[49] /Besymenski, Der Tod, S.161/

[50] /Junge, S. 237/

[51] /Doernberg, S. 68/

[52] /Katakombe, S. 354/

[53] /Doernberg, S. 65/

[54] /Joachimsthaler, S. 388/

[55] Die Verhörergebnisse von Rattenhuber und Günsche wurden in der 2. Maihälfte 1945 an den Geheimdienstchef Berija nach Moskau gegeben. /Buch Hitler, Nachwort, S. 468f/

[56] /Joachimsthaler, S. 314/

[57] /Völklein, S. 56/

[58] /Doernberg, S. 65/

[59] ebenda

[60] ebenda. Was für einen Unsinn haben sich die Russen da erzählen lassen? Arbeiter im Führerbunker am Abend des Tages nach Hitlers angeblichem Tod und nur gut 24 Stunden bevor die gesamte Besatzung die Reichskanzlei verließ? Was haben die da noch repariert? Das Klo und die Beleuchtung, damit die Russen bei ihrer bevorstehenden Ankunft nicht im Dunkeln tappen mussten und auch gleich eine westliche Toilette (und diese sicher auf falsche Weise, wie man weiß) benutzen konnten?

[61] ebenda, S. 105. 13.05.1945 laut /Besymenski, Der Tod, S.166/ Vermutlich aber wurde er früher gefangen genommen, aber erst später als Zeuge für die Geschehnisse erkannt. Am 05.05.1945 laut Bericht Wadis /Völklein, S. 144/

[62] ebenda.

[63] ebenda, S. 105. 13.05.1945 laut /Besymenski, Der Tod, S.166/ Vermutlich aber wurde er früher gefangen genommen, aber erst später als Zeuge für die Geschehnisse erkannt. Am 05.05.1945 laut Bericht

Wadis /Völklein, S. 144/

[64] Die Verhörergebnisse von Rattenhuber wie auch von Günsche wurden in der 2. Maihälfte 1945 an den Geheimdienstchef Berija nach Moskau gegeben. /Buch Hitler, Nachwort, S. 468f/

[65] /Besymenski, Der Tod, S. 229f/

[66] /Doernberg, S. 67f/.

[67] /Besymenski, Der Tod, S. 162/

[68] Ein Soldat seiner Gruppe habe in einem Granattrichter eine Panzerfaust gesehen und diese entfernen wollen, da sie ja gefährlich hätte sein können. Nun, Berlin war hochgradig zerstört, brannte an allen Ecken und Enden und Blindgänger von Bomben und Granaten, Panzerfäuste und andere Waffen lagen fast auf jedem Meter herum. Und da soll angeblich eine Waffe aus einem Krater herausgeholt werden, aus Gründen der Sicherheit von Menschenleben? jedenfalls seien dabei zwei Leichen unter der Panzerfaust gefunden worden, die man aber gleich wieder, in Decken eingehüllt, vergraben habe, da man ja am Abend zuvor in einem Bassin im Garten der Reichskanzlei mit Hilfe von Vizeadmiral Voss bereits eine Leiche gefunden hatte, die Hitler ähnlich sah. Weshalb Decken? Ja weshalb? Hat man alle Leichen, die man fand in Berlin, in Decken eingewickelt? Sie haben ja nicht einmal Decken über die Frauen geworfen, die sie massenvergewaltigt und zum Teil danach auch noch getötet haben!

[69] Wir vermuten, dass die Leichen schnell wieder vergraben wurden, um sie am nächsten Tag im Beisein von anderen sowjetischen Zeugen (General Telpuschowski und anderen) zu finden. Allerdings wurden sie vermutlich gar nicht begraben. Wie Klimenko 1965 in einem Spiegel-Beitrag ungewollt verriet, war es ganz anders: „Die Leichen Hitlers und Eva Brauns blieben die ganze Zeit über in der Reichskanzlei. Nachts wickelten meine Leute die Leichen in eine Decke ein und trugen sie aus der Reichskanzlei hinaus, legten sie in zwei Kisten, stellten sie auf ein Auto und brachten sie in unseren Stab." /SPIEGEL 19-1965, S. 99/

[70] /Bihl, S. 9/

[71] /Besymenski, Der Tod, S. 164/

[72]/Von wem konnte Klimenko das am 04.05.1945 gehört haben? Haben die hohen Generale das sofort weitergegeben an die SMERSCH? Kaum zu glauben. Es war wohl auch eher so, dass Klimenko noch am Abend des 03.05.1945 erfuhr, dass die in der RK aufgebahrte und durch sowjetische Kameraleute gefilmte Hitlerleiche falsch war. Er wollte sofort die anderen beiden aufgefundenen Leichen wieder ausgraben, was ihm von den neuen Hausherren der RK (5. Stoßarmee) verwehrt wurde. Deshalb entschied er sich angeblich für die heimliche Bergung in der folgenden Nacht. /SPIEGEL 30-1992, S. 113/

[73] nicht belegt

[74] Einer seiner Offiziere, der Gardeoberleutnant Panassow, hat dann von seinen Soldaten am 05.05.1945 (oder schon am 04.05.1945), morgens, die beiden verkohlten Leichen, von denen man vermutete, dass es Hitler und Frau sein könnten, ausgraben lassen. /SPIEGEL 32-1968/ „Die Leichen sind im Feuer starkverkohlt, und es ist unmöglich, sie ohne zusätzliche Angaben zu identifizieren." Protokoll des Gardeoberleutnants Panassow vom 05.05.1945. /Besymenski, Der Tod, S. 17/ /Besymenski, Bormann, S. 82/ Hier stimmt wieder etwas nicht, denn der Generaloberst und spätere Sowjetmarschall Sokolowski hat lange nach dem Krieg dem Autor Ryan berichtet: „Obschon Hitlers Körper angesengt war, war er noch gut zu erkennen." /SPIEGEL 50-1964, S. 44/

[75]/SPIEGEL 30-1992, S. 113/ /Besymenski, Der Tod, S. 161/

[76] /Besymenski, Der Tod, S. 170/

[77] /Doernberg, S. 107/

[78] /Trevor-Roper, S. 23/

[79] Hier gibt es Unstimmigkeiten, denn Besymenski nannte einen anderen Tag: Am 13.05.1945 sei Harry Mengershausen von sowjetischen Soldaten gefangen genommen worden. /Besymenski, Der Tod, S. 166/ Der General Wadis schrieb aber im Bericht an den Geheimdienstchef Berija, Mengershausen habe bereits am 05.05.1945 (oder 04.05.1945) ausgesagt, wo man die Leichen finden könne. /Völklein, S. 144/ Allerdings ist das Protokoll des Oberstleutnants Klimenko über das Verhör von Mengershausen direkt am Bunkereingang auf den 13.05.1945 datiert! /Völklein, S.102/ Laut der Rhsewskaja sei das kein Protokoll, sondern eine schriftliche Feststellung gewesen. /SPIEGEL, 23-1965/

[80] /Doernberg, S. 105/

[81] Mengershausen erklärte sein Verhalten so: er habe „... diese Tatsache nur deshalb nicht zu Protokoll gegeben ..., weil er fürchtete, seine nahen Beziehungen zu Hitler zu verraten und auf diese Weise als

Vollstrecker dessen Letzten Willens zu figurieren." /SPIEGEL 9-1965/

[82] /Doernberg, S. 106/

[83] /Völklein, S. 144/ Dieses Datum der Aussagen von Mengershausen wurde von Klimenko, der wohl auch nicht mehr wusste, welche Lüge nun noch angemessen war, 1965 in einem Spiegel-Artikel bestätigt. /SPIEGEL 19-1965, S. 97/

[84] Auch Klimenko stand unter enormem Erfolgsdruck. Er musste Ergebnisse liefern und ein Erfolg könnte sich auch als beförderungsförderlich auswirken. Also hat er, als er Mengershausen verhörte und dieser vor Angst zugab, dass er etwas beobachtet habe /Besymenski, Der Tod, S. 166/ („Harry war sehr verängstigt. Er glaubte anscheinend, er werde zur Erschießung geführt.") /SPIEGEL 19-1965, S. 99/, ihm suggestiv die Antwort entlockt, dass just in diesem Granattrichter Hitlers Überreste bestattet worden seien. Außerdem war wohl für Mengershausen klar erkennbar, wo die Russen größere Grabungen vorgenommen hatten, denn der Trichter soll ein Ausmaß von 4 x 5 Metern gehabt haben und durch frisch aufgeworfene Erde leicht zu erkennen gewesen sein.
Das „Protokoll" von Klimenko wurde erst am 13.05.1945 geschrieben. Die „verkohlten Leichen eines Mannes und einer Frau ... sowie zwei vergiftete Hunde" wurden aber am 04.05.1945 entdeckt (möglicherweise sogar schon am 03.05.1945 laut Rhsewskaja in /SPIEGEL 23-1965/) und am 04 oder am 05.05.1945 geborgen. Wie das Protokoll am 13.05.1945 von Klimenko unterschrieben werden konnte, ist auch ein Rätsel, denn zu der Zeit war er laut der Dolmetscherin Rhsewskaja schon nicht mehr in Berlin: „An den Nachforschungen und auch an den ersten Untersuchungen nahmen viele Menschen teil. Doch am 8. Mai 1945 waren die Aufklärer bereits wieder zu ihren Korps und Divisionen zurückgekehrt, und die Gruppe des Obersten Gorbuschin war ziemlich klein geworden. Zu ihr zählte neben Major Bystrow eigentlich nur noch der Dolmetscher – ich." /Doernberg, S. 113/
Hier stellte sich uns die Frage: Wenn dem so war, wie konnte dann Klimenko am 13.05.1945 angeblich mit Mengershausen den Granattrichter besichtigen und dieses Protokoll Aufnehmen? Da scheint etwas glattgebügelt worden zu sein, damit es einen besseren Eindruck machte, denn uns erscheint einiges mysteriös. (vier Leichen im Keller; Verbrennung von Goebbels und Frau im Keller; Protokoll der Erstsichtung der Leichen vom 04./05.05.1945 ohne Datum; Verhör von Mengershausen am 13.05.1945 durch Klimenko, obwohl Klimenko schon weg war; Aussage Mischs über Hentschels Information, dass das Ehepaar Goebbels im Keller verbrannt worden sei; Marschall Schukow: sah keine Brandstelle vor dem Bunker).

[85] /Joachimsthaler, S. 389/

[86] Warum sollte der Generaloberst Bersarin sich solch eine haarsträubende Geschichte ausdenken? Wir gehen davon aus, dass er sich das nicht gewagt hätte, Stalin und das Politbüro der KPdSU in dieser Weise zu belügen. Es muss also etwas daran gewesen sein, an dem was er berichtete. Merkwürdigerweise haben alle sowjetischen Offiziere, die jemals berichtet haben über ihre Suche im Bunker, davon nichts ausgesagt. Sie waren aber im Unterschied zu dem Militär Bersarin Geheimdienstoffiziere. Gab es eine weitere Gruppe von Hitlerfahndern, die bisher nirgendwo erwähnt wurde?

[87] /Joachimsthaler, S. 389/

[88] /Doernberg, S. 112/

[89] /Klimenko 1965/

[90] ebenda

[91] /Joachimsthaler, S. 91/ /Trevor-Roper, S. 27/

[92] /Joachimsthaler, S. 224/

[93] Es gibt Informationen, dass er sich dadurch verraten habe, denn die Finderin habe die Uhr mit der Widmung in die Kommandantura gebracht, so dass man nach dem „Spender" der Uhr unter den Kriegsgefangenen fahndete.

[94] Aus einem Bericht von Oberleutnant Rshewskaja. In: Besymenski, Bormann. S. 82.

[95] /SPIEGEL 19-1965, S. 99/

[96] /Vinogradov 2005 S. 11/

[97] ebenda

[98] ebenda

[99] /Agunova 2005/ In der Akte heisst es interessanter Weise, dass die Untersuchung der Überreste Hitlers auf Befehl des Mitglieds des Militärrates der 1. Weißrussischen Front, Telegin, am 03.05.1945 stattgefunden habe, obwohl der Leichnam erst am 05.05.1945 ausgegraben und sichergestellt wurde.

[100] /Besymenski, Der Tod, S. 178/ /SPIEGEL 32-1968/

[101] /Völklein, S. 135/ Schkarawski in einem Brief an Lew Besymenski im Oktober 1965

[102] ebenda, S. 134

[103] ebenda, 135

[104] ebenda, S. 137

[105] ebenda, S. 135

[106] /Besymenski, Der Tod, S. 178ff/

[107] ebenda, S. 184

[108] Der Unterkiefer wurde außerhalb der Leiche gefunden.

[109] /Besymenski, Der Tod, S. 184/ Linge wurde konfrontiert mit der Behauptung der Vernehmungsoffiziere, Hitler habe nur einen Hoden gehabt. Er widerlegte diese Behauptung. /Linge, S. 94/

[110] /Besymenski, Der Tod, S. 184/

[111] nicht belegt

[112] nicht belegt

[113] Der deutsche Professor Dr. Otto Prokop, der mehr als 45.000 Obduktionen durchgeführt hat, hatte nur ein vernichtendes Urteil für den russischen Obduktionsbericht: „... jeder Assistent von mir hätte es besser gemacht ... eine reine Spinnerei ist das; unerträglich schlecht ... Das Sektionsprotokoll vom 8. Mai 1945 alles andere als von Hitler ..." /Joachimsthaler, S. 398/ Auch Professor Dr. Klaus Püschel, Direktor des Instituts für Rechtsmedizin der Universität Hamburg, hat in einem Interview für den Autor Völklein Mängel an den gerichtsmedizinischen Untersuchungen der Expertengruppe um Dr. Schkarawski geäußert. /Völklein, S. 176ff/ Die wissenschaftliche Qualifikation von Schkarawski, dem Chefexperten war unterdurchschnittlich; seinen Doktor machte er erst nach dem Krieg. Andere Mitglieder waren noch schlechter ausgebildet.

[114] /SPIEGEL 15-1995/I

[115] Einzig Mengershausen behauptete das.

[116] /Schenck, Patient, S. 222/

[117] /Ryan, S. 399/

[118] /Besymenski, Der Tod/ Abb. 34 zwischen S. 192 und S. 193

[119] /Argunova 2005/

[120] /Doernberg, S. 117f/

[121] /Besymenski, Bormann, S. 84/

[122] /Doernberg, S. 116/ /Besymenski, Bormann, S. 84/

[123] ebenda, S. 113

[124] Dieses Gebiss, welches außerhalb des Schädels gefunden worden war, wie der Militärhistoriker General Telpuschowski dem Journalisten und Buchautor Cornelius Ryan berichtete, war vermutlich von Gorbuschins Leuten in den Schädel gelegt worden, bevor die Leiche Hitlers für die Gerichtsmediziner freigegeben worden war.

[125] Laut Protokoll Nr. 12 (Hitler) wurden am 08.05.1945 der SMERSCH-Abteilung die Zähne übergeben. Das würde bedeuten, dass am 07.05.1945 in dem Feldlazarett durch die Gerichtsmediziner 11 Objekte (9 menschliche Leichen und zwei Hundekadaver) obduziert worden sind und zusätzlich noch Hitlers und Eva Hitlers Leichname in der Nacht vom 07.05.1945 auf den 08.05.1945. Wie sonst konnten die Zähne bereits zur Frühstückszeit an die SMERSCH übergeben werden? Außerdem hätten die Gerichtsmediziner nun zwei freie Tage (08. – 09.05.1945) gehabt, denn es hieß ja im Gesamtprotokoll, das vom 07. – 09.05.1945 obduziert wurde und die Leichname von Hitler und Frau zum Schluss dran gewesen seien, wenngleich es, wenn es nach Wichtigkeit der Leichen gegangen wäre, seine Leiche als erste hätte obduziert werden müssen.

[126] /Doernberg, S. 118/ Eine merkwürdige Begründung, weshalb sie darauf aufpassen solle, gab man ihr: „Dieses Kästchen wird mir übergeben, weil der Safe bei der 2. Abteilung zurückgeblieben ist und angeblich ein sicherer Aufbewahrungsort gefunden worden ist." /Doernberg, S. 116/ Und gerade diese merkwürdige Begründung macht auch alles äußerst verdächtig, zumal die SMERSCH-Leute später vor den Gefangenen in einem Flugzeug, dass sie nach Moskau brachte, mit dem Kästchen herumalberten: Hier ist Hitler drin!

[127] Als die Gerichtsmediziner in Berlin-Buch die von der SMERSCH geborgenen Leichen obduzieren wollten, wurde ihnen das verwehrt. Obwohl die angeblichen Leichen Hitlers und seiner Frau seit dem 05.05.1945 mit denen der Goebbelsfamilie und des Generals Krebs in geheimdienstlichem Gewahrsam

waren, ließ die SMERSCH die Gerichtsmediziner nicht an die Leichen heran. Der Leiter der Kommission der Gerichtsmediziner, Schkarawski, berichtete 20 Jahre später, dass sie erst am 07. Mai 1945 die ersten Leichen (zwei Hundekadaver und die beiden jüngsten Kinder Goebbels) obduzieren durften und die letzte Leiche erst am 09.05.1945. Was geschah in der Zwischenzeit mit den Leichen Adolf Hitlers und Eva Hitlers?

[128] /Doernberg, S. 48/

[129] /Doernberg, S. 48/

[130] ebenda, S. 54/

[131] /Besymenski, Der Tod, Verhörprotokoll Dr. Kunz vom 07.05.1945, S. 209/

[132] /Ryan, S. 391/

[133] Im Verhör vom 07.05.1945 sprach Dr. Kunz von „meinen Praxisräumen". /Besymenski, Der Tod, S. 210/

[134] /Doernberg, S. 54/

[135] /SPIEGEL 19-1965, S. 94/

[136] Angst macht geständig. Dr. Kunz war von den Russen erpressbar, denn er hatte ihnen gestanden, die Goebbelskinder im Auftrag von Magda Goebbels getötet zu haben. Beim Verhör durch den Oberstleutnant Wassiljew wurde er gefragt: „Haben Sie allein an der Tötung der Kinder von Goebbels teilgenommen?" Und Kunz antwortet: „Ja, ich war allein." /Protokoll des Verhörs von Dr. Kunz, undatiert (07.05.1945). /Völklein, S. 78/ Was sollte einen SS-Mann gegenüber den Russen veranlassen, die Schuld für sechs Kindsmorde auf sich zu nehmen, wenn er es gar nicht gewesen wäre? Am 19.05.1945 bauten die Russen ihm eine Brücke, als Dank für seine Kooperationsbereitschaft und das geforderte Schweigen auf Lebenszeit hinsichtlich der Übergabe der Röntgenaufnahmen von Hitlers Zähnen an die SMERSCH. Wassiljew konfrontierte Dr. Kunz mit der Feststellung, dass man erfahren habe, dass Dr. Stumpfegger ihm bei der Tötung der Kinder geholfen habe. (Es gab keine Zeugen, die so etwas hätten behaupten können! Also eine glatte Lüge als Steilvorlage für Dr. Kunz.) Dr. Kunz griff diesen Strohhalm begierig auf. Er widerrief den Kindsmord und behauptete, Dr. Stumpfegger habe das getan, weil er es nicht habe tun können. Wir wissen aber, dass Dr. Stumpfegger es auch nicht über das Herz brachte und er deshalb Dr. Kunz dafür vorgeschlagen hatte! /Kempka 1975, S. 104/

[137] /Besymenski, Der Tod, S. 209ff/ /Völklein, S. 142/

[138] Aus der Tatsache, dass Klimenkos Leute nicht erst am 04.05.1945 die beiden Leichen erstmals entdeckten, sondern bereits am 03.04.1945 /SPIEGEL 19-1965, S. 97/ und sie wahrscheinlich auch nicht erst am 05.05.1945 endgültig bargen, sondern schon in der Frühe des 04.05.1945, kann man entnehmen, dass es genügend Zeit gab für die sowjetischen Zahntechniker, ihre Aufgabe zu lösen.

[139] /Besymenski, Der Tod, S. 180/

[140] ebenda, S. 339

[141] Echtmann in einem Protokoll, welches nach dem 21.05.1945 irgendwann (Besymenski gab kein Datum an) aufgenommen wurde. /Besymenski, Der Tod, S. 203, 204/

[142] /Völklein, S. 125/

[143] /Doernberg, S. 116/ Hier stellt sich allerdings die Frage, warum? Wenn es darum ging, Hitlers Tod geheim zu halten, so wäre das Unsinn, da ja Goebbels über Rundfunk bekannt geben ließ, das Hitler tot sei und weil ja auch viele der Zeugen davon sprachen. Und die Russen konnten ja nicht davon ausgehen, dass alle solche Zeugen sich in ihrer Gewalt befanden und deshalb dies nicht ausgeplaudert werden könnte. Und wenn es darum gegangen wäre, zu verheimlichen, dass Hitler möglicherweise noch lebte, so war das auch Unsinn, da Stalin selbst und seine Offiziere den Westalliierten gegenüber genau das, ein Überleben Hitlers, berichtet hatten. Es kann also nur darum gegangen sein, Zeit zu gewinnen für den manipulierten Nachweis von Hitlers angeblichem Tod.
Die Bunkerinsassen wollten ja ebenfalls Hitlers Tod zunächst geheim halten. Nach Linge deshalb, weil sonst der Widerstand in der „Zitadelle" zusammengebrochen wäre. /Linge, S. 289/ In Wahrheit ging es aber um den Zeitgewinn für Hitlers Flucht.

[144] /Linge, S. 72/ Aus dem Protokoll des Verhörs von Blaschke in Nürnberg durch Dr. Kempner.

[145] /Doernberg, S. 117/

[146] Schon die Darstellung der Suche nach dem zahnärztlichen Personal, welches Auskunft über Hitlers Zähne geben sollte, durch sowjetische Offiziere, zeugt von einer Inszenierung. Der Oberst Gorbuschin erzählte dem Historiker Besymenski folgende Geschichte, die die Wahrheit allerdings nur tangierte: „Mor-

gens am 9. Mai zog ich aus, um nach Hitlers Zahnärzten zu suchen. In einer Berliner Klinik lernten wir deren Leiter, Prof. von Eicken kennen. Im Gespräch mit ihm stellte sich heraus, daß Hitlers Privatzahnarzt Prof. Blaschke gewesen war. Wir begaben uns sodann zur Klinik dieses Professors. Im Auftrage Prof. von Eickens be-gleitete uns sein Mitarbeiter, ein junger Bulgare, der in Berlin studierte und dort während des Krieges steckenblieb." Die Wahrheit war aber: Nicht er, Oberst Gorbuschin, zog aus, wie er schrieb, sondern er befand sich im Gefolge seines Vorgesetzten Oberst Miroschnitschenko; und Professor von Eicken hat auch nicht gewusst, welche Zahnarztpraxis Hitler diente und wo diese sich befand. Dagegen hat Oberst Miroschnitschenko, der die Aktion tatsächlich leitete und sich von Gorbuschin begleiten ließ, angegeben, von Eicken habe einen Kollegen empfohlen, der weiterhelfen könne. Und das war nicht im lockeren, freundschaftlichen Gespräch, sondern während einer protokollierten Vernehmung am 09.05. 1945. Der Professor antwortete praktisch unter Eid, denn im Protokoll heißt es: „Vor der Verantwortung für falsche Aussagen ist Prof. Eicken gewarnt." /Besymenski, Der Tod, S. 190/ Von Eicken antwortete ihm auf die Frage nach dem Zahnarzt von Hitler, dass er den nicht kenne, dass aber Professor Steinhart, der stellvertretende Direktor der Abteilung Zahnmedizin der Charité sicher Auskunft geben könne. /Besymenski, Der Tod, S. 192: Protokoll des Verhörs von Professor von Eicken am 09.05.1945 durch Oberst Miroschnitschenko./

[147] Es ist eher unwahrscheinlich, dass der HNO-Professor einen Zahnarztstudenten als Praktikanten hatte.

[148] /Besymenski, Der Tod, S. 192/ Obwohl die Quellen Professor von Eicken als denjenigen nennen, der die Adresse von Professor Blaschkes Privatpraxis kannte und einen Praktikanten als Begleiter dorthin bereitstellte, nehmen wir doch an, dass es der Professor Steinhart Gewesen sein wird.

[149] Ebenda. Besymenski stützte sich dabei auf den Bericht der Dolmetscherin Rshewskaja. Diese aber log, denn aus dem Protokoll von Oberst Miroschnitschenko wissen wir, dass Professor von Eicken den Zahnarzt Hitlers nicht kannte: Zahnarzt Hitlers „... dessen Name mir unbekannt ist." /Besymenski, Der Tod, S. 192/

[150] Angeblich sei dieser ein Zahnmediziner gewesen, der bei Professor Blaschke studiert ha-be. /Besymenski, Bormann, S. 85/ Das muss man sich einmal vorstellen, ein bekannter HNO-Arzt, Chef einer Klinik der Charité, kennt ganz zufällig einen angeblichen Zahnarztstudenten von Professor Blaschke. Und dieser Dentist befindet sich ausgerechnet in von Eickens Klinik, die sich nicht mit Zähnen befasst! Und jetzt kommt es: Blaschke war nur Titularprofessor von Hitlers Gnaden, hatte nicht promoviert (Dr. von Hitlers Gnaden) und hat niemals gelehrt. Damit konnte er diesen Bulgaren auch niemals als Student gehabt haben. Die Russen haben übrigens diesen Praktikanten (Mitarbeiter von Professor von Eicken laut Gorbuschin in /Besymenski, Der Tod, S. 188/) gegenüber Frau Heusermann als einen ihrer Spezialisten ausgegeben. Solche Gelegenheitslügen scheinen bei ihnen üblich gewesen zu sein, denn es ist bekannt, dass auch der Generaloberst Tschuikow dem zu Waffenstillstandsverhandlungen am 01.05.1945 in seinem Stab erschienenen General Krebs gegenüber die gerade zum Umtrunk anwesenden uniformierten Schriftsteller, Komponisten und Journalisten als seinen Stab vorstellte, von denen einer zum Erstaunen von Krebs während der Verhandlungen betrunken aus einem Schrank fiel.
Wie wir von Besymenski wissen, hieß dieser bulgarische Student hochwahrscheinlich Arnaudow. Er gelangte durch seine Wichtigtuerei zu trauriger Berühmtheit. Als Dr.med. und bundesdeutscher Staatsbürger hat er Jahre nach 1945 in der Illustrierten „Stern" berichtet, er habe Adolf und Eva Hitler identifiziert und auch, wie er es getan habe. Ein Münchhausen. Er sprach davon, dass die Russen ihn als angeblichen Assistenten von Professor Sauerbruch, dem Chef der Charité (was er nicht war) am 30.04. 1945, 10:00 Uhr (als Hitler noch lebte und die Russen die RK noch nicht erobert hatten) Hitlers Leiche identifiziert habe. Das sei ihm gelungen anhand von Röntgenaufnahmen und von Karteikarten mit Angaben zu Hitlers Zähnen (die angeblich erst am 09.05.1945, gefunden wurden, frühestens aber erst am 02.05.1945 gefunden worden sein können. Diese letzten Informationen hatte er in Wahrheit dadurch, dass er als unbedeutende Person anwesend war, als die Russen am 09.05.1945 das zahnärztliche Personal und die Unterlagen von Hitlers Zähnen aus der Praxis von Professor Blaschke holten. /SPIEGEL 50-1964, S. 44/

[151] Die Privatpraxis von Professor Blaschke wird einmal adressiert mit Tauentzienstraße 7b. Bei Besymenski /Bormann, S. 85/ findet man eine ganz andere Objektangabe der Rshewskaja. Dort sprach sie vom Haus am Kurfürstendamm. Nun könnte man annehmen, Tauentzien und Kurfürstendamm gehen ja ineinander über, ein kleiner Irrtum halt. Jedoch heißt es bei der Rshewskaja: „Wir fuhren zum Kurfürsten-

damm und hielten vor einem unzerstörten Haus Nr. 213" /Besymenski: Bormann, S. 85/ Auch in /Doernberg, S. 120/ sprach sie von Kurfürstendamm Nr. 213.

[152] /Joachimsthaler, S. 377/

[153] /Doernberg, S. 127/

[154] Er befand sich zu der Zeit in amerikanischem Gewahrsam bei Salzburg. Mit den Amerikanern wollte man diesbezüglich nicht verhandeln. Die sollten nichts mitbekommen, was die Identifizierung der Leichen betraf.

[155] /Doernberg, S. 121/ Der angebliche Dr. Bruck hatte den SMERSCH-Offizieren erzählt, dass er von Frau Heusermann und ihrer Schwester versteckt worden sei. Sollte das der wahre Grund gewesen sein? Sie berichtete allerdings nie davon.

[156] /Besymenski, Der Tod, S. 205/ /Schenck, Patient, S. 313/

[157] Sie war am 02.05.1945 in ihrer Berliner Wohnung von „ethisch-moralisch hochstehenden Sowjetmenschen" mehrfach vergewaltigt worden, wie 90.000 andere Berlinerinnen (auch zehnjährige Mädchen und siebzigjährige Frauen) eine Zahl, die vom Nachkriegsbürgermeister Ernst Reuter genannt wurde. Andere Quellen sprechen von 135.000 Vergewaltigungsopfern in Berlin. Sie war in einer dem entsprechenden Verfassung und hatte erklärlicherweise große Angst vor den Russen.

[158] /Besymenski, Der Tod, S. 188/

[159] Aussage Gorbuschins /Besymenski, Der Tod, S. 188/ Aussage der Dolmetscherin in /Besymenski, Bormann, S. 86/ Aussage der Dolmetscherin in /Doernberg, S. 120/

[160] Frau Heusermann berichtete merkwürdigerweise davon, dass es ein Zahnarzt, der in-zwischen die Praxis von Professor Blaschke übernommen hatte, folglich also, ohne dass sie den Namen nannte und so tat, als kennte sie ihn nicht, Dr. Bruck gewesen sei, der sie abholte. „Am 9. Mai 1945 bin ich von einem Zahnarzt, der inzwischen die Praxis Blaschke übernommen hatte, aufgesucht worden mit der Aufforde-rung, in die Praxis zu kommen, wo nach Karteiunterlagen und Röntgenaufnahmen Hitlers gesucht werde. Ich habe dieser Aufforderung Folge geleistet. In den Praxisräumen traf ich einen russischen Oberst und eine Dolmetscherin an. Von dem Oberst beigezogen war ein ausländisch anmutender Mann, der als Sachverständiger bezeichnet wurde." Demnach traf Frau Heusermann den Bulgaren (einen „ausländisch anmutenden Mann"), erst in der Praxis, nachdem der neue Inhaber der Praxis (Dr. Bruck?) sie aus ihrer Wohnung abgeholt habe. Kannte sie Dr. Bruck gar nicht? Oder war da etwas ganz anderes der Grund? Als sie in der Praxis auf die Russen traf, sagte der bereits in der Praxis weilende Dr. Bruck zu ihr: „Käth-chen, dass sind Russen, sie möchten etwas von Dir." Das beweist, dass es nicht Dr. Bruck war, der sie abgeholt hatte. Sie brach daraufhin in Tränen aus, was bei dem, was sie durch die Russen seit dem 02.05.1945 erlitten hatte, kein Wunder war. Und dieser Dr. Bruck meinte auch noch beruhigend: „Käth-chen, das sind doch unsere Freunde." /Doernberg, S. 121/

[161] Echtmann am 10.07.1954 in /Joachims, S. 377/

[162] nicht belegt

[163] nicht belegt.

[164] nicht belegt

[165] /Besymenski, Der Tod, S. 189/

[166] Frau Heusermann aber sagte am 27.04.1956 aus, dass die Russen vermutet hätten, dass sich die Aufnahmen dann sicher in der Reichskanzlei befinden würden. /Joachims, S. 374/ Sie erklärte bei einer Befragung im Jahre 1956, man habe keine Röntgenaufnahmen gefunden, da diese ja alle mit dem Flugzeug nach Berchtesgaden gebracht worden seien. Das zeigt: Frau Heusermann war tatsächlich davon überzeugt, dass alle Aufnahmen mit dem Flugzeug weggebracht worden waren, da sie das erstens vermutete und zweitens in der Zahnstation keine gefunden wurden, als sie danach suchen musste. Offensichtlich war aber mindestens eine Röntgenaufnahme Hitlers (und Eva Brauns) in der Zahnstation „vergessen" (?) worden. Und die wurde von den Russen gefunden und zwar bevor sie mit Frau Heusermann auf die Suche gingen!.

[167] /Doernberg, S. 122/ Der Chef von Frau Heusermann, Professor Blaschke, hat bei einer Befragung im Jahre 1954 erklärt: „Röntgenaufnahmen des Oberkiefers Hitlers waren in der in der Reichskanzlei einge-richteten Zahnstation reichlich vorhanden." /Joachimsthaler, S. 365/ 1945, beim Verhör durch die us-amerikani-schen Geheimdienstleute hatte er aber behauptet, alle Röntgenaufnahmen seien mit dem Flug-zeug, welches von Major Gundelfinger gesteuert wurde, abtransportiert worden. Diese Maschine stürzte bei Börnersdorf ab und brannte aus. Das kann Blaschke zu dem Zeitpunkt aber noch nicht gewusst ha-

ben.

[168] Hätte man wirklich erst in der Reichskanzlei die Röntgenaufnahmen gefunden, gut, dann hätte sich Frau Heusermann geirrt. Allerdings wäre dann die Lüge der sowjetischen Geheimdienstoffiziere, Frau Heusermann habe die Röntgenaufnahmen gefunden und ihnen übergeben, völlig unnötig gewesen.

[169] /Doernberg, S. 123/ /Besymenski, Bormann, S. 87

[170] Wir möchten daran erinnern, dass dieser Raum bereits gefunden wurde, als man den SS-Zahnarzt Dr. Kunz verhaftete.

[171] /Besymenski, Der Tod, S. 189/ Da Frau Heusermann erklärt hat, dass in der Reichskanzlei auch keine Röntgenaufnahmen gefunden wurden, haben sich die Russen also nicht einmal die Mühe gemacht ihr eine der sichergestellten Aufnahmen als gerade gefunden zu präsentieren. Sie haben den Fund der Röntgenaufnahmen, die sie schon eine Woche zuvor von Dr. Kunz erhielten, einfach für die Nachwelt der Frau Heusermann zu geschrieben.

[172] /Joachimsthaler, S. 374/

[173] Die erwähnte kleine Kunstharzbrücke und die Goldfüllung konnte Frau Heusermann nicht kennen. Sie gehörte Eva Braun. Und diese wurde von Dr. Rudolf Rohkamm und dessen Gehilfin Liselotte Hillert eingesetzt, Frau Heusermann hat immer mit Professor Blaschke gearbeitet. Dass diese Brücke überhaupt vorgelegt werden konnte ist merkwürdig, denn die Brücke bestand aus Gold mit Kunststoff! „Eva Hitlers Leiche hatte das Feuer stärker beschädigt. Vor allem war die Zerstörung ihres Kopfes weiter fortgeschritten. Alle künstlichen Zähne waren verbrannt, die natürlichen jedoch noch teilweise erhalten." /SPIEGEL 23-1965/ Hier wird die Manipulation erneut überdeutlich!

[174] /Völklein, S. 193/

[175] /Besymenski, der Tod, S. 179/

[176] /Doernberg, S. 126/

[177] ebenda

[178] Es könnte natürlich auch so gewesen sein, dass ihr die Russen bereits in der RK die Aufnahme gezeigt hatten, es ihr aber später peinlich war, das zuzugeben, da sie den Russen gegenüber nur aus Angst behauptet hatte, das seien Hitlers Zähne.

[179] /Doernberg, S. 126f/ / Besymenski, Der Tod, S. 196f/

[180] /Besymenski, Notizen, S. 265/

[181] /Doernberg, S. 127/

[182] /Besymenski, Der Tod, S. 199/

[183] /Völklein, S. 139/

[184] Aus einem Brief des sowjetischen Gerichtsmediziners Schkarawski an Besymenski in /Völklein, S. 140/

[185] /Joachimsthaler, S. 375/

[186] „Die Untersuchung ist abgeschlossen. Hitlers Zähne sind ein unwiderlegbarer Beweis seines Todes. Sie werden zusammen mit den Untersuchungsergebnissen nach Moskau geschickt. /Doernberg, S. 127/

[187] /Joachimsthaler, S. 374/

[188] /Besymenski, Bormann, S. 87/ Echtmann hatte aber keine Wohnung. Er war ausgebombt und lebte in der Praxis am Kurfürstendamm. /SPIEGEL 50-1964, S. 44/

[189] /Joachimsthaler, S. 377/ (Nach Ryan in Finow, bei Eberswalde! S. 399) In Finow war er das zweite Mal verhört worden.

[190] Echtmann gab nach seiner Rückkehr aus der langjährigen Gefangenschaft an, dass er an dem Tage, als die Russen in die Privatpraxis von Professor Blaschke kamen, dort gewesen sei. (Echtmann in /Joachimsthaler, S. 377/) Das erwähnten die Russen nicht. Sie taten so, als sei er nicht dort gewesen: „Fritz Echtmann, der später ausfindig gemachte Zahntechniker Hitlers, schildert auch zuerst Hitlers Zähne aus der Erinnerung, und dann erhält er die Möglichkeit, diese in Berlin-Buch zu besichtigen."/Doernberg, S. 127/ Die Dolmetscherin gab auch an, wo sie Echtmann fanden: „Den Zahntechniker Fritz Echtmann ... trafen wir zu Hause an." /Besymenski, Bormann, S. 87/ Hier stimmt etwas nicht. Echtmann wohnte in der Praxis. Haben sie Echtmann, der seine Arbeit, Eva Brauns Unterkieferbrücke, für genial hielt (Doernberg, S. 124), dazu veranlasst, zu beweisen, dass er das wirklich konnte, Eva Brauns Brücke erneut herzustellen? Und um die Spuren zu Echtmann in dieser Angelegenheit zu verwischen, wurde so getan, als habe man ihn erst nachdem Frau Heusermann alle vorgelegten Beweisstücke identifiziert hatte, gefunden? Dass Echtmann alle gewohnten Arbeitsgeräte zur Verfügung hatte, im Lager Schwanebeck, wird dadurch bestätigt, dass die Russen alle zahnärztlichen Einrichtungsgegenstände aus der Praxis Blaschke mit-

nahmen. /SPIEGEL 50-1964, S. 44/

[191] /Joachimsthaler, S. 383/

[192] ebenda, S. 379

[193] ebenda. Hier ist allerdings auch eine erneute Täuschung von Zeugen durch die Titulierung einer Person als Spezialist/Gutachter, die gar keine war. Jedenfalls erwähnte die Dolmetscherin Rshewskaja nicht Schkarawski als anwesend bei Echtmanns erstem Verhör, sondern den „Prawda"-Korrespondenten Mershanow. /Doernberg, S. 127/ Und wenn wir uns nun daran erinnern, dass selbst Generaloberst Tschuikow ähnlich handelte, als er General Krebs einige Künstler in sowjetischen Uniformen als seinen Generalstab vorstellte, dann ist diese Vermutung überhaupt nicht abwegig.

[194] ebenda, S. 356

[195] /Joachimsthaler, S. 379/

[196] /Besymenski, Bormann, S. 87/

[197] /Völklein, S. 193f/

[198] ebenda, S. 147

[199] /Besymenski, Der Tod, S. 205/

[200] ebenda

[201] /Joachimsthaler, S. 378/

[202] /Echtmann in /Joachims, S. 377/

[203] ebenda

[204] /Besymenski. Der Tod, S. 338/

[205] /Echtmann in /Joachimsthaler, S. 376/ und /Besymenski, Der Tod, S. 205/

[206] /Joachimsthaler, S. 378/

[207] Fußnote nicht belegt.

[208] Fußnote nicht belegt.

[209] /Joachimsthaler, S. 378/

[210] /Kulke/

[211] /Joachimsthaler, S. 381/ /SPIEGEL ONLINE 2007/

[212] /Völklein, S. 139/

[213] /Joachimsthaler, S. 379/

[214] /Maser 1971, S. 529/

[215] /Linge, S. 8/

[216] /Völklein, S. 148f/

[217] ebenda, S. 148/

[218] /Doernberg, S. 127/

[219] ebenda, S. 49

[220] Goebbels hatte Tagebuch geführt. Er hatte täglich diktiert, bis zu seiner Übersiedlung in den Bunker am 23.04.1945, wie Rolf Hochhuth 1977 im Vorwort zu den Goebbels Tagebüchern schrieb. Er schrieb auch: „Goebbels lebte zuletzt nur noch für sein Tagebuch." /Goebbels, Vorwort, S. 19/ Und genau deshalb hat Goebbels auch weitergeschrieben. Da er keine Stenografen und Tagebuchschreiber mehr hatte, tat er das selbst. Diese Aufzeichnungen sind offiziell nicht aufgetaucht. Wir haben es hier seitens der Sowjetgeheimdienste mit der gleichen Verfahrensweise zu tun, mit der auch die Existenz von Röntgenaufnahmen von Hitlers Kopf und Zähnen im Bunker geleugnet oder verheimlicht wird.

[221] Fast ein Vierteljahrhundert später schrieb Schukow 1969, der offiziellen Linie folgend und der Parteidisziplin verpflichtet, in seinen Memoiren: „So wie die Dinge lagen, zweifelte ich zuerst daran, daß Hitler tatsächlich Selbstmord begangen hatte, vor allem weil auch Bormann unauffindbar blieb. Ich nahm damals an, Hitler sei im allerletzen Augenblick geflüchtet, als keine Hoffnung mehr auf Hilfe von außen bestand. Diese Vermutung äußerte ich sowjetischen und ausländischen Korrespondenten gegenüber auf einer Pressekonferenz in Berlin. Etwas später erhielten wir auf Grund von Untersuchungen und Verhören des medizinischen Personals, das Hitler betreut hatte, noch genauere Angaben, die Hitlers Tod bestätigten. Ich bin überzeugt, daß es keinen Zweifel an Hitlers Selbstmord geben kann." /Schukow, S. 608f/ Das war allerdings am 09.06.1945, als die Pressekonferenz stattfand. Die Ergebnisse der Befragungen von Heusermann und Echtmann war bereits bekannt und Neues kam diesbezüglich nicht dazu, wie Schukow aber behauptete.

[222] /Besymenski, Der Tod, S. 217f/

223 /Buch Hitler, Nachwort der Herausgeber, S. 466/

224 /Besymenski, Der Tod, S. 220/

225 /Joachimsthaler, S. 328/

226 /Harrison 2009, S. 36/

227 /Besymenski, Der Tod, S. 221/

228 /Joachimsthaler, S.328/

229 /Besymenski, Der Tod, S. 221/

230 /Joachimsthaler, S. 403/

231 /Besymenski, Der Tod, S. 219f/

232 /Völklein, S. 56/

233 /Hugh 1996/

231Fußnote nicht belegt.

235 /Besymenski, Der Tod, S. 198/

236 ebenda, S. 198, 201

237 ebenda, S. 194

238 /Joachimsthaler, S. 376/

239 /Schenck, Patient, S. 310/

240/Katakombe, S. 117/

241 /Joachimsthaler, S. 365/

242/ebenda S. 369

243 /Völklein, S. 155/

244 /Joachimsthaler, S. 369/

245 ebenda

246 /Schenck, Patient, S. 310/ Blaschke behandelte Hitler im FHQ Wolfsschanze am 1., 3.,7., 23.11.1945 und am 16.12.1945 im FHQ Adlernest. Im November 1944 sollen die Zähne geröntgt worden sein.

247 /Irving: Wie krank, S. 31/

248 ebenda S. 216

249 ebenda, S. 220f

250 ebenda, S. 219

251 ebenda, S. 221

252 ebenda, S. 219

253 /Joachimsthaler, S. 383/ Originalquelle: The Times, London, 09. 07.1945. S. 3.

254 ebenda, S. 369

255 /Besymenski; Der Tod, S. 219/

256 /Ryan, S. 399/

257 /SPIEGEL 50-1964, S. 44

258 /Irving 2004, Wie krank, S.8/

259 /Besymenski, Der Tod, S.205/

260 nicht belegt

261 nicht belegt

262 nicht belegt

263 /Buch Hitler, Nachwort der Herausgeber, S. 470/

264 /Vorwort, Buch Hitler, S. 23/

265 /Argunova 2005/

266 /Buch Hitler, Nachwort der Herausgeber, S. 470/

267 /Argunova 2005/

268 ebenda

269 /SPIEGEL 23-1965/

270 /SPIEGEL 14-1995/

271 Es kann natürlich auch sein, dass die Russen erreicht haben, dass Rattenhuber ihr Kronzeuge für die Flucht Hitlers wurde. Möglicherweise wurde er unter der Folter gebrochen. Durch Anwendung von Foltermethoden brach der Widerstand (Schweigen zu den Befragungen) der meisten Zeugen zusammen. Allerdings wussten die meisten nichts. Beim Chef der Leibwache Hitlers war das anders. Der wusste sicher mehr. Rattenhuber verstarb bereits nach nur einem Jahr in Freiheit mit gerade einmal 60 Jahren!

Was daran erlittene Folter schuld?

[272] /Joachimsthaler, S. 224 Aussage Linges/

[273] /Buch Hitler, S. 475/

[274] /Gosztony, S. 336/

[275] ebenda, S. 471

[276] /Völklein, S. 158/ Geheime Verschlusssache vom 16.05.1946 (bei Völklein 1949!)

[277] /Buch Hitler, S. 476/

[278] /Misch, S. 246/

[279] /Buch Hitler, S. 477/ /SPIEGEL 30-1992/

[280] ebenda

[281] /Joachimsthaler, S. 92/

[282] Gefangene des NKWD waren zum Beispiel auch SS-Brigadeführer Mohnke und SS-Standartenführer Dr. Schenck und der Funker in der RK Rings.

[283] /Misch, S. 246/

[284] /Völklein, S. 160f/

[285] /Buch Hitler, Nachwort der Herausgeber, S. 476/

[286] /Besymenski Notizen/

[287] 10.04.1995. HITLERS HÖLLENFAHRT. Das Ende im Bunker und die lange Reise des Leichnams / Teil II

[288] /SPIEGEL 30-1992/

[289] /Völklein, S. 175/

[290] /Kempka 1975, S. 99/

[291] /Besymenski, Der Tod. S. 233/

[292] /Franz 2009/

[293] /Vinogradov 2005, S. 11/

[294] Tz-online, 28.06.2008: Südpol geflohen: Moskauer Behörde: Hitler ist gestorben, nicht zum Südpol geflohen. DPA

[295] /Benecke 2011, ohne S. /

[296] /Franz 2009/

[297] ebenda

[298] ebenda

[299] ebenda

[300] /The Sun/

[301] ebenda

[302] /Emde FOCUS 1998/; /Franz 2009/

[303] /SPIEGEL 14-1995/

[304] /Joachimsthaler, S. 24f/ Originalquelle: Robert Payne: Stalin. Aufstieg und Fall, Hans E. Günther Verlag, Stuttgart 1967. S. 571.

[305] a.a.O.

[306] /Besymenski, Der Tod, S. 230/

[307] /Joachimsthaler, S. 405/

[308] /Buch Hitler, S. 467/

[309] /Besymenski, Der Tod, S. 220f/

[310] /Tz-online, 28.06.2008/

[311] Letzteres befürchteten zum Beispiel General Weidling: Der Führer hat uns im Stich gelassen. /Schukow, S. 606/; möglicherweise auch General Rattenhuber: Der Führer hat uns allein gelassen. Auch Baur und Günsche resignierten, nachdem die Jahre vergingen und von Hitler nichts mehr gehört wurde.

[312] /Joachimsthaler, S. 352/

[313] ebenda, S. 375

[314] Entweder Mengershausen log auch bei dieser Frage oder man hat ihm, der um sein Leben zitterte, eine falsche Leiche vorgelegt, die er als die Hitlers abnickte, weil man wusste, dieser Mann würde alles bestätigen was man hören wollte, während man bei anderen Zeugen das Wagnis nicht eingehen wollte, dass die Täuschung auffliegen könnte.

[315] /Buch Hitler, S. 467/

[316] /Buch Hitler, Nachwort der Herausgeber, S. 467/

[317] /Gosztony, S. 336/

[318] /Joachimsthaler, S. 260/

[319] ebenda, S. 351

[320] /Wiegrefe, Im Bunker, S. 65/ Das geschah Ende 1945 /Misch, S. 241f/

[321] /SPIEGEL 23-1965/

[322] /Joachimsthaler, S. 407/

[323] /Ryan, S. 399/

[324] /Linge, S. 306/

[325] /Joachimsthaler, S. 375/

[326] nicht belegt

[327] /Buch Hitler, Nachwort der Herausgeber, S. 467/

[328] /Joachimsthaler, S. 260/

[329] /Joachimsthaler, S. 351/

[330] nicht belegt

[331] /SPIEGEL 23-1965/ /

[332] /Besymenski, Der Tod, S. 144/

[333] ebenda, S. 77. Üblicherweise trug Hitler keine weiße Uniformjacke. Und außerdem wurde ja befehlsgemäß alles verbrannt, was an Hitler erinnerte! Vermutlich war es die weiße Uniformjacke von Goebbels.

[334] /SPIEGEL 15-1995/

[335] /Schukow, S. 604/

[336] Doernberg, S. 19/

[337] Aber diese Leute, so hält sich ein Gerücht unter Sowjetveteranen, haben die letzten Reste von Hitler noch immer nicht vernichtet, sondern nach Moskau verbracht und im Lefortowo-Gefängnis vergraben. /SPIEGEL 30-1992/

[338] /Besymenski, Der Tod, S. 217/

[339] Vinogradov 2005/

[340] /Joachimsthaler, S. 26/ Originalquelle: Herbert Moore/James W. Barett: Who killed Hitler? Booktab Press, Publishers, New York 1947.

[341] /Besymenski, S. 226f/

[342] /Joachimsthaler, S. 32/ Zur Originalquelle: In der letzten Ausgabe der amerikanischen Zeitschrift „Police Gacette". Darmstädter Tagblatt, 27.05.1952.

[343] Mit der Frau von Varo, die sich unter die Zeugen geschmuggelt hatte, war eine ausgesprochene Lügen-Baronin darunter. Die Adelsfamilie Varo ist fast unbekannt. Diese Frau wurde von keinem Zeugen erwähnt. Sie tischte zum Beispiel die Lüge auf, sie sei dabei gewesen, als Magda Goebbels ihre Kinder ermordete. Magda Goebbels habe nach der Tötung ihrer beiden ältesten Kinder zu ihr gesagt: „Ich kann nicht mehr weiter, zwei sind schon tot; geben Sie mir eine Zigarette." So in /Musmanno, Bilderserie zwischen S. 128 und 129.

[344] Von Musmanno stammt das erste Buch, dass 1950 zu diesem Fall erschien, „Zehn Tage bis zum Tod". Es ist unter dem deutschen Titel „Hitlers letzte Zeugen" 2004 in der Edition Droemer herausgegeben worden. Im Vorwort von Hermann Graml zu diesem Buch wird es bezeichnet als „... ein wichtiges Buch, und für die jetzt zur Auseinandersetzung mit dem Dritten Reich bereiten jüngeren Generationen sollte es heute wiederum ein wichtiges Buch sein." /Musmanno, Vorwort von Graml, S. 8/ Leider mussten wir feststellen, dass dieses narrativ gehaltene Buch eher eine literarische Leistung ausgeprägter Fabulierlust und zugleich auch eine Propagandaschrift mit zahlreichen Unwahrheiten und Falschdarstellungen ist, kaum aber ein Beitrag zur Aufklärung. Es ist übervoll von angeblichen Gesprächen zwischen Personen, die diese nicht mehr bezeugen konnten, da sie schon zum Zeitpunkt von Musmannos Niederschrift tot waren und es auch keine Zeugen dafür gab, da es Gespräche unter vier Augen gewesen sein sollen. Diese Gespräche wurden nicht als möglich, sondern als echt dargestellt. Der Bunkerplan ist falsch, die Zeugenaussagen wurden verfälscht, worüber sich viele der Zeugen später beschwert haben und belletristisch verarbeitet, aber nicht mit Quellen belegt. Da Musmanno in vielen Fällen zu ganz anderen Aussagen gelangte, als andere Autoren, deren Bücher konkrete Zeugenaussagen enthalten, wäre es wichtig gewesen, zu wissen, von welchem Zeugen er diese oder jene Information hatte. Dies schien ihn in dem Buch aber nicht interessiert zu haben, da es ihm eigens darum zu gehen schien, ein spannendes literarisches Werk

zur Zeitgeschichte zu schaffen. Quellen hätte er genügend gehabt, da er, wie er selbst schrieb, als Ergebnis seiner drei Jahre dauernden Untersuchungen und Verhöre über zwanzig Bände mit beweiskräftigen Zeugnissen" /Musmanno, Vorwort/ verfügte. Die Aussagen der Zeugen konnte er aber für seine dramatische Darstellung offensichtlich nicht gebrauchen, da sie von seinen literarischen Interpretationen abwichen. Seine Absichten stellte er gegenüber den Zeugen aus der Reichskanzlei allerdings so dar, dass er „im Interesse der Erforschung des wahren Sachverhalts bezüglich des Todes Adolf Hitlers tätig sei." So Mansfeld in /Joachimsthaler, S. 422/ Die Zeugen hat Musmanno von 1945 bis 1948 verhört, aber überwiegend „halbamtlich" (für sein Buch) befragt. Insgesamt sollen es 200 Personen gewesen sein. Nun mag die Zahl beeindrucken, aber die Tatsache, dass am Tag von Hitlers angeblichem Tod keine 20 Personen im Führerbunker waren, relativiert sie zu einer Sammlung von in ihrer Mehrzahl Nichtzeugen, Unwissenden, was die konkreten Ereignisse am 30.04.1945 im Bunker betraf.

Graml schrieb, Musmanno habe „... die Möglichkeit (gehabt), sofort beginnend und dann in jahrelanger Anstrengung alle aufzuspüren, die damals zu Hitlers Umgebung gehört hatten, und ihr Gedächtnis zum Sprudeln zu bringen." /Musmanno, S. 8/

Nun, in seinem Buch hat Musmanno alle Zeugen für die letzten 10 Tage, die er auftreiben konnte, 1948 auf einem Gruppenbild fotografisch erfassen lassen. Und da bestätigt sich unsere Einschätzung. Von den angeführten 200 Zeugen aus dem Umfeld Hitlers standen Musmanno nur neun Personen zur Verfügung, die in den letzten zehn Tagen tatsächlich zeitweilig den Führerbunker betreten hatten (Axmann, Kempka, von Loringhoven, Schwägermann, Mansfeld, Karnau, Frau Junge, Lorenz, Johannmeier). An Hitlers Todestag waren von diesen Zeugen nur Axmann, Kempka, Schwägermann, Mansfeld, Karnau und Frau Junge im Führerbunker, meist nur kurzzeitig. Axmann hat angeblich die Gelegenheit gehabt, Hitler als Leiche zu sehen. Was aber nicht stimmte. Kempka trug angeblich Eva Hitler, aber ob er Hitler wirklich erkannt hat, ist unklar und ob es tatsächlich Eva Hitler war, ebenfalls. Er sah beide Leichen in Decken gehüllt. Er verbrannte die beiden Leichen zusammen mit anderen. Schwägermann als Zeugen für den Selbstmord Hitlers darzustellen ist entweder Ergebnis der Lüge eines Wichtigmachers oder der „schriftstellerischen Freiheit" von Musmanno gewesen. /Musmanno, Bilderreihe, nach S. 256/

Der Bunkerplan in Musmannos Buch hat mit der baulichen Realität des Bunkers wenig zu tun. Obwohl Musmanno so viele Zeugen hatte, die im Bunker waren, war er nicht fähig, den Plan des Bunkers richtig zu rekonstruieren. Und, obwohl Musmanno nun so viele Zeugen befragt hat oder befragen ließ, hat er nicht etwa Resultate der Befragungen veröffentlicht, sondern nur das was und nur das wie es ihm in den Kram gepasst hat. Musmanno schrieb zum Beispiel von einer jüdischen Köchin Hitlers, die Hitler von Antonescu empfohlen bekam und die Fräulein Marlene Kunde geheißen habe. Diese Köchin war aller-dings kein Fräulein, sondern eine verheiratete Frau und sie hieß auch nicht Marlene Kunde, sondern Frau von Exner. /Schroeder, S. 144/ Musmanno beschrieb auch den Flug von Generaloberst Ritter von Greim und Hanna Reitsch aus Berlin heraus als fliegerische Leistung der Reitsch, die jedoch Passagierin auf dem Notsitz saß. Und es gab viele weitere Fehler, die den Literaten nicht weiter störten. Dieses Buch von Musmanno hat also keinen Anspruch darauf, ein wissenschaftlicher Nachweis der Vorgänge im Bunker in den letzten zehn Tagen zu sein. Zur Erziehung der Jugend (wie der Vorwortschreiber Graml darlegt), könnte es nur beitragen, wenn man lediglich einen politischen Zweck verfolgt und dabei auf die ganze Wahrheit keinen Wert legt.

[345] /Joachimsthaler, S. 422/
[346] ebenda, S. 363
[347] ebenda, S. 365
[348] /Schenck, Patient, S. 510/
[349] Aber mindestens eine Aufnahme muss er wohl versteckt gehabt haben, denn wie Werner Maser schrieb, soll Giesing diese am 24.11.1971 in einer ZDF-Sendung gezeigt haben. /Bihl, S. 121/
[350] /Joachimsthaler, S. 373/
[351] /Vgl. bei Besymenski, Der Tod, S. 370f/ /Besymenski, Notizen, S. 267f/
[352] Joachimsthaler, S. 396/
[353] /Basti;Helsing, Hitler überlebte, S. 240/
[354] /Harrison 2009, S. 35/
[355] ebenda, S. 37 und /Trevor-Roper, S. 6, Einleitung zur 3. Auflage/
[356] /Harrison 2009/
[357] /Harrison 2009/

[358] ebenda

[359] /Trevor-Roper, S. 10/

[360] ebenda, S. 15

[361] ebenda, S. 10

[362] ebenda, S. 152

[363] ebenda, S. 36

[364] ebenda, S. 193

[365] Kern in /Kempka 1975, S. 16/

[366] /Trevor-Roper, S. 38/

[367] ebenda, S. 154

[368] Maser 2004, S. 158f/

[369] Trevor-Roper, S. 12

[370] /Harrison, S. 40/

[371] ebenda, S. 38

[372] /Joachimsthaler, S. 397/

[373] /Trevor- Roper, S. 6/

[374] /Joachimsthaler, S. 10/

[375] /Misch, S, 245/

[376] ebenda, S. 246

[377] /Joachimsthaler, S. 9/

[378] Joachimsthaler, S. 11 Faksimile

[379] Aus dem Spruch der Kammer: /Faksimile bei Joachimsthaler, S. 12/

[380] ebenda

[381] /Joachimsthaler, S. 15/

[382] ebenda, S. 19. Originalmitteilung aus Süddeutsche Zeitung (Nr. 313) vom 31.12.1956.

[383] Faksimile in /Joachimsthaler, S. 16/

[384] /Görtemaker, S. 285/

[385] /Maser 1971, S. 529/

[386] So in der Urkunde Spruchkammerentscheid Amtsgericht München zwecks Enteignung Adolf Hitlers, in Faksimile bei Joachimsthaler, S. 12/

[387] /Völklein, S. 67/

[388] ebenda, S. 9

[389] ebenda, S. 25

[390] ebenda, S. 29

[391] /Buch Hitler, Nachwort, S. 481/

[392] /Joachimsthaler, S. 381/

[393] /Buch Hitler, S. 26/

[394] /SPIEGEL 12-1980/

[395] /Wiegrefe, Im Bunker/

[396] /Kellerhoff, Mythos, S. 74/

[397] ebenda, S. 75

[398] /Franz 2009/

[399] /Joachimsthaler/

[400] /Joachimsthaler, Vorwort, S.7/

[401] ebenda

[402] .Fußnote nicht belegt.

[403] /Joachimsthaler, S. 373/

[404] Mengershausen, ein Untergebener von Rattenhuber, sagte sowohl in der Kriegsgefangenschaft gegenüber dem Zahntechniker Fritz Echtmann, mit dem er mehrere Monate lang in einer Zelle lag, als auch später nach der Rückkehr aus der Gefangenschaft aus, er habe auf Anordnung von Rattenhuber die Überreste der Leichen beseitigt. /Joachimsthaler, S. 340/

[405] /Joachimsthaler, S. 336/

[406] ebenda, S. 341

[407] /Doernberg, S. 107f/

[408] /Joachimsthaler, S. 336, 341/

[409] ebenda, S. 333

[410] ebenda, S. 272/

[411] ebenda

[412] /Misch, S. 263/

[413] /Joachimsthaler, S. 272/

[414] ebenda, S. 273

[415] ebenda, S. 184

[416] ebenda, S. 335

[417] ebenda, S. 481

[418] ebenda, S. 380

[419] ebenda, S. 360

[420] ebenda, S. 380

[421] Echtmann in /Joachimsthaler, S. 376/

[422] ebenda, S. 377

[423] ebenda, S. 376

[424] ebenda, S. 377

[425] /Joachimsthaler, S. 380/

[426] ebenda, S. 381

[427] ebenda, S. 25

[428] ebenda, S. 399

[429] /Katakombe, S. 255/

[430] /Buch Hitler, Nachwort der Herausgeber, S. 466, 5. Aufl. Juli 2008/

[431] /Benecke 2011, ohne S./

[432] Krebs: „... verbrannt in einem Bombentrichter ..." /Besymenski, S. 140/ Ebenso Günsche gegenüber der Hitlersekretärin Junge.

[433] Mengershausen zeigte den Russen angeblich am 13.05.1945 die Stelle, wo die männliche und die weibliche Leiche in einem Granattrichter einen Meter vor dem Notausgang des Führerbunkers verbrannt und vergraben worden seien. /Besymenski, Der Tod, S. 168/ Das war tatsächlich in etwa die Stelle, an der die beiden Leichen von den SMERSCH-Leuten acht Tage zuvor ausgegraben worden waren. Mengershausen packte seine Aussage allerdings in eine Lüge: er habe das aus der Ferne beobachtet. Später, nach seiner Rückkehr aus der Kriegsgefangenschaft bestätigte er aber, dass er persönlich an der Bestattung beteiligt gewesen sei. /Joachimsthaler, S. 337/ Das wiederum wurde durch seinen obersten Chef beim RSD, SS-Gruppenführer Rattenhuber, bestätigt. /Völklein, S. 74/ Mengershausen hat dann im Butyrka-Gefängnis in Moskau dem Zeugen Echtmann gegenüber ebenfalls von einem Bombentrichter gesprochen, in dem die Leichen verbrannt worden seien. Mengershausen ist wegen mehrerer Lügen nicht zu glauben, aber mit den Aussagen anderer Zeugen übereinstimmend nannte er mehrfach einen Trichter.

[434] Er habe einen RSD-Mann und zwei FBK-Leute am Bunkerausgang nach den Überresten befragt. Man habe nach halb rechts (Kühlturm) gewiesen. /Joachimsthaler, S. 337/

416 Fußnote nicht belegt.

[436] Abb. 32 in der Bilderstrecke zwischen S. 192 und 193 in /Besymenski, Der Tod, S. 192ff/

[437] /Joachimsthaler, S. 279/ (aus Wehrwirtschaftliche Rundschau)

[438] ebenda, S. 250

[439] ebenda, S. 276

[440] ebenda, S. 279

[441] /Weidling in „Über das Schicksal Hitlers ... In: Völklein, S. 55f/

[442] /Misch, S. 239/

[443] /Junge, S. 211/

[444] /Axmann, S. 508/ Das einzige, was er aus dem Führerbunker mitgenommen hat war Hitlers Pistole.

[445] /Joachimsthaler, S. 334, 353/

[446] /Joachimsthaler, S. 352/

[447] /Kempka 1975, S. 95/

[448] ebenda, S. 96

[449] /Völklein, S. 164/

[450] /Bullock, S. 799/

[451] ebenda

[452] /Joachimsthaler, S. 379/

[453] ebenda, S. 229

[454] Ein „kleiner Heizer" war im Bunker, als in Decken verhüllte Leichen aus Hitlers Räumen getragen wurden, sagte er am 02.05.45. /Doernberg, S. 46/

[455] /Junge, S. 52/

[456] /Buch Hitler, S. 467/

[457] /Völklein, S. 151/

[458] /Völklein, S. 151f/

[459] /SPIEGEL 23-1965/

[460] Nur der als Desinformator aktive Mengershausen (siehe Dossier Mengershausen) hat gegenüber der englischen Zeitschrift „The Times" nach seiner Rückkehr aus der Kriegsgefangenschaft behauptet, die Russen hätten ihm im Mai 1945 bei Berlin die Leichen Hitlers und seiner Frau gezeigt. /Joachimsthaler, S. 327/

[461] /Trevor-Roper, S. 34/

[462] /Maser 1971, S. 533/ (Persönliche Auskunft von Baur an Maser vom 10.06.1971)

[463] /Joachimsthaler, S. 356/

[464] ebenda, S. 335

[465] Wenn es Leichen aus dem Notlazarett im Keller der Reichskanzlei gewesen sein sollen, die dort bestattet worden sind, wie Axmann und Günsche anführten, wieso sind es dann gerade ein Mann und eine Frau gewesen, wo das Lazarett doch in erster Linie den verletzten Verteidigern der „Zitadelle" diente, Männern also in der Regel? Und vor allem, wieso fand man gerade bei diesen Leichen Utensilien, die auf Hitler hindeuteten?

[466] /Joachimsthaler, S. 352/

[467] ebenda, S. 346

[468] /Joachimsthaler, S. 337/

[469] /Doernberg, S. 108/

[470] /Shirer, S. 1123/

[471] /Joachimsthaler, S. 334/

[472] /Bullock, S. 799/

[473] /Völklein, S. 74/

[474] /Joachimsthaler, S. 379/

[475] /Doernberg, S. 75/

[476] /Joachimsthaler, S. 396/

[477] /Völklein, S. 62/

[478] ebenda, S. 81

[479] ebenda, S. 82

[480] Im Führerzimmer „drei Sessel" /Junge, S. 175/, „drei Sessel" /Schroeder, S. 197/

[481] /Katakombe, S. 282/

[482] ebenda, S. 191

[483] /Kempka 1975, S. 87/

[484] /Joachimsthaler, S. 212/

[485] /Buch Hitler, S. 373/

[486] /Kempka 1975, S. 86/

[487] /Joachimsthaler, S. 291/

[488] Linge vertraute in der Gefangenschaft einem Kameraden vom RSD an: Nur Bormann (mit dem er als Erster bei den Leichen war) und ich wissen etwas, was kein anderer sonst weiß.

[489] /Görtemaker, S. 283/

[490] Baur in „Über das Schicksal Hitlers ..." in /Völklein, S. 56/

[491] /Buch Hitler, S. 448/ /Joachimsthaler, S. 290/)

[492] /Mansfeld in Joachimsthaler, S. 311/

[493] /Görtemaker, S. 263/
[494] /Joachimsthaler, S. 463/
[495] /Junge, S. 183/
[496] /Speer Erinnerungen, S. 487/
[497] /Görtemaker. S. 101/
[498] /Baur in Katakombe, S. 130/
[499] /Katakombe, S. 191/
[500] /Axmann, S. 434/
[501] ebenda
[502] /Joachimsthaler, S. 466/
[503] /Buch Hitler, S. 396/
[504] /Speer Erinnerungen, S. 487/
[505] /Musmanno, S. 225/
[506] /Kempka 1975, S. 76/
[507] /Junge, S. 197/
[508] /Irving 2004, Wie krank, S. 16/
[509] /Schroeder, S. 156/
[510] ebenda, S. 167
[511] ebenda, S. 168
[512] /So die Autoren im Buch Hitler, Fußnote, S. 396/
[513] /Baur in Katakombe, S. 129/
[514] /Joachimsthaler, S. 459/ /Joachimsthaler, S. 111/
[515] /Joachimsthaler, S. 459/ /Görtemaker, S. 265/
[516] /Joachimsthaler, S. 460/
[517] ebenda
[518] /Joachimsthaler, S. 123/
[519] /Musmanno, S. 208/
[520] /Junge, S. 169/
[521] /SPIEGEL 15-1995/
[522] /Linge, S. 278/
[523] /Junge, S. 199/
[524] /Völklein, S. 56/
[525] /Linge, S. 285/
[526] /Buch Hitler, S. 446/
[527] Frau Junge über ihre Eindrücke vom Lazarett unter der Reichskanzlei am 30.04.1945: „Überall stehen Eimer mit Blut und menschlichen Gliedern." /Junge, S. 211/
[528] /Misch, S. 239/
[529] /Joachimsthaler, S. 288/
[530] /Joachimsthaler, S. 242/
[531] Es ist tatsächlich auffallend, dass sehr häufig falsche Dienstgrade von den Zeugen genannt wurden. Misch bezeichnete in seinem Buch Hans Hofbeck vom RSD als Unterscharführer, also Unteroffizier. Der war aber Untersturmführer, also Offizier (Leutnant)! /Misch, S. 203/ Misch über Fegelein: „Brigadeführer". Der war aber SS-Gruppenführer. /Misch, S. 213/ Hentschel war zwar Zivilist, aber er hätte dennoch die Dienstgrade kennen müssen. Schwägermann bezeichnete er einmal als Obersturmführer /Katakombe, S. 366/, ein anderes Mal als Obersturmbannführer /Katakombe, S. 370/. Der war aber Hauptsturmführer. Schädle bezeichnete er als Oberst. Der war aber Obersturmbannführer. /Katakombe, S. 370/ Rattenhuber bezeichnete seinen Stellvertreter Högl als Kriminalrat, obwohl dieser Kriminaldirektor war. Linge bezeichnete in seinem Buch Fegelein als Obergruppenführer, der war aber nur Gruppenführer. /Linge, S. 278/ Günsche bezeichnete Lindloff als Obersturmführer /Joachimsthaler, S. 221/, der soll aber Hauptsturmführer gewesen sein. Dr. Kunz bezeichnete Rattenhuber als Obergruppenführer, der war aber nur Gruppenführer.
[532] Diese Methode wurde zum Beispiel auch angewandt, um die Liaison Hitlers mit Eva Braun zu verbergen. Hans Baur berichtete nach dem Krieg: „Um das Geheimnis zu schützen, erwähnten wir Eingeweihten zudem in Gesprächen immer wieder die Namen mehr oder minder prominenter Damen der

Gesellschaft, die mit Hitler in Verbindung gebracht wurden." /Katakombe, S. 128/

[533] /Doernberg, S. 64/

[534] ebenda

[535] /Besymenski, Der Tod, S. 240/

[536] /Schwarz FOCUS 17-1995/

[537] nicht belegt

[538] nicht belegt

[539] /Axmann, S. 444/

[540] /Axmann, S. 445/ /Joachimsthaler, S. 227/ /Gosztony, S. 333/

[541] /Kern bei Kempka 1975, S. 312/

[542] /Axmann, S. 445/

[543] /Frank 2005, S.308/

[544] /Völklein, S. 66/

[545] /Axmann, S. 444/

[546] /Buch Hitler, S. 450/

[547] /Gosztoiny, S. 317/

[548] /Joachimsthaler, S. 242/

[549] /Katakombe, S. 450/

[550] /Doernberg, S, 111/

[551] /Axmann, S. 445/

[552] ebenda

[553] /Axmann, S. 446/

[554] ebenda, S. 445

[555] ebenda, S. 526

[556] /Böger, 2012/

[557] Die Dolmetscherin von Oberst Gorbuschin schrieb: „... stießen wir auf einen kleinen Mann ... Dr. Bruck." /Besymenski, Bormann, S. 85/

[558] /Ryan, S. 44/

[559] /Joachimsthaler, S. 374/

[560] /Völklein: Interview mit Besymenski: „Stalin schützte sich selbst vor Anschlägen durch Doppelgänger". S. 82/

[561] /Berthold/

[562] /Bullock, S. 741/

[563] /Irving 2004, Wie krank ... S. 9/

[564] humanitas-international.org

[565] ebenda

[566] /Schroeder, S. 100/

[567] /Görtemaker, S. 256/ Originalquelle: Die Tagebücher von Joseph Goebbels. Teil III, Band 13. München u. a. 1995. S. 305f.

[568] /Schroeder, S. 147/

[569] ebenda, S. 148

[570] /Buch Hitler, S. 274/ /Joachimsthaler, S. 100f nach Quelle 74/

[571] /Maser 1971, S. 394/

[572] /Linge, S. 225/

[573] ebenda, S. 228

[574] /Joachimsthaler, S. 402f/

[575] ebenda

[576] /Joachimsthaler, S. 403/

[577] /Wiegrefe, Im Bunker, S. 65

[578] /Joachimsthaler, S. 37/

[579] /Junge, S. 192/

[580] ebenda, S. 200

[581] ebenda, S. 210

[582] OE24.at 30. April 2011 Unbekanntes Protokoll: Letztes Geheimnis um Hitlers Leiche gelöst: Ein Ver-

nehmungsprotokoll von Hitlers Sekretärin ist aufgetaucht.

[583] /Junge, S. 210/

[584] ebenda, S. 205

[585] ebenda, S. 210

[586] ebenda, S. 211

[587] ebenda, S. 198f

[588] /Kempka 1975, S. 81/

[589] /Junge, S. 192/

[590] /Reitsch, S. 267/

[591] /Junge, S. 198/

[592] ebenda, S. 200

[593] ebenda, S. 206

[594] ebenda, S. 212

[595] ebenda, S. 207

[596] ebenda, S. 208

[597] ebenda, S. 201f

[598] /Joachimsthaler, S. 188f/

[599] ebenda, S. 205

[600] ebenda, S. 212

[601] /Joachimsthaler, S. 188f/

[602] /Doernberg, S. 120f/

[603] /Besymenski, Der Tod, S. 198/

[604] Es war leicht die Kriegsumstände zu nutzen, um eine falsche Identität anzunehmen: In einer thüringischen Stadt übernahm ein angeblicher Dr. Schmidt, bei dem sich später herausstellte, dass er ein Sanitäter war, ein Hochstapler aus Breslau, die Stelle des Kreisarztes.

[605] /Trevor-Roper, S. 24/

[606] /Ryan, S. 319/

[607] /Doernberg, S. 121/

[608] /Joachimsthaler, S. 253, 256/

[609] /SPIEGEL 14-1995/

[610] /Jochimsthaler, S. 253/

[611] ebenda, S. 204

[612] /Ryan, S. 400/

[613] /Kempka 1975, S, 117/

[614] ebenda, S. 120

[615] ebenda, S. 82

[616] ebenda, S. 84

[617] ebenda, S. 85

[618] /Buch Hitler, S. 435/

[619] /Joachimsthaler, S. 247

[620] /Kempka 1975, S. 94/

[621] /Linge, S. 279/

[622] /Joachimsthaler, S.227/

[623] /Linge, S. 279f/

[624] /Kempka 1975, S. 92/

[625] ebenda

[626] ebenda, S. 94

[627] ebenda S. 93

[628] ebenda, S. 99

[629] ebenda, S. 74

[630] /Schroeder, S. 203/ /Buch Hitler, S. 614/ /Klee, S. 527/

[631] /Kempka 1975, S. 73/

[632] ebenda, S. 71

[633] ebenda

[634] ebenda, S. 108

[635] ebenda, S. 72

[636] ebenda, S. 95

[637] ebenda, S. 95f

[638] /Joachimsthaler, 321/ /Kempka, S. 96/

[639] ebenda, S. 311

[640] /Kempka 1975, S. 69/

[641] Aussage von Rattenhuber /Völklein, S. 70/

[642] /Kempka 1975, S. 87/

[643] DER SPIEGEL, 19/1965, 05.05.1965, WIE ICH DIE LEICHE HITLERS FAND, Von Iwan Klimenko, Oberst der sowjetischen Armee

[644] /Buch Hitler, S. 436/

[645] /Besymenski, Der Tod, S. 148/

[646] /Doernberg, S. 53/

[647] /Katakombe, S. 269/

[648] /Koller, S. 42/

[649] /Katakombe, S. 192/ Dr. Kunz war, wie Professor Dr. Schenck glaubte, der Zahnarzt der Familie Goebbels, „der sich zufällig im Bunker aufhielt."

[650] /Doernberg, S. 54/

[651] /Besymenski, Der Tod, S. 211/

[652] /Kunz laut Protokoll vom 07.05.1945 in Besymenski, Der Tod, S. 211/

[653] Es gab nach seiner Rückkehr aus der Kriegsgefangenschaft ein Verfahren wegen Kindesmordes gegen Dr. Kunz: Freispruch mangels Beweises.

[654] /Joachimsthaler, S. 197/

[655] /Doernberg, S. 54/

[656] /Besymenski, Der Tod, S. 212/

[657] /Kempka, S. 104/

[658] /Ryan, S. 391/

[659] ebenda

[660] /Doernberg, S. 69/

[661] ebenda, S. 68f

[662] /Schroeder, S. 275/

[663] /Buch Hitler, S. 474/

[664] ebenda, Vorwort, S. 26/

[665] /Joachimsthaler, S. 224/

[666] ebenda, S. 262/

[667] /Katakombe, S. 273/

[668] /Linge, S. 206/

[669] Joachimsthaler, S. 312/

[670] /SPIEGEL 19-1965, S. 99/

[671] Maximilian Kölz in /Joachimsthaler, S. 296/

[672] Aus dem Bericht der SMERSCH, Generalleutnant Wadis von Ende Mai 1945 an NKWD-Chef Berija. So in: /Völklein, S. 146/

[673] /Doernberg, S. 108/

[674] /Misch, S. 220/

[675] /SPIEGEL ONLINE 2007/

[676] /Das Gupta 2012/

[677] /Misch, S. 222/

[678] /Das Gupta 2012/

[679] /Misch, S. 222f/

[680] /Das Gupta 2012/

[681] Ebenda

[682] /Misch, S. 224/

[683] /Katakombe, S. 249f/

[684] ebenda, S. 371
[685] /Misch, S. 234/
[686] ebenda, S. 235
[687] /Das Gupta 2012/
[688] /Trevor-Roper, S. 34/
[689] /Gosztony, S. 335/
[690] /Joachimsthaler, S. 294/
[691] ebenda, S. 210
[692] ebenda, S. 296
[693] ebenda, S. 325f
[694] ebenda, S. 336
[695] /Gosztony, S. 335/
[696] /Katakombe, S. 217/
[697] /Doernberg, S. 69/
[698] /Völklein, S. 72ff/
[699] /Kempka 1975, S. 100/
[700] /Buch Hitler, S. 377/
[701] /Katakombe, S. 31/
[702] /Misch, S. 206/
[703] /Katakombe, S. 16 /
[704] ebenda, S. 178/
[705] /Joachimsthaler, S. 157/
[706] /Buch Hitler, S. 448/
[707] ebenda, S. 449/
[708] /Joachimsthaler, S. 311/
[709] ebenda, S. 296/
[710] /Doernberg, S. 65/
[711] /Buch Hitler, S. 417/
[712] /Doernberg, S. 65/
[713] ebenda, S. 107
[714] /Buch Hitler, S. 448/
[715] ebenda, S. 449/
[716] /Doernberg, S. 108/
[717] Trevor-Roper erfuhr durch einen anderen Zeugen, dass Mengershausen nicht von allein aktiv wurde, sondern Rattenhuber den Befehl dazu gab. Dieser habe einem Feldwebel des FBK im Hundebunker befohlen, sich beim FBK-Kommandochef Schädle zu melden und sich drei zuverlässige Leute auszusuchen, die die Leichen begraben sollten. /Trevor-Roper, S. 195f/
[718] /Aussage Rattenhuber, 26.11.1955, Joachimsthaler, S. 210/
[719] /Joachimsthaler, S. 217/
[720] ebenda, S. 210/
[721] ebenda, S. 251/
[722] /Doernberg, S. 6/ Jelena Rshewskaja, Autorin des in Moskau erschienenen Buches „Berlin, Mai 1945" nach /Besymenski, Der Tod, S. 187/
[723] /Besymenski, Der Tod, S. 77/ ; /Ryan, S. 399/; /Katakombe, S. 238/
[724] /Katakombe, S. 360/
[725] /Doernberg, S. 66/
[726] ebenda, S. 67/
[727] /Ryan, S. 398/
[728] /Doernberg, S. 119/
[729] ebenda, S. 46/
[730] /Joachimsthaler, S. 61f/
[731] /Linge in /Joachimthaler, S. 262/
[732] /Junge, S. 211/
[733] /Buch Hitler, S. 284/

[734] /Linge, S. 20/
[735] /Misch, S. 193/
[736] /Joachimsthaler, S. 48/
[737] /Wiegrefe, Im Bunker/
[738] /Schroeder, S. 268/
[739] /Irving 2004, S. 7/
[740] /Maser, Das Ende, S. 242/
[741] /Katakombe, S. 103, 305/
[742] ebenda, S. 128/
[743] /Junge, S. 96/
[744] /Schroeder, S. 268
[745] /Katakombe, S. 135/
[746] /Schroeder, S. 101f/
[747] /Toland, S. 897/
[748] /SPIEGEL 15-197/
[749] /Katakombe, S. 280/
[750] ebenda, S. 118f
[751] /Misch, S. 241/
[752] ebenda, S. 241f
[753] /Misch, S. 245/
[754] ebenda, S. 244
[755] /Joachimsthaler, S. 407/
[756] / Irving 2004, Wie krank, S. 7/
[757] /Irving 2004, S. 6/